LES ÉLUS PARFAITS
Une aventure transatlantique
Les documents « Sharp »

THE PERFECT ELECT
A transatlantic adventure
The 'Sharp' documents

Volume Two

LES ÉLUS PARFAITS
Une aventure transatlantique
Les documents « Sharp »

THE PERFECT ELECT
A transatlantic adventure
The 'Sharp' documents

Volume 2

Transcription révisée des manuscrits originaux, notes et traduction en anglais réalisées par
Translated into English from the original manuscripts and annotated by

Jean-Pierre GONET

Agrégé de l'Université
Membre de « Sources », Aréopage de Recherches du
Suprême Conseil du Grand Collège des Rites Ecossais, GODF
Member of the Lodge of Research "Sources",
Supreme Council of the Grand College of Scottish Rites, GODF

LES LETTRES D'ÉTIENNE MORIN
THE LETTERS OF ETIENNE MORIN

Traduites en anglais par / Translated into English by

Joseph WAGES

Ancient and Accepted Scottish Rite, Southern Jurisdiction, USA.
Member of the Scottish Rite Research Society

Westphalia Press

Westphalia Press
An imprint of Policy Studies Organization
1527 New Hampshire Ave., NW
Washington, D.C. 20036
info@ipsonet.org

ISBN-13: 978-1-63391-940-2

Cover design by Jeffrey Barnes:
jbarnesbook.design

Daniel Gutierrez-Sandoval, Executive Director
PSO and Westphalia Press

SOMMAIRE / CONTENTS

Une aventure transatlantique
LES DOCUMENTS « SHARP »
D'Etienne Morin à Cambacérès

Bordeaux, la Martinique, St Domingue, la Nouvelle Orléans, Toulouse, Empire

Volume 2

V – Toulouse, Empire

SHARP 12.1

Au 3ᵉ Ciel de l'orient de Toulouse, l'an courant de la Maçonnerie 81 et du style ordʳᵉ. Le 16 avril <u>1750</u>

à la T.R.L Ec.De Bordeaux

Expédié le 3 mai 5750

Le F. Dubuisson, membre de V.R.L. nous ayant fait le plaisir de visiter la nôtre, a bien voulu nous témoigner les bons sentiments que vous avez pour nous en nous assurant que vous verriez avec beaucoup de joie l'initiation de tous les membres de notre L. dans vos secrets Mystères. Les expressions nous manquent, nos T.C.F., pour vous marquer notre reconnaissance et le vif désir que nous avons de répondre à vos empressements. La curiosité n'a point de part à nos démarches, nous sommes conduits par le vrai zèle que doit avoir l'Archᵗᵉ. Pour tendre à une plus grande perfection. Nous sommes assurés d'avance que, conduits par vous dans des routes aussi difficiles, nous parviendrons en sûreté au but que

SHARP 12.2

nous avons lieu d'espérer. Soyez convaincus,

A transatlantic adventure
The "SHARP DOCUMENTS"
From Etienne Morin to Cambacérès

Bordeaux, la Martinique, St Domingue, New Orleans, Toulouse, Napoleonic times

Volume 2

V –Toulouse, Napoleonic times

SHARP 12.1

In the 3ʳᵈ Heaven of the Orient of Toulouse, in the current year 81 of Freemasonry, in the ordʳʸ style April 16ᵗʰ 1750.

To the M.R. Sc. L. of Bordeaux

Sent on May 3ʳᵈ 5750

When B. Dubuisson, a member of your M.R.L. made us the pleasure of visiting ours, he had the kindness to testify to the friendly feelings which you have for us by assuring us that you would welcome with great joy the initiation of all the members of our L. to your secret Mysteries. Words fail us to show you our gratitude and our earnest desire to answer your kind offers. Curiosity has no part in our efforts, what leads us is the true zeal which an Architect must have to aim towards greater Perfection. We are already convinced that, under your guidance on such difficult paths, we will safely reach the goal which

SHARP 12.2

we have reasons to hope for. Please be assured,

nos T.C.F., que la soumission la plus parfaite à tout ce qui pourra venir de vous sera toujours la plus petite preuve que nous tacherons de vous donner de nos tendres sentiments pour votre R.L. Nous attendrons avec impatience l'heureux jour qui nous communiquera les moyens d'être en intime rapport avec vous et qui nous fournira les occasions réitérées de vous prouver toute notre gratitude ; elle n'est pas moins grande au sujet du bon accueil qu'il vous a plus de faire à nos F. Ferrières et Sahuqué, dont nous vous remercions. Veuillez bien ne pas éloigner ce moment et nous instruire au plus tôt de ce que vous aurez délibéré là-dessus. Nous sommes, avec toute la cordialité possible,

Nos T.C.F.

Vos très affectionnés serviteurs et F.

Par mandement de R.L.Ec. de Toulouse

Fontanille, V. Me.
Savy M.E. or.

Dalleret Me. Ec. Sre.

our V.D.B., that our absolute submission to all that can come from you will always be but the smallest proof which we will try to give you of our tender feelings for your R.L. We will eagerly look forward to the happy day when the means of being in close relationships with you and which will provide us with repeated opportunities to give you proofs of our gratitude is communicated to us: a gratitude which is not smaller in return for the kind welcome that you gave to our Brethren Ferrières and Sahuqué, and which we thank you for. Please do not defer that moment and inform us of your decision on that matter as soon as possible.
We are, most heartily,

Our V.D.B.,

Your very affectionate servants and B..

By command of the R. Sc. L. of Toulouse

Fontanille, W. Mr.
Savy S.M. or.

Dalleret Sc. Mr. Sry.

SHARP 12.3

Mon Très Cher Frère,

Ces messieurs arrivent en ce moment et me trouvent au milieu de ma répétition, ce qui me met hors d'état de vous détailler la réussite de ma mission. Vous pourrez cependant en juger par le style de leur lettre, qui est conforme à

SHARP 12.3

My Very Dear Brother,

These gentlemen are now arriving and they find me right in the middle of my rehearsal, which makes it impossible for me to give you the details of the success of my mission. However, you can have an idea of it by the style of their

leur sentiment. Ils espèrent que vous la communiquerez dimanche prochain et que vous répondrez à leur impatience par le courrier prochain. J'aurai l'honneur de vous écrire plus amplement, excusez-moi, je vous prie, je n'ai pas un pauvre moment à moi.

Je vous embrasse et tous mes chers Frères en les assurant comme à vous du violent attachement avec lequel je suis, mon cher Frère, votre très humble S.

Dubuisson

SHARP 12.4

Lorsque vous nous ferez l'honneur de nous répondre, ayez la bonté de le faire à l'adresse de M. Fontanilhe, marchand nég^t. à Toulouse.

SHARP 104.1

A Toulouse, le 19 avril 1750

Expédié le 3 mai 1750

M.T.C.F.

L'embarras de ma répétition ne me permit pas par la dernière poste, de vous détailler ma mission. Je n'eus que le temps de vous écrire ce que le V., les S. et L.[1] me forcèrent de mettre dans leur lettre, ne voulant pas perdre la loge d'aujourd'hui dimanche de peur que cela ne les reculât de quinze jours.

Leur lettre a dû vous faire voir leur empressement et leur zèle, mais il n'est pas général et il s'en est trouvé qui, contents de leur E. qu'ils croient de bonne foi le vrai, me demandèrent des preuves convaincantes de la fausseté du leur et de l'excellence et de la supériorité du nôtre.

SHARP 104.2

je leur répondis que je n'étais pas vis-à-vis d'eux, comme un missionnaire envoyé pour les débaucher et les exciter à quitter leur E. pour prendre le nôtre, que la Loge devait se souvenir qu'après m'être présenté à eux et

letter which matches their sentiment. They hope that you will communicate it next Sunday and that you will satisfy their impatience by the next mail. I will have the honour to write to you more at length, please forgive me; I do not have the smallest moment to myself.

I embrace you and all my dear Brethren and I assure them, as I do you, of the vigorous attachment with which I am, my dear Brother; your very humble servant.

Dubuisson

SHARP 12.4

When you make us the honour of your reply, please send it to the address of M. Fontanilhe, merchant-trader in Toulouse.

SHARP 104.1

Toulouse, April 19th, 1750

Sent on May 3rd, 1750

My very dear B.,

As I was busy with my repetition, I was unable to give you the details of my mission by the last mail. I had just enough time to write to you what the W., the S. And the O.[2] Forced me to put in their letter because they did not want to miss Sunday's meeting, which is today, for fear that it might be postponed by a fortnight.

Their letter must have shown you their readiness and their zeal, although it is not unanimous. And some who are satisfied with their Scots Masonry, which they take in good faith to be genuine, asked me to provide evidence that it is not and that ours is better.

SHARP 104.2

I replied that I did not stand before them as someone who had a mission to poach them away and to incite them to part with their Ecossism to take up ours; that the Lodge should remember that after I had presented myself to them and

subi l'examen, ils m'avaient trouvé en état et digne d'entrer dans leur Loge, où j'avais paru sans étonnement et aussi instruit qu'eux de tout ce que j'y voyais et de tout le travail qu'on y faisait, qu'ils devaient encore se souvenir qu'à la fin de la loge je leur avais dit que j'étais charmé d'être parmi eux et du bon accueil que j'y recevais mais, en même temps, que c'était ce qui augmentait ma mortification, puisque je me trouvais forcé de leur avouer que j'étais bien ce qu'ils étaient mais qu'ils n'étaient pas ce que je suis, étant dans l'erreur en se croyant vrais E., que c'était le discours qui avait frappé les principaux membres de cette Loge et qui les avait déterminés à me prier de parler en leur faveur à ma Loge et de leur faire obtenir des Constitutions, que j'en avais obtenu l'agrément moyennant qu'après leur en avoir donné l'avis, ils feraient eux-mêmes les démarches nécessaires pour cela, en suppliant notre Loge

SHARP 104.3

de vouloir bien les leur accorder, que je n'avais d'autre but que leur satisfaction, que s'ils la trouvaient dans leur état, ils étaient bien les maitres d'y demeurer, que le nôtre n'était point de nous nombrer, que, bien éloignés de cela, ce n'avait été qu'en considération des assurances que j'avais donné [sic] à ma Loge de leur bonne union, de leur parfaite fraternité et du zèle ardent qu'ils m'avaient fait voir à sortir de leur erreur pour monter au Sublime Degré de la vraie Perfection que ma Loge s'était déterminée à leur accorder des Constitutions, qu'ainsi dit, je les priais de ne point trouver mauvais que je me retirasse pour les laisser les maitres de consulter ce qu'ils avaient à faire. Ils me firent la politesse de me forcer à rester pour achever de leur dessiller les yeux et de leur donner autant de preuves qu'il me serait permis de l'erreur où quelques-uns pourraient encore être. Je ne leur en donnai qu'une où je leur dis que, puisque chez nous était renfermé leur E. et celui des Trinitaires, il leur était bien facile de voir que le nôtre devait être supérieur aux deux autres, que si le leur

been examined, they had found me able and worthy to enter their Lodge where I had shown no surprise and appeared as instructed as they were of all the work done there; that they should also remember that at the end of the meeting I had told them that I was very pleased to be among them and delighted with the welcome that I received, but that, at the same time, it was what increased my embarrassment, because I had to confess to them that I was, indeed, what they were, but that they were not what I am since they were mistaken to believe themselves to be true S.; that those words had made an impression on the leading members of that Lodge, and convinced them to ask me to speak to my Lodge in their favour and to help them to obtain some Constitutions; that I had obtained such an agreement, with the condition that after they were notified, they would themselves take the necessary steps for that purpose, by requesting our Lodge

SHARP 104.3

to be so kind as to grant those to them; that my only aim was their satisfaction; that if they could find it in their present state they were quite free to remain so; that our purpose was not to increase our number and that far from it, my Lodge had been persuaded to grant them Constitutions only because I had assured it of the good unity, the perfect fraternity and the ardent zeal for renouncing their error and being raised to the Sublime Degree of true Perfection, which they had shown me. Having said that, I asked them to let me leave the Lodge in order to allow the Masters to consult each other on what they had to do. They had the courtesy of forcing me to stay so that I could finish opening their eyes and giving them as many proofs as I could of the error in which some of them might still remain. I only gave them one by telling them that since their Ecossism and that of the Trinitarians were included in ours, one could easily see that ours must be superior to both and that if theirs

10

était le meilleur et le vrai, ayant le choix par nous-mêmes, nous ne laisserions pas le vrai pour prendre le faux.

Cela détermina tout de suite la Loge et ferma la bouche aux protestants, et il fut délibéré que, dès le lendemain, les trois principaux membres vous écriraient pour vous supplier de leur accorder les Constitutions.

Voilà, mon cher Fr., mot à mot tout ce qui s'est passé dans ma mission. Je souhaite l'avoir remplie à votre gré et à celle de tous mes chers Frères. J'attends actuellement vos instructions à ce sujet, ne me les épargnez point. J'en ai grand besoin pour me tirer à pouvoir faire honneur à la Loge autant que j'en ai envie. Si notre cher Frère Papillon peut arriver comme il nous l'a promis pour cela, il me tirera une terrible épine du pied.

Je finis en vous assurant, ainsi qu'à notre C. et R.F. Raoul et tous mes chers Frères, du violent attachement avec lequel j'ai l'honneur d'être, mon T.C.F.,

votre très humble et très obéissant serviteur.

Dubuisson

SHARP 14.1

Du 3ᵉ ciel à l'Orient de Toulouse, l'an de la L. 81 et en style ordinaire le 3 mai 1750

AL. T.R.L. Eˢᵉ. Dans Borˣ.

Le dernier jour de notre assemblée, la loge Eˢᵉ. A la tête de laquelle je me trouve m'a confié le soin de vous écrire en son nom, T.C.F., pour avoir l'honneur de vous dire que sur ce que le C.F. Dubuisson nous a fait la grâce de nous promettre, nous nous étions flattés que votre T.R.L. aurait eu égard à l'empressement que nous lui avons témoignée pour notre association avec vous, nos T.C.F. Nous avons cru en même temps que les termes de notre dernière lettre vous donneraient assez à connaître

were the best and true one, as we are free to choose, we would not leave the true one to take up the false one. This carried at once the decision of the Lodge and closed the dissenting mouths. It was decided that on the following day the three foremost members would write to you to beg you to grant them some Constitutions.

This, my dear B. is the word for word account of what took place during my mission. I hope I have fulfilled it to your satisfaction and to that of all my dear Brethren. I now await your instructions on this matter, please do not spare them. I greatly need them to help me honour the Lodge as much as I wish. If our dear B. Papillon can come for that purpose, as he promised us, he will help me out of a terribly tricky situation.

Lastly, I assure you as well as our D. and R.B. Raoul and all my dear Brethren, that I am with the strongest of attachments, my V.D.B.,

your most humble and obedient servant.

Dubuisson

SHARP 14.1

From the 3ʳᵈ Heaven at the Orient of Toulouse In the year of the L. 81, and in the ordinary style on May 3ʳᵈ 1750

TT. M. R. Sˢʰ. L. In Borˣ.

During our latest meeting, the Sˢʰ. Lodge which I preside asked me to write to you in its name, V.D.B., to have the honour of telling you that on the matter of what our D.B. Dubuisson was so kind as to promise us, we had dared believe that your M.R.L. would have taken into consideration the eagerness which we had shown for our being associated with you, our V.D.B. At the same time, we had believed that the words of our latest letter would have sufficiently informed you on

SHARP 14.2

quels étaient nos sentiments. Cependant le C.F. Dubuisson nous a fait pressentir que V.R.L. exige de nous une explication plus claire.

Nous sommes bien mortifiés qu'une pareille raison nous retarde le moment heureux d'être entièrement éclairés et nous prive, pour un temps que nous regardons pour très précieux, d'être initiés dans vos secrets mystères, puisque notre résolution a été, en acceptant la faveur que vous voulez nous faire, de nous soumettre à vos Statuts et Règlements et à l'abdication de notre E^sme. Pour ne faire usage que du vôtre dans notre L. et celles que vous avez fondées, sans cependant être privés, nous trouvant ailleurs, de visiter les autres L. d'un E^sme. différent, puisque cela ne découvre rien de tout ce qui

SHARP 14.3

se passe dans le véritable. C'est à l'exemple du-d^t. C.F. Dubuisson, qui nous a fait l'honneur d'assister très souvent à nos L. quoiqu'avec des connaissances supérieures qu'il nous a toujours laissé ignorer.

C'est de cette façon que nous avons entendu nous expliquer par notre lettre, nous vous le réitérons maintenant, nos T.C.F., avec les mêmes instances.

Au surplus, le C.F. Dubuisson est trop prudent pour ne pas remplir vos vues lors de l'engagement qu'il exigera de nous. Nous espérons donc, nos T.C.F., que vous voudrez convoquer une L. extraord^re. pour nous éviter un nouveau retardement et nous procurer par ce moyen la douce satisfaction de vous marquer plus tard la reconnaissance que doivent des enfants à leur mère.

SHARP 14.4

Soyez assurés d'avance de toute celle que nous aurons et moi en particulier, qui ai l'honneur d'être par les N.LP.M., avec un sincère dévouement

SHARP 14.2

the nature of our sentiments. However, our D. B. Dubuisson led us to understand that your M.R.L. requested us to provide a clearer explanation. It grieves us very much that such a motive should delay the happy moment when we are fully enlightened, and prevent us, for what we think is a precious period, from being initiated to your mysterious secrets, since we resolved, when we accepted the favour which you mean to grant us, to submit to your Statutes and Regulations, to relinquish our Sc^sh. Masonry and to take up the exclusive practise of yours in our L. and in those which you have founded, without being forbidden, when we are elsewhere, from visiting other L. which practise a different kind of Sc^sh. Masonry, since that would disclose nothing of all that

SHARP 14.3

takes place in the genuine kind. We would thus follow our D.B. Dubuisson's example. He very often made us the honour of attending our meetings, although he had a superior knowledge which he never imparted to us.

This is how we intended to explain ourselves in our letter. We now reiterate its contents, our M.D. B., together with the same entreaties.

Besides, our D.B. Dubuisson is too careful not to follow your intentions when he requests us to take our pledge. Therefore, we hope, M.D.B., that you will agree to convene an extraordinary meeting in order to spare us another delay and to give us, in that way, the pleasant satisfaction of showing you in the future the gratitude which children owe to their mother.

SHARP 14.4

Please be assured in advance of all the gratitude which we shall have and of mine in particular. I have the honour of being, by the M.M.N. with sincere devotion

Mes T.C.F.

Votre très humble et très Ob^t. serviteur et F.

Fontanille Roger
G.M^e.

My Very Dear Brethren,

your most humble and Ob^t. servant and B.

Fontanille Roger
G. M^{ter}.

A L'O. de la S.te L. d'E. de Toulouse
par 43. d. et. N. Le 15. Jour du 11. mois 5750

26

T. R. G. M. D. G. M. G. G. Off. et ff.
de la T. R. S. L. d'E. a Bordeaux.

Deux objets egallement interessants pour nous
font la matière de la presente; la sublimité des
nouvelles connoissances que vous venez de nous
communiquer par le memoire que vous avez
bien voulu confier a notre R. G. M. f. Soustantette,
et la reconnoissance dont nous sommes penetrés
de votre bon accueil en faveur de ceux de nos
R. ff. qui ont eu dernierement l'honneur de vous
visiter.

Nous ne pouvons qu'admirer N. T. R. F. l'attachement
infatigable, avec lequel votre amour pour la
perfection, vous fait penetrer jusqu'aux circonstances
les plus misterieuses qui peuvent y avoir quelque
rapport: vous etes de ces hommes rares dont le zele
et l'ardeur ne connoissent point les difficultés, le qui
seule, ainsy que l'aigle pouvez fixer directement cette

SHARP 26.1

A l'O. de la P^te. L. d'E. de Toulouse
par 43 d.N. le 15e jour du 11e mois 5750[3]

T.R.G.M. D.G.M. G.S. G.Off. et FF. de la
T.R. P.L. d'E. à Bordeaux

Deux objets également intéressants pour nous
font la matière de la présente : la sublimité des
nouvelles connaissances que vous venez de
nous communiquer par le mémoire que vous
avez bien voulu confier à notre R.G.M.F.
Fontanilhe et la reconnaissance dont nous
sommes pénétrés de votre bon accueil en
faveur de ceux de nos R.FF. qui ont eu
dernièrement l'honneur de vous visiter.
Nous ne pouvons qu'admirer, N.T.R.F.,
l'attachement infatigable avec lequel votre
amour pour la Perfection vous fait pénétrer
jusqu'aux circonstances les plus mystérieuses
qui peuvent y avoir quelque rapport : vous êtes
de ces hommes rares dont le zèle et l'ardeur ne
connaissent point les difficultés et qui seuls,
ainsi que l'aigle, peuvent fixer directement
cette

SHARP 26.1

At the O. of the Pct. Sc. L. of Toulouse by 43
D.N. on the 15th day of the 11th month 5750[33]

M.R.G.M., D.G.M. G.S. G.Off. and BB. of the
M.R.P. Sc. L. in Bordeaux

Two topics, of equal interest to us, are the
subject of this letter: one is the sublime character
of the new knowledge which you have just
communicated to us by way of the presentation
which you kindly gave to our R.G.M.B.
Fontanilhe, the other is the gratitude which we
deeply feel for the good reception which you
gave to those of our R. BB. who had lately the
honour of visiting you.
We cannot but marvel, our M.R.B., at the
untiring attachment with which your love of
Perfection led you to fathom the most mysterious
circumstances which are attached to it. You
belong to that rare breed of men whose zeal and
whose ardour easily handle difficulties and who,
like eagles, can look directly at that

grande lumiere, dont la simple reflexio, est
a peine supportable aux autres hommes : que
de motifs pour nous de joye et de felicitation
N. T. R. f de n'avoir a trouver dans vous que
des guides aussi sages que éclairés pour nous
conduire, et en même temps assez magnifiques
pour partager avec nous les fruits de leurs travaux
les plus penibles. Grаces en soient rendües au
G. A. de L. notre gratitude comme notre docilité
l'egalent Votre magnificence, et ces devoirs de notre
part remplis, nous n'avons plus qu'a jurer : et loin
quelqu'important qu'il soit ne nous fera pourtant
jamais oublier vos bontés pour nos respectables freres
N. restants, nous les partageons bien sincerement
avec eux, et les aurons puissamment aussi presentes,
quel'envie devous prouver la tendre et respectueuse
Venération, avec laquelle nous avons l'honneur
d'être par les N. R. G. M. qui vous sont connüs

T. R. G. M. D. G. M. C. G. f f f

Vos treshumbles et très
obeissants serviteurs les freres

Par mandement de la T. S. P. L. N.

grande lumière dont la simple réflexion est à peine supportable aux autres hommes. Que de motifs, pour nous, de joie et de félicitation, N.T.R.F., de n'avoir trouvé en vous que des guides aussi sages qu'éclairés pour nous conduire ! Et, en même temps, assez magnifiques pour partager avec nous le fruit de leurs Travaux ! Grâces en soient rendues au G.A. de L. ! Notre gratitude, comme notre docilité, égalent votre magnificence et ces devoirs, de notre part remplis, nous n'avons plus qu'à imiter. Ce soin, quelque important qu'il soit, ne nous fera pourtant jamais oublier vos bontés pour nos Respectables Frères visitants. Nous les partageons bien sincèrement avec eux et les aurons puissamment aussi présentes que l'envie de vous prouver la tendre et respectueuse vénération avec laquelle nous avons l'honneur d'être, par les N.R. et M. qui vous sont connus,

T.R.G.M. D.G.M. G.S. G. Off. Et FF,

Vos très humbles et très obéissants serviteurs et Frères

Par mandement de la T.R.P.L. d'E

Godefroy G. S^{re}.

SHARP 27.1

A l'O. de la Pte. L. d'E. de Toulouse par 45 d.N. le 21e jour du 11e mois 5750[4]

T.R.G.M. D.G.M. G.S. G.Off. et FF. de la T.R.P^{te}. L. d'Ec. De Bordeaux

R :[5]

Nous consacrons les premiers rayons de la Lumière que vous nous avez communiqués à vous témoigner, avec toute la chaleur qui en émane, notre vive reconnaissance pour les faveurs que vous avez répandues sur nous par

great light whose mere reflection other men can hardly bear. Having found in you none but wise and enlightened guides to lead us, our M.R.B., we have so many motives to rejoice and be happy! How generous of you, at the same time, to share with us the fruit of your Labours! Thanks be to the G.A. of the U.! Our gratitude and our docility equal your generosity, and once we have fulfilled those duties, it only remains for us to imitate. This task, however important, will never make us forget your acts of kindness to our Respectable visiting Brethren. We very sincerely share those with them and they will be for us as strongly vivid as our desire to give you proofs of the tender and respectful veneration with which we have the honour to be, by the Respectable and M.N. and R. known to you,

M.R.G.M. D.G.M. G.W. G. Off. and BB.,

Your very humble and very obedient servants and Brethren

By command of the M.R.P. Sc. L.

Godefroy, G. S^{ry}.

SHARP 27.1

At the Orient of the Pct. Sc. L. of Toulouse by 45° N. on the 21st day of the 11th month 5750[7]

M.R.G.M., D.G.M. G.W. G. Off. and BB. of the M.R.P^{ct}. Sc. L. in Bordeaux

R(*eply*)[8]

We devote the first beams of the Light which you communicated to us, with the warmth that they radiate, to a testimony of our deep gratitude for the favours which you dispensed on us through the ministrations of B. Dubuisson, your

le ministère du F. Dubuisson, votre Député. Il est juste que nous vous rendions les hommages qui vous sont dus, dont le premier est l'obéissance que nous vous vouons ainsi qu'à tous les règlements ou statuts que vous nous avez envoyés et prescrits. Une Mère, quoiqu'absolue dans ses volontés, n'exclut pas néanmoins les réflexions et représentations que ses enfants, même dans leur plus grande soumission, se croient obligés de lui exposer.

Il y a quelques articles dans vos règlements, soit pour le taux des réceptions ou des amendes et coëcations[6], qui ne sauraient avoir leur

SHARP 27.2

exécution dans le pays que nous habitons. Les fortunes y sont très minces et la plupart ruinées, ce qui nous rend très difficile, pour ne pas dire impossible, l'exaction portée par les d^{ts}. Statuts. Voudriez-vous bien nous accorder la grâce de nous laisser absolument les maitres de l'arrangement économique pour tout ce qui concerne la finance ; sans quoi, quelque zèle qu'il y ait et parmi nous et parmi ceux qui viendront faire corps avec nous, nous ne pourrions parvenir à maintenir l'Ordre Sacré que vous avez bien voulu nous communiquer.

Il est encore un autre art^e. relatif à la trempe de l'esprit et du caractère des habitants de ce pays-ci que nous vous prions, N. T.Ch. F., de vouloir bien nous permettre de changer : c'est la fixation du jour des L. de quinzaine en quinzaine. Nous avons éprouvé que lorsqu'on les tient si rares soit par oubli du jour fixé, ou par refroidissement occasionné par ces délais, les L. se trouvent souvent désertées.

Nous espérons que vous voudrez bien avoir la bonté de condescendre et à nos réflexions et à nos désirs à ces égards et que vous nous honorerez incessamment d'une réponse.

Daigne le G.M^e., dont la mémoire sera toujours aussi chérie que respectée parmi nous, attirer sur vous toutes les bénédictions du G.

Deputy. It is only fair that we should render all due tributes to you, the first of which is our obedience to you as well as to all the regulations and statutes which you sent and prescribed to us. Nevertheless, a Mother, however absolute in her authority, does not forbid the remarks and petitions which her children, even in their extreme submission, feel bound to expound to her.

There are a few articles in your regulations, concerning the dues paid at the receptions or the fines and money contributions, which it would be impossible to

SHARP 27.2

implement in the country we live in. Fortunes are very small here and most of them are ruined. This makes it very difficult, nay impossible for us to collect the contributions fixed by the said statutes. Please do us the favour of leaving us absolutely free to manage everything which concerns financial matters. Otherwise, no matter how much zeal there may be among us or among those who will join our ranks, we will not be able to maintain the Sacred Order which you kindly communicated to us.

There is still another article - regarding the mental dispositions and the character of the inhabitants of this country - which we ask you, our Very Dear Brethren, to allow us to change, and that is the obligation of having L. meetings every two weeks. It has been our experience that when they are so few and far between, either because the Brethren forget the appointed day or because their zeal is diminished by the delay, the Lodges are often deserted.

We hope that our remarks and our wishes on those matters will meet with your kind approval and that you will honour us with a prompt answer.

May the G.M^{ter}., whose memory will always be as cherished as it is respected among us, bring upon you all the blessings of the G.

Archt^e. qui a daigné diriger ses Travaux de la manière la plus distinguée.

Nous sommes, N. T.Ch.F., par les Nombres Mystérieux, de vous et de nous seuls par votre grâce uniquement connus, avec tous les sentiments de l'union, cordialité et fraternité les plus distingués

T.R.G.M^e., D.G.M^e., G^ds. S^t. et G.Off.

Vos très humbles et très obéissants serviteurs

Par mandement de la R.L. d'E^c.

Dalleret G. S^re. De la R.L. d'Ec. De Toulouse

Vous trouverez ci-joint la liste des noms des F. qui composent jusqu'à ce jour notre R.L.

Archt^ct. who deigned to direct his labours in the most noticeable manner.

We are, our V.D.B., by the Mysterious Numbers known only to you, and by your grace to us, with the choicest feelings of heartfelt unity and fraternity,

M.R.G.M. D.G.M. G.W. G. Off. and BB.,

Your most humble and obedient servants

By command of the R. Sc. L.

Dalleret G. Sry. of the R. Sc. L. of Toulouse

Please find attached the list of the names of the B. who compose our R.L. at present.

Liste des f. qui composent la R. L. S.te de Toulouse

M.rs et f.

Dabüsson occupant la place de grand M.r

fontanilher D. G. M.r

Benaben Neg.t p.er G. S.

Lesage f.re de la direction des fermes S.d G. S.

Savy avocat au parlem.t or.

Dalleres comm.re aux classes de la marine G. S.re

Pin Membre de l'académie de Peinture Trer.

Cousser Ecuyer G. M. d'h.

de Bojas Père con.er au parlement

Sahuqué Neg.t

ferriere Neg.t

Roume fils Ecuyer

Godefroy controlleur à la manufacture du Tabac

La Serre fils Ecuyer.

Gavaudyn de Gavalda docteur en médecine

Carpenté M.r chirurgien Juré.

Gourdon directeur des Vivres de la marine

Griffeuil Bourgeois

fages Neg.t

Laborie Bourgeois

Tous Les f. Cy dessus habitent La Ville

Ginestet avocat en parlement de Beziers.

Dupin Chanoine de l'Eglise cathédrale d'Alés

La Seyre fils ainé Neg.t de Montauban.

Lavarigue Neg.t de Bajiège

Thurié directeur d'opéra.

20

Liste des F. qui composent la R.L. d'Ec. De Toulouse

M^{rs}. Et F.

Dubuisson, occupant la place du Grand M^e.
Fontanilhe, D.G.M^e.
Benaben, nég^t. P^{er}. G.S.
Le Sage, S^{re}. de la direction des fermes, S^d.G.S.
Savy, avocat au Parlem^t., or.
Dalleret, commisr^e. aux classes de la marine,[9] G.S^{re}.
Pin, membre de l'académie de peinture, Tres^{er}.
Cousse, écuyer, G.M. d'H.
De Bojas père, Cons^{er}. Au Parlement.
Sahuqué, nég^t.
Ferrières, nég^t.
Roume fils, Ecuyer
Godefroy, contrôleur à la manufacture du tabac
La Serre fils, Ecuyer
Gavaudyn de Gavalda, docteur en médecine
Carpenté, M^e. Chirurgien juré
Gourdon, directeur des vivres de la marine
Griffoul, bourgeois
Fager, nég^t.
Laborie, bourgeois

Tous les f. ci-dessus habitent la ville

Ginestet, avocat au Parlement de Béziers
Dupin, chanoine de l'église cathédrale d'Alès
La Peyre fils ainé, nég^t. de Montauban
La Garigue, neg^t. de Baziège
Thurier, directeur d'opéra

SHARP 27.4

List of the B., who compose the R. Sc. L. of Toulouse

Messrs. and Brethren

Dubuisson, in the seat of the Grand M^r.
Fontanilhe, D.G.M^e.
Benaben, merchant, G. Sr.W.
Le Sage, S^{ry}., from the Direction of the *Ferme Générale*,[16] Gd. J.W.
Savy, Attorney at the *Parlement*[17], Or.
Dalleret, Naval Commissioner to Classes[18]
Pin, Member of the Painting Academy, Tres^{er}.
Cousse, Squire, H.G.M.
De Bojas Sr., Counsellor at the *Parlement*
Sahuqué, Merchant
Ferrières, Merchant
Roume Jr., Squire
Godefroy, Controller at the Tobacco Factory
La Serre Jr., Squire
Gavaudyn de Gavalda, Physician
Carpenté, Sworn M^r. Surgeon
Gourdon, Naval Victualling Director
Griffoul, Burgher
Fager, Merchant
Laborie, Burgher

All above mentioned B. live in the town

Ginestet, Attorney at the Béziers Parlement
Dupin, Canon of the Cathedral Church of Alès
La Peyre the elder son, Merchant in Montauban
La Garigue, Merchant in Baziège
Thurier, Director of the Opera

SHARP 27.5

F. Bouquier, nég^t. à Troyes
F. Vialla, nég^t. à Montpellier
F. Président Caulet[10]

SHARP 27.6[11]

M. T.C. et R.F.

Vous verrez par la lettre ci-derrière que le grand œuvre est achevé. Je n'ai rien oublié de tout ce qui m'a été recommandé. Il ne m'est pas possible de vous en faire le détail en ce moment mais je vous instruirai de tout la semaine prochaine. Je suis, en attendant ce moment, mes T.C. et T.R.F.

Votre très humble et très obéissant serviteur

Dubuisson

SHARP103.1

M.T.C. et T.R.F.
Rep. Le 7 juin

C'est toujours à vous que je m'adresse, vous seul, aussi, pouvez m'excuser auprès de notre T.C. et T.R.L. si je manque aux règles et à ce que je lui dois, en ne m'adressant pas à elle-même pour lui rendre compte de ma mission, que j'ai remplie et exécutée, je crois, dans toutes les règles et à satisfaction. Je sais que je devais l'en instruire, par un détail circonstancié et en règle, de tout ce qui s'est passé dans cette cérémonie. Mais comment le faire si je n'ai pas à ma disposition un pauvre moment. Tous les

SHARP103.2

incidents, les révoltes, les cabales, nous arrivent coup sur coup. Aujourd'hui l'Opéra bas, demain relevé. Sans me glorifier, s'il a soutenu jusqu'à ce jour, c'est par mes ballets, par mes soins, et par les expédients que j'ai trouvés pour leur rendre service malgré eux-

SHARP 27.5

B. Bouquier, merchant in Troyes
B. Vialla, merchant in Montpellier
B. President Caulet[19]

SHARP 27.6[20]

M.D.B. and R.B.

You will see from the attached letter that the great work is finished. I have forgotten nothing of what was recommended to me. I cannot give you the details at the moment, but I will tell you all about it next week. Until then I am, M.D. and R.B.,

Your most humble and obedient servant

Dubuisson

SHARP 103.1

M.V.D. and M.R.B.
Rep. June 7th

I address myself to you again, to you who alone can make my apologies to our V.D. and M.R.L., if I do not abide by the rules and by all that I owe her by failing to report directly to her on my mission which, in my opinion, I fulfilled and executed satisfactorily and according to the rules. I know that I should inform her with a dutiful and detailed account of all that took place during that ceremony. And yet how can I do that if I do not have the smallest moment at my disposal? All sorts of

SHARP 103.2

incidents, rebellions and cabals are happening to us the one after the other. One day the Opera is down, the next day it is up. Without bragging, if it has endured to this day, it is thanks to my ballets, to my care and to the expedients I have found to serve their interests in spite of them.

mêmes. Enfin, je commence à croire qu'il soutiendra. La Grimiau a débuté avant-hier par Thisbé. L'opéra fut au mieux et mon ballet, malgré trois danseuses que j'ai mises dehors, qui occasionnèrent tout le tapage, a été à douze moyennant deux jeunes gens de la ville et [une] femme des chœurs que j'y [ai] incorporé. Le tout radoubé en deux jours et bien exécuté. Il nous arrive mardi prochain une haute-contre de Paris. P^res. Actrices et P^rs. Danseurs, figurants et figurantes, arriveront aussi prochainement et j'espère que l'Opéra, dans quelques mois, sera meilleur qu'il n'a jamais été. Et le tout, cependant, sans encore un sol ! Mais heureusement, pourtant nous ne devons encore rien et tout le monde est payé

SHARP103.3

par l'ancienne direction, qui se prête toujours, et le pauvre Dub., que l'on a décidé de devoir plus travailler que pour la gloire ! Aussi, ma bourse n'est plus remplie que de compliments. Voyez, mon cher F., si c'est ma faute et si j'ai le temps de faire l'orateur et d'envoyer un mémoire enrichi de mes belles prouesses. Non, ne l'espérez pas, ce n'est pas mon fort. Aussi, je fais en long, car, en raccourci, cela ne finirait pas.
Le grand jour de la Pentecôte fut le jour de mon grand succès. Tous les membres se trouvèrent aux Augustins à dix heures où je fis dire une messe à la chapelle du St. Esprit. J'en avais besoin. J'avais un habit neuf qui valait mieux que tout l'Opéra, y compris son magasin. Je m'aperçus qu'il fit effet vis-à-vis de mes récipiendaires. La messe finie, ils me suivirent en corps et entrèrent dans l'édifice avec beaucoup de respect. J'ouvris ma L. avec beaucoup de M. Je leur fis faire à tous, l'un après l'autre, leur exercice symbolique

SHARP103.4

et leur fit prêter les S^ts. dans toutes les règles. Je fermai la L. Nous fûmes à la salle à manger. Il y eut un fort beau banquet pour la saison. J'y tins L.B. Les santés nécessaires ne furent pas oubliées. Le banquet fini, je les ramenai

Finally, I am beginning to believe that it will endure. The day before yesterday, Mlle Grimiau began with *Thisbé*. The opera went very well and my ballet, notwithstanding three ballerinas who created a disturbance and whom I expelled, numbered twelve dancers by means of my incorporating two young men from the city and a woman out of the choir. The whole thing was set up in two days and well executed. Next Tuesday, we are expecting a countertenor from Paris. Several actresses and several dancers and male and female extras will also arrive shortly and I hope that in a few months the Opera will be better than it ever was and all that, however, without a penny! All the while, fortunately, we have no debts and everyone is paid

SHARP 103.3

by the former direction, who still consent to it, as well as poor Dub. who was persuaded to work for nothing! Now, as a result, I have nothing but compliments with which to fill my purse. You can see, my dear B., how little I am to blame and how few moments I have to compose an oration and to send a detailed account of my brilliant feats. Do not even hope for it, I am not good at that. This is why I make it long, because in short it would never end.
The great day of Whitsun was the day of my great success. All members were present at ten o'clock at the Church of the Augustines, where I had a mass performed in the Chapel of the Holy Spirit. I needed that. I had on a new suit of clothes which was worth more than the whole of the Opera, including the stores. I could see that it produced some effect on my candidates. After mass, they followed me in a group and they very respectfully entered the building. I opened my L. with a great many Masters. I had them perform their symbolic exercise the one after the other,

SHARP 103.4

and take their oaths according to all the rules. I closed the L. We went to the dining room. There was a very fine banquet for the season. I held a Banquet L. The required toasts were not forgotten. After the banquet, I led them back

dans l'édifice. J'ouvris encore la L. en B. Je continuai mon ouvrage par la lecture du cahier de L. Quel cahier ! Quel ouvrage ! je ne l'oublierai de ma vie ! je ne l'avais lu qu'une fois et avec des douleurs incroyables quand vous me l'envoyâtes. Il m'était tombé une fluxion sur les yeux, dont je ne suis pas encore quitte. J'étais si affairé le jour que je n'avais que le soir pour moi. Je ne pouvais pas souffrir la lumière. Tous les F. me pressaient pour les recevoir, je n'ai jamais vu un empressement égal au leur. Jugez de ma situation. Après la lecture, je leur donnais [sic] à tous, l'un après l'autre, les S., les M. et les A., la M., le S. D.

SHARP 103.5

Je leur lus le catéchisme. Je leur montrai le T., je leur expliquai, je les habillai avec toutes les cérémonies. J'ouvris la L. E. et j'eus le plaisir de voir mon ouvrage dans toute sa perfection et de former cette chaine si respectable. Mes disciples étaient si contents et si joyeux que si la L. avait duré une heure de plus ils seraient devenus tous fous. La journée fut complète et l'ouvrage dura depuis dix heures du matin jusqu'à près de neuf heures du soir. Je crois que c'est la plus pénible journée que j'ai passée de ma vie ! Enfin, vingt-deux Rec. de suite, sans interruption et sans discontinuer de parler. La Loge est vraiment située dans un lieu S^m., car elle est dans une cave. Elle est plus petite que la nôtre. Le nombre des lumières était complet, la L. bien C. Jugez s'il y faisait froid.

SHARP 103.6

Avant de former la Ch^e., je lus les Statuts. Toulouse n'est pas pécunieuse comme Bordeaux. Il fut délibéré qu'on vous ferait des instances à ce sujet. Je les ai liés de façon qu'ils ne peuvent [sic] rien faire sans votre participation et qu'ils seront [sic] toujours soumis à notre R.L. Je leur ai bien assuré que, bien loin d'en abuser, elle se prêterait toujours à leur satisfaction mais qu'ils devaient toujours se regarder comme une fille dont l'éducation ne lui permettrait pas de sortir du

inside the building. I opened the L. in B. once more. I continued my work by a reading of the Cahier[21] of the L. What a ritual! What a cahier! I will not forget it as long as I live! I had only read it once and with unbelievable pains when you sent it to me. I had then been affected with a fluxion of the eyes of which I have not yet been rid. I was so busy during the day that I had only the evening to myself. I could not bear the light. All the Brethren were urging me to receive them. I had never seen such impatience. Just imagine my situation. After that reading, I gave them all, the one after the other, the S.*igns,* the W.*ords,* the T.*okens,* the S.*teps* and the S.*ign* of D.*istress.*

SHARP 103.5

I read out the catechism to them. I showed them the L. room, I gave explanations, and I attired them with all proper ceremonies. I opened the Sc.. L. and I had the pleasure of seeing my work in all its perfection and of forming that respectable chain. My disciples were so happy and joyous that if the meeting had lasted for another hour they would all have gone crazy. It was a full day of work, from ten in the morning until nine in the evening. I think it was the most strenuous day of my whole life. Just think: twenty-two receptions on end, without interruption and speaking without a pause. The L. is really located in a symbolic place because it is in a cellar. It is smaller than ours. The requisite number of officers was complete and the L. was well tyled. You can imagine how cold it was in there.

SHARP 103.6

Before the chain was formed, I read out the Statutes. Toulouse is not as rich as Bordeaux. It was decided that an appeal would be made to you on that subject. I have bound them so that they can do nothing without your participation and that they will always submit to our R.L. I fully assured them that far from abusing that power, it would always take care of their satisfaction, but that they must always regard themselves as a daughter who is forbidden by her education to depart from the respect she owes

respect qu'elle doit à sa mère, et de se conformer en tous points à ses sages volontés. Voilà, mon cher Frère, de la façon dont j'ai élevé mon édifice. Je souhaite que mes Tr. C. et T.R.F. soient contents de ma mission. J'ai fait tout mon possible pour la remplir selon leur intention.

Quant à l'article[12] des F. à talents[13], je l'ai mis à la suite des Statuts, mais je n'ai

SHARP 103.7

pu en exclure le frère Thurier. Toute la Loge s'est employée pour lui. Il est extrêmement aimé ici et je puis dire, à sa louange, qu'il s'est extrêmement bien comporté et je lui ai fait promettre qu'il continuerait toujours de même. Quant aux autres, leur affaire est décidée, tant ceux de l'Opéra que de la ville. Je tins hier loge et je la gouvernerai jusqu'à la St Jean, où les élections se feront. La construction de la L. se trouva hier presque dans sa perfection. Elle le sera mercredi prochain. Elle ne sera pas de la beauté de la nôtre mais elle ne laissera pas que d'être passablement ornée. Les F. étaient enchantés de ce nouveau spectacle. Je n'ai jamais vu personne plus

SHARP 103.8

satisfait de son état qu'ils le sont du leur. Je recevrai mercredi prochain le F. Astruc, V.[14] d'une des loges de Montpellier. Ils ont tant de zèle qu'ils m'ont tous demandé de tenir loge tous les huit jours. Le terme de 15 est trop long pour eux. Je crois que, si je le voulais, ils tiendraient tous les jours. Ils savent déjà tout. Si j'en questionne un, ils me répondent tous, tant ils ont à cœur de me faire voir leur zèle à être instruit.

Voilà, mon cher Fr., tout ce que puis vous mander pour le présent. Assurez, je vous prie, N.R.L. de mon zèle, de mon attachement et de mon respect pour elle et de la parfaite considération avec laquelle je lui suis dévoué aussi bien qu'a tous M.T.C. et T.R.F. de qui je suis, par tous nos Noms les plus chéris,
Votre très humble et très obéissant serviteur

her mother, and that they must abide by her wise decisions in every respect. This, my Dear B., is how I raised my edifice. I hope that my V.D. and R. Brethren are satisfied with my mission. I did all I could to fulfil it according to their wishes. Concerning the article[22] about the Talented B.[23], I put it at the end of the Statutes, but I could not

SHARP 103.7

exclude Brother Thurier. The whole Lodge has interceded for him. He is very much liked here, and I can say in his praise that he has behaved extremely well. I even made him promise that he would always continue in the same way. As for the others, their case is settled, for those of the opera as well as for those of the town. I held a Lodge meeting yesterday and I will go on governing it until St John's Day, when the elections are made. Yesterday the L. was almost perfectly built. It will be finished next Wednesday. It will not be as beautiful as ours; it will nevertheless be sufficiently decorated. The Brethren were delighted by that new sight. I never saw anyone more

SHARP 103.8

satisfied with his situation than they are with theirs. Next Wednesday, I will receive B. Astruc, the W. of one of the Lodges of Montpellier.[24] They are so full of zeal that they have all asked me to have Lodge meetings every week. A two-week delay is too long for them. I believe that should I agree to it they would have meetings every day. They already know everything. If I question one of them, they all answer my question, so eager they are to show me their zeal to be educated.

This, my Dear B., is all I can tell you at the moment. Please assure our R.L. of my zeal, of my attachment and of my respect for her, and of the perfect consideration with which I am devoted to her as well as to my V.D. and M.R.B. of whom I am, by all our most cherished Names, Your very humble and obedient servant

A Toulouse le 24 mai 1750

Dubuisson

SHARP 17.1

A l'or^t. de la P^{te}. L. d'Ec. De Toul. Par 43 D.N. le 21 juin
1e 15750
du 12e mois 5749

T.R.G.M., D.G.M., G.S. et G. Off. et F. de la T.R.L. d'Ec. A Bord.
Rep. Le 21 juillet

Notre satisfaction augmente tous les jours par les nouveaux rayons de lumière que nous procure le grade Parfait d'Ec. Dont vous avez bien voulu nous procurer la connaissance et par le plaisir que nous ressentons en recevant vos sages avis auxquels nous vous promettons, nos T.C.F., de nous conformer et, en conséquence, nous avons corrigé les dates selon notre façon de calculer.

Nous vous faisons nos remerciements sur la liberté que vous nous laissez de déroger aux articles des Statuts qui concernent la finance : la confiance que vous avez en nous ne fera point que nos Mystères soient confiés plus facilement à des Maçons symboliques qui n'auraient pas toutes les qualités requises. Nous avons donc pris un honnête milieu pour le taux de nos réceptions que nous avons fixé à 4 *louis*.

Accordez-nous. S.V.P., la grâce de demander à la R.L. de Marseille de vouloir nous accorder la correspondance et donnez-nous l'adresse, que nous puissions écrire. Peut-être même notre R.D.M. ira dans peu de temps dans ce pays et il sera très aise d'y visiter la R.L. Depuis l'envoi de la liste des F. qui composent notre R.L., nous avons fait la réception du F. Bouquier, neg^t.de Troyes, et comme on a

SHARP 17.2

proposé quelque autre sujet, cette circonstance nous oblige de vous demander si, lorsque dans le scrutin il s'y trouve une fève noire,[15]

Toulouse, May 24th, 1750

Dubuisson

SHARP 17.1

At the Or^t. of the P^{ct}. Sc. L. of Toul. by 43 D.N., the 21st of June
1st 5750
the 12th month 5749

M.R.G.M., D.G.M., G.W. and G. Off. and B. of the M.R. Sc. L. of Bord.
Rep. July 21st

Our satisfaction is increased daily by the new rays of light provided to us by the degree of Perfect Sc. which you agreed to communicate to us and by the pleasure we have to receive your wise advice to which, our V.D.B., we promise to conform, and as a consequence we have modified the dates according to our way of reckoning.

We thank you for having allowed us to depart from the articles of the Statutes which regard finances. The trust which you have shown in us will not cause our Mysteries to be more easily revealed to Symbolic Masons who would not have the required qualities. Therefore, we have adopted a reasonably moderate rate for our receptions and we have fixed it at the sum of 4 *louis*.

Please do us the favour of asking the Lodge of Marseille to allow us to correspond with them and give us the address so that we can write. Our R.D.M. may even travel soon to that region and he will be very pleased to visit the R.L.

Since we sent the list of the Brethren who compose our R.L., we have received B. Bouquier, a merchant from Troyes, and as

SHARP 17.2

another candidate has been proposed, we must ask you, in that circumstance, whether in case there is a black bean[25] in the ballot the balloted

l'exclusion doit être donnée au sujet ballotté ou si le F. qui a mis la d^te. Fève n'est pas obligé d'en révéler la raison, pour être décidé par la R.L. Nous en usions de même avant notre dernière fondation, mais afin que le F. opposant ne fut pas connu et conserver la liberté des suffrages, tous ceux qui composaient la L. allaient parler à l'oreille du M., lequel faisait ensuite le rapport de la raison de l'opposition qui lui avait été communiquée. Donnez-nous, s.v.p., un éclaircissement là-dessus.

Ayez encore la complaisance de nous marquer un peu en détail tout ce qui concerne nos banquets, surtout le nombre et l'ordre des santés à boire. Le R.F. Dubuisson n'ayant pu nous satisfaire pleinement là-dessus.

Vous nous obligeriez beaucoup si vous pouviez nous donner tous ces éclaircissements avant la fête de la St. Jean, que nous avons renvoyé [sic] au dimanche 28 du courant.

Nous sommes, en attendant, par nos Nombres chéris et avec les sentiments de l'amitié la plus pure et la plus sincère

T.R.G.M., D.G.M., G.S. G. Off. et F.

Vos très humbles et aff^nés. frères

Par mandement de la T.R.G.L. d'Eco^se.

Dupin Sec^e. Pro temp^e.

candidate must be refused, or whether the B. who put the said black bean is bound to reveal his reason for the Lodge to decide on the matter. This was our practice before our latest foundation. However, in order to keep the opposing B. from being known and to preserve the freedom of the vote, all those who composed the L. would go and whisper in the W. M.'sear, who would then inform the L. of the reasons for the opposition which had been communicated to him. Please clarify this point for us.

Could you also give us detailed instructions on everything which concerns our banquets? More especially the number and the order of the drinking of healths. R.B. Dubuisson could not give us full satisfaction on the subject.

You would oblige us very much if you could give us all those explanations before the celebration of St John's festival, which we have postponed until the 28th of the current month.

Looking forward to your reply we are, by our cherished Numbers and with the feelings of the must pure and most sincere friendship

M.R.G.M., D.G.M., G.W. G. Off. and B.

Your very humble and affectionate Brethren

By command of the Most R. Scottish Grand Lodge

Dupin, pro *tempore* Sec.

À L'o et à S... d'... de l'univers
par 43. d'n. le 19.... jour du.... mois 5750
Juillet

21

T∴C∴G∴M∴ ... G∴M∴ ... ...
La T∴C∴R∴L∴ d'... à Bordeaux

Ny. le 21. Juillet

Pour nous nous flatter de recevoir bientôt
l'honneur de votre réponse à nos deux précédentes,
j'ai rapport aux éclaircissements à y aller
avoient pour objet, et que nous vous demandions,
tant que nous ayons de jusqu'à présent été
satisfaits; devoir nos doutes développés, et
nos questions résolues. Notre amour pour la
perfection, principe de notre impatience à
puiser dans vos sublimes lumières, ne nous
permettant pas de demeurer plus longtemps
tranquilles sur ce silence auquel nous serions
extrêmement ... devoir donné lieu, nous
... aux près ... d'accueillir nos
demandes, et de nous laisser rien ignorer

Bordeaux ...

SHARP 21.1

A l'O. de la p^{te}. L d'Ec. De Toulouse par
43 D.N. le 19e jour du 2e mois 5750
Juillet

T.R.C.M. D.G.M. G.S. G. Off.et FF. de la T.R.
P.L d'Ec. à Bordeaux
Rep. Le 21 juillet

Nous nous étions flattés de recevoir bientôt l'honneur de votre réponse à nos deux précédentes par rapport aux éclaircissements qu'elles avaient pour objet, et que nous vous demandions, sans que nous ayons eu jusqu'à présent la satisfaction de voir nos doutes développés et nos questions résolues. Notre amour pour la Perfection, principe de notre impatience à puiser dans vos sublimes Lumières, ne nous permettant pas de demeurer plus longtemps tranquilles sur un silence auquel nous serions extrêmement mortifiés d'avoir donné lieu, nous porte à vous prier, T.R.F., d'accueillir nos demandes et ne nous laisser rien ignorer

SHARP 21.1

At the O. of the P^{ct}. Sc. L. of Toulouse by 43
D.N., the 19th day the 2nd month 5750
July

M.R.G.M., D.G.M., G.W. G. Off. and BB. of the
R. P. Sc. L. of Bordeaux
Rep. July 21st

We had made bold to believe that you would honour us shortly with an answer to our two latest letters, regarding their object, which was our request for your explanations. We have not, as yet, the satisfaction of seeing our doubts developed and our questions resolved. Our love for Perfection which is the reason for our impatience to draw from your sublime lights, will not leave us at peace about a silence which it would very much afflict us to have caused; it prompts us, M.R.B., to beseech you to hear our requests and not to let us ignore anything

SHARP 21.2

de tout ce qui peut nous rendre les dignes fils d'une si respectable mère. Elle a bien voulu nous montrer toute la noblesse de la carrière que nous avons à courir, mais en même temps, en quelque façon, contracté vis-à-vis de notre faiblesse l'engagement de nous y aider. C'est ce puissant secours que nous réclamerons toutes les fois que nos besoins l'exigeront dans la confiance où nous sommes de ses dispositions à nous l'accorder. Ce n'est pas que nous n'ayons été un peu rassurés par la présence du T.R.F. Papillon dont les lumières ont répandu une nouvelle clarté sur partie de nos Travaux. Il a été le témoin de notre docilité comme de notre envie à leur donner toute la perfection dont ils sont susceptibles, mais nous voyons de si près l'époque de notre naissance qu'il n'est guère possible qu'ils ne tiennent encore du rétrécissement de l'humanité. Ce n'est que par degrés que les faibles, dans le cours ordinaire, peuvent soutenir le grand jour, de même que c'est un effort plus

SHARP 21.3

qu'humain de dépouiller tout à coup le vieil homme. Vous êtes ces forts, N.T.R.F.F., à qui il est donné de nous conduire au grand terme.
C'est un ouvrage commencé que vos devoirs mêmes vous obligent de rectifier et dans lequel votre scrupuleuse délicatesse ne doit souffrir la plus petite difformité. Coopérez, s'il vous plait, par les lumières que nous attendons, sachez de ne pouvoir les payer que de la plus tendre reconnaissance avec laquelle nous avons l'honneur d'être, par les N. R. et M. qui vous sont connus

T.R.G.M. D.G.M. G.S. G. Off.et FF.
Votre humble et très affectionné serviteur et Frère

Par mandement de la T.R.P.L. d'Eco

Godefroy, G. S^{re}.

SHARP 21.2

of all that may make us the worthy sons of so respectable a mother. She kindly showed us what a noble course we were to run, but at the same time, considering our weakness, she somehow endeavoured to help us do so. This is the mighty support which we will claim at the time of our every need, fully trusting in her willingness to grant it. We did receive some reassurance from the presence of the M.R.B. Papillon whose knowledge shed a new light on some parts of our labours. He witnessed our docility as well as our desire to give those labours all the perfection which they can receive. However, we are so near the time of our birth that they may well remain tainted with some human narrowness. It is only by degrees that the weak can ordinarily bear the bright daylight. Similarly, it is a superhuman effort

SHARP 21.3

to put off our old nature all at once. You are, O.M.R.B.B., among those strong ones whom it behoves to guide us to the great end.
The construction is just begun and you are bound by your very duty to rectify it and to apply scrupulous care to suffer no deformity, however small. Please do collaborate with the lights which we are expecting and be assured that they can only be paid by the most tender gratitude with which we have the honour of being by the M. N. and M. known to you

M.R.G.M., D.G.M., G.W. G. Off. and BB.
Your humble and affectionate servant and Brother.

By command of the M.R.P. Sc. L.

Godefroy, G. S^{ry}.

31

SHARP 11.1

A l'or. De la P.L. d'E. de Bord. Par 45 D.N. le 21e jour du 2e mois 5750[26]

T.R.G.M., D.G.M., G.S.S., G. Off. Et FF. de la T.R.L.P. d'Ec. De Toulouse

J'ai été chargé par N.R. <L> de répondre à la lettre que vous lui avez fait l'amitié de lui écrire le 21 juin dernier et qui ne nous fut remise en L. que le dimanche 19 de ce mois. Nous avons été extrêmement mortifiés du retardement que vous éprouvez dans notre réponse. Elle eut été plus prompte si votre lettre m'avait été adressée parce que j'aurais pu prendre sur moi de la faire sans consulter la L. qui m'honore d'assez de confiance pour ne pas craindre qu'elle m'eût désapprouvé.

Notre G. Sec^{re}. doit vous envoyer par ce même courrier la liste de nos off^{rs}. Et vous témoigner de la part de N.R.L. combien elle est édifiée de l'exactitude de vos Travaux et à quel point elle s'applaudit d'avoir déchiré le bandeau qui vous dérobait la vraie Lumière.

Mais j'en viens aux objets sur lesquels vous nous demandez des éclaircissements.

Par l'art. 13 des Statuts[27], vous avez pu voir que les sujets qui se présentent pour être installés parmi vous ne sont ballottés qu'une seule fois dans une L. Il a paru sans doute superflu d'y faire mention qu'une fève noire donnait l'exclusion au sujet ballotté, parce que cette police est observée dans les L. symb^{ques}. et qu'il n'y a aucune bonne raison pour en user autrement dans les nôtres. Nous ne sommes pas non plus dans l'usage d'exiger que ceux

SHARP 11.1

At the Or. of the Pct. Sc. L. of Bord. by 43 D.N., the 21st day the 2nd month 575046[44]

M.R.G.M., D.G.M., G.W.W.. G. Off. and BB. of the R. P. Sc. L. of Toulouse

I was requested by our R. <L> to reply to the letter which you kindly sent to her on June 21st last, and which was only delivered in the L. on Sunday 19th of the current month. We were extremely sorry about our late answer. It would have been quicker if you had addressed your letter to me, because I could have taken the responsibility to make it myself without consulting the L. who trusts me to the extent that I would not have feared her disapproval.

Our G. S^{ry}. will send you by the same post the list of our officers and tell you on behalf of O.R.L. how uplifting it finds the exactness of your labours and how pleased it is at having removed the blindfold which hid the true Light from you.

But now to the matters on which you request our explanations.

You could see in art. 13 of the Statutes[45] that the candidates who present themselves to you for being admitted are only balloted once in a L. We probably found it unnecessary to mention that one black bean resulted in the exclusion of the balloted candidate, because this is common practice in Symbolic Lodges and there is no good reason to do otherwise in ours. Neither do we usually require that those

SHARP 11.2

de nos F. qui donnent ainsi l'exclusion en rendent compte de quelque façon que ce soit, semblables encore en cela aux Mo^{ns}. Symb^{ques}., mais, en outre, subordonnés aux principes de la M^{rie}. qui ne gêne en rien la liberté de ceux qui ont le bonheur d'être initiés dans ses Mystères.

Quant à l'ex^{ce}. de la table, le R.G.M. fait

SHARP 11.2

of our Brethren who thus refuse admission should account for it in any way whatsoever. We are similar in this respect to Symbolic Lodges, and in addition we follow the principles of Freemasonry which imposes no restraint on the freedom of those who have the good fortune of being initiated in its Mysteries.

Regarding Table Lodge proceedings, the R.G.M.

charger comme à l'ordinaire. Au coup qu'il frappe, tous les F. se lèvent, tenant leur canon dans la m. droite et leur couteau de la m. gauche. Il porte les santés comme il sera dit ci-après et boit seul. Pendant qu'il boit, celui qui est à sa droite frappe neuf coups du manche de son couteau ; celui-ci boit à son tour, le suivant frappe, boit ensuite et ainsi des autres jusqu'au R.G.M. qui frappe pour le dernier buvant à sa gauche.

Pour que cet ex^{ce}. ait tout son agrément, il faut que les convives soient extrêmement attentifs à frapper quand celui qui est à leur gauche commence à boire. Cela doit se faire avec beaucoup de précision, de façon que l'on frappe toujours quand l'autre boit et que le bruit des coups soit si continu et si égal que ceux qui l'entendraient au dehors n'en puissent distinguer le nombre.

Lorsque tous les F. ont bu, ils portent leurs canons en avant et, sans autre cérémonie, les posent sur la table.

SHARP 11.3

En 3e temps, on applaudit par 3, 5, 7 et 9 et l'on crie Viv… [vivat]

Les santés sont les mêmes que celles usitées dans les L. symb. On les porte avec tous les H. de la M. d'Ec. Et l'on boit celle du G.M. d'Ec. Notre C. et R.F. Raoul, qui se propose de visiter votre R.L en revenant de Bagnères, vous mettra au fait de toutes les choses sur lesquelles vous pourriez encore avoir quelques doutes. Par exemple, l'ouverture et la clôture de nos L. ont été rectifiées et il a été ajouté un 3e Mot à notre 1ère att. [attouchement] Le 1er Mot, comme vous savez, est B. [Berith], le second N [Neder]. Le 3e doit être S. [Schelemoth] représenté dans le triangle du Tableau avec les deux lettres précédentes.

Pour ouvrir et pour fermer

Le Vén. Frappe 9 coups, on ne fait rien.

Le S.S. frappe 3 coups, on fait le S. du V. [ventre]

has the glasses charged in the usual way. When he strikes with his gavel, all Brethren rise, they hold their cannon[46] in their right hand and their knife in their left hand. He gives the toasts as described below, and he is the only one who drinks. While he is drinking, the B. on his right strikes nine times with the handle of his knife, and then he drinks. The next B. strikes and then he drinks, and they all follow suit down to the R.G.M. who strikes for the last one drinking on his left.

For those proceedings to be fully enjoyable, the guests must especially make sure that they strike when the one on their left is beginning to drink. It must be performed in the most precise way, so that one always strikes while the other is drinking and so that the sound of the knocks is so regular and equal that supposing they were heard from outside, their numbers could not be counted.

When all the Brethren have drunk, they hold their cannons in front of them, and then they put them down on the table without further ceremony.

SHARP 11.3

As a third step, they give applause by 3, 5, 7 and 9 and shout Vivat.

The toasts are the same as those used in Symb. L They are given with all the H. of Sc. M., and one drinks the health of the Sc. Grand Master. Our D. and R.B. Raoul, who intends to visit your R.L. on his way back from Bagnères, will inform you about all those things on which you might still be in doubt. For instance, the opening and closing of our Lodges have been amended and a 3rd word has been added to our 1st grip. The 1st word, as you know, is B. [Berith], the second one is N. [Neder]. The third one must be S. [Schelemoth], represented in the triangle of the Board with the two preceding letters.

For opening and closing:

The Wor. Gives 9 knocks, nothing is done.

The J. W. gives 3 knocks. The S. of the S. [stomach] is given.

Le 1er S. frappe 5 coups, on fait le S. du B. [*bras*]

Le Vén. Frappe 7 coups, on fait celui de la B. [*bouche*] et l'on reste dans la posture de ce dernier S. tandis que le Vén. Fait des questions du C. [*catéchisme*]

On nous a proposé d'autres changements que nous n'avons point encore adoptés. Nous avons écrit pour nous assurer qu'ils sont véritablement de notre institution. Si on nous le justifie, nous vous en ferons part.
Au surplus, la R.L. de Marseille a été prévenue de votre établissement et vous pourrez lui envoyer votre liste. Adressez-moi le paquet si vous le jugez à-propos, un de

SHARP 11.4

nos F. se chargera de le faire tenir sûrement.
Je reçois dans le moment une 3e lettre de votre R.L. en date du 19 de ce mois. Elle ne fait qu'augmenter le regret que j'ai de ce que l'on ne vous a pas répondu courrier par courrier. Mais, à l'avenir, en m'adressant vos lettres, vous n'attendrez qu'après les réponses qui devront être portées en L.
Je reçois aussi de N.C.F. Papillon qui se loue beaucoup du bon accueil que vous lui avez fait. N.R.L, à qui je rendrai compte, en sera très reconnaissante. Recevez en d'avance ses remerciements et les assurances du plaisir infini qu'elle aura d'accueillir ceux d'entre vous qui nous feront l'honneur et l'amitié de nous visiter.
Je profite avec beaucoup d'empressement de cette 1ère occasion de vous témoigner en particulier avec combien de respect, d'attachement et de cordialité j'ai l'h. d'être par nos Nombres chéris

T.R.G.M., D.G.M., G.SS., G. Off.et FF.

Votre très humble et très aff^{mé}. Ser. Et F.

Dupin

The S. W. gives 5 knocks. The S. of the A. [*arm*] is given

The Wor. Gives 7 knocks. The M. [*mouth*] S. is given. The brethren remain in the position of this last S. while the Wor. asks the questions of the C [*atechism*].

Other changes, which we have not adopted yet, have been proposed to us. We have written to make sure that they really belong to our institution. If they are proved to us to be justified, we will inform you.
Moreover, the R. L. of Marseille has been informed of your establishment and you can send them your list. You can send me the package if you like, one of

SHARP 11.4

our Brethren will have it safely delivered.
I have just now received a 3rd letter from your R.L. dated on the 19th of the current month. It makes me regret even more that your mail was not answered forthwith. However, in the future, when you address me your letters, you will only wait for the answers which will have to be given in the L.
I have also received news from our O.D.B. Papillon who is very pleased at having been well received by you. O.R.L. which I will inform will be very grateful for that. Please receive my thanks in advance and rest assured that it will be infinitely pleased to welcome those of you who will make us the honour of a friendly visit.
I eagerly seize this first opportunity to show you especially with how much respect, attachment and warmth I have the honour of being by our cherished Numbers

M.R.G.M., D.G.M., G.WW., G. Off. and BB.

Your very humble and very affectionate Ser. and B.

Dupin

SHARP 22.1

A Toulouse, ce 30 juillet 1750

Monsieur et T.R.F.

Quelques motifs de discussion étant survenus dans la R.L d'Ec. qui se tint hier au soir et sur lesquels il sera sans doute écrit de part et d'autre à notre R.L. Mère, j'ai l'honneur, en vous prévenant, de vous prier de la porter à ne se pas laisser surprendre par aucune impression qui pourrait naître de quelques raisons peut être captieuses qui lui seraient présentées par ceux des FF. qui pensent différemment de nous. Les objets que nous avons à soumettre à la justice comme à la prudence exigent un mémoire détaillé, qu'elle sent bien qui n'a pu se former dans un si court intervalle de

SHARP 22.2

temps, et que nous ne pourrons avoir l'avantage de lui remettre que par l'ord^re. de jeudi prochain. Soyez, s'il vous plaît, d'avance notre avocat auprès d'elle pour l'assurer que le différend dans lequel nous nous trouvons ne provient que de notre attachement inviolable a la droiture, à nos principes fondamentaux, et de notre scrupuleuse délicatesse à ne nous prêter à rien qui puisse lui déplaire. C'est ce que nous nous proposons de mettre dans l'évidence la plus claire. En attendant, agréez les témoignages du fraternel et respectueux dévouement avec lequel j'ai l'honneur d'être, par tous les N. et M. à vous connus,

Monsieur et T.C.F.

Votre très humble et très obéissant serviteur

Godefroy G. Sre.

Mon adresse :
Premier Contrôleur de la
Manufacture royale du tabac à Toulouse

SHARP 22.1

Toulouse, July 30th 1750

Dear Sir and M.R.B.

Some causes for disagreement arose in the R. Sc. L. which was held last night. Both sides will probably write about it to our R. Mother L. By informing you, I have the honour of asking you to invite her not to be surprised by whatever impression she might get from some reasons, perhaps distorted ones, presented to her by those B.B. who do not think as we do. The matters which we have to submit to judgment as well as to cautious examination, require a detailed presentation, and she can well see that it could not be drafted in so short a period of

SHARP 22.2

time, and that we will not be able to submit it to her until the ordinary mail of next Thursday. Will you please plead our case in advance before her and assure her that the dispute which has risen among us was only caused by our intangible attachment to rectitude, to our fundamental principles and to our scrupulous attentiveness to avoid everything which might displease her. We wish to make this absolutely clear. In the meantime, please receive our assurances of the fraternal and respectful devotion with which we have the honour of being, by all the Numbers and Mysteries known to you,

Dear Sir and V.D.B.,

Your very humble and very obedient servant

Godefroy, G. Sry.

My address:
Senior Inspector of the
Royal Tobacco Manufacture

SHARP 23.1

A l'or. De Toulouse, par 43 D.N. l'an 5750 et le 9e jour du 2e mois du 6 août[28]

Très R.G.M., D.M., 1er et S. Gr. Surv., Gr. Off. et T.R.F. de L.R.G.L. d'E. de Bordeaux S.S.S.[29]

Pénétrés des bienfaits que nous avons reçus de votre R.L., nous ne saurions jamais oublier que nous lui devons notre existence. Dans toutes les occasions nous vous marquerons à quel point se portent nos sentiments pour vous tous, nos T.R.F. Nous venons vous en donner aujourd'hui des marques qui ne sont pas équivoques. Mais plût au G.A. que le sujet soit dans un autre genre.
Le R.F. Dubuisson, que vous eûtes la bonté de charger du soin de nous fonder, eut à peine rempli sa commission qu'il eut malheureusement quelque démêlé sur le théâtre de l'opéra

SHARP 23.2

avec M. le Comte de Montbrun, beau-frère du R.F. de Bojat, Conseiller de Grande Chambre au Parlement[30] et dép. M. de notre R.L. La justice étant nantie de leurs discussions et le roi en ayant même été informé, le Fr. de Bojat nous fit savoir combien il était désespéré que des raisons de famille et de bienséance ne lui permissent plus de se trouver vis-à-vis du Fr. Dubuisson, que ces seuls motifs l'obligeaient à abandonner nos Travaux pour quelque temps, qu'il priait la L. de l'excuser et, en particulier, le R.F. Dubuisson d'être bien persuadé de tous ses sentiments d'estime et d'amitié pour lui.
Nous fûmes effectivement privés du Fr. de Bojat jusqu'au 15 de juillet. Nous le vîmes venir ce jour-là parmi nous parce qu'on l'avait assuré que des occupations particulières retenaient ce jour-là le Fr. Dubuisson chez lui. On ne l'avait pas trompé, le Fr. Dubuisson ne vint pas à la L. mais nous l'eûmes au souper et le Fr. de Bojat se retira.

SHARP 23.1

at the Or. of Toulouse, by 43° N.; in the year 5750, and on the 9th day of the 2nd month, August 6th[47]

Most R.G.M., D.M., Gr. Sr and J. Ward., Gr. Off. and M.RB. of the R. Sc. G.L. of Bordeaux, S.S.S..[48]

We are well aware of the blessings which we have received from your R.L., and we can never forget that we owe you our existence. In all occasions, we will show you the whole extent of our sentiments for all of you, our M.R.B. Today, we wish to give you unequivocal evidence of those. Would to the G. A., however, that our subject were of a different kind.
You were kind enough to entrust R.B. Dubuisson with the task of founding us. Unfortunately, no sooner had he fulfilled his mission, than he had a dispute about the opera theatre

SHARP 23.2

With the Count of Montbrun, brother–in-law of the R.B. de Bojat, Counsellor of the Grand Chamber in the Parliament[49] and Deputy Master of our R.L. Because their dispute had been brought before the Court and as the King himself had been informed, B. de Bojat let us know how much he was afflicted by the fact that for family reasons and by decency, he could not find himself face to face with B. Dubuisson, that for those reasons only, he was compelled to leave our labours for some time, that he begged the Lodge to excuse him, and that he asked B. Dubuisson to be convinced of the feelings of esteem and friendship which he had for him.
We were indeed deprived of presence of B. de Bojat until July 15th. He came to us on that day because he had been assured that some particular business kept B. Dubuisson at home on that day. He had been told the truth: B. Dubuisson did not come to the L. meeting. However, he came for dinner and B. de Bojat retired.

22 juillet

Huitaine après. Un Fr. de la R.L. ayant proposé de chercher tous les moyens possibles pour ramener parmi nous le Fr. de Bojat que nous étions au moment de perdre tout à fait, attendu ses protestations réitérées de ne plus se rendre au

SHARP 23.3

travail, il fut répondu à ce Fr. que la R.L en avait en vain cherché et qu'elle avait délibéré de ne pas se mêler de cette affaire.

Sur la nouvelle insistance de ce Fr. et pour lui donner satisfaction, la R.L. nomma le R. de Caulet, grand président, le R. Dupin, chanoine, et le R. Savy, avocat, pour comm^{res}. A l'effet d'imaginer quelque expédient pour ramener parmi nous le Fr. Député Gr. M.

Ces Comm^{res}. Assemblés crurent qu'il convenait de proposer à la R.L d'indiquer ses travaux à un jour et a une heure d'occupation pour le Fr. Dubuisson qui, jusqu'à ce moment, avait été le témoin muet de tout ce qui s'était passé, sans vouloir fournir lui-même le plus petit expédient.

Le 23, on demanda pour le jour même une Loge extraordinaire. Le 1er Gr. Surv, la refusa. On la demanda au Dép. M. qui l'accorda. Cette L. fut renvoyée au dimanche 26 parce que l'opéra n'avait pas donné de représentation le 23 ni le 24.

A cette L. du dimanche, il fut proposé en thèse si l'on ne trouvait pas à propos de changer le jour du Travail. L'affirmative fut résolue d'une commune voix, si vous en exceptez un seul, qui se plaignit de ce changement et qui,

SHARP 23.4

sans trop mesurer ses termes, dit qu'on tirait à boulet rouge contre le Fr. Dubuisson. Il dit même que ce changement était une affaire de cabale et de parti, qu'on n'ignorait pas les parties secrètes du Fr. Dubuisson.

Le 29, tous les Fr. s'assemblèrent. C'était le jour indiqué originairement pour la convocation. On fit lecture de la délibération

July 22nd

A week later. A B. of the R.L. suggested that we try to find all possible means to bring B. de Bojat back among us, as we were about to lose him altogether because of his repeated declarations that he would never again come to

SHARP 23.3

our labours. It was answered to that B. that the L. had tried in vain and decided not to interfere in the matter.

The B. insisted again and in order to satisfy him the R.L. appointed R. de Caulet, Grand President, R. Dupin, Canon and R. Savy, Solicitor as commissaries in charge of finding some method to bring back to us the B. Deputy Gr. M.

The commissaries got together and believed that it would be convenient to propose that the L. should schedule its meetings at such times and dates when B. Dubuisson was busy. Until then, B. Dubuisson had witnessed in silence all that had taken place, without volunteering personally the smallest suggestion of a solution.

On the 23rd, an extraordinary Lodge was called. The Sr. Gr. Ward. refused. The Dep. M. was asked and he agreed. The L. was deferred to Sunday 26th because the opera had not given any performance either on the 23rd or on the 24th.

At that L., on the Sunday, the idea of changing the day of the labours was put forward. It was answered in the affirmative, unanimously except for one B. who complained about that change and who,

SHARP 23.4

in somewhat incautious words, said that B. Dubuisson was under exaggeratedly heavy fire. He even said that the change was all a partisan plot and that B. Dubuisson's secret business was well known.

On the 29th, all the B. were assembled. It was the day originally appointed for the convention. The deliberation held on the preceding Sunday was

prise le dimanche précédent, pour la faire agréer a ceux qui n'y étaient pas et il n'y eut pas, à cet égard, d'autre contestation que l'assurance positive que nous donna le Fr. Dubuisson qu'il assisterait aux loges, les tint-on à minuit ou à quatre heures du matin.

La loge du 29 prête à finir, et après avoir convenu qu'on s'assemblerait à l'avenir le dimanche, on demanda l'exécution d'un article des Statuts qui enjoint de renfermer dans un endroit secret de la V.L., les papiers et autres meubles précieux. Le Fr. 1er Gr. Surv., tenant la L., refusa de les remettre en disant qu'il les avait en dépôt chez lui de la part de notre Gr. Me., qui se trouve aujourd'hui absent. On le pria, on insista vivement, mais il refusa toujours. Le Fr. Dubuisson se joignit à lui et réclama tous les papiers, comme les Const^{ons}. le Catéch., le Détail hist., formulaire de ferm. sous le prétexte, nous dit-il, que toutes choses

SHARP 23.5

ne lui paraissaient pas assez en règle, que l'union était même assez peu cimentée entre les Fr. pour ne devoir pas laisser à leur disposition des effets dont ils ne connaissaient pas le prix.

Dimanche dernier 2 août, la R.L s'étant assemblée et le Fr. Dubuisson ayant tout quitté pour venir parmi nous, un Fr. de la L ayant reparlé du refus fait par le 1er Surv. de remettre les papiers dont [il] s'agit et de l'opposition à cette remise de la part du R.F. Dubuisson, il fut porté une plainte contre ce dernier, au sujet des termes peu décents dont il s'était servi contre la R.L. et de l'opposition peu réfléchie de sa part à l'exécution des Statuts sous d'aussi faibles prétextes.

Pour avoir la liberté dans les opinions, on pria le Fr. Dubuisson de sortir et il fut délibéré qu'on n'avait point de juridiction ni d'autorité sur lui, n'étant que Fr. visitant et déclaré tel par une délibération du 8 juillet, mais qu'on vous porterait nos plaintes sur ses procédés envers nous et, qu'en attendant la réponse de V.T.R.G^r.L., il serait prié de s'abstenir d'entrer dans la V.S. et de la visiter.

read out, in order to have it approved by those who were absent, and there was no opposition in that respect, except for the positive assurance which B. Dubuisson gave us that he would attend Lodge, even if it was held at midnight or at four in the morning.

When the Lodge of the 29th was nearly finished, and after it was agreed to meet on Sundays in the future, there was a request for the execution of an article of the Statutes which requires that papers and other precious possessions of the W.L. should be locked in some secret place. The B. Gr. Sr. Warden who presided over the meeting refused to deliver them, saying that they had been deposited with him by our Gr. Mr. who was absent at present. He was most insistently asked, but he always refused. B. Dubuisson joined him and asked for all the papers, such as the Constitutions, the Catechism, the boards drawn, the form of closing, under the pretext, in his words, that to him, everything

SHARP 23.5

did not seem regular enough, and also that the union between the Brethren was so feeble that they should not be entrusted with possessions the value of which they ignored.

Last Sunday, August 2nd, the R.L. having assembled and B. Dubuisson having left everything to be among us, a B. of the L. mentioned again the Sr. W.'s refusal to hand in the papers in question as well as B. Dubuisson's opposition to such delivery. Consequently, a complaint was entered against the latter on the grounds of the inappropriate words which he had used against the R.L., and his somewhat thoughtless opposition to the execution of the Statutes under such flimsy pretexts.

In order to preserve freedom of opinion, B. Dubuisson was asked to leave, and it was decided that the L. had no jurisdiction or authority over him, as he was only a visiting B., recognised as such by a deliberation of July 8th, but that our complaints against his conduct would be brought before you and that until we have the reply from Y.M.R. Gr.L., he would be requested to abstain from entering the S.V. or to visit there.

Voilà, nos T.R., un détail historique et les circonstances

SHARP 23.6

de tout ce qui s'est passé dans la L. au sujet du Fr. Dubuisson. Toute cette narration vous fera sentir dans quels embarras nous nous sommes trouvés par égard pour le Fr. Dubuisson de la main duquel nous tenons vos bienfaits et que nous aimons par mille autres motifs, par attachement aussi pour le Fr. de Bojat, un des principaux Officiers de notre R.L. et d'ailleurs si bon Maçon qu'on l'a vu, par amour pour nos Travaux, proposer l'alternative avec le Fr. Dubuisson d'une semaine pour lui et de la seconde pour l'autre, ce que le Fr. Dubuisson a constamment refusé malgré tous les exemples qu'on a pu lui porter de la discrétion de certains visitants qui, pour ne pas priver les loges qu'ils visitent de certains de leurs membres avec lesquels ils n'étaient pas unis, s'abstiennent du Travail pour cet unique motif. Les égards que nous devons aux membres de V.R.L. nous auraient pourtant imposé là-dessus un silence rigoureux si le Fr. Dubuisson ne s'était porté à avilir un ouvrage dont vous êtes les auteurs. Nos T. R^{bles}., par quelle fatalité tout ne lui parait-il plus être en règle dans une V. S^e. qu'il a bâtie et admirée lui-même depuis si peu de temps ? Qu'avons-nous donc fait pour nous être rendus indignes

SHARP 23.7

de ce qu'il nous a confié lui-même par votre ordre ? Quelle est la désunion qui règne parmi nous et qui nous rend indignes de ce dépôt ? S'il a vu la paix, le symbole des L, s'altérer à certains moments, n'a-t-il pas le reproche à se faire d'en être l'auteur et la cause, par son obstination à vouloir se refuser à tout ce qui pouvait procurer une conciliation entière et générale. Nous disons entière et générale, attendu que quatre ou cinq de nos membres ont aveuglément épousé les querelles et les discussions du Fr. Dubuisson, à quoi pourtant nous n'avons pas encore voulu remédier pour ne pas multiplier les sujets de plainte que nous

This, our M.R., is the account of the facts and the circumstances

SHARP 23.6

of all that occurred in the L. regarding Br. Dubuisson. The whole story will show you all the difficulties which we faced concerning Br. Dubuisson, from whom we had received your blessings and whom we love for a thousand other reasons, also concerning Br. de Bojat, one of the principal officers of our R.L. who, in addition of being such a worthy mason, suggested to Br. Dubuisson out of his love for our labours that they should take turns, one week for the one, one week for the other, which Br. Dubuisson constantly refused in spite of all the examples that we could give him of the discretion of some visiting Brethren who, not wanting to deprive the Lodges they visit from some of their members with whom they are in disagreement, do not attend the Labours for that single reason.
Nevertheless, our due consideration for the members of Y.R.L. would have compelled us to remain absolutely silent, if Br. Dubuisson had not allowed himself to defile a work of your making. By what fatality, M. R^{ble}., did he come to think that all was not regular any more in a Sd.V. which he himself had so recently built and admired? What did we do to make us unworthy

SHARP 23.7

of that which he had consigned to us by your command? What disunity reigns among us and makes us unworthy of that deposit? If he has, at times, observed that peace, the symbol of Lodges, was degraded, should not he blame himself for having caused it by his obstinate refusal of everything which might have brought about a complete and general propitiation? We say complete and general because four or five of our members have blindly espoused Br. Dubuisson's disputes and arguments, a situation which we have not, so far, wished to remedy to avoid multiplying the subjects of the complaints which we have to make.

avons à former.

Nous prévoyons pourtant que le Fr. Dubuisson pourrait bien nous faire, auprès de vous, un crime, et se faire en même temps un mérite, de l'opposition qu'il fit à la remise des papiers, de la voie que nous frayâmes nous-mêmes, le dimanche 26 juillet, en faisant ouvrir avec un marteau la table du Secr. dans laquelle était renfermé le registre de nos délibérations. Mais à cela réponse bien simple : la Loge était mandée depuis trois jours, elle était convoquée par qui de droit, et on en convint dans la L. d'après. Cependant, le Secr. ne parut point, il n'envoya pas la clef, et il avait même affecté la veille de venir la prendre, quoi qu'il fut

SHARP 23.8

dans l'usage de la laisser, voulant par là nous priver de pouvoir écrire la délibération que nous prendrions.

Enfin, N.T.R., nous terminons une lettre, qui n'est déjà que trop longue, par la prière que nous vous adressons de rétablir, par votre réponse, l'honneur et la paix chez des Maçons formés par vos mains et sous vos yeux, qui ont dans leurs cœurs les plus vifs regrets de vous déférer un Frère qui n'a manqué que par préoccupation et qui, d'ailleurs, nous a donné des marques si certaines de son amour pour la paix et pour les bonnes mœurs. Veuillez bien, par votre décision, le ramener au point du Compas où tout bon Maçon se retrouve avec plaisir.

Nous sommes, avec tous les sentiments possibles,

Très R.G.M., D.M., 1er et S. Gr. Surv., Gr. Off. Et T.R.F.

Vos très affectionnés Frères de la Pfte. L. d'Ec. De Toulouse en la V.S.

Par mandement de la R.L.

Dupin, Chn. Secre. Pro temp.

Nevertheless, we fear that Br. Dubuisson might well present those to you as a crime, while boasting at the same time of having opposed the delivery of the papers as well as the breach which we, ourselves could make on Sunday 26th by having the Secr.'s desk in which the register of our deliberations was locked, opened with a hammer. There is, however, a simple answer to this: the Lodge had been called three days before, it had been convened by the competent authority, and that was agreed upon at the next L. Nonetheless, the Secr. did not turn up, he did not send the key, and the day before he had even made a show of coming to take it, although he usually

SHARP 23.8

left it there, thus meaning to deprive us of the possibility to write down the decision which we would take.

Lastly, our O.M.R., let us end an already too long letter by beseeching you to make us such a reply which will restore honour and peace among Masons who were formed by your own hands and under your own eyes and who heartily regret to bring before your judgment a Brother whose fault was only caused by his dedication and who, besides, has given us so clear signs of his love for peace and good morals. Let your decision bring him back to that compass point where every good mason is pleased to find himself.

We are, with all possible feelings,

Most R.G.M., D.M., Gr. Sr and J. Ward., Gr. Off. and M.R.B.

Your most affectionate Brethren of the Pct. Sc. L. of Toulouse in the S.V.

By command of the R.L.

Dupin, Canon, Secrry. pro temp.

Ecoss^{me}.

Mémoire

Remettre en L.

Architecture

Pour remettre à M. Dravemon
Ou à M. Delzolier

<u>Rep. Le 19 août</u>
A Toulouse, le 6ème août 1750

Mon Très Cher et Très Respectable Frère,

Vous devez être sans doute fâché contre moi de mon long silence, mais vous me le pardonnerez quand je vous assurerai en F. que vous êtes le p^r. à qui j'écris depuis ma malheureuse aventure. Je fis serment, dans la maison de ville où j'étais détenu, que je n'écrirai à aucune protection ni amis que je n'aie satisfactⁿ. Vous êtes l'un et l'autre pour moi et vous êtes le p^r. à qui j'écris.
Vous devrez donc me pardonner et moi vous instruire du plus malheureux moment de ma vie.
Je vous avais écrit le début de la Grimiau et que sa sœur avait été condamnée du public à ne plus paraître quand l'ainée eut paru avec applaudissem^{ts}. Se croyant sure de son fait, elle dit qu'elle voulait que sa sœur jouât et fut payée. Thurier, Degland, et tout l'opéra, s'y opposèrent. A la dernière répⁿ. d'Issé, soit que Thurier fut averti ou qu'il se doutât du complot, il donna son rôle d'Yllas et ne parut pas à l'Opéra. Le comte de Montbrun et la Grimiau, enragés de ne pas le voir pour lui annoncer qu'elle ne jouerait pas si sa sœur n'avait pas un rôle dans l'opéra qu'on allait jouer, s'adressèrent à Degland et Méchin pour le leur signifier, qui répondirent que cela ne les regardait pas. Ne sachant plus à qui

SHARP 25.1

Scots Mas^{ry}.

A presentation

To be delivered in the L.

Architecture

Delivery to M. Dravemon
or to M. Delzolier

SHARP 25.2

<u>Rep. August 19th</u>
Toulouse August 6th 1750

Very Dear and Most Respectable Brother,

You must be angry with me for having been silent so long, but you will forgive me when I assure you as a B. that you are the first to whom I write since my unfortunate adventure. I swore, in the city house where I was detained, that I would write to no friend or protector before I had received satisfaction. To me, you are the one and the other and you are the first to whom I write. Therefore, you must forgive me and I must tell you about the most miserable moment in my life. I had told you about the beginnings of Mlle Grimiau, and that her sister had been sentenced by the public not to appear. When the elder sister appeared and was greeted with applause, she believed that her case was won and she told me that she wanted her sister to act and be paid. Thurier, Degland and the whole of the opera opposed that. At the last performance of Issé, either because Thurier had been warned or because he suspected the conspiracy, he played his part as Yllas and did not appear in the opera. The Count of Montbrun and Mlle Grimiau were furious that they could not see him and announce to him that she would not act if her sister did not have a part in the opera about to be performed and they turned to Degland and Méchin to inform them. They replied that it was none of their business. Not knowing to whom they could

s'adresser, la tempête tomba sur moi et comme je passais du

SHARP 25.3

long des coulisses, je trouvais le passage embarrassé par les Grimiau, le comte et son frère, que je ne connaissais pas. Je fus obligé de passer au milieu d'eux. La Grimiau ainée dit en me fixant : « oui, ce sont tous des marauds. » Le comte ajouta : « oui, des marauds à qui je casserai les bras. » Je m'arrêtai en les regardant tous et Méchin, qui était dans la coulisse, me dit : « oui, c'est à vous qu'on parle !» « Et à propos de quoi ?», lui dis-je. « A propos d'un passe-droit qu'on dit que l'on a fait. » Je répondis : « Je l'ignore, par conséquent je ne prends pas pour moi ce que l'on dit. Si cela me concernait personnellement, je répondrais, mais ne sachant pas de quoi il est question, je n'ai rien à dire et je me retire. » Je fus à l'amphithéâtre voir le dernier acte. Pendant ce temps, les deux frères furent se parler dans le foyer avec tant d'agitation qu'ils furent remarqués. Ils revinrent se placer, l'aîné dans une coulisse et l'autre à la porte du foyer qui se trouve à côté des coulisses. Comme je revenais pour faire entrer la nouvelle haute-contre qui allait chanter une ariette ajoutée, j'entendis derrière moi le comte dire : « Jarni D.[31] Coquin, je ne sais ce qui me tient que je ne te donne vingt coups de canne !» Je me retournai et je le vis, sa canne à la main en attitude menaçante. J'avais mon chapeau à la main, n'en portant jamais l'été. Je lui demandais si c'était à moi que cette menace s'adressait et pourquoi il me la faisait. « Pour t'apprendre à passer devant moi avec plus de respect ! » « Je ne vous ai pas manqué ni à personne et je suis bien surpris », - en m'approchant de lui - « Que vous vous serviez de pareilles menaces

SHARP 25.4

à mon égard. Elles ne sont pas faites pour moi. Je suis un honnête homme !» Je vous assure, sous notre secret, qu'en ce moment je lui serrai la main et je le ferais connaitre en toute

turn, the storm fell upon me, and as I walked

SHARP 25.3

along the wings, I found the passage blocked by the Grimiau sisters, the count and his brother, whom I did not know. I had to pass between them. The elder Grimiau stared at me and said: "Yes, they are all scoundrels." The count added: "Yes, scoundrels whose arms I mean to break." I stopped, looked at them all and Méchin, who was in the wings, said: "Yes, this is addressed to you." "What is this about?" I said. "About some abuse which they say has been committed." I replied: "I don't know about this, so I don't feel concerned by what they say. If it concerned me personally, I would answer, but as I don't know what this is about, I have nothing to say and I'll go away." I went to the amphitheatre to see the last act. Meanwhile, the two brothers talked in the foyer with such vehemence that they attracted attention. They went to position themselves the elder one in a wing and the other at the door to the foyer which is next to the wings. As I came back to introduce the new countertenor who was going to sing another arietta, I heard the count who was saying behind me: "Goddamit,[50] you rogue! I don't know what is stopping me from giving you twenty strokes of my stick!" I turned around and I saw him, his stick in his hand, in a menacing posture. I had my hat in my hand, as I never wear one in summer. I asked him if the threat was directed at me and why he was making it. "To teach you to pass more respectfully before me!" "I have not shown disrespect to you or anyone, and it surprises me very much", - getting closer to him - "that you should make such threats

SHARP 25.4

against me. I do not deserve them. I am an honest person!" I assure you, under our seal of secrecy that I then grasped his hand and I will let this known at every opportunity. He stood

occasion. Il resta un temps à me regarder sans rien dire. Je fis de même. Il prit le chemin du corridor. Je le suivis tranquillement. Quand il fut prêt à descendre l'escalier, il se retourna et, ne voyant derrière lui que moi, il rebroussa chemin avec précipitation, frappa de toute sa force à la porte des Capitouls,[32] qui ouvrirent, tout étourdis du bruit. Il entra et, parlant à voix haute, se plaignit que je venais de lui manquer de respect et que je l'avais insulté. Le chef du Consistoire, à qui il s'était adressé, lui répondit qu'il l'étonnait, que j'étais poli envers tout le monde, qu'il ne pouvait s'imaginer que j'eusse pu tomber dans pareille faute. Je m'avançais et répondis que je ne lui avais manqué en rien mais, qu'au contraire, il m'avait menacé avec sa canne. Il me répliqua qu'il ne me ferait pas tant d'honneur mais qu'il me ferait casser les bras par les porteurs si on ne lui rendait pas justice. Je lui dis que je ne leur conseillais pas d'en prendre la commission ni que personne ne se mit à leur tête et que je ne craignais point ses menaces et je m'en retournai sur le théâtre. Cela avait déjà interrompu le spectacle et fait lever tout le monde. Plusieurs vinrent à moi me demander ce que c'était et, comme je leur racontais, il

SHARP 25.5

[*Verticalement dans la marge gauche* : J'ai reçu la lettre du R.G.M. que j'ai remise en L. Je l'assure de mon respect…]

vint en criant que si les Capitouls ne me mettaient pas au cachot, il me donnait cent coups de canne. J'eus encore la sagesse de me retenir, me réservant à un temps plus propice et me contentai de le regarder. « Comment ! », dit-il, « tu oses encore me regarder ! » En disant cela il leva sa canne pour me charger. Je perdis patience. Je tirai mon épée et l'épouvantai si fort en allant sur lui qu'il se jeta dans la coulisse. Quelques personnes se jetèrent au-devant de moi et son frère, que je ne connaissais pas et qui était, comme je vous ai dit, en sentinelle à la porte du foyer, se jeta sur mon épée pour me l'arracher. Je crus d'abord que c'était un spectateur qui ne faisait

looking at me silently for a while. I did the same. He moved along the corridor. I followed him quietly. When he was about to go downstairs, he turned around and when he saw that I was alone behind him, he hurriedly went back, knocked with all his strength at the door of the *Capitouls*[51] who opened, stunned by the noise. He went in, and complained in a loud voice that I had just addressed him with disrespect and that I had insulted him. The head of the *Consistoire* to whom he had addressed himself, answered that it surprised him, that I was polite to everybody and that he could not imagine that I might have committed such an offence. I stepped forward and said that I had done him no wrong but that, on the contrary, he had threatened me with his stick. He replied to me that he would not make me such an honour but that he would have his servants break my arms if he was not vindicated. I told him that I did not advise them to undertake it or anyone to lead them and that his threats did not frighten me, and I went back to the theatre. All that had interrupted the performance and made everyone stand up. Several came to me to ask what it was about, and as I was telling them he

SHARP 25.5

[*Vertically in the left-hand margin*: I have received the letter of the R.G.M. which I delivered in the L. I assure him of my respect.]

came over, shouting that if the *Capitouls* did not put me in jail he would give me a hundred strokes with his stick. I was again wise enough to contain myself and to wait for a more favourable occasion, and I just looked at him. "What!" he said "You still dare to look at me!" Saying this he raised his stick to attack me. I lost my patience. I drew my sword and frightened him so by going at him that he threw himself into the wing. Some persons rushed before me and his brother, whom I did not know and who, as I told you before, was keeping watch at the door to the foyer, threw himself over my sword to wrench it from me. I first believed that it was a spectator who was only doing this to stop me from

cela que pour m'empêcher de le percer mais, voyant son opiniâtreté, j'entrai dans la méfiance et lui donnai une si rude secousse que je m'en débarrassai. En le même moment, la garde se jeta sur moi pour me désarmer et me repoussa jusqu'au fond du théâtre. Tous leurs efforts ne purent jamais en venir à bout, quoiqu'ils fussent huit à me tenir adossé contre la muraille. Quand le comte me vit serré et tenu de cette façon, il s'élança sur la grande gloire[33] qui descend du fond du théâtre et, de là, me déchargea un grand coup, par derrière, sur la tête. Me sentant touché, je fis un si grand effort que je repoussai toute la garde. L'officier, se jetant alors sur

SHARP 25.6

moi, reçut le second coup sur la tête et le trois^e. tomba sur un négociant de mes amis et frères, qui me sollicitaient de remettre mon épée. Pendant ce temps-là, le cadet avait tiré son épée et, au-travers des soldats, la passait pour me percer. L'effort que je fis pour me débarrasser quand je me sentis frappé me sauva la vie et pensa faire tuer le sergent, qui fut blessé à côté des testicules. On était si fort attaché à moi qu'on se contenta de le désarmer et qu'on leur laissa le temps de se retirer. Mon désespoir et ma fureur étaient si marqués que tout le monde conseilla aux Capitouls de me tenir aux arrêts. J'y fus conduit et eus pour logement celui de feu M. de Montmorency[34].

Je fus trois jours sans vouloir donner mon audition ni faire aucune plainte. Pendant ce temps, ils furent décrétés et les Capitouls dressèrent un procès en règle. Je fus enfin déterminé par mes amis à donner mon audition et le procès fut envoyé en cour. Ils ont été condamnés, le comte à Briscous et l'autre à Ferrières.[35] Tous nos Frères en agirent au mieux en cette occasion. Ils vinrent manger avec moi et m'offrirent tout ce qui dépendait d'eux. Le seul Frère de Bojat, beau-frère de M. Montbrun, s'est démenti après avoir banqueté avec moi à la loge bleue. Le jour de la St Jean, il comptait d'être le chef de notre loge. Je le fis recevoir, par mon suffrage que j'écrivis publiquement, Député Maitre. Mais cela ne le satisfit pas, il

piercing him, but as I saw how obstinate he was, I became suspicious and I gave him such a hard push that I got rid of him. At that moment, the watch pounced on me to disarm me and they pushed me back to the rear of the theatre. With all their efforts they could not achieve that, although there were eight of them holding me against the wall. When the count saw me held and restrained in that way, he rushed towards the décor of the great *gloire*[52] which is lowered down from the rear of the stage, and from there he landed a great blow on my head, from behind. As I felt the blow, I made such a great effort that I pushed the whole watch back. Their officer then pounced on

SHARP 25.6

me, he received the second blow on his head and the third one fell upon a merchant, a friend of mine who was asking me to give up my sword. Meanwhile, the younger brother had drawn his sword and was thrusting it between the soldiers to pierce me. The effort that I made to free myself when I felt the blow saved my life and nearly killed the sergeant wo was wounded near his testicles. Everybody's attention was so turned towards me that they only disarmed him and gave him the time to depart. My despair and my anger were so visible that everybody advised the *Capitouls* to detain me. I was taken in custody and I had the same lodgings as the late M. de Montmorency[53]. For three days, I refused to make a statement or to make any complaint. Meanwhile they were indicted and the Capitouls organised a trial in due form. My friends finally persuaded me to give my statement and the case was referred to the Court. They were sentenced, at Briscous for the count and at Ferrières[54] for the other. All our Brethren behaved excellently in that occasion. They came to share my meals and they offered me all that was in their power. B. de Bojat alone, M. Montbrun's brother-in-law, reneged after he had shared a banquet with me in the Craft Lodge. On St John's Day, he wanted to be head of the Lodge. By my vote which I wrote publicly, I had him received as Deputy Master. This, however, did not satisfy him, he

s'absenta de la Loge et n'y parut qu'un jour que je n'y pus pas venir à cause d'une répétition. Il dit qu'il n'était pas venu à cause de moi, rapport à mon affaire avec ses beaux-frères, et qu'il ne lui convenait pas de se trouver en ma compagnie. On lui opposa que nos assemblées étaient cachées aux yeux du public, que les affaires que j'avais avec ses beaux-frères ne regardaient point la Loge, que je n'avais aucun tort avec eux, qu'au contraire j'étais l'offensé... Il persista toujours et déclara que, tant que j'y paraîtrais, il s'absenterait. Le frère Papillon arriva dans les entrefaites. Le jour qu'il fut en loge, je n'y fus pas pour laisser la liberté de décider cette affaire. Le F. Bojat y était. On agita la question et il fut décidé que la loge n'entrerait en rien dans cette affaire et qu'il serait même défendu d'en plus parler. Il y eut banquet le même soir. On m'en fit avertir. J'y fus. Le F. Bojat vint et, me voyant, se retira. Comme il est conseillé, le Pᵗ. de Caulet, le F. Savy, avocat, et l'Orateur firent un très froid accueil au F. Papillon et tout le parti de la robe. La loge suivante, ils renouvelèrent la question. Il fut encore décidé pour toute conclusion qu'on enverrait des commissaires au F. Bojat pour le prier de venir occuper sa place, qu'après cela, s'il refusait, il deviendrait libre. Son parti piqué de n'être pas venu à bout de m'exclure, le F. Savy dit, en sortant de la loge, qu'il

avait un secret pour en venir à bout. Quelques Frères, qui l'entendirent, lui répondirent qu'il n'en n'aurait jamais pour forcer la Loge à une pareille injustice. Il dit qu'il le ferait voir avant peu. Il était un des députés pour le F. de Bojat, malgré le titre. Comme le G.M. Fontanilhe était parti avec le F. Papillon pour la Provence, le F. de Bojat, comme Deputé, convoqua une loge extraordinaire où il ne fut averti que son parti. Il ne s'y trouva pas et le F. Savy tint la L. Le F. S., qui en eut vent et qui avait oublié

SHARP 25.7

stayed away from the Lodge and only made an appearance there one day when I could not come because of a rehearsal. He said that he had not come because of me, on account of my affair with his brothers-in-law, and that it did not suit him to find himself in my company. It was replied to him that our assemblies were hidden from public eyes and that my affair with his brothers-in-law did not concern the Lodge, that I had done no wrong there, and that on the contrary I was the injured party. He persisted and declared that as long as I would be there, he would absent himself. In the meantime, B. Papillon arrived. On the day when he was in the Lodge, I did not attend so that a decision on that affair could be made freely. B. Bojat was there. The question was discussed and it was decided that the Lodge would have no part in that affair and that it would even be forbidden to mention it. There was a banquet on that same evening. I was duly informed. I went. B. Bojat came and when he saw me he departed. As advised, Pᵗ. de Caulet, B. Savy the lawyer and the Orator as well as the whole party of the legal profession, gave B. Papillon a very cold welcome. At the next meeting they raised the matter again. It was merely decided again as a conclusion that commissaries would be sent to B. Bojat to ask him to come and occupy his place and that he would then be free again. His party were upset at having been unable to expel me and when he left the lodge, B. Savy said that he

SHARP 25.8

had a secret means to achieve this. Some Brethren who heard him replied that he would never have one to compel the Lodge to do such an injustice. He said that he would soon demonstrate it. He was a deputy for B. de Bojat, notwithstanding his title. As G.M. Fontanilhe had gone to Provence with B. Papillon, B. de Bojat, as his Deputy convened an extraordinary meeting to which the members of his party alone were invited. He was not there and B. Savy presided. The B. Secretary, who got wind of it

la clef au tiroir, la fut reprendre. A l'ouverture de la Loge, ils firent fraction à son tiroir, cherchèrent les papiers. Heureusement, l'armoire qui les devait renfermer n'étant pas encore achevée, le G.M. les avait remis au F. Le Sage, qui devait présider en son absence. Ils couchèrent leur délibération sur le livre et délibérèrent que la loge se tiendrait tous les dimanches à cinq heures, espérant par-là me mettre hors d'état d'y assister. Le mercredi suivant, toute la Loge s'assembla. Ils demandèrent qu'on lise leur délibération et, pour s'excuser de l'infraction faite, ils prétendirent que le F. S. était en faute et demandèrent qu'il fût amendé. Il y eut de grands débats autour de ces points. La Loge se forma en deux partis, le F. Savy, soutenu du président, le voulut prendre haut et dit qu'un étranger

SHARP 25.9

ne devait pas l'emporter sur un Frère de la considération du F. de Bojat. On lui expliqua qu'en loge il n'y avait pas de rang, que les F. étaient tous égaux et que la justice seule devait conduire nos actions. Comme ils travaillaient à faire terminer l'armoire ce jour-là, ils demandèrent que les papiers y fussent déposés. Le F. Sage, qui présidait, répondit que le F. Fontanilhe [les] lui avait donnés en dépôt et qu'il voulait [les] lui remettre en main propre, surtout vu ce qui se passait et ce qui s'était passé [à] la dernière loge. Voyant qu'il persistait malgré le nombre de Fr. qui s'y opposaient, il me demanda mon avis. Je répondis que vu la désunion qui régnait en ce moment dans la loge, j'étais de son avis et que j'insistai même qu'il les gardât jusqu'à temps que j'en eusse écrit à la Mère-Loge ou qu'ils le fassent eux-mêmes, tous d'accord pour s'en rapporter à sa décision. Ils me répondirent que je n'avais plus de droit à donner mon avis, que ma mission était finie et que je n'étais plus, dans leur loge, que F. visiteur et que cela était prouvé par délibération. Je leur dis que je l'ignorais et que jusqu'à temps que la Mère-Loge en eut décidé, je me regardais toujours comme leur fondateur et, par conséquent, p^r.

and who had forgotten the key in the drawer, came to retrieve it. At the opening of the L., they broke the drawer open and looked for the papers. Fortunately, the cupboard in which they were to be kept was not finished yet. The G.M. had left them with B. Le Sage who was to preside in his absence. They entered their deliberation in the book and decided that the Lodge would meet every Sunday at five, thus hoping to make me unable to attend. On the following Wednesday, the whole Lodge assembled. They required that their deliberation should be read out, and in order to excuse themselves for their offence, they pretended that the B. Secretary was at fault and they asked for him to be fined. Those points were debated at length. The Lodge was split into two parties. B. Savy, supported by the President, wanted to take a superior tone and said that some stranger

SHARP 25.9

ought not to prevail over so important a Brother as B. de Bojat. It was explained to him that there was no rank in the Lodge, that the Brethren were all equal and that justice alone was to guide our actions. As they were having the cupboard finished on that particular day, they asked for the papers to be deposited there. B. Sage, who was acting President, answered that B. Fontanilhe had left them in his custody and that he intended to give them back to him personally, considering, especially, what had taken place at the last Lodge meeting. Seeing that he insisted, in spite of the number of Br. who opposed it, he asked me for my advice. I answered that in view of the division which prevailed in the Lodge at that moment, I shared his opinion and I even insisted for him to keep them until I had written to the Mother Lodge or until they did so themselves and agreed to abide by its decision. They answered that I had no right to give my opinion any longer, that my assignment was over and that I was now only a visiting Brother in their Lodge, which was proved by a deliberation. I told them that I did not know it, and that until the Mother Lodge had so decided, I regarded myself as their founding B., consequently the first member of their Lodge, and that as such I

membre de la loge, qu'en cette qualité je croyais leur devoir dire mon sentiment, pour les ramener à la douceur et prévenir les cas fâcheux qui pourraient survenir par une discussion, que c'était cette

SHARP 25.10

crainte qui me faisait être du parti de point exposer les papiers à une nouvelle infraction et que j'insistais qu'ils demeurassent entre les mains qui en avait été munies par le F. Fontanilhe. Là-dessus, le F. Savy s'emporta au point de défaire ses ornements, de les jeter sur sa chaise et de sortir de la Loge en disant qu'il n'y remettrait plus le pied. La Loge se ferma. Comme je m'en allais avec le F. Le Sage et d'autres, en lui recommandant de ne se point départir des papiers, le F. Savy, qui se trouva derrière nous dit : « Je m'en moque ! je sais où en trouver le double ». Comme il avait trouvé la lecture de l'Histoire très difficile, le F. Fontanilhe <la> lui avait confiée pour l'écrire de suite. Je compris qu'il en avait tiré un double. Je me retournai et lui dis : « Sentez-vous, mon F., ce que vous dites et avez-vous pu oublier votre serment jusqu'à ce point-là ?» Il me répondit qu'il savait bien ce qu'il disait et qu'il n'avait point de compte à me rendre à ce sujet-là et s'en fut. Malgré l'Opéra, je me trouvai à la dernière Loge qui devait se tenir le dimanche, selon la délibération qu'ils avaient prise. Il ne s'y trouvait qu'eux et deux F. du parti opposé, qui étaient venus pour voir ce qu'ils délibéreraient. Le F. Savy y présida, le F. de Caulet y tint la place de 1er S. et le f. Dupin le Second.

SHARP 25.11

Le F. Savy débuta par dire que le F. de Bojat l'avait chargé de faire ses excuses à la loge, qu'un procès, dont la lecture pressante l'occupait, l'empêchait d'y assister mais que désormais on serait content de son exactitude. Après, il demanda qu'on délibérât de nouveau sur le F. S. et s'il était en faute d'avoir emporté la clef. Puis, m'adressant la parole, il me pria de ne point trouver mauvais qu'il ne

believed it to be my duty to give my sentiment in order to bring them back to a gentler attitude and to prevent any unfortunate situation from arising because of a dispute, that it was because of that fear

SHARP 25.10

that I was against exposing the papers to a further mishandling and that I insisted to have them remain in the hands in which they had been deposited by B. Fontanilhe. Whereupon B. Savy lost his temper to the point of taking off his regalia, throwing them upon his seat and leaving the Lodge saying that he would never set foot there again. The Lodge was closed. As I was leaving with B. Le Sage and others, advising him not to part with the papers, B. Savy who was behind us said: "I don't care! I know where to find a copy". As he had found it very difficult to read the minutes in the register, B. Fontanilhe had given it to him to write them down rapidly. I understood that he had made a copy of it. I turned round and said to him: "Do you realise what you are saying, Brother? Could you forget your sworn obligation to such an extent?" He answered that he knew full well what he was saying and that he did not have to justify himself to me on that matter, and then he left. Notwithstanding the Opera, I attended the last meeting which was to take place on the Sunday, in accordance with the decision they had made. They were the only ones present, plus two Brethren from the opposite party who had come to see what they would decide. B. Savy presided; B. de Caulet acted as Senior Warden and B. Dupin as Junior Warden.

SHARP 25.11

B. Savy began by saying that B. Bojat had asked him to present his apologies to the Lodge, that he had a case file to read urgently, which prevented him from being in Lodge, but that in the future his attendance would be satisfactory. Then, he requested that a new deliberation be made about the B. Secretary, to decide whether he was at fault for having taken the key away. Then he addressed me and asked me not to resent his not

me demandât pas mon avis, que, comme visiteur, je n'en avais point à donner. Je fis ma révérence sans rien répliquer. Le F. Caulet, voyant cela, se leva et dit qu'il y avait un point bien plus nécessaire à décider, que c'était celui des papiers de la loge.

On fut aux avis. Il fut décidé qu'il fallait que le F. le Sage les déposât absolument dans l'armoire faite exprès pour cela. Le F. de Caulet dit au G.M. qu'il serait à propos de me demander mon avis à ces sujets, il répondit que je n'en aurais point à donner. Le F. de Caulet dit que, dans la loge dernière, j'avais contesté ce titre et que, par conséquent, je pourrais donner mon avis sur ce point. Le G.M. me le demanda. Je me levai et dis que comme il m'avait annoncé que je n'avais rien à dire, je comptais rester dans le silence, mais que, puisqu'il m'ordonnait de parler, j'allais le faire,

SHARP 25.12

en marquant ma surprise de le voir présider et demander les avis pour punir des F., lui qui, <à> la dernière loge, était sorti des bornes que notre état nous prescrit en arrachant ses vêtements, les jetant et sortant en assurant qu'il ne mettrait plus le pied dans la loge. Mais je me tais là-dessus et laisse à la loge d'y réfléchir. « Pour répondre à votre demande, vous me demandez que je donne mon avis pour la restitution des papiers », lui dis-je, « et moi je vous demande ou est le double de ces papiers, que vous nous avez annoncé en sortant dernièrement. Est-il possible que vous ayez pu abuser de la confiance qu'on a eue en vous ? je demande à la loge de décider sur ce sujet, qui est bien plus important que tout le reste ! » Il me dit qu'il était prêt à y répondre en me disant que son dessein était d'écrire à la Mère-loge pour en avoir le double des papiers que je refusais de faire donner à la loge et qu'il s'était flatté qu'on ne lui refuserait pas. Le F. Caulet interrompit en disant que, pour décider de tout cela, il était à propos que je fusse absent. Le G.M. me pria de sortit pour laisser délibérer. J'obéis. Un quart d'heure après, le F. Du Pin vint me dire que la loge avait

asking for my opinion, and said that as a visiting Brother I had no right to give it. I bowed and made no reply. Seeing this, Bro Caulet rose and said that a decision was needed on a much more necessary matter: that of the Lodge's papers. Opinions were solicited. It was decided that B. Le Sage must absolutely put them in the cupboard specially made for that purpose. B. de Caulet said to the G.M. that it would be appropriate to ask for my opinion about this. He answered that I was not supposed to give any. B. de Caulet said that at the last meeting, I had challenged my position <as a visitor> and that therefore, I could give my opinion on the matter. The G.M. Asked me for it. I rose and said that as he had told me that I had nothing to say, I <had> meant to remain silent, but that as he ordered me to speak, I would do it,

SHARP 25.12

while showing my surprise at seeing that he was presiding and asking for advice in order to punish some Brethren, he who had, at the last meeting, overstepped the boundaries which our quality imposes on us, by tearing off his regalia, throwing them away and leaving with the promise that he would never set foot in the Lodge any more. But I said no more on that and let the Lodge think about it. "In order to comply with your request, you ask for my advice about the return of the papers", I said, "and I, in turn, ask you where the copy of those papers, which you recently mentioned when you left, can be. May it be true that you could betray the trust which we put in you? I ask the Lodge to decide on that point which matters much more than all the rest!" He told me that he was ready to reply to this, saying that he intended to write to the Mother Lodge to have a copy of the papers which I refused to give to the Lodge, and that he was confident that they would not refuse them to him. B. Caulet interrupted and said that in order to decide on all that, it was appropriate for me to be absent. The G.M. asked me to leave and let the deliberation take place. I obeyed. A quarter of an hour later, B. Dupin came to tell me that

délibéré de m'exclure de la loge jusqu'à ce que j'aie déterminé le Frère Sage à remettre les papiers.

SHARP 25.13

Voilà, mon Cher Frère, ce qui s'est passé. Les deux partis doivent écrire et j'ai cru devoir, à mon particulier, vous détailler les choses telles qu'elles sont. Vous savez comme moi ce que c'est que les Loges dominées par la robe, la licence et l'arrogance président et les m^{ts}. veulent qu'au milieu du sanctuaire on fléchisse devant eux. Ceux qui n'ont pas voulu permettre que l'on me fît un affront sont, sans contredit, les meilleurs Maçons de la Loge, non pas parce qu'ils me soutiennent mais parce qu'ils respectent en moi la Mère-Loge et qu'ils ne veulent pas départir des règles de la Maçonnerie, qu'Ils ne veulent pas <se> dégrader par une basse flatterie et condescendance. Je suis prêt à faire tout ce que notre Loge ordonnera envers celle-ci. Mais qu'elle daigne réfléchir sur cette p^{re}. Démarche : si elle ne soutient pas ses droits contre ceux qui les veulent attaquer et s'en rendre indépendants, la Loge est perdue. Les meilleurs membres en seront exclus, on en substituera d'autres en place, qui se joindront à ceux-ci, l'indépendance y régnera et dans un an, il y aura vingt Loges Écossaises en France. Si j'eusse permis la restitution des papiers, cela serait déjà fait, car ils ne les demandent que pour s'en emparer.
Encore une fois, que la Loge réfléchisse bien et soyez, je vous prie, mon avocat pour lui faire sentir les suites de tout ceci et la nécessité de me soutenir dans le titre de fondateur, pour pouvoir faire faire à cette Loge ce que la nôtre voudra. Elle doit être persuadée que je ne passerai pas ce qu'elle m'ordonnera.
Adieu, Mon cher Frère, soyez, je vous prie, persuadé de mon sincère attachement et du profond...

[*Verticalement dans la marge gauche* : ...respect avec lequel je suis par tous nos nombres mystérieux, votre vrai Frère et ami. Je salue toute la respectable Loge. Dubuisson]

the Lodge had decided to exclude me from the Lodge until I had persuaded B. Le Sage to deliver the papers.

SHARP 25.13

This, my Dear Brother, is what happened. Both parties intend to write, and I thought that I had to describe privately to you the facts as they are. You know, as I do, what Lodges are when they are dominated by the lawyer's gown. Licence and arrogance preside, and the magistrates want everyone to kneel before them in the middle of the sanctuary. Those who would not allow an insult to be made to me are undeniably the best Masons in the Lodge, not because they support me, but because what they respect in me is the Mother Lodge and because they do not want to deviate from the rules of Masonry, they do not want to debase themselves by a vile flattery and condescension. I am ready to do all that our Lodge will order with respect to this one. Let her, however, ponder this first step: should she fail to uphold her rights against those who want to attack and free themselves from them, the Lodge is lost. Her best members will be excluded, others will be put in their place who will join the present ones, independence will prevail and in one year's time there will be twenty Scottish Lodges in France. If I had allowed the papers to be returned, it would already have happened, because they only ask for them in order to take possession of them. Again, let the Lodge think it over carefully, and please be my advocate to make it understand the consequences of all that, as well as the necessity to support my claim to the title of founding Brother, so that we can have this Lodge do what ours will want. She must be convinced that I will not disregard what she will order me.
Goodbye, My Dear Brother, please rest assured of my sincere attachment and of the deep...

[*Vertically in the left-hand margin:* ... respect with which I am, by all our mysterious numbers, your true Brother and friend. My regards to the whole Respectable Lodge. Dubuisson]

A l'O. de la P^{te}. L. d'E. de Toulouse par 43 D.N. le 9ème jour du 2nd mois 5750

T.R.G.M.D.G.M.G.S.G. Off.et R.F. de la T.R. P^{te}. L d'E. à Bordeaux

Quels embarras sont les nôtres à la vue de l'engagement que nous avons contracté vis-à-vis de vous par la lettre que notre cher F. Secr^{re}. a eu l'honneur d'adresser au R.F. Dupin le 9 du mois de juillet ! Que l'obligation de vous rendre compte des motifs qui y ont donné lieu a jeté dans nos cœurs une violente détresse ! Mais il est juste que la cause et l'effet aillent de proportion, jugez-en, s'il vous plait, par le détail de la crise affreuse dans laquelle nous nous trouvons.

L'histoire de la Maçonnerie nous apprend, T.R.F. tous les troubles et toutes les persécutions qu'elle a soufferts, mais nous n'y voyons point d'événement semblable à celui d'aujourd'hui : ses enfants étaient, au moins, constamment unis pour parer à la malignité de ses profanes ennemis, et cette union, aussi consolante qu'inébranlable, était pour eux un rempart assuré contre les efforts toujours terribles mais toujours vainement employés à les détruire. Les choses ont bien changé de face ; ses enfants sont des hommes, et malheureusement des hommes du siècle, leur cœur atteint de la corruption générale n'est plus exempt des vices qui le caractérisent, ce ne sont plus ces hommes forts, capables de transmettre à la postérité la plus reculée le précieux dépôt qu'ils ont reçu de leurs courageux ancêtres. Ce sont, au contraire, des hommes faibles, livrés à l'illusion et l'aveuglement, et chez qui la prévention, la mésintelligence et l'esprit de confusion ont effacé jusqu'aux moindres traces de cette noble fermeté qui tut toujours la vertu cardinale du vrai Maçon.

Ce préambule vous effraie, sans doute, nos R.F. Il est affligeant, il est vrai, mais contentez-vous d'en gémir avec nous : il est encore de ces hommes que les malheurs des

SHARP 10.1

At the O. of the Pct. Sc. L. of Toulouse, by 43 D.N., on the 9th day of the 2nd month 5750

M.R.G.M.D.G.M.G.W.G. Off. and R.B. of the M.R. Pct. S. L. of Bordeaux[55]

Imagine our trouble when we consider the commitment, we have made towards you by the letter which our dear B. Sec^{ry}. had the honour of sending to R.B. Dupin on July 9th! What a violent distress affected our hearts as a result of our obligation to give you an account of the motives which gave rise to it! Nevertheless, it is fair that the effect should be proportionate to the cause. Please consider the details of the dreadful crisis in which we find ourselves to make your own opinion.

The history of Freemasonry, M.R.B.,, shows us all the troubles and persecution it has undergone. However, it does not comprise any event similar to the present one. Its children were at least always united to ward off the malevolence of its profane enemies, and for them such unity, as consoling as it was unshakeable, was a safe bulwark against the constantly terrible but always vain efforts deployed to destroy them. Things have indeed changed in appearance. Its children are now men, and unfortunately, men of our times. Their hearts, infected by the general corruption, is no longer free from the vices which characterise it. They are no longer those strong men, capable of passing on the precious heritage which they received from their courageous forefathers to the remotest posterity. They are, on the contrary, weak men, blinded by illusions and in whom prejudice, misconceptions and a spirit of confusion have cancelled the very last remains of that noble resolution which always was the cardinal virtue of the true Mason.

Such a preamble, R.B., probably frightens you. It is, indeed, distressing. However, it suffices for you to deplore it with us. There are still some of those men which the misfortunes of our time make us regret more than once. Virtue is never completely lost and vice, whatever progress it seems to be making, will never manage to

temps nous font regretter plus qu'à un moment ; la vertu ne se perd jamais tout à fait et le vice, quelque progrès qu'il paraisse faire, ne parviendra jamais à détruire également chez tous les hommes cette partie virginale que le G.A. de l'U.

destroy equally in every man that unblemished part which the G.A. of T.U.

SHARP 10.2

a mise lui-même hors de ses atteintes ; c'est même de cette consolante vérité que nous attendons quelque heureux retour de ceux de nos Frères dont la conduite cause nos douleurs et nos plaintes. Nous vous les exposons.

Dès la fondation qui fut faite de notre R.L. par le R.F. Dubuisson, revêtu des pouvoirs à ce nécessaires par notre tendre mère, la T.R.L. de Bordeaux, entre autres règlements qui y furent établis dans toutes les règles et à l'unanimité de toutes les voix, il fut statué, après une exacte combinaison des affaires des uns et des autres, que le mercredi de chaque semaine, à cinq heures du soir, se tiendrait la R.L. Ce point fut reçu, arrêté et approuvé par tous les Frères pour lors présents, qui sont les mêmes à peu près qu'aujourd'hui.

Et donc l'état, par rapport au genre de leurs affaires, n'a point changé. Les choses ont jusqu'ici suivi ce cours, et le suivraient encore, sans un événement absolument étranger a la Maçonnerie, dont on a fait la source de tout le désordre présent.

Tout le monde sait, et vous ne l'ignorez pas, T.R.F., la malheureuse affaire arrivée au R.F. Dubuisson avec deux Mrs de cette ville, beaux-frères du R.F. de Bojat, D.M. Pendant plusieurs séances on garda en loge un silence profond sur cet accident intéressant pour deux Frères, qui nous sont également chers.

Enfin, le R.F. Dubuisson, libre, reparut en loge. Le R.F. de Bojat s'en absenta et, dans une loge suivante, déclara son incompatibilité avec le R.F. Dubuisson, toujours, à la vérité, pour lors avec les termes les plus ménagés, en disant qu'il n'en chérissait pas moins personnellement le R.F. Dubuisson, mais que son état, les bienséances, et ce qu'il devait tant au public qu'a sa famille, lui interdisaient, avec regret de sa part toute communication

SHARP 10.2

has put out of its reach Himself. This indeed is the comforting truth from which we expect some happy comeback of those of our Brethren whose conduct has caused our pain and our complaints. We will now explain those to you.

From the very moment of the foundation of our R. L. by R.B. Dubuisson who had been invested with the powers necessary for that purpose by our tender Mother, the M. R. L. of Bordeaux, among sundry rules which were established, regularly and by unanimous vote, it was decided, after having exactly examined each Brother's business, that the R.L. would be held on Wednesdays every week at five in the afternoon. This was agreed, decided and approved by all attending Brethren, who were more or less the same as at present.

Well then, their situation regarding their type of occupation has not changed. Things have run their course in this way until now, and they would still do so without an event which is absolutely foreign to Masonry and which was made to cause all the present disorder.

Everyone is informed, and so are you, M.R.B., of the unfortunate affair which R.B. Dubuisson had with two gentlemen of this town, our D.M.R.B. de Bojat's brothers-in-law. During several Lodge meetings, a profound silence was observed on this mishap which concerned two Brethren who are equally dear to us. Finally, R.B. Dubuisson was released and appeared again in the Lodge. R.B. de Bojat then absented himself, and at a subsequent meeting he proclaimed his incompatibility with R.B. Dubuisson, always, to tell the truth, in the most moderate terms, adding that nevertheless he personally cherished R.B. Dubuisson, but that his status, propriety and what he owed both to the public and to his family, did not, regrettably, allow him to communicate in any way with that R.B. Those

avec ce R.F. Ces déclarations mettaient alors la R.L. dans la désagréable nécessité de parler de cette affaire ; on aurait bien voulu ne pas perdre d'un côté le R.F. de Bojat, connu de tout temps pour excellent Maçon, d'un autre l'attachement respectueux de la R.L. pour la R.L. de Bordeaux, sa mère, le R.F. Dubuisson, offensé, qui ne présentait aucun sujet de lui donner le plus petit désagrément, la part, au contraire que tous les membres de la R.L. prenaient à son désastre et la reconnaissance que chacun en particulier lui avait vouée des peines qu'il avait prises pour l'établissement de R.L., étaient autant de raisons pour que chacun travaillât à s'imaginer les moyens de les concilier

SHARP 10.3

de façon à n'en perde aucun ; on s'y prêta de bonne foi, chacun dit ce qu'il en pensait, plusieurs expédients furent proposés, tous échouèrent et la R.L, en la présence du R.F. Papillon pour lors passant par Toulouse et qui nous faisait l'honneur de nous visiter, se trouva obligé de décider, de l'avis même du R.F. Papillon, que puisque tous les soins devenaient inutiles et qu'au contraire tous les raisonnements qu'ils occasionnaient ne pouvaient que contribuer à aigrir les esprits, Il ne serait plus parlé en L. de cette affaire et que la liberté serait laissée aux deux Frères consentant d'y venir ou de s'en absenter comme ils le jugeraient à propos. C'était tout ce qu'elle pouvait faire. Ce fut pour lors que le R.F. de Bojat parut s'offenser de ce que la R.L. ne se prononçait pas d'une manière décisive et conservait son égalité de tendresse pour l'un et pour l'autre. Il s'était promis une préférence qui, dans tous les autres cas, serait légitime et contre laquelle, en toute autre occasion, le R.F. Dubuisson ne réclamerait pas lui-même ; mais des sentiments, dans ce moment, un peu trop humains lui avaient fait oublier qu'en loge les affaires se traitent par des principes souvent très opposés aux maximes du temps.
Ce prétendu sujet de mécontentement le porta à déclarer à la R.L, en termes très précis que

declarations then put the R.L. in the unpleasant necessity to discuss the affair. On the one hand, we did not wish to lose R.B. de Bojat who had been always known as an excellent Mason, and on the other hand the respectful attachment of the R.L. for the R.L. of Bordeaux, its mother, R.B. Dubuisson, the offended party whom we had no reason whatsoever to displease, the interest taken in his disaster by all members of the R.L. and the gratitude which everyone in particular had for him on account of the efforts he had made for establishing our R.L., those were so many reasons for everyone to try and work at finding the means to reconcile them both

SHARP 10.3

so as to lose neither. We did that willingly, each one said what he thought of it, several remedies were suggested but all failed. In the presence of R.B. Papillon who was passing through Toulouse and who was making us the honour of visiting us, the R.L. had to decide that, in the opinion of R.B. Papillon himself, since all efforts were to no avail and since on the contrary all the reasoning which ensued could only contribute to embittering the spirits, the matter would be mentioned no more in the Lodge and both Brethren would be left at liberty to attend or be absent as they thought fit. This was all that the L. could do. It was then that R.B. de Bojat seemed to take offense because the R.L. had not pronounced itself in a decisive way, and kept an equal fondness for both. He had expected it to manifest a preference which, in any other circumstance, would have been legitimate and against which R.B. Dubuisson would not in any case recriminate. At the time, his all too human feelings had made him forget that in the Lodge, business is conducted according to principles which are often in sharp contradiction with the maxims of the times. That so called subject of discontent led him to declare to the Lodge in very precise terms that since it thought it impossible to decide between himself and R.B. Dubuisson in a way more in keeping with what he thought, he would cease to attend as long as

puisqu'elle ne croyait pas devoir décider entre lui et le R.F. Dubuisson d'une manière plus conforme à ce qu'il en pensait, Il s'abstiendrait d'y paraitre tant qu'il saurait que son concurrent pouvait y venir. Celui-ci, au contraire, prétendant n'avoir rien de personnel avec le R.F. de Bojat et protestant de toute sa tendresse et de toute son amitié pour lui, ne crut pas devoir s'absenter de la Loge et y est toujours venu avec tous les sentiments de douceur et de modération convenables, de sorte que les FF. opposés dans cette affaire à notre façon de penser n'ont à lui reprocher que de n'avoir pas eu la complaisance de sacrifier son amour pour la Maçonnerie et pour chacun de nous en particulier aux raisons de bienséance qu'allègue le R.F. de Bojat pour ne pas se trouver avec lui.

Vous sentez parfaitement, T.R.F., que tout ceci ne peut se passer sans beaucoup de propos de part et d'autre et sans que la R.L, qui avait formellement décidé de ne plus s'en mêler, ne fut forcée d'y rentrer de nouveau. Ce fut encore pour chercher des moyens de conciliation et l'on n'en trouva point d'autre, pour éviter de discuter cette affaire à fond en loge, que de nommer une commission qui verrait séparément les deux frères, recueillerait

his opponent would be allowed to come. The latter, on the contrary, said that he had no personal grudge against R.B. de Bojat, he claimed friendship and fondness for him, he did not think that he ought to absent himself from the Lodge and when he attended, it was always with all the suitable feelings of gentleness and moderation, so that those BB. who were of an opinion contrary to ours in the matter had nothing to reproach him but that he did not oblige by sacrificing his love for Masonry and for each of us in particular for the reasons of propriety which R.B. de Bojat put forward to avoid being in his company.

You can see clearly, M.R.B., that all this could not go without a great many arguments from each side, and that the Lodge, who had officially decided to take no part in them was forced to get involved again. The purpose, again, was to look for the means for reconciliation, and we could find no other, to avoid discussing it thoroughly in the lodge, but to appoint a committee which would hear either brother separately, carefully collect

SHARP 10.4

SHARP 10.4

avec soin leurs raisons respectives et travaillerait à en tirer des inductions qui puissent amener au point désiré. Il fallait, pour manier cette délicate négociation, des sujets de choix. On ne s'y méprit pas et trois Frères pourvus de toutes les qualités propres aux choses les plus difficiles furent nommés le mercredi 22 juillet par la R.L généralement assemblée. C'est ici le commencement fatal de notre division.

L'on n'avait pas pu imaginer que ces trois Frères, dont le ministère était seulement de négocier et de rapporter leurs opérations à la R.L, qui les avait commis pour leur rapport être par elle ordonné, dussent s'établir, de leur propre autorité, habilités à la décider en formant une loge à leur gré, indiquée à jour extraordinaire, pour parvenir à faire passer

their respective arguments and who would try to draw thence the indications which would lead to the desired goal. Some choice persons were needed for such a delicate negotiation. This was well understood and three Brethren equipped with all the qualities necessary for the most difficult matters were appointed on Wednesday July 22nd by the general assembly of the R.L. That was the fatal beginning of our division. One could not have imagined that those three Brethren, whose task was only to negotiate and to report their operations to the L. who had appointed them in order to take a decision according to their report, would, on their own authority, declare themselves entitled to decide, to form a L. according to their wishes and to summon it on a special day, in order to secure an approval for the expedient they had found and

l'expédient qu'ils avaient trouvé et qui ne renfermait pas moins qu'une exclusion masquée pour le R.F. Dubuisson. En effet, on fut tous étonnés que le lendemain jeudi une loge extraordinaire fut mandée de la part du R.F. de Bojat D.M. pour le vendredi au soir et plus surpris encore d'un nouvel ordre qui vint de ne s'y pas trouver ce jour mais le dimanche au soir. Deux raisons, sans doute, occasionnèrent cette mutation d'ordres, la perplexité dans laquelle elle jetterait la plupart des FF. qui dans l'incertitude ne s'y trouvèrent pas, et que, dans le fond, on n'était pas bien aise qu'ils s'y trouvassent, et l'incommodité de l'heure qu'on y avait affecté de choisir, qui est précisément celle du spectacle, seul délassement de plusieurs qu'on croyait bien qui par cette raison ne pourraient y venir, indépendamment de ce qu'on était assuré que le R.F. Dubuisson, retenu ce temps par des occupations indispensables, ne pourrait non plus y assister. Enfin, elle resta toujours indiquée à ce moment de cinq heures du soir mais le plaisir prématuré de ces Frères, qui pensaient avoir trouvé un expédient conforme à leurs intentions, fut la cause d'une indiscrétion de quelques-uns d'entre eux, de sorte que leur dessein transpira et tous surent que l'objet de cette loge extraordinaire était de fixer, pour l'avenir, la tenue de toutes les loges à pareil jour de dimanche à cinq heures parce que le R.F. Dubuisson ne pourrait y paraitre. Il échappa même, en sortant de la loge du mercredi, à l'un des Frères qui venaient d'être nommés commissaires, de dire que l'expédient était tout trouvé. On ne put donc ignorer toute cette manœuvre, ce qui fit que tous les FF., en général, ne regardèrent pas cette loge extraordinaire du même œil, et ceux qui n'aiment pas les trames secrètes résolurent fermement de ne s'y pas trouver. Ce sont nous, N.T.R.F., au nombre

SHARP 10.5

de huit à neuf. Nous n'y assistâmes point. Nous avons regardé cette loge comme légitime dans le seul droit, parce qu'il est incontestable que le R.D.G.M. a la faculté, en l'absence du

which contained nothing less than a disguised exclusion of R.B. Dubuisson. All, indeed, were astonished that on the next day which was Thursday, an extraordinary meeting was called on behalf of the R.B. de Bojat, D.M. for the evening of the Friday, and they were even more surprised by a further order not to attend on the said day but on the Sunday evening. There were probably two reasons for that change of orders: one was the perplexity which it would cause to most of the Brethren who, in such uncertain circumstances did not attend, and whose absence, was in fact a cause for satisfaction; the other was the impractical time chosen on purpose, precisely in fact the time for the theatre which was the only form of recreation for several of them whom they expected for that reason to be unable to come, apart from the fact that R.B. Dubuisson, who would be kept busy at that time by indispensable business, would also be unable to attend. Finally, it was still summoned for five o'clock in the evening. However, the untimely satisfaction of those Brethren who thought that they had found an expedient in accordance to their wishes, was the cause for the indiscretion of some of them, so that their scheme leaked out and everyone knew that the aim of the extraordinary meeting was to fix the time for all Lodge meetings in the future on that same day of Sunday at five o'clock, because it would make it impossible for R.B. Dubuisson to attend. When leaving the meeting on the Wednesday, one of the Brethren who had just been appointed as commissary even let it slip out that the expedient was easily found. Consequently, the whole scheme could not remain secret, with the result that all the Brethren in general could not see that extraordinary meeting in the same light and that those who do not like secret plotting firmly decided not to come. This was us, Very R. Brethren. There were

SHARP 10.5

eight or nine of us. We did not come. We only regarded that meeting as legitimate de jure, since one cannot deny that the R.D.G.M. has the authority, in the absence of the R.G.M., to

R.G.M., d'assembler une loge extraordinaire et d'y faire délibérer, mais, comme le portent nos Statuts, dans le seul cas d'une nécessité pressante. Nous n'avons pas cru l'apercevoir ici : pour ce fait, nous ne l'avons pas reconnue. Le R.D.G.M. ne pouvait tenir cette loge puisqu'elle avait pour objet un point qui l'intéressait personnellement, aussi n'y vint il point. Mais elle tut tenue par le R.F. Savy l'un des trois commissaires précédemment nommés par la R.L. généralement assemblée et dans laquelle lui-même avait été de l'avis de la commission. Elle nous apparut encore irrégulière pour cette raison : le F. Savy, chargé de commission, ne pouvait que rapporter à la loge qui l'avait nommé et, par son état de commissaire, était absolument inhabilité à la tenir, parce qu'on ne peut occuper deux places, l'une de supérieur et l'autre de subordonné, en même temps ; moins encore pouvait-il nommer pro tempore tous les Officiers qu'il lui fallait pour donner une espèce de forme a cette loge, car aucun des Officiers légitimes de la R.L. ne s'y trouvèrent, au moyen de quoi on était bien sûr des suffrages de tous ceux qui y assistèrent. Un seul de nous, plus pour être le témoin de tout ce mystère d'irrégularité s'y trouva. Quelles tracasseries ne lui attirèrent pas la différence de son sentiment ! Elles furent des plus vives, vis-à-vis de l'homme du monde le plus prudent et le plus modéré. Il fut nommément apostrophé et poussé jusqu'au point d'être forcé de dire en face au R.F. Savy, qui tenait cette loge, qu'il était d'autant moins étonné de son acharnement contre le R.F. Dubuisson qu'il lui connaissait un sujet d'animosité personnelle contre ce R.F. C'est ainsi que se passa cette tumultueuse séance qu'un trait des plus vifs va achever de vous caractériser.

Le F. Secrétaire fut mandé comme les autres pour cette loge du dimanche et, comme il l'apercevait dans tous les points de vue, la résolution de n'y pas assister fut bientôt prise. En conséquence, prévoyant une partie de ce qui s'y passerait et n'ayant pas la clef de son secrétariat, il se transporta le samedi à la loge, prit cette clef et se retira, comptant que ses

convene an extraordinary meeting and to have a deliberation there, but only, according to our Statutes, in a case of urgent necessity. We did not think that there was one here; therefore, we did not recognise it. The R.D.G.M. could not hold that meeting because it dealt with a matter which was of personal interest to him, therefore he did not come. Instead, it was held by R.B. Savy, one of the three commissaries previously appointed by the R.L. in a general assembly at which he had himself shared the views of the commission. We also deemed it to be irregular for the following reason: B. Savy, who was in charge of the committee, could only make a report to the Lodge who had appointed him, and his position as a commissary forbade him to preside it because one cannot occupy two places at the same time, a superior and a subordinate one. He could even less appoint pro tempore all the officers he needed in order to give that meeting an appearance of formality, because none of the legitimate officers of the R.L. were there, which was a way to be sure of a favourable vote from all those who attended. One of us only was present, more than anything in order to witness all that mystery of irregularity. What hassles did he not bring upon himself because of his divergence of opinion! Those were extremely strong against the most moderate and prudent of all men. He was personally heckled and harassed, so much so that he was compelled to tell R.B. Savy to his face that he was not surprised at his persecution of R.B. Dubuisson, all the less so as he knew him to have a personal reason of animosity against that R.B. This is how that tumultuous meeting went, and here is a most striking detail which will finally characterise it for you.

The B. Secretary, as everyone else, was summoned to that Sunday meeting, and as he had a clear understanding of it from all angles, he soon decided not to attend. Consequently, because he could partly predict what would happen, and as he did not have the key to his desk, he went to the Lodge on the Saturday, took the key and left, believing that the Brethren who did not have the registers would not commit greater excesses and that they would record their deliberation on a sheet of paper in order to have

FF., qui n'avaient pas les registres, ne se porteraient pas à de plus amples extrémités et coucheraient sur une feuille leur délibération, pour en requérir l'enregistrement à la première loge générale. Mais non, il fallait que tout sentit la passion qui les animait et il était juste que toutes les actions d'une loge de cette espèce fussent marquées au coin de la violence. Elle n'eut point été

SHARP 10.6

parfaite dans son genre si les voies de fait y eussent manqué. On força donc la serrure, on enleva, avec le marteau et le ciseau, le dessus de la table du secrétaire et, par moyen qui tranchait net à cette nouvelle difficulté, on coucha sur les registres cette mémorable délibération, qui change, de l'autorité de cette loge informe, le jour du mercredi au dimanche.

On fut informé de tout dès le lendemain matin et on resta tranquille jusqu'au mercredi suivant 29 du même mois, auquel on s'assembla comme jour connu de tous les FF. jusqu'à la notification de ce changement. Le R.F.D.M. ne s'y trouva pas encore. Ce fut pour lors que ces FF., en présence du R.F. Dubuisson, déclarèrent qu'ils s'étaient assemblés le dimanche et la nouveauté qu'ils avaient introduite à la prétendue demande, disaient-ils, de plusieurs auxquels le jour ordinaire ne convenait plus mais qui pourtant, dans le vrai, jusqu'à ce moment n'en avaient jamais parlé non plus que nous. Ils avaient cru nous satisfaire par ce frivole prétexte, mais après plusieurs répliques de part et d'autre qui faisaient voir que nous demandions l'aveu d'une raison plus plausible, le même R.F. Savy nous mit à notre aise en avouant que, puisqu'il apercevait que nous savions de quoi il s'agissait, ils avaient pris ce parti qui leur avait paru devoir être goûté de tous. Son sentiment ne fit pas règle. Il demanda que le F. secrétaire fût puni pour avoir emporté la clef, ou de ne l'avoir pas fait remettre. Les paroles s'échauffèrent. Les FF. opposés se levèrent et réclamèrent contre la délibération d'une loge regardée par eux comme irrégulière pour les

it registered at the first general meeting. But no, they wanted the passion which drove them to be known by all, and the actions of a meeting of that sort had to bear the stamp of violence. It would not have been

SHARP 10.6

perfect in its kind if it had not included some violent deeds. And so, the lock was pried open, the top of the Secretary's desk was removed with a hammer and a chisel, and by a means which did away decisively with that new difficulty, that memorable deliberation which changed the days from Wednesdays to Sundays was written in the registers, under the authority of that informal Lodge meeting.

We were informed of everything on the morning of the very next day, and we did nothing until the following Wednesday, the 29th of the same month, when we assembled on that day known to all the BB. until the change was notified. Again, the R.B.D.M. was absent. It was then, in the presence of R.B. Dubuisson, that those BB. declared that they had met on the Sunday and announced the new disposition which they had introduced, they said, upon the supposed request of several Brethren for whom the ordinary day was no longer suitable but who, to tell the truth, had not mentioned it any more than we had. They had believed that we would be pacified by such a frivolous excuse, but after several exchanges from both sides which made clear that we demanded a more plausible reason, the same R.B. Savy put us at ease by admitting that since he could see that we knew the truth of the matter, they had made that choice which they thought would suit everyone. His opinion did not prevail. He requested that the B. Secretary be punished for having taken away the key, or having failed to have it delivered. The discussion heated up. The opposing BB. rose and appealed against the decision of a R.L. which they regarded as irregular for the abovementioned reasons, and against the registering imposed by force of the

raisons ci-dessus, contre l'enregistrement fait à force ouverte de la dite prétendue délibération et tout ce qui s'en était suivi. Après quoi le F. secrétaire exposa que son respect et sa docilité pour les ordres de la R.L. légitime étaient suffisamment connus mais que, ne croyant pas en devoir à une loge purement de parti, il n'entendait point satisfaire à la peine qu'elle pourrait entendre lui infliger pour n'avoir pas donné ni laissé la clef, que son droit était de l'avoir sur lui et que si le hasard eut voulu que ces FF., prêts à tenir leur assemblée, qu'il n'appellera pas loge, l'eussent rencontré et lui eussent demandé cette clef, il eut cru donner à la loge légitime, dont il a l'honneur d'être un des membres distingués, une preuve sensible et marque de son zèle et de la pureté de ses sentiments en la refusant tout net.

Après ces contestations, ces FF. qui, dans l'intérieur, sentaient bien un fond de difformité dans leur procédé, demandèrent la ratification de toute la R.L. alors assemblée pour leur délibération.

SHARP 10.7

Elle fut constamment rejetée. Ils persistèrent dans leur sentiment et leur côté plus nombreux d'une voix, parce qu'aucun d'eux n'avait eu garde d'y manquer, décida que la délibération tiendrait, au lieu que si deux de nos FF. dont l'un était en campagne et l'autre incommodé, s'y fussent trouvés, la balance eut penché de notre côté et la délibération emportée.

Cette proposition fut suivie, de la part de ces FF. obstinés à prendre le dessus de la demande des papiers de la Loge, actuellement entre les mains du R.F. Le Sage, Premier S. et pour lors tenant la loge régulière, qu'ils sentaient bien qu'il ne les remettrait pas, ne les ayant reçus qu'à titre du dépôt le plus sacré du R.G.M. F. Fontanilhe, absent de la ville pour quelques jours. Ils prétendirent qu'il fut délibéré sur la remise desdits papiers, bien assurés que cette remise passerait par la pluralité qu'ils venaient d'éprouver de leurs voix concertées. En effet, elle passa et le R.F. le Sage, aux yeux de qui l'infraction du secrétariat était encore présente et qui sentait qu'une nouvelle entreprise ne

said so-called deliberation and of all that it entailed. After that, the B. Secretary explained that the respect and docility he had for the orders of the legitimate R.L. were known well enough, but that as he did not think that he owed any to a purely partisan Lodge, he did not intend to submit to the penalty which it might want to impose on him for having neither given nor left the key, that he had a right to keep it to himself, and that if, before they held their meeting which he refused to call a Lodge, those B.B. had happened to meet him and ask for the key, he would have believed that he was giving a Lodge of which he had the honour of being a distinguished member a concrete proof of his zeal and of the purity of his feelings by flatly refusing.

After these disagreements, those BB. who, did feel inwardly that there was, at bottom, something irregular in their method, asked for the approval of the whole R.L. which was then assembled.

SHARP 10.7

It was consistently refused. They persevered in their opinion, and their side which had a one voice majority because none of them had forgotten to come, decided that the decision would stand, whereas if two of our BB., one who was in the countryside and one who was unwell had come, the scales would have tipped in our favour and the decision would have been quashed.

This proposal was followed on the part of those BB. who obstinately wanted to take control, by a request for the papers of the Lodge which were then in the hands of R.B. Le Sage, Senior W., who currently held the regular Lodge, and which they plainly saw that he would not deliver them as he had received them as a most sacred deposit from B. Fontanilhe, the R.G.M., away from town for a few days. They wanted to have a deliberation about the delivery of the said papers, as they were convinced that the delivery would be decided by majority of their combined voices. It was, indeed decided and R.B. le Sage, who still remembered the breaking open of his desk

couterait pas plus à ces FF. sur l'armoire dans laquelle ils exigeaient que ces pièces fussent déposées, déclara de nouveau que le respect qu'il devait au titre sous lequel ils se trouvaient en son pouvoir ne lui permettrait jamais de s'en dessaisir que dans les mêmes mains de qui il les tenait, ce qui serait sous quelques jours, attendu la prochaine arrivée du R.G.M. F. Fontanilhe. Un peu de disposition à juger mal de ses FF. ne découvrait que trop l'usage qu'ils se proposaient de faire de ces papiers, puisque les copies que le même F. Savy s'est vanté d'avoir eu le temps d'en prendre (au préjudice pourtant de ses engagements) ne leur suffisaient pas et qu'au refus bien louable du F. Le Sage il ne fut répondu que par mille clameurs, la plupart indécentes, et que ce même F. Savy, qui avait mené toute cette intrigue, sans révérence ni respect, se dépouilla avec fureur de ses honneurs et, traversant la R.L. pour s'en aller, s'échappa en discours les moins mesurés. La R.L. se ferma tout de suite, après toutefois la déclaration du F. secrétaire faite à la R.L. qu'attendu l'inutilité des clefs, depuis l'introduction des infractions en loge, il n'entendait plus se charger de celle de son secrétariat, tant au moins que durerait ce temps de troubles et de confusion.

Il n'est pas encore fini, puisque dimanche d^r. 2 août courant, les mêmes frères opposés s'assemblèrent en loge, toujours le F. Savy à leur tête et, poursuivant le refus du F. le Sage pour les papiers et toujours passés par le même esprit contre le R.F. Dubuisson, l'imputèrent à l'instigation de ce R.F. En conséquence, <ils> jugèrent

SHARP 10.8

à propos de le punir de ce prétendu crime auquel il n'a nulle part et, pour ce faire, le déclarer totalement exclu de loge jusqu'à la restitution par le F. le Sage desdits papiers, sauf leur réserve de sévir dans la loge qui suivra contre ledit F. Le Sage. Quelle affreuse ingratitude vis-à-vis du R.F. Dubuisson ! <u>O tempora, o mores.</u>

Voilà, nos T.C.F., l'état présent des choses.

and who felt that those Brethren would not stop at renewing the deed on the cupboard in which they demanded that the documents should be put, declared again that the respect he owed to the title by which they were in his keeping would never allow him to part with them except into the same hands which had entrusted them to him, and that this would be in a few days because of the imminent arrival of the R.G.M., B. Fontanilhe. It did not take much of a disposition to think ill of those Brethren to see only too well how they intended to use those papers, since the copies which B. Savy boasted that he had time to take (in spite of his pledges) were not enough for them so that B. le Sage's commendable refusal was only met by a thousand protests, most of them indecent, and that same B. Savy who had led the whole machination, furiously and without respect or reverence tore off his regalia and while crossing the Lodge to leave, uttered the least moderate comments. The Lodge was closed immediately, after, however, the B. Secretary had declared to the R.L. that considering that the keys were now useless after the practice of break ins had been introduced in the L., he did not intend to take the responsibility of those of his desk, at least as long as that period of trouble and confusion would last.

This is not the end of the story, because last Sunday, on the 2nd of the current month, the same opposing Brethren assembled in the Lodge, again under the direction of B. Savy, and further to B. le Sage's refusal concerning the papers, and still animated by the same animosity towards R.B. Dubuisson, they accused that Brother of having originated it. Consequently, they thought it

SHARP 10.8

expedient to punish him for that so-called crime in which he has no part, and to declare for that purpose that he was totally expelled from the Lodge until B. Le Sage gave back the aforesaid papers, while reserving the right to take action against B. Le Sage at the next Lodge meeting. What a terrible ingratitude towards R.B. Dubuisson! <u>O tempora, o mores.</u>

This, our V.D.B., is how things stand at present.

Leur détail coute assez cher à nos cœurs pour mériter de votre part toute la foi qu'ils demandent et les secours dont vous voyez que nous avons besoin. Nous les attendons de votre justice et de votre prudence. En quelles sources plus pures et plus abondantes pourrions-nous puiser ? Faites que les rayons de ce soleil lumineux autant que bienfaisant qui dirige votre unanimité passent jusqu'à nous pour rectifier ce que vous trouverez d'irrégulier dans notre conduite, s'il vous y parait quelque chose, et ramener au sanctuaire ceux des Fr. que vous jugerez s'en être écarté. Nous le souhaitons avec autant d'ardeur que de convaincre notre T.R.L. Mère de nos sentiments de soumission et de respect et chacun de vous en particulier de la fraternelle et tendre amitié avec laquelle nous avons l'honneur d'être, par tous les Nombres Mystérieux qui vous sont connus,

Their particulars are costly enough for our hearts to deserve all your trust and all your assistance which, as you can see, we need. We expect them from your justice and your prudence. Upon what purer and more abundant source could we draw? Please allow the rays of that bright and beneficial sun which governs your unanimity to reach us in order to rectify whatever irregularity you might find in our conduct and to bring back to the sanctuary those of the Brethren whom you will find to have gone astray. Our wish for it equals our desire to convince our M.R. Mother Lodge of our feelings of submission and respect, and each of you in particular of the tender and fraternal friendship with which we have the honour to be, by all the Mysterious Numbers known to you,

T.R.G.M. D.G.M. G.S. G. Off.et R.FF.

M.R.G.M. D.G.M. G.S. G. Off. and R.BB.

Vos très humbles et très obéissants serviteurs et affectionnés FF.

Your most humble and obedient servants and affectionate BB.

Le Sage 1er G. Surv.
Roume fils 2e G. Surv.
Godefroy G. Sre.
Benaben cadet
Laborie
Carpenté
Sahuqué
Dalleret
Ferrières

Le Sage Sr. G. W.
Roume jr., Jr.G. W.
Godefroy G. Sry.
Benaben jr.
Laborie
Carpenté
Sahuqué
Dalleret
Ferrières

SHARP 108.1

SHARP 108.1

A l'Or. De Toulouse, dans la V.S., le neuvième jour du second mois de l'an 5750[36]

At the Or. of Toulouse, in the S. V., on the 9th day of the 2nd month of the year 5750[56]

T.R.G.M. Dep. M. et S.S.O.M.P. de la T.R. G.L. d'Ec. de Bordeaux. S.S.S.

M.R.G.M. Dep. M. and W.W.O.P.M. of the M.R.Sc. G.L. of Bordeaux. S.S.S.

Comme une suite de la lettre en forme de journal que nous avons eu l'avantage de vous écrire par le dernier ordinaire, permettez-nous de vous informer de ce qui s'est passé depuis dans notre V.S. au sujet des affaires qui nous

Further to the letter in the form of an event log which we had the privilege of writing to you by the latest post, please allow us to inform you of that which happened since then in our S.V., regarding the matters which have our attention

occupent aujourd'hui.

9 août [*en marge*]

Notre L... fut plus nombreuse qu'elle ne l'était depuis deux séances : partie des Chers Frères qui nous sont opposés en avis y assistèrent et il fut question de savoir le parti qu'il convenait de prendre sur le Fr. Le Sage qui refuse toujours de remettre dans le lieu destiné les meubles précieux que nous tenons de vous. Son obstination nous pénétra de douleur, nous

SHARP 108.2

interrogeâmes en vain le commis^re. que nous avions députe vers lui et nous fûmes de plus fort confirmés qu'il persistait à nous refuser. Un des Frères opposés nous déclara alors qu'il ne voulait rien remettre qu'après votre décision en réponse à la lettre qu'ils vous avaient écrite. Quoique nous fussions informés de cette fausse démarche, nous étions bien aises de l'ignorer, ne nous étant pas légalement connue. Le R.G.M. tenant la Loge lui ayant demandé une explication sur cette lettre, il répondit alors que la R.L. vous avait écrit sur tout ce qui se passe. On lui répliqua qu'il y avait donc deux Loges, puisque cette R.L. où nous étions alors avait aussi écrit elle-même pour la même affaire. On blâma hautement leur démarche, on leur demanda où est-ce qu'ils s'étaient assemblés pour se qualifier de Loge. Il nous fut répondu qu'ils avaient délibéré dans une maison particulière. Trois Fr. se levèrent en ce moment et déclarèrent qu'on avait porté chez eux une lettre qu'ils n'avaient point lue et qu'ils avaient signé sans savoir comment, mais qu'ils désavouaient leur seing ou du moins l'effet

SHARP 108.3

qu'il pourrait produire. Nous délibérâmes alors de vous informer de l'imprudence des Frères qui avaient osé vous écrire au nom de la R.L. Il nous parut que ces nouvelles circonstances vous mettaient au fait des procédés de ces Fr. et que si vous n'aviez pas mandé votre décision à la réception de cette lettre, elle pourrait bien vous déterminer dans vos avis.

today.

August 9th [*in the margin*]

Our L... was better attended than it had been for two previous meetings. Some of the Dear Brethren who differed from us came and the question of what should be done about Br. Le Sage was raised, as he still refuses to put the precious documents which we received from you back in their appointed place. His stubbornness pained us extremely. We

SHARP 108.2

vainly questioned the envoy whom we had sent to him, and we had an added confirmation that he persisted in his refusal. One of the opposing Brethren then declared to us that he did not want to return anything before your decision in reply to the letter they had written to you. Although we were informed of that mistaken move, it pleased us to ignore it, as we had no legal knowledge of it. When the presiding R.G.M. asked him for an explanation about that letter, he answered that the R.L. had written to you about all that takes place here. It was replied to him that there must be two Lodges, since the R.L. where we were then had also written about the same affair. Their move was highly blamed and they were asked where they had assembled to call themselves a Lodge. They answered that they had deliberated in a private house. At that moment, three Brethren rose and declared that a letter had been delivered to them, that they had not read it and that they had signed without knowing how, but that they disowned their signatures, or at least the effect

SHARP 108.3

that it might produce. We then decided to inform you of the imprudence of those Brethren who had dared to write to you in the name of the R.L. It seemed to us that those new circumstances would make you aware of the methods of those Br. and that in case you have not yet sent your decision when receiving the present letter, it might well help you to form your opinion.

Nous sommes, avec des sentiments sincères et fraternels,

T.R.G.M. Dep. M. et S.S.O.M.P. D.L. T.R.G.L. D'Ec. De Bordeaux.

Vos très affectionnés Frères

Par mandement de la T.R.L. d'Ec. De Toulouse fille de celle de Bordeaux

Dupin Chne. Sec^re. Pro temp.

SHARP 107.1

A Toulouse, ce 12 août 1750

Rep. Le 16

Monsieur M.T.R.F.

J'ai communiqué à nos bons FF.1a lettre que vous m'avez fait l'honneur de m'écrire le 3 de ce mois et celle que j'ai reçue du R.F. de Frémicourt en date du 10. A l'appui de ces deux consolantes lettres est venue celle que vous avez adressée au R.F. Dubuisson, qu'il m'a pareillement remise pour y répondre en attendant que quelques moments de loisir lui permettent de le faire par lui-même. Nous ne saurions, M.R.F., vous marquer assez notre juste reconnaissance des heureuses dispositions que vous voulez bien nous montrer dans une affaire que notre seul attachement à nos principes et à nos engagements nous a suscité. Nous ne sollicitons que la tendresse et la justice de notre T.R. Mère, elle les doit à des enfants qui, quel que soit son jugement, s'y soumettront toujours avec cette affectueuse docilité qui ne se trouve que dans

SHARP 107.2

des cœurs pénétrés de la plus vive reconnaissance. Mais devant continuer à vous instruire de la suite des opérations de nos F. opposés, nous vous informons que dimanche d^er. 9 du courant, ils tinrent L. à laquelle

We are, with sincere and fraternal feelings,

M.R.G.M. Dep.M. and W.W.O.P.M. of the M.R. Sc. G.L. of Bordeaux.

Your very affectionate Brethren

By command of the M.R. Sc. L. of Toulouse, daughter of that of Bordeaux

Dupin, Canon, Secry. pro temp.

SHARP 107.1

In Toulouse, on this 12th of August, 1750

Rep. on the 16th

Sir and M.M.R.B.

I have communicated to our worthy B.B. the letter which you did me the honour of writing to me on the 3rd of the current month, and that which I received from the R.B. de Frémicourt, dated on the 10th. Those two consoling letters were supported by that which you sent to R.B. Dubuisson and which he also gave me to make a reply, until some moments of leisure might allow him to do it himself. We cannot, M.R.B., adequately express to you our well-deserved gratitude for the benevolent dispositions which you are good enough to show us in a case imposed on us by our sole attachment to our principles and to our commitments.
We only ask our M.R. Mother for her kindness and justice. She owes them to her children who, whatever judgment she passes, will always submit to it with that affectionate docility which can only be found in

SHARP 107.2

hearts filled with the keenest gratitude. However, as we ought to advise you of the continued operations of our opposing Brethren, we now inform you that last Sunday, the 9th of the current month, they held a Lodge presided by R.B. de

présida le R.F. de Bojat. Plusieurs des nôtres y furent, pour voir ce qui s'y passerait. On les vexa considérablement, toujours par rapport à la différence de leur sentiment, et au point que deux, autant par faiblesse que par des considérations personnelles qu'ils croient devoir à quelques-uns de ces F. opposés, se démanchèrent et dirent qu'il était vrai qu'ils auraient été de notre sentiment et qu'en conséquence, ils avaient cru pour lors devoir signer notre lettre instructive, mais que, puisque cela faisait quelque peine, ils signeraient, s'il le fallait, le contraire. Vous sentez bien que dans un parti, la perte de deux personnes qui pensent de cette façon, ne touche guère, surtout dans un cas où ce n'est pas sur le nombre qu'on établit la solidité de la cause. Il est pourtant vrai qu'ils n'eussent pas fait cette flétrissante accession si les F. opposés n'eussent fait entrer, dans leurs reproches, un peu de cette hauteur qui est propre à l'état qu'ils tiennent dans le monde, ce qui dérouta ces deux faibles F. dont l'un

SHARP 107.3

est le F. Carpenté, chirurgien, et l'autre le F. Ferrieres, marchand.

Un autre trait qui ne nous a pas paru juste se passa encore dans cette L. du 9. Le voici : dans le temps que nous étions sous l'Ecoss^me. des 3 JJJ,[37] nous avions fondé une L. à Béziers dont était le nommé F. Barrez. Son caractère, vis-à-vis de nous, est tombé par notre régénération. Il vient aujourd'hui se présenter pour profiter de lumières que nous tenons de V.R.L. Par lui-même, il en est digne, il est vrai, mais nous avons prétendu que, n'ayant pas été reçu lors de l'établissement par le F. Dubuisson, il est dans le cas du scrutin, conformément aux Statuts, et de payer le taux convenu pour les réceptions. Nos F. opposés, par la considération de ce qu'il venait d'être revêtu d'un office de Con^er. Au Parlement, qui le rend leur confrère, ont prétendu l'exempter de tout et ont décidé, par acclamation, qu'il était admis malgré l'opposition qui se fit de sept contre sept et malgré l'exemple qu'ils ont vu

Bojat. Several of our party attended to observe what would take place there. They were copiously abused, again because of their difference of opinion, so much so that two of them reversed their attitude, out of weakness as much as out of the personal respect which they felt was owed to those opposing Brethren, and said that they had indeed shared our opinion and that consequently they had believed that they must sign our letter of information, but that, since it caused a degree of trouble, they would, if necessary, sign the opposite. You can easily see that in a party, two persons who reason in that way do not matter much, particularly in a circumstance where the validity of the cause does not rest on numbers. It is however true that they would not have made such a dishonouring admission if the opposing Brethren had not tinged their reproaches with some of that haughtiness which goes with their position in society, and which unsettled those two weak Brethren, one of whom

SHARP 107.3

is B. Carpenté, surgeon and the other B. Ferrières, merchant.

Another manoeuvre which did not seem right to us was performed in that meeting of the 9th. It went thus: at the time when we worked under the Scots Mas^ry. of the 3 JJJ,[57] we had founded a L. in Béziers of which one B. Barrez was a member. His status with us was brought to an end because of our regeneration. He is now presenting himself in order to benefit from the lights which we have received from your M.R.L. He does, indeed deserve it personally. However, we argued that because he had not been received by B. Dubuisson at the time of the foundation, he had to be balloted, in accordance with the statutes, and to pay the sum agreed upon for receptions. Our opposing Brethren, considering that he had just been invested with an office of Counsellor at the *Parlement*, which makes him their colleague, claimed to exempt him of everything and decided by acclamation that he was admitted, in spite of an opposition of seven

que nous avons fait payer 4 louis à N.F. de la L. de Montpellier qui a voulu être reçu parmi nous, quoique ladite L. de Montpellier nous eut fondé nous-mêmes dans ledit précédent Ecoss^me. des 3 JJJ. Vous voyez, mon T.R.F., une suite d'irrégularités épouvantables.

Soyez, S.V.P, assuré que le R.F. le Sage, affermi de nouveau par votre approbation, ne se

SHARP 107.4

dessaisira heureusement pas des papiers de la R.L. jusqu'à la décision de notre R.L, Mère.

Nous sommes informés que les F. opposés ont adressé une lettre au R.F. comte de Pontac, que quelques-uns d'eux connaissent, dans l'idée que ce R.F. qui doit venir en Languedoc, serait chargé de cette affaire. Leur aveuglement les flattait par cette raison d'une heureuse issue, mais nous pensons trop bien des sentiments relevés de ce R.F. pour croire devoir rien craindre de sa part au préjudice de la probité et de la droiture. La commission dont vous a chargé votre R.L pour l'examen et le rapport de cette même affaire nous tranquillise à tous égards.

Il est bon de vous dire que nous entrevoyons que ces F. sentent leurs fautes, sur ce que le F. Savy, parlant un de ces jours à deux de nos F., leur proposa pour accommoder, disait-il, toutes choses, de recevoir les lettres qu'ils attendaient comme nous de Bord., de ne les pas lire de part et d'autre et de remettre, si nous le voulions, la L. au mercredi, pourvu que nous voulussions écrire de concert à notre R.L. Mère pour la prier de marquer au R.F. Dubuisson de ne pas venir en L. chez nous. La connaissance que vous avez de notre fermeté vous laisse penser de quelle façon fut reçue cette ouverture si outrageante pour notre R.L. Mère.

Continuez, à chacun de nous en particulier, mon T.R.F.

SHARP 107.5

les sentiments de tendresse et d'amitié dont vous nous faites part et persuadés, de notre

vs. seven and in spite of their being aware of the example of the 4 louis which we had our B. from the L. of Montpellier pay, when he wanted to be received among us, although the said L. of Montpellier had established us in the said former Scots Mas^ry. of the 3 JJJ. This is, as you can see my M.R.B. a series of appalling irregularities.

Please rest assured that R.B. Le Sage, strengthened again by your approval, will not,

SHARP 107.4

fortunately, part with the R.L.'s papers until our R. Mother L.'s decision.

We have been informed that the opposing Brethren have sent a letter to the R.B. Count of Pontac, whom some of them know, with the idea that this R.B. who is to come from Languedoc would be put in charge of this case. They deluded themselves, for this reason, into the hope of a happy ending, but we have too good an opinion of that R.B.'s noble feelings to think that we have anything contrary to honesty and righteousness to fear from him. The mission which your R.L. gave you to examine and report on that same case reassures us in every respect.

It is worth mentioning that we suspect those Brethren of being aware of their misconduct, because B. Savy, speaking recently with two of our Brethren, offered - in order, he said, to arrange everything - to receive the letters which they, like us, were expecting from Bordeaux; to refrain on both sides from reading them and, if we so agreed, to postpone the Lodge meeting until the next Wednesday if we were willing to write a joint letter to our R. Mother L. to ask her to order R.B. Dubuisson not to appear in L. with us. You are sufficiently aware of our determination to imagine how that proposition, so offensive to our R. Mother L. was received.

Please continue to extend to every one of us in particular, my M. R.B.,

SHARP 107.5

those kind and friendly feelings which you express, and rest assured of our absolute respect

part, du secret le plus inviolable, agréez, en particulier, les sentiments de vénération avec lesquels j'ai l'honneur d'être pour la vie,

Monsieur M.T.R.F.

Votre très humble et très obéissant serviteur.

Godefroy

Comme nos F. opposés pourraient n'être pas fidèles dans le rapport qu'ils nous feront de ce que V.R.L jugera à propos de leur marquer sur tout ceci, oserions-nous vous prier de nous en faire passer copie.
Le R.F. Le sage, qui se trouve ici, m'engage à vous présenter en particulier les témoignages de son tendre attachement.
La présente, s'il vous plait, M.R.F., servira aussi de réponse au R.F. de Frémicourt, que je prie de recevoir ici mes respectueuses obéissances.

SHARP 105.1

A l'o. de la P.L. d'E. de Toulouse par 43 D.N. le 30 J. du 3ᵉ m. de l'an de V.L. 5750[38]
Rep. Le 6sʳᵉ.

T.R.G.Mᵉ., D.G. Mᵉ., G.SS., G. Off.et FF. de la T.R.G.L. d'E. de Bordeaux

Il serait bien difficile, mes T.C.F., de vous exprimer le chagrin que j'ai eu, en arrivant ici, de trouver bien du changement dans notre R.L. et d'y voir régner la désunion. J'ai d'abord ressenti l'atteinte mortelle que pareil coup porterait au Grade P. que je vénère infiniment. Fâché de l'absence que j'avais faite, qui avait peut-être donné lieu à la fomentation, ou pour mieux dire, avait donné plus de jour pour faire entrer en avant la proposition de certains membres, mon plus grand empressement a été d'arrêter le cours d'un tel événement et réunir les esprits et de remettre la paix qui doit être toujours la base des sociétés. Pour y parvenir, j'assemblai la Loge dimanche dernier sept[39] et il y fut délibéré :

for secrecy. Please accept the feelings of veneration with which I have the honour to be, as long as I live,

Dear Sir and M.M.R.B.,

Your most humble and obedient servant.

Godefroy

As our opposing B. might be untruthful in the report which they will make us of what your M.R.L. will judge appropriate to order them about all that, we make bold to ask you to send us a copy.
R.B. Le Sage who is here, particularly urges me to convey to you the expression of his tender attachment.
With your approval, M.R.B., the present letter will also serve as an answer to R.B. de Frémicourt, to whom I send hereby the assurance of my respectful and obedient feelings.

SHARP 105.1

At the O. of the P. S. L. of Toulouse, by 43 D.N., on the 30th d. of the 3d m.5750[58]
Rep. September 6th

M.R.G. Mr., D.G. Mr., G. WW., G. Off. and BB. Of the M.R. S. G.L. of Bordeaux

It would be very difficult, my V.D.B., to convey to you how sad I was on my arrival here when I found how changed our R.L. was and to see that discord prevailed there. I first felt how fatal a blow this would be for the P. Degree which I infinitely worship. I regretted my absence which may have caused the conspiracy, or rather which may have left more opportunities for some members to put forward their proposal. Therefore, my greatest haste was to stop the course of that event, to unite the minds again and to restore that peace which always ought to be the basis of societies.
In order to do so I assembled the Lodge last Sunday, the 7th[59], and it was decided there:
1° that the L. would be held again on

1°. Que la L. serait remise au mercredi, jour que nous avions fixé lors de notre établissement.

2°. Que tout ce qui avait été fait depuis L.L. du 22 juillet était rétracté. Par-là, nos anciennes délibérations portant de ne pas nous mêler des différends entre le F. de Bojat et le R.F. Dubuisson subsistent et, au contraire, ce qui avait été fait contre ce dernier dans des L. ex^{res}. <est> détruit, ce qui m'a paru assez suffisant.

3°. L'alternative proposée pour ne pas être privés des F. de Bojat et Dubuisson passa aussi et ce premier assista à N.L. du 26 courant[40]. N.F. Dubuisson y viendra à celle du 2 7bre.[41]

Il y avait eu du malentendu précédemment a raison de cette

SHARP 105.2

alternative que nous n'avions pu mettre au jour, mais j'aurais l'honneur de vous dire qu'il ne faut pas en attribuer l'entière cause au F. Dubuisson. Je passe légèrement là-dessus. La place que j'ai l'avantage d'occuper m'oblige d'être circonspect pour tout ce qui regarde mes F., étant attaché à tous également.

Voilà, mes T.C.F., dans quel état est maintenant N.R.L. La tranquillité et l'union s'y trouvent mieux que jamais. Mon zèle et mon attention vont se redoubler pour éviter qu'il n'arrive plus de trouble et <je> tâcherai, par mes exhortations à porter tous nos F. à un esprit de docilité. Heureux si je peux leur donner l'exemple !

J'espère que vous ne serez pas fâchés, mes T.C.F., quant à la réception de votre paquet. Je suis parvenu à un arrangement qui se trouve assez conforme avec ce que vous désiriez. J'ai été chargé par N.R.L de vous en faire part en son nom, elle a eu encore la confiance de vouloir que votre décision restât entre mes mains pour en faire tel usage que je trouverai à-propos. Je ne cesserai jamais de répondre à la d^{te}. confiance et à celle que vous voulez bien me témoigner. L'ouvrage des C. M^{es}. Parf. Sera toujours devant mes yeux et, en voyageant vers la V.S., je ne pourrai que

Wednesdays which was the day fixed when we were founded.

2° that all that had been done since our L. of July 22nd was cancelled. Thus, our original decisions of not interfering in the dispute between B. de Bojat and R.B. Dubuisson were left standing, and reciprocally, what had been done against the latter in the extraordinary meetings was destroyed. That seemed sufficient to me.

3° The alternative which had been suggested to prevent us from being deprived of Brethren de Bojart and Dubuisson was also approved and the former attended our L. of the 26th of the current month[60]. Our B. Dubuisson will attend that of September 2nd.

There had been a misunderstanding which we could not

SHARP 105.2

clarify regarding that alternative. However, I have the honour to tell you that B. Dubuisson should not be made entirely responsible for it. I will not dwell on that. The position I have the honour of holding obliges me to be cautious about all that regards my B.. I am equally attached to all of them.

This, my V.D.B., is the present state of our R.L. Peace of mind and unity reign there, more than ever. My zeal and attention will be even greater to avoid further trouble, and I will endeavour, by my entreaties, to encourage all our Brethren to have a docile disposition. I will be only too happy if I can set them an example !

I hope, my V.D.B., that the reception of your parcel gives you no annoyance. I have come to an arrangement which answers your requirements quite well. Our R.L. has asked me to inform you of it on its behalf, and furthermore it trusted me enough to desire that your decision should be left in my hands so that I can put it to whatever use I might find appropriate. I will never cease to respond to the said confidence as well as to that which you will be so good as to give me. The labours of the D. Perf. M^{rs}. will always be before my eyes, and in my progress towards the S.V., I will unfailingly point to a very good path for all O.D.B.

montrer une très bonne route à tous N.C.F.

Je ne saurais vous taire qu'ayant connaissance des mémoires respectifs qui vous ont été envoyés d'ici, je trouve que l'interprétation qu'on a donnée à certains articles vous a donné lieu à penser différemment que vous ne feriez sur le compte de divers F. J'ai d'abord eu l'honneur de m'expliquer plus avant à raison de l'alternative et, par là, vous n'avez aucun blâme à donner au F. Dubuisson.

Vous n'aurez non plus aucun blâme à donner au F. Savy sur ce qu'on l'accusait d'avoir gardé copie de nos Titres fondamentaux,

SHARP 105.3

chose dont il n'est point coupable parce qu'il connait aussi bien que qui que ce soit des engagements contre lesquels il n'ira jamais. Aussi je vous prie lui rendre la justice qui lui est due de ce côté-là. Tout au plus peut-on l'accuser d'un peu de vivacité, dont on arrête cependant le cours par la raison.

L'armoire pour le dépôt de nos papiers est en règle, une des clefs entre les mains du G. S^{re}. et l'autre entre les miennes.

J'ai eu l'honneur de voir à Marseille le R.G.M. F. Salard. Je lui remis une lettre pour la R.L et il m'a promis de ne pas nous refuser la correspondance.

Le C.F. Dupin, chanoine d'Alès, membre de N.R.L, nous demande des pouvoirs pour l'établissement au d. Alès d'une P^{te}. L. d'E. Il y a encore F. de Gineste, à qui nous donnâmes l'année dernière des Constitutions pour fonder une L. à Béziers dans le Grade que nous avions, qui nous demande aussi d'être rectifiés. Nous ne pouvons rien là-dessus sans votre consentement. Par votre réponse, que je vous prie de vouloir nous faire, vous nous direz, s'il vous plait, votre sentiment.

Nous attendons avec Impatience le passage du T.R.F. Raoul. Ce sera toujours avec un plaisir infini que nous verrons des membres d'une Mère que nous respectons. Vous ne devez pas douter que ce cher F. ne soit accueilli comme il le mérite. Accordez-nous, de grâce, les faveurs de l'amitié que des enfants méritent par reconnaissance et soyez persuadés

I cannot but tell you that as I have read the respective memoranda which were addressed to you from here, I find that the interpretation which was given of some articles has caused you to form a different opinion of that which you might have had about various B. I have already had the honour of explaining myself more completely on account of the alternative, and that is why you should not blame B. Dubuisson in any way.

Neither should you blame B. Savy in any way on account of his being accused of having kept a copy of our fundamental Titles,

SHARP 105.3

a deed of which he is innocent because he knows as well as anybody the commitments against which he will never rebel. Consequently, I beseech you to do him the justice he deserves on that count. He can at most be blamed for having been a little hasty, and that can easily be stopped by the use of reason.

The cupboard for keeping our papers is in order; one of the keys is between the hands of the G. S^{ry}., the other between mine.

I had the honour of meeting R.G.M. B. Salard in Marseille. I gave him a letter and he promised me not to refuse to exchange a correspondence.

Our D.B. Dupin, Canon of Alès and a member of our R.L., asks us for the powers of establishing a Pc.t Ec. L. in the said town of Alès. There is also B. de Gineste to whom, last year, we gave Constitutions for the foundation in Bezier of a L. in the Degree that we had. He also asks to be rectified. We are powerless on that matter without your consent. Please give us your opinion in the answer which I ask from you.

We are eagerly expecting the visit of the V.D.B. Raoul. We will always see the members of a Mother L. which we respect with infinite pleasure. You can be certain that this dear B. will be greeted as he deserves. Please grant us the favours of the friendship which recognised children deserve, and rest assured

SHARP 105.4

que nos vœux pour vous sont sans borne. Recevez cette assurance au nom de ma T.R.L. et de celui qui se fera toujours gloire d'être, avec l'attachement le plus parfait et par les N.Ch. et M.,

T.R.G.Mᵉ., D.G. Mᵉ., G.SS., G. Off.et FF.

Votre très humble et très obéissant sʳ.

Fontanilhe neveu
T.R.Gʳ. Mᵉ.

SHARP 113.1

Monsieur et T.R.F.

L'honneur de votre lettre, avec le paquet pour N.R.L, m'ont été remis mercredi dernier par le F. Godefroy.
Je vous envoie ci-joint une lettre pour votre T.R.L. par laquelle vous verrez que dimanche dernier la paix et l'union ont été remises dans la V.S. et que l'arrangement pris à cet égard se rapporte assez avec la décision que vous avez voulu prendre la peine d'en donner.
Le C.F. Dubuisson n'a pu vous répondre par cet ordinaire à cause de ses grandes occupations.
Au surplus, il est bien aise, auparavant, d'avoir assisté à notre L. mercredi 2ᵉ 7ᵇʳᵉ.

SHARP 113.2

Je profite, avec empressement, de cette occasion pour vous témoigner combien je me flatte d'en trouver des nouvelles pour vous

SHARP 105.4

that our wishes for you have no limits.
Please receive this assurance in the name of my M.R.L. and in that of he who will always glorify himself of being, with the most perfect attachment and the Ch. and M. N.,

M.R.G.Mr., D.G.Mr., G.WW., G. Off. and BB.

Your very humble and obedient servant.

Fontanille, nephew
M.R.Gʳ.Mʳ.

SHARP 113.1

Sir and M.R.B.

Your letter, together with the parcel for our R.L., was delivered to me last Wednesday by B. Godefroy.
I send you herewith a letter for your M.R.L. by which you will see that last Sunday, peace and unity were restored in the S.V. and that the arrangement adopted for that purpose sufficiently answers the decision which you took the trouble to send to us on the subject.
Dear B. Dubuisson cannot answer you by this post because of his important business.
Besides, he is quite pleased to have attended our L. meeting of Wednesday Sᵇᵉʳ. 2ⁿᵈ.

SHARP 113.2

I eagerly seize this opportunity to tell you how glad I am to believe that I will find new ones to prove to you that I am the honour of being, with

prouver que j'ai l'honneur d'être, avec tout l'attachement et la cordialité possibles, par les N. Ch. Et M. par vous et moi connus,

Monsieur et T.R.F.

Votre très humble et très obéissant ser.

Fontanilhe, neveu

Toulouse, le 30 août 1750.

SHARP 110.1

Toulouse ce 7 7bre. 1752

Monsieur M.T.R.F.
Rep. Le 13. 7bre.

Je fus chargé hier par notre T.R.P.L. d'Ec. que j'avais l'honneur de tenir, d'écrire à la T.R.P.L d'Ec. De Bordeaux, notre Mère, pour la supplier de vouloir bien nous accorder quelque liberté sur le fait que j'ai celui de vous exposer.
Vous savez nos engagements pour l'observation des statuts que nous tenons d'elle et notre scrupuleuse exactitude à les remplir ne nous permet pas de nous en écarter. Cependant, il en résulterait un mal infini, et peut-être même, par la suite, la chute de notre R.L., si nous n'avions le bonheur de trouver quelque adoucissement à l'article qui nous défend d'admettre au grade de P. Ecais. Aucun maçon symque.

[bas de page]

Le T.R.F. Dupin

SHARP 110.2

à moins qu'il n'ait sept ans de maîtrise ou qu'il ne soit passé par quelqu'une des charges supérieures d'une L. Symque.[42] Ces deux conditions nous rendent les réceptions aussi rares que difficiles, surtout en ce pays qui, moins pécunieux que Bordeaux, ne fournit pas autant de réceptions de Symques. En sorte que

all possible attachment and cordiality, by the Ch. and M. N. known to you and me,

Sir and very M.R.B.

Your very humble and obedient servant

Fontanille, nephew

Toulouse August 30th 1750.

SHARP 110.1

Toulouse Sber. 7th 1752

Sir, M.M.R.B.
Rep. Sber. 13th Rep.

I was instructed yesterday by our M.R.P. Sc. L. which I had the honour of presiding, to write to the M.R.P. Sc. L. of Bordeaux, our Mother, to beg her to grant us a measure of liberty on the matter which I have the honour of explaining to you.
You are aware of our commitment to abide by the statutes which we received from her, and our scrupulous exactness in them does not allow us to depart from them. However, it would result in infinite harm and perhaps, ultimately, the downfall of our R.L. if we were not fortunate enough to benefit from a softening of the article which forbids us to receive any Symlic. Mason in the degree of P. Scs.

[bottom of the page]

Very M.R.B. Dupin

SHARP 110.2

unless he has been a Master for seven years or unless he has exercised one of the higher functions in a Symlic. L.[61] For us, those two conditions make receptions as rare as they are difficult, especially in those parts which are not so rich as Bordeaux and which do not offer as many receptions to the Craft, so that either

soit par mort ou l'absence de plusieurs, notre R.P.L d'Ec. Se trouve réduite à fort petit nombre. Il se présente bien quatre ou cinq candidats, tous fort zélés, gens comme il faut, et qu'autant par leur état que par leurs qualités personnelles nous serions charmés d'acquérir. Mais ils sont dans le cas de n'avoir ni l'âge de maîtrise prescrit ni d'avoir été en charge, ce qui nous arrête et traverse l'envie et le besoin que nous avons de réparer nos pertes, à moins que nous ne trouvions dans les entrailles de notre respectable Mère quelque facilité

because of the death or the absence of several Brethren, our R.P. Sc. L. is reduced to a very small number. There are, indeed, four or five candidates, all of them zealous and decent people, whom we would be glad to receive, on account of their social position as well as of their personal qualities. However, they do not have the prescribed seniority in the Master's degree, and they have not held the required functions either. This stops our action and it goes against our wishes and our need to make for our losses, unless we find in the bosom of our R. Mother some obliging facility:

SHARP 110.3

SHARP 110.3

secourables, nous osons espérer, M.T.R.F., dès que vous voudrez bien être notre avocat auprès d'elle, sous l'assurance que nous n'abuserons pas de son indulgence en admettant des sujets peu convenables non plus qu'en multipliant notre nombre, fixé a vingt-cinq. Notre soumission à ses ordres sera la régie de notre reconnaissance de cette continuation de bienfaits de sa part.

Comme les vacances approchent, permettez, s'il vous plait, que je vous demande une réponse par le premier courrier, parce que la circonstance étant favorable, nous en profiterons tout de suite, si nous avons le bien de voir accueillir favorablement notre demande. En attendant, j'ai l'honneur de vous assurer de la respectueuse considération comme du dévouement inviolable avec lequel j'ai celui d'être, par les N. les plus parfaits,

we dare entertain that hope, my M.R.B., as soon as you agree to be our advocate with her, under the assurance that we will not misuse her indulgence by admitting unsuitable candidates or by multiplying our number which was fixed at twenty-five. Our submission to her orders will be the measure of our gratitude for those continued blessings on her part.

As the holidays are getting near, please allow me to ask you to reply by the first post, because, as the circumstances are favourable, we would immediately seize the opportunity if we are fortunate enough to have our request favourably answered. In the meantime, I have the honour of assuring you of the respectful consideration and of the inviolable devotion with which I am, by the most perfect Numbers,

Monsieur M.T.R.F.

Dear Sir and my M.R.B.,

Votre très humble et très obéissant serviteur

Your very humble and obedient servant

Godefroy D.G.M.

Godefroy, D.G.M.

SHARP 39.1

SHARP 39.1

A l'O. de la P.L. d'E. de Toulouse par 44 D.N. le 19 du 6ᵉmois de l'an 5752

At the O. of the P. Sc. L. of Toulouse by 44 D.N. on the 19th of the 6th month of the year 5752

T.R.G.M. D.G.M. G.SS. G. Off. et très chers Frères de la T.R. et Parfaite Loge d'E. de

M.R.G.M. D.G.M. G.WW. G. Off. and Very Dear Brethren of the M.R. and Perfect S. Lodge

Bordeaux, notre Mère

S.S.S. par 3 f. 3

Quelque soin que le laboureur actif et vigilant se donne à préparer ses terres ou dans le choix de sa semence, il n'est pas possible qu'il ne s'y glisse quelques grains de l'ivraie ou de folle avoine. Mais, vers la maturité ayant soin de l'arracher, sa récolte n'en est ni moins abondante ni moins belle. C'est ce que nous venons d'approuver, nos T.C Frs. Quoique nous n'ayons eu depuis notre établissement

SHARP 39.2

que des Maitres actifs et vigilants, des ouvriers parfaits en toutes sortes de vertus et que nous ayons un grand soin pour ne pas y admettre d'autres et ne pas souffrir dans des Frs. Parfaits que de ceux qui s'appliquent à le devenir, nous nous sommes vus forcés d'exclure pour toujours, par notre délibération du 5 du sixième mois[43] le F. Sahuqué, qui avait été élevé à la place de G. secrétaire pour cette année. Crainte de vous ennuyer, nous ne vous détaillerons point nos justes raisons. Mais tout ce dont vous devez être assuré c'est qu'il nous en fallu de très fortes pour nous déterminer à en venir

SHARP 39.3

à cette extrémité. Nous vous prions de ne plus le recevoir s'il venait à se présenter. On m'a fait l'honneur de me choisir pour continuer ses fonctions. En cette qualité de nouveau Secrétaire, recevez mes hommages et les félicitations de N.R.L, votre fille, au sujet de la nomination de vos Grands Officiers suivant votre lettre du 9 du 4ᵉ mois. Nous ne doutons pas que, sous d'aussi excellents Maitres, vos ouvrages ne soient conduits vers la Perfection où doivent tendre tous les bons et vrais Maçons. Demandant la continuation de vos amitiés et bienveillances, nous sommes, par les nombres connus

of Bordeaux, our Mother

S.S.S. by 3 times 3

Whatever care the active labourer may take in preparing his soil or in choosing his seeds, some grains of rye grass or of wild oat will inevitably get mixed in them. Nevertheless, after he carefully removes them when they are ripe, his harvest will be no less abundant or good for that. This is what we have just approved, our very Dear Brethren, although since our foundation we have had none but

SHARP 39.2

active and watchful Masters, operatives who are perfect in all kinds of virtues, and we have taken great care not to admit others and to accept among Perfect Brethren only those who strive to become such. In spite of that we have been forced, by our deliberation of the 5th of the 6th month,[62] to expel permanently B. Sahuqué who had been raised to the function of G. Secretary for this year. Lest we bore you, we will not go into the details of our just motives. But all you must be assured of is that we had to have very solid ones to decide us to come to

SHARP 39.3

such an extremity. We beg you not to receive him anymore, if he comes to present himself. I had the honour to be chosen for the continuation of his functions. In that capacity, as the new Secretary, please receive my compliments and the congratulations of our R.L., your daughter, for the nomination of your Grand Officers, according to your letter of the 9th of the 4th month. We have no doubt that among such excellent Masters your labours will be conducted to Perfection, to which all good and true Masons ought to aspire.
In the hope of the continuation of your friendship and kindnesses we are, by the numbers known

SHARP 39.4

par nous,

T.R.G.M. D.G.M. G.SS. G. Off.et chers Frères

Votre humble serviteur et chers Frère.

Par mandement de L.R.G.L. d'E. de Toulouse

Benaben cadet G.S.
Mon adresse : à Benaben cadet, négᵗ. 18 près
la place Rouaix

SHARP 39.4

to us,

M.R.G.M. D.G.M. G.WW. G. Off. and Dear
Brethren
Your humble servant and dear Brother. [sic]

By command of T.R.S. G.L. of Toulouse

Benaben jr., G. S.
My address: Benaben cadet, négt. 18 près la
place Rouaix

VI – Divers
Loges sous l'Empire

SHARP 69-1

La R. Loge de St. Paul des Vrais Amis,[63] régulièrement constituée à l'orient de Figeac, soumet à la décision du R. F. Derrey,[64] fondateur de la R. Loge de la Parfaite Amitié à l'orient de Toulouse, le fait suivant :

Le F. Delshens,[65] p[er]. Surveillant et signé sur la requête comme fondateur de la d[te]. Loge, fut invité par un membre de la Loge, avec six autres Frères, à un souper dans une auberge de la ville, où se trouva aussi un ingénieur de Montauban qui se fit reconnaitre pour Maçon. Le d[t]. Frère Delshens, assisté des autres Frères, y présida à une loge de table, où l'imprudence du Frère qui fut chargé de couvrir la Loge lui fit négliger une fenêtre qui donnait sur la rue et les mit à portée d'être entendus dans leurs opérations.

Cinq Frères de la Loge, passant sous cette fenêtre, les entendirent et les aperçurent à travers le rideau de la fenêtre. Ils gardèrent le silence sans les interrompre

SHARP 69-2

et les accusèrent dans la loge prochaine. La Loge, faisant droit sur leurs plaintes, condamna, à la pluralité des voix, le d[t]. frère Delshens à perdre sa dignité et n'en pouvoir exercer aucune jusqu'à la St. Jean 1771.

Les accusateurs donnèrent leurs opinions et, quoique témoins du délit, ils en furent les juges.

Dans la même faute, il y eut deux dignitaires de la Loge, qui furent suspendus de leur place jusqu'à la St Jean d'été, qui devait arriver sous peu de jours. Les autres trois frères furent chacun condamnés à une amende de trois

VI – Miscellanies
Napoleonic times

SHARP 69-1

The R. Lodge *St. Paul des Vrais Amis*,[72] regularly constituted at the Orient of Figeac, submits the following fact to the decision of R.B. Derrey,[73] founder of the R. Lodge *la Parfaite Amitié* at the Orient of Toulouse: B. Delshens,[74] Sr. Warden, who signed the request as founder of the said Lodge, was invited by a member of the Lodge, together with six other Brethren, for a dinner in an inn of the city where an engineer from Montauban who made himself known as a Freemason was also present. The said B. Delshens, assisted by the other Brethren, presided over a Table Lodge at which the Brother who was in charge of tyling the Lodge was so careless as to disregard a window which opened onto the street and caused them to be overheard during their operations.

Five Brethren of the Lodge who were passing under that window heard them and saw them through the curtain of the window. They remained silent, did not interrupt,

SHARP 69-2

and accused them at the next Lodge. The Lodge upheld their complaint and sentenced by a majority of the votes the said Brother Delshens to be deprived of his office and barred from exercising any other until 1771 at St John's Day.

The accusers gave their opinion and although they had been the witnesses of the offence, they were also the judges of it.

Two more dignitaries of the Lodge were included in the same fault; they were suspended from their offices until St John the Baptist's day which was a few days away. The other three Brethren were sentenced to a three *livre* fine for

livres envers les pauvres.

Sur les représentations du F. Delshens pour adoucir la nature de sa peine, il fut statué par la Loge, de son consentement, que son affaire serait soumise à votre décision, mais il fut en même temps arrêté que son jugement serait

SHARP 69-3

exécutoire provisoirement, en sorte qu'il a été frustré de toute dignité a la nomination de la présente année.

La Loge a nommé les commissaires, signés ci-après, pour vous instruire du délit avec promesse de souscrire à votre décision.

Vous êtes prié de vouloir bien donner votre avis sur cette affaire.

Tous les Frères vous saluent par tous les Nombres Mystérieux.

A Figeac, le 4 juillet 5770

Simonot ex or∴

Borrelly Ex. V. or∴

Delfoy

SHARP 70-1

Figeac, le 5 juillet 1770

Monsieur et Très Cher Frère,

Un ami, membre de notre Loge, vient de m'annoncer dans ce moment son départ pour Toulouse. Je le charge du soin de vous remettre une lettre, ainsi qu'une affaire, survenue depuis peu de jours, que la Loge a soumis à votre décision. Vous verrez ce dont il s'agit dans le mémoire dont il est porteur.

Je dois vous observer sur cet objet que le F. Delshens a été vraiment maltraité dans ce jugement et c'est avec d'autant moins de raison que ce Frère s'est prêté dans toutes les

the succour of the poor.

Upon Bro. Delshens' plea to have his punishment softened, it was decided, with his agreement, that his case would be submitted to your decision, but it was simultaneously decided that his sentence would be

SHARP 69-3

provisionally enforceable, so that he was barred from every function for the appointments of the current year.

The Lodge has appointed the undersigned commissaries to inform you of the offence, with the promise of abiding by your decision.

We request you to give your opinion on this case.

All the Brethren salute you by the Mysterious Numbers.

Figeac, July 4th 5770

Simonot ex or∴

Borrelly Ex. W.M. or∴

Delfoy

SHARP 70-1

Figeac July 5th, 1770

Dear Sir and Very Dear Brother,

A friend and member of our Lodge just informed me that he was leaving for Toulouse. I ask him to deliver a letter to you and to inform you of a case which occurred a few days ago and which the Lodge has submitted to your decision. You will see what this is about in the note of which he is the bearer.

I have to point out, on this matter, that Br. Delshens has been really mistreated in this decision with even less reason, given that this Brother made himself available in all

occasions à me seconder dans notre établissement, que, dans la requête adressée à la Grande Loge, je lui fis prendre le titre de p^er. Surveillant fondateur, qu'il est le seul qui connaisse l'usage des Loges et que la Loge, privée de son secours, ne peut continuer ses opérations sur le pied où nous les avions commencées, à moins que je ne me charge de tout le fardeau de l'exécution (ce qui est fort difficile). D'ailleurs la Loge a perdu de vue, dans cette affaire toute la reconnaissance qui est due à des fondateurs et l'esprit de parti, qui a guidé quelques-uns de nos Frères reçus depuis peu de jours les a aveuglés sur leur conduite. Ils ont cherché à éloigner ceux d'entre nous qui ont le plus d'intérêt à s'opposer au règne de la domination qui voudrait s'introduire dans notre Temple.

Il est difficile de réparer le tort qu'a reçu

SHARP 70-3

le p^r. Surveillant lors de la nomination. Il semble qu'on ne peut y réussir qu'en procédant à une nouvelle élection, si la peine qu'on lui fait subir vous parait (comme je le pense) susceptible d'être modérée. Il faut annuler aussi la délibération offensante qui fait mention de son jugement. Enfin, la Loge souscrira dans tous ses points à votre décision.

Le F. de Broussoles, lieutenant-général[66], a été élu à la dignité de V^ble. et le procureur du Roi à celle de 2e Surveillant. J'ai accepté celle d'Orateur mais, ne voulant pas perdre mes droits d'ex-V^ble., j'ai fait insérer dans la délibération (sans préjudice des droits qui me sont acquis comme ex-V^ble).

L'usage que j'ai des Loges m'autorisait à réclamer tout ce qui m'est du. Personne dans la Loge n'en était mieux instruit que moi. Cependant, à peine m'a-t-on accordé la p^re. Voix avant les Surveillants, encore n'est-ce

SHARP 70-4

que provisoirement, jusqu'à ce que je puisse établir ce privilège dans le délai de deux mois.

occasions to help me in our foundation, that in the request which I sent to the Grand Lodge I had him take the title of Founding Sr. Warden, that he is the only one who knows the customs of the Lodges, and that the Lodge, deprived of his help, cannot pursue its operations to the same extent as that with which we started them, unless I burden myself with their full execution, which is very difficult. Moreover, in that case, the Lodge has lost sight of all the gratitude which is due to a founding Brother, and the partisan spirit which guided some of our recently received Brethren has blinded them on their behaviour. They have tried to push away those of us who have the greatest interest to oppose the reign of the domination which is trying to find a way into our Temple.

It is difficult to repair the wrong done to

SHARP 70-3

the Sr. Warden when he was designated. It seems that this can only be done by having a new vote if, as I think, the penalty which is inflicted on him can, in your opinion, be mitigated. The record of the insulting debate which mentions his sentence should also be deleted. Finally, your decision will be approved by the Lodge in all its details.

Br. de Broussoles, *lieutenant-général*,[75] has been raised to the dignity of W^ful., and the King's Prosecutor to that of Jr. Warden. I have accepted that of Orator, but as I did not wish to waive my rights as former W^ful., I have had the mention "without prejudice to the rights which I acquired as former W^ful." inserted in the minutes.

My experience of Lodges allowed me to claim, all that is due to me. No one in the Lodge was better instructed than I. However, I was just barely given precedence over the wardens, and that

SHARP 70-4

only provisionally, until I can have that privilege confirmed within two months.

Je vous envoie ci-joint la note de mes droits. Veuillez me dire à cet égard votre sentiment. Si vous avez des Règlements concernant les ex-v., faites-moi le plaisir de me les envoyer.

Je crois que trois oppositions suffisent pour arrêter une réception d'App. Et qu'il est inutile de décrire au M^{re}. Les causes d'opposition suivant les Statuts Généraux.

M. Auguié me presse de lui rendre ma lettre. Je finis donc en vous renouvelant les sentiments de considération avec lesquels je suis

Monsieur et Très Cher Frère,

Votre très humble et très affectionné Frère

Borrelly

SHARP 71-1

M.T.C.F.

~~Le jugement~~ L'indignation de la R.L. est très juste comme la faute du F. Delshens et de ses complices est très grave.

Il n'est jamais utile, mais toujours dangereux de tenir des Loges séparées. Le danger augmente encore davantage dans ces sortes de lieux, nécessairement indécents par la même qu'ils sont oubliés.

C'est dans ces Loges particulières que l'esprit de fraternité, qui devrait se répandre sur tous les membres également, se concentre et se fixe sur la tête de quelques particuliers, d'où se forment, par la suite, les cabales et les intrigues.

C'est encore dans ces Loges clandestines que s'enfante l'esprit de licence et que se perdent l'austérité et la modestie des mœurs, dès qu'une trop grande familiarité dispense de rougir.

SHARP 71-2

C'est enfin dans ces Loges, toujours mal

I enclose the list of my rights. Please tell me what you think on that subject. If you have regulations concerning former W.M., please send them to me.

I believe that three oppositions are enough to stop the reception of an Apprentice and that according to General Regulations the W.M. does not have to be told about the reasons for such oppositions.

M. Auguier urges me to give him my letter, therefore I shall end by renewing the expression of the sentiments of consideration with which I am,

Dear Sir and Very Dear Brother,

Your very humble and affectionate Brother.

Borrelly

SHARP 71-1

M.V.D.B.

~~The opinion~~. The indignation of the R.L. is quite legitimate, just as the fault of B. Delshens and his accomplices is very serious.

It is never useful but always dangerous to hold separate Lodges. The danger is even greater in that sort of place which is necessarily improper because of the very fact that they are overlooked.

It is in those particular Lodges that the spirit of fraternity which should be evenly spread over all members is in fact concentrated and fixed on the heads of some individuals, whence cabals and machinations are later formed.

It is also in those clandestine Lodges that a spirit of licentiousness is bred and that austerity and modest behaviour are lost as soon as too close a familiarity does away with shame.

SHARP 71-2

It is, finally, in those Lodges, always badly tyled,

couvertes, que naissent pour l'ordinaire ces imprudences, qui ont révélé tant de choses aux profanes et fait subir à l'Art Sublime tant de disgrâces.

En conséquence, d'après votre Devoir et les règles les plus inviolables, je vous ordonne d'avoir à délibérer de suite de ne plus tenir de loges clandestines hors du Temple et de ne s'en écarter jamais sans une délibération expresse de la Loge.

Obligé par mon caractère de conférer avec les autres Grands Maitres sur la conduite des Loges dont j'ai connaissance, je ne pourrais que déférer votre irrégularité si elle était soutenue et vous faire perdre, auprès d'eux, vos droits avec leur estime.

Qu'on ne parle donc point de modérer quant à présent la punition du F. Delshens et des autres coupables. Il faut, au contraire, la proportionner au délit. J'applaudis, sans doute, à la bonté de votre cœur, mais dans tout ce qui tendrait à révéler nos Mystères, la générosité doit se taire devant la Loi du Devoir.

SHARP 71-3

L'irrégularité du F. montre qu'il a surpris le titre de fondateur ou qu'il en a abusé et, dans l'un et l'autre cas, vous devez le punir comme encore plus coupable.

Quand je vous dis que vous devez le punir, ne craignez pas d'attenter au caractère de fondateur. Les Lois antérieures de son titre l'obligeaient à la décence et ces Lois, il les a encore plus avouées lorsqu'il a obtenu le pouvoir de vous les communiquer. Or, par ces Lois, il doit être puni. Vous ne tenez pas votre juridiction de lui, mais des Lois, qui soumettent également tous les Frères.

Le Vénérable fera subir trois remontrances au F. D^ns., placé entre les deux Surv^t., pendant trois loges consécutives. Le F.D. aura le visage tourné vers le Nord et le reste des Frères coupables sera exilé, pendant lesdites remontrances, sur la Colonne du Nord, à la suite des Apprentis, la bavette du Tablier relevée.

Le délit étant commun au fondateur lui-même et à plusieurs de ses membres, la Loge doit

that those careless actions which have disclosed so much to profane eyes and caused so much damage to the Sublime Art usually originate.

Therefore, in accordance with your Duty and the most inviolable rules, I order you to resolve at once not to hold any more clandestine lodges out of the Temple, and never to leave it without an express decision of the Lodge.

As my position compels me to confer with the other Grand Masters about the conduct of the Lodges which are brought to my knowledge, I would have to report your irregularity if it were sustained and to cause you to lose their esteem and your rights in their eyes.

Therefore, let there be no talk of mitigating the punishment of B. Deshens and the other culprits. On the contrary, it must be proportionate to the offence. Naturally, I commend the kindness of your heart. However, in all that would tend to disclose our Mysteries, generosity must give way to the Law of Duty.

SHARP 71-3

That B's irregularity shows that he has usurped the title of founding B. or that he has misused it. In either case, you must punish him as he is all the more guilty.

When I tell you that you must punish him, do not be afraid of insulting his character as a founding B. The Laws preceding his title obliged him to some decency and he acknowledged those Laws even more when he received the power to communicate them to you. Now under these Laws, he must be punished. You do not hold your jurisdiction from him, but from those Laws which are imposed equally on all Brethren.

The W. Master will have B. Delshens - standing between the two Wardens - receive three reprimands, at three consecutive Lodge meetings. B. D. will face North and during those reprimands the other guilty Brethren will be exiled on the North column, after the apprentices, the bibs of their aprons turned up.

As the offence is shared between the founding B. and several of its members, the Lodge itself must atone for it by way of a general charity.

l'expier elle-même par une aumône générale.
Cependant, par reconnaissance pour le fondateur et lorsque la Loge aura partagé l'expiation de sa faute par cette aumône, je crois qu'il serait à-propos,

SHARP 71-4

après avoir fait subir au fondateur la honte de la condamnation par sa lecture, de lui remettre toute autre peine, ou, du moins, les deux dernières remontrances.
Je ne parle point ici d'aucune rémission à l'égard des autres Frères et, par là, vous concilierez votre indulgence avec votre justice.
Du reste, je ne saurais approuver, d'après nos Lois, l'interdiction quelconque prononcée pour les charges seulement. Cette interdiction particulière pourrait laisser après elle les soupçons de la cabale ou en donner les moyens. Il semble qu'on ne chercherait à punir que pour ne pas récompenser. Celui qui condamne doit même, s'il se peut, être exempt de soupçon.
D'ailleurs le Travail en présence des Maitres ne peut jamais vaquer et il pourrait arriver des cas, comme par exemple un trop petit nombre, où par cette interdiction vous seriez contraires à vous-mêmes et il faut ou entièrement interdire la Loge ou laisser à chacun la liberté du Travail.

Je suis M T Ch F P le N M et C de N S entièrement à vous

D. R.F. G^d. M. E Ch d'Or.

D'après mon désaveu quant à l'interdiction des charges, gardez-vous cependant d'en conclure la nécessité d'une nouvelle élection. Ce serait réparer un abus par un plus grand encore. Les nouvelles élections introduisent toujours des cabales qui augmentent le trouble au lieu de le faire cesser. La Loge le croyait juste et cela suffit pour le passé. Il n'est question que de l'avenir.

Je suis encore une f. M T C F P le N M et C de N S

However, out of gratitude for the founding B. and once the Lodge has shared the expiation for his fault by such a charity, I think that it would be appropriate,

SHARP 71-4

after the founding B. has been made to feel the shame of his sentence by having it read out to him, to remit all of his other penalties, or at least the remaining two reprimands.
By this, I do not suggest any remission for the other Brethren, and this is how you will conciliate your clemency and your justice.
Besides, according to our Laws, I cannot approve of any interdict being pronounced for the offices only. Such particular prohibition might leave a suspicion of a cabal or provide the means for one. It would look as if the sole purpose of punishing would be to avoid rewarding. He who condemns must, if possible, be free from any suspicion.
Besides, labour in the presence of Master Masons can never be interrupted, and the case might arise when there would be too few of you and when you would be in contradiction with yourselves because of that prohibition. Either the Lodge meetings must be completely forbidden, or everyone must be free to take part in the labours.

I am M V D B B the M N K to U O cordially yours

D. R.B. Gd. S M. Kn of the E.

Please do not conclude from my disapproval of a prohibition of the offices, that a new election is necessary. This would mean redressing an abuse by committing another and even greater one. New elections always breed cabals which add to the trouble instead of stopping it. The Lodge thought it was just, and this is enough for the past. Only the future matters.

I am once again, M V D B B the M N K to U O,

D. R.F. G.M.E ch. D'Or.

D. R.B. Gd. S M. Kn. of the E.

SHARP 129-1

SHARP 129-1

A Son Altesse Sérénissime Monseigneur le Duc de Chartres

To His Serene Highness His Grace the Duke of Chartres

La Loge de St Jean de Jérusalem sous le titre de la Bienfaisance, seule régulièrement constituée à l'orient de Montauban

The Lodge of St John of Jerusalem under the title of *La Bienfaisance*, the only regularly constituted L. at the Orient of Montauban

S. S. S.

S. S. S.

A l'orient d'un lieu éclairé où règnent la vertu, le silence et la charité, l'an de la Lumière 5772, le 28e jour du dixième mois et de l'ère vulgaire le 28 X^{bre} 1772

At the Orient of an illuminated place where virtue, silence and charity prevail, in 5772 A.L., on the 28th day of the tenth month and in the ordinary style D^{ber} 28th 1772

<u>Sit numen faustum</u>

<u>Sit numen faustum</u>

Sérénissime Prince et Très Respectable Frère

Your Highness and Most Respectable Brother

Ce serait avec transport que nous nous serions livrés à la joie que doit inspirer à tout bon Maçon la satisfaction de vous voir accepter la Grande Maitrise, si cette agréable nouvelle pouvait avoir quelque fondement. Objets depuis longtemps de la cupidité et de l'ambition de quelques faux-frères, nous nous garderons de nous livrer à ce doux espoir que vous n'ayez daigné, Sérénissime Prince, nous le confirmer.

We would have been elated and filled with the joy which every good Mason should feel at your accepting the Grand Master's office, if only this pleasant piece of news could be confirmed. As we have been for a long time the object of the cupidity and ambition of some false brethren, we will refrain to abandon ourselves to such sweet hope before your Serene Highness deigns to confirm it.

Un ordre du gouvernement suspendit les travaux de Grande Loge au mois de février 1767. Ce fut le Frère de la Chaussée qui prévint les Loges régulières du Royaume. Aujourd'hui, ce Frère de la Chaussée, peu d'accord avec lui-même, signe une délibération dans laquelle on ose dire que la suspension des travaux de la Grande Loge n'avait été que l'effet de la délibération des Maitres et que, par conséquent, leur reprise n'avait besoin que d'une délibération qui l'ordonnât.[67]

An order from the government suspended the labours of the Grand Lodge in February 1767. It was Bro. de la Chaussée who informed the regular Lodges of the Kingdom. Today, this Bro. de la Chaussée, in contradiction with himself, signs a resolution which goes so far as to state that the suspension of the labours of the Grand Lodge was no more than a consequence of a decision of the Masters and that, therefore, no deliberation was needed to order it.[76]

Nous n'ajouterons aucune réflexion à l'espèce

We will add no comment to the account

SHARP 129-2

SHARP 129-2

que nous venons de vous rapporter, d'un fait

we have just made of a fact which in itself is

qui suffit seul pour prouver la nécessité de nos réclamations.

Deux ans après cette suspension, un certain Poupart, un Duret, un Pénil, un Léveillé, s'annoncèrent, par des lettres circulaires, comme chargés par la Grande Loge de ses travaux et de sa correspondance. Cette infidélité fut aussitôt démasquée par des lettres du Respectable Frère Chaillon de Jonville et du Frère de la Chaussee lui-même.

Actuellement, Sérénissime Prince, quels sont les Maçons illustres, chargés des Travaux, du Trésor, des Sceaux, des Archives et de la correspondance de la Grande Loge ? Les prétendus restaurateurs de l'Art Royal sont encore les Poupart, les Léveillé, les Duret, les Pény, les Bigarré, les Guillot, les Daubertin, les Lacan etc., presque tous dégradés de la Maitrise par des décrets solennels de la Grande Loge, dont ils ne craignent pas, aujourd'hui, de nous présenter un vain fantôme, et exclus à jamais de nos Travaux.

Ces hommes obscurs n'étaient, cependant, pas les seuls coupables puisqu'à la honte de notre Art Sublime, le Royaume a été inondé de constitutions clandestines irrégulières, puisqu'il a été couvert des soi-disant Maçons indignes de ce nom, et que, par une suite de malversations insoutenables, on a poussé l'effronterie jusqu'à les antidater pour les supposer antérieures à la suspension de Travaux de la Grande Loge, et l'on s'est servi de faux timbres, puisqu'il y a de la différence entre ceux dont on timbre aujourd'hui et ceux dont on a fait usage dans le temps que les fonctions de la Grande Loge ont été suspendues. Non contents, Sérénissime Prince, de ces contradictions marquées, ils en ont mis encore entre leurs circulaires qui se sont formellement démenties. L'une, du mois d'octobre 1771, annonçait que votre Altesse Sérénissime avait déjà accepté la

SHARP 129-3

Grande Maitrise. Cependant, une autre, portant un procès-verbal d'acceptation du 5 avril dernier, semble prouver qu'elle n'a existé que près de six mois après. Cette seconde

enough to prove that our claims are necessary.

Two years after that suspension occurred, one Poupard, one Duret, one Léveillé announced by way of circular letters that they were designated by the Grand Lodge for its labours and its correspondence. This fallacy was soon exposed by letters from Respectable Brother Chaillon de Jonville and from Brother de la Chaussée himself.

Who, Your Grace, are now the illustrious Masons in charge of the Labours, the Treasury, the Seals, the Archive and the correspondence of the Grand Lodge? The so-called restorers of the Royal Art once more the Poupart, the Léveillé, the Duret, the Pény, the Bigarré, the Guillot, the Daubertin, the Lacan etc., almost every one of them stripped of their Master's rank by solemn decrees of the Grand Lodge and of which they now shamelessly present to us a worthless imitation, while they are forever banned from our Labours.

However, those obscure characters were not the only culprits, since, to the shame of our Sublime Art, the Kingdom has been inundated with irregular clandestine constitutions; since it has been filled with so-called Masons who are not worthy of the name; since as a consequence of unjustifiable misdeeds, impudence was carried so far as to antedating those, in order to make them seem to date back to the period before the suspension of the Grand Lodge, and since fake stamps were used, as one can observe from the fact that those in use today and those in use before the functions of the Grand Lodge were suspended are different. Not yet satisfied, your Serene Highness, with those marked contradictions, they added some more in their circular letters which were absolutely proved false. One of those, dated October 1771, announced that your Grace had already accepted the

SHARP 129-3

Grand Master's office. However, another letter dated April 5th seems to prove that it existed about six months later only. Is this second acceptance more real than the first? Considering

acceptation est-elle plus vraie que la première ? Comme ce sont toujours les Duret, les Lacan, qui se trouvent entre votre Altesse Sérénissime et nous, que ce sont-là tous nos garants, dans le temps que le Respectable Frère Chaillon de Jonville avait promis aux Loges régulières du Royaume de leur apprendre la reprise des Travaux de la Grande Loge, si jamais elle avait lieu, nous ne saurions porter la crédulité jusqu'à nous en rapporter à leur parole, les uns étant flétris par des jugements solennels et les autres étant convaincus par leur propre aveu de malversations énormes. Aussi, Sérénissime Prince, les Loges régulières du midi de la France ont-elles constamment douté de la reprise des travaux et de l'acceptation de votre Altesse Sérénissime, dans le temps qu'une des principales signatures, celle de votre Substitut Général, n'a jamais été apposée à ces actes.

Nous ne nous étendrons pas beaucoup, Sérénissime Prince, sur le droit qu'ils se sont arrogé d'élire en seul un Grand Maitre, sans le concours des Loges de Province, puisque c'est, de leur part, une usurpation évidente contre elles et un attentat contre vous-même.

Les hommages libres et du cœur des vrais enfants de la Lumière sont seuls dignes de vous : ceux de quelques vils proscrits seraient-ils faits, en resserrant les bornes de votre empire, pour vous en dédommager ? Ce ne sont pas quelques particuliers de la capitale qui, à leur gré, peuvent former une Grande Loge, il faut, pour qu'elle existe, également le concours de tous les Maitres des Loges régulièrement constituées tant dans la capitale que dans les provinces. C'est à une Loge ainsi composée qu'il appartient de faire des Lois

that it is always the Duret, the Lacan who are between your Serene Highness and ourselves, that theirs is our only guarantee, while Respectable Brother Chaillon de Jonville had promised to the regular Lodges of the Kingdom that he would inform them of the resumption of the Labours of the Grand Lodge, if the case occurred, we cannot be so credulous as to rely on their word, since the ones have been blemished by solemn judgments and the others have been found guilty of huge malfeasance which they have themselves recognised. Therefore, Your Serene Highness, the regular Lodges of Southern France have constantly doubted the reality of the resumption of Labours and your Serene Highness' acceptation, while one of the most important signatures, that of your General Deputy was never affixed to those acts.

We will not dwell at length, Most Serene Prince, on the right which they granted themselves to elect a Grand Master on their own, without the participation of the provincial Lodges, as this constitutes on their part an obvious usurpation against those Lodges and an attack against you. Only the free and heartfelt tributes of the real Children of the Light are worthy of your person: how could those of some despicable outcasts ever replace them for you by narrowing the boundaries of your empire? It is not some private persons from the capital who can at will form a Grand Lodge. Its existence also requires the participation of all the Masters of regularly constituted Lodges, in the capital as well as in the provinces. It is a Lodge constituted in this manner which is entitled to make Laws

SHARP 129-4

SHARP 129-4

et des Règlements. Les Maçons des divers ateliers du Royaume s'y soumettront avec joie. La Loi ne peut être telle pour eux qu'en tant qu'ils ont concouru pour la former.

Que devons-nous penser, Sérénissime Prince, de la soi-disant Grande Loge qui parait n'exister aujourd'hui que pour nous forger des chaines, que pour faire des Lois nouvelles,

and Regulations. Masons from the various Lodges across the Kingdom will joyously submit to them.

For them, the Law can be recognised as such only in so far as they have taken part in its making.

What ought we to think, Most Serene Prince, of the so-called Grand Lodge which only seems to

sans le concours des Loges de province, que pour leur imposer, ainsi qu'aux Maçons du Royaume, des contributions odieuses, des taxes personnelles avilissantes et des capitations destructives de nos privilèges, enfin que pour s'occuper de l'établissement d'inspecteurs provinciaux, qu'elle accable d'honneurs et de prérogatives pour masquer par-là, s'il est possible, le vice de leur création ? Vues en détail, ces nouveautés annoncent aux Maçons un joug inventé par le despotisme et l'avarice dont ils s'indignent. Quoiqu'ils soient loin de mettre un haut prix aux faibles avantages de l'état et du nom, qu'ils sachent que tout Maçon est l'égal de ses Frères, cependant peuvent-ils reconnaitre pour tels ceux qui cherchent à détruire une égalité qui nous est si précieuse, qui veulent renfermer dans un conciliabule étroit le droit d'abroger les Lois antiques de la Maçonnerie et celui d'opprimer les ouvriers ?

Dans le temps que ces grands législateurs, pour comble d'indignité, ne sont que des hommes abjects, des artisans mercenaires d'une naissance vile et dont nous ne saurions nous lasser de le répéter, les uns ont été flétris par des jugements solennels et les autres ont été convaincus de concussion et de malversations. Ces derniers, faute de tribunal où l'on peut les traduire, ont évité le châtiment qu'ils avaient si bien mérité et les autres ont le front de dire qu'ils ont été absous sans examen (malgré la justice et la nécessité des jugements prononcés contre eux) dans la première assemblée

exist today in order to forge fetters for us, to make new Laws without the participation of provincial Lodges, to impose upon them as well as upon the Masons across the Kingdom some detestable contributions, degrading individual taxes and dues which destroy our privileges, and lastly to arrange for the establishment of provincial inspectors on whom it lavishes honours and prerogatives, thus to disguise, if it can, the impropriety of their creation? Considered in detail, those novelties announce to Masons a yoke invented by despotism and avarice which they find outrageous. Although Masons are far from setting great store on positions and names, let it be known that every Mason is his Brother's equal. Can he, however recognise as such those who seek to destroy that equality which is so precious to us and who want to restrict to a narrow circle the right to abolish the ancient Laws of Masonry and that of oppressing the operatives?

At the same time, those great legislators, by an even greater indignity, are none but mercenary implementers, contemptible men of low birth and who, as we never tire of repeating, have been for the ones blemished by solemn judgments and for the others convicted of misappropriation and malpractice. The latter, for want of a court before which might have been brought, evaded the penalty which they had so fully deserved, and the others had the audacity of saying that they had been discharged without an examination (in spite of the just and necessary sentences pronounced against them) in the first meeting

SHARP 129-5

SHARP 129-5

de la prétendue Grande Loge où l'un des plus coupables tenait, avant son absolution, le marteau de second surveillant.[68]

Si la Grande Loge peut encore exister malgré l'énormité de leurs crimes, qu'ils s'y présentent les uns et les autres en accusés, qu'ils n'affectent pas d'en dérober la connaissance aux Loges de province. S'ils sont innocents, que ne montrent-ils leur innocence au plus grand jour, par de pareils

of the so-called Grand Lodge where one of the guiltiest ones held the gavel of Junior Warden[77] before he was absolved.

If the Grand Lodge can still exist despite the enormity of their crimes, let them appear before it as defendants, let them not pretend to conceal that fact from the provincial lodges. If they are innocent, why do they not openly show their innocence by suitable explanations? If, on the contrary and as it is only too likely they are

éclaircissements ? Si, au contraire, comme il n'y a que trop lieu de le présumer, ils sont coupables, que l'aveu de leurs fautes et le plus sincère des repentirs leur donne lieu d'espérer dans l'indulgence de leurs frères.

Mais, Sérénissime Prince, la réformation des abus actuels ne sera pas suffisante. Il faut encore, par une entreprise digne de votre zèle maçonnique, préserver les générations futures des maux dont nous gémissons et qui nous remplissent d'effroi. Nous en voyons la cause dans la création des Maitres Perpétuels de Loge.

Nous nous contenterions de déplorer le sort de celles ainsi gouvernées et qui, au lieu d'une société d'hommes libres, sont devenues le domaine d'un seul homme dont elles sont les esclaves. Mais si cette qualité de Maitres de Loge leur donne le droit d'occuper les emplois de l'administration de la Grande Loge, à l'exclusion des autres Officiers et des membres des Loges particulières de Paris, ils seront aussi inamovibles dans les emplois que la Grande Loge leur aura confiés qu'ils le sont dans leurs Loges, ils y porteront le même esprit de domination, ils voudront traiter les Loges de Province avec le même empire qu'elles. Et le mal ne sera-t-il pas d'autant plus grand que ces Maitres inamovibles seront, pour la plupart, d'un état vil et d'une profession mécanique ?

SHARP 129-6

Nous voyons aussi avec peine, nous osons le dire franchement à Votre Altesse Sérénissime, l'agrégation des Illustres Frères qui composaient votre respectable Loge au prétendu Grand Orient.[69] Une Grande Loge n'est telle que par le concours égal de toutes les Loges régulières du Royaume. En y admettant plusieurs membres d'une Loge particulière, on s'assujettit à y admettre un nombre égal de chacune des autres Loges. Cette balance une fois détruite, il n'est plus de Maçonnerie. Si les Illustres Frères qui composaient votre respectable Loge ont été admis aux Travaux de la soi-disant Grande Loge, nous osons conjurer Votre Altesse

guilty, let a confession of their faults and the sincerest repentance give them cause to hope for their Brethren's indulgence.

However, Most Serene Prince, reforming the present abuses will not be sufficient. It is also necessary, by way of an action worthy of your masonic zeal, to preserve future generations from the evils which we bemoan, and which fill us with dread. We see their cause in the creation of Perpetual Lodge Masters.

We could choose merely to deplore the fate of the Lodges governed in that way and which, instead of being a society of free men have become the property of a single man of whom they are the slaves. But if that quality of Lodge Master gives them a right to occupy the administrative functions of the Grand Lodge, to the exclusion of the other Officers and members of the particular Lodges of Paris, they will become as irremovable in those functions which the Grand Lodge will have entrusted to them, as they are in their Lodges, they will introduce there the same spirit of domination, they will want to treat the Provincial Lodges with the same authority. Will not the evil be all the greater as those irremovable Masters will, for the most part be of a lowly condition and practice mechanical trades?

SHARP 129-6

We also make bold to say frankly to your Most Serene Highness that it pains us to witness the incorporation of the Brethren who composed your Respectable Lodge into the so-called Grand Orient.[78] A Grand Lodge is only such by the equal contribution of all the regular lodges in the Kingdom. By admitting to it several members of a particular Lodge, one is committed to admitting an equal number from each of the other Lodges. Once this balance is destroyed, Masonry is no more. If the Illustrious Brethren who composed your Respectable Lodge have been admitted to the labours of the so-called Grand Lodge, we dare implore your Most Serene Highness to reassure all Masons on the

sérénissime, de rassurer tous les Maçons sur les suites d'une innovation si dangereuse.

Nous sommes contraints, Sérénissime Prince, de vous dévoiler d'odieux mystères et d'implorer votre protection pour la conservation de l'Art Royal. Destiné par le vœu de tous les Maçons plutôt que par votre illustre origine à porter la Lumière sur toute la surface du globe, daignez dissiper les nuages épais qui nous cachent la vérité, rendez le calme et la confiance aux Loges de Province qui l'ont perdue. Alors, Sérénissime Prince, en rendant grâce au Grand Architecte de l'Univers de ce qu'il a donné à la Maçonnerie un Protecteur ami de l'Ordre, elles verront la Liberté et l'Égalité, dont elles s'honorent, briller de l'éclat le plus pur et nos lâches ennemis abattus craindre les punitions qu'ils ont encourues, en abusant de votre Illustre Nom, pour autoriser leurs affreux projets.

Nous sommes, avec le plus profond respect,

Par les Nombres sacrés et Mystérieux et avec tous les honneurs de l'Art Sublime

De votre Altesse Sérénissime

Vialetes Lissan ∴ V^e ∴

Les très humbles et très obéissants serviteurs et Frères

Vialetes Lissan ∴ V ∴
Perrouteau S ∴ S ∴
Lacoste Rigail P ∴ S ∴

Par mandement de la R ∴ L ∴ de la Bonne Foi

Vialetes d'Aignan
Orateur et secrétaire pro tempore

Scellé et timbré par nous
Garde des sceaux, timbre et archives

Delonserres ∴

consequences of so dangerous an innovation.

We feel compelled, Most Serene Prince, to reveal to you some odious mysteries and to implore you for your protection for the preservation of the Royal Art. As you were destined by the wish of all Masons rather than by your illustrious descent to spread the Light over the whole surface of the globe, please dispel the thick clouds which obscure the truth and give back to the Provincial Lodges the calm and the confidence which they have lost. Then, Most Serene Prince, while giving thanks to the Great Architect of the Universe for having given to Masonry a protector who is a friend of their Order, they will see the Liberty and Equality on which we pride ourselves, shine with the purest brightness and our cowardly enemies, vanquished, dread the penalties which they incurred by abusing your illustrious Name to justify their awful plans.

We are, with the deepest respect,

By the Sacred and Mysterious numbers, and with all honours of the Sublime Art

Of your Most Serene Highness

Vialetes Lissan ∴ W^{ful} ∴

The most humble and obedient servants and Brethren,

Vialetes Lissan ∴ W ∴
Perrouteau J ∴ W ∴
Lacoste Rigail S ∴ W ∴

By command of the R. Lodge *La Bonne Foi*

Vialetes d'Aignan
Orator and secretary pro tempore

Sealed and stamped by us,
Keeper of the seals, stamps and archives

Delonserres

SHARP 74-1

Mâcon, le 20 mars 1778

Monsieur et Très R^{ble} Frère,

Recevez mes remerciements de la peine que vous vous êtes donnée pour moi. Mon ignorance sur votre régime l'a causée, mais je vous prie d'être sûr de ma reconnaissance. Je suis fâché que dans cette affaire-ci nous ne dépendions pas de votre Loge, il nous aurait été doux de vous devoir notre existence. J'espère que soumis au même centre nous cimenterons notre nouvelle union par tout ce qui peut la rendre touchante. Ce sont mes sentiments et ceux des deux Frères qui se réunissent à moi. Je vous prie d'en assurer votre respectable Loge, ils ne varieront jamais. Je voudrais être instruit du jour où vous passerez dans notre ville, pour être à même de vous donner des preuves des sentiments fraternels avec lesquels j'aurai toujours l'honneur d'être

Monsieur et Très R^{ble} Frère

Votre très humble et très dévoué Frère

Desbois
R.C. ch. KS

Nous vous demandons avec insistance le jour et l'heure de votre arrivée.

SHARP 74-2

A Monsieur

Monsieur Willermoz l'ainé, négociant
rue la toub
a Lyon

M. Des Bois Gr. Bailly
de Mâcon, du 20 mars 1778
Il désire savoir le jour et
L'heure de mon passage à Mâcon

Répondu le 13

SHARP 74-1

Mâcon, March 20th 1778

Dear Sir and Most R^{ble}. Brother,

Please receive my thanks for the trouble you took for me. It was caused by my ignorance of your system. Please be assured of my gratitude. I am sorry that we are not the dependents of your Lodge in this matter. We would have been delighted to owe our existence to you. I hope, as we are under the same central authority, that we will cement our new union by all that which can make it more heartfelt. Those are my feelings as well as those of the two Brethren who join me. Please give that assurance to your Respectable Lodge: they will never vary.
I would like to be informed of the day when you will go through our town, so that I may give you the proofs of the fraternal feelings with which I will always have the honour of being

Sir and Most R^{ble}. Brother,

Your very humble and devoted Brother

Desbois
R.C. K K

We instantly beg you to tell us the day and time of your arrival.

SHARP 74-2

To Monsieur

Mr Willermoz Sr., Merchant
Rue la toub
In Lyon

M. Des Bois Gr. Bailiff of Mâcon
March 20th 1778
He wishes to know the day and
Time of my visit to Mâcon

Replied on the 13th

Extrait du travail et résultat du jugement prononcé par les R∴L∴ assemblées à l'or∴ de Toulouse contre certains membres des différentes L∴ dudit Orient.

A la Gloire du Grand Architecte de l'Univers, au nom et sous les auspices du Sérénissime Grand Maître

Le quatrième jour du premier mois de l'an de la vraie lumière 5784 et en style

vulgaire le 4 mars 1784 à 5 heures de relevée.

Les RR∴ LL∴ de la Sagesse, de la Parfaite Amitié, des Vrais Amis Réunis, de St. Joseph des Arts, de Clermont, des Cœurs Réunis, des Élus de Chartres et de St. Jean d'Écosse, séantes a l'O∴ de Toulouse, régulièrement convoquées, assemblées et réunies dans la salle du concert du dit Or∴ par commissaires au nombre de neuf de chacune, indépendamment des Vénérables titulaires de quelques-unes des dites Loges aussi présents et opinant, les marteaux ayant été tirés au sort suivant l'usage, ainsi que les autres dignités. Lecture faite des différentes planches envoyées par les R.R.R∴L.L.L. et réquisitions ouïes de la part des différents F.F.F. Commissaires sur la nécessité de convoquer et tenir l'assemblée générale à l'effet de punir différents délits, abus et malversations et particulièrement ceux commis par quelques Officiers et membres de la Paix, accusés d'avoir fait une mascarade au bal de la salle des spectacles, avec les attributs de l'Ordre.
Comme aussi en procédant à la connaissance et punition de plusieurs autres délits successivement dénoncés et commis dans les différentes séances de l'assemblée générale, le tout cumulativement jugé

A été délibéré ce qui suit

Excerpt from the work and result of the judgment pronounced by the R∴L∴ assembled at the Or∴ of Toulouse against some members of the various L∴ of the said Orient.

To the Glory of the Great Architect of the Universe, in the name and under the auspices of the Most Serene Grand Master

On the fourth day of the year 5784 A.L., and in the ordinary

style March 4th, 1784 at 5 p.m.

The RR∴ LL∴ La Parfaite Amitié, Les Vrais Amis Réunis, St Joseph des Arts, Clermont, Les Coeurs Réunis, les Elus de Chartres and St Jean d'Écosse, in session at the O∴ of Toulouse, regularly summoned and gathered in the concert hall of the said Or∴ by groups of nine commissioners for each one, in addition to the tenured W. Masters of some of the said Lodges, thereto present and voting, the gavels and the various dignities having been distributed by random draw as it is customary. The various letters sent by the R. Brethren of the R.R.R∴ L.L.L. having been read out and having heard the requests from the various B.B.B. commissaries on the necessity to summon and hold the General Assembly in order to punish the various offences, abuses and misappropriations, especially those committed by some Officers and members of La Paix, charged with having performed a masquerade at the ball of the theatre hall with the regalia of the Order.
Also proceeding to the knowledge and punishment of several other offences, successively committed and exposed in the various sessions of the General assembly, decided upon by cumulative judgment

After deliberation the following decisions have been made:

1° Qu'à l'égard des FFF∴ de la R∴L∴ de la Paix, les FFF∴ David de Barrière et Covail de Ste Foi seraient brûlés,[70] les FFF∴ Dejean et Arbassère, exclus à perpétuité, le F∴ Carrère de Montgaillard

SHARP 83-3

admonesté et exclu pour deux ans, le F∴ Cabissol, exclu pour six mois et condamné à un an d'école et le F∴ Bergés, exclu pour six mois.

2° Qu'à l'égard des FFF∴ de la R∴L∴ de St. Jean d'Écosse accusés, le F∴ Gaubert serait brulé, le F∴ Delmas, exclu à perpétuité, le F∴ Forbet, condamné à neuf mois d'abstention et à neuf ans d'école, le F∴ Delapersonne, condamné à trois mois d'abstention et a trois mois d'école.

3° Qu'à l'égard des FFF∴ de la R∴L∴ de la Parfaite Amitié accusés, les F∴ Malpel et L. Cassaigne seront brulés, les FF∴ Derrey et Lamarque condamnés a neuf mois d'abstention et neuf ans d'école, le F∴ Dejuin, hors de cour et de procès, la procédure n'étant pas encore concluante.

4° Qu'à l'égard des FFF∴ de la R∴L∴ des Cœurs Réunis accusés, le jugement de la dite R∴L∴ qui condamne au feu les FF∴ Dubernard aîné et cadet et le F∴ Senil cadet sera et demeurera confirmé.

5° Que le jugement prononcé contre le F∴ Vignolet par la R∴L∴ de la Paix demeurera cassé ainsi que tout le travail fait par la dite R∴L∴ à compter du 2 février 1784, déclarant que les pouvoirs et titres de la d. L∴ de la Paix n'ont résidé depuis le dit jour et ne résideront à l'avenir que sur la tête des FFF∴ Marie Vignolet, Londios, St. Prolit, Salgues de Magnac et autres qui reconnaitront l'autorité des LLL∴ assemblées.

6° Qu'en statuant sur les plaintes portées

1° Regarding the BBB∴ of the R∴L∴ La Paix, BBB∴ David de Barrière and Covail shall be burned,[79] BBB∴ Dejean and Arbassère perpetually expelled, B∴ Carrère de Montgaillard

SHARP 83-3

admonished and expelled for two years, B∴ Cabissol expelled for six months and sentenced to one year of school and B∴ Bergès expelled for six months.

2° Regarding the BBB∴ of the R∴L∴ St Jean d'Écosse, defendants, B∴ Gaubert shall be burned, B∴ Delmas expelled forever, B∴ Forbet sentenced to nine months of abstention and nine years of school, B∴ Delapersonne sentenced to three months of abstention and three months of school.

3° Regarding the BBB∴ of the R∴L∴ La Parfaite Amitié, defendants, B∴ Malpel and L. Cassaigne shall be burned, BB∴ Derrey and Lamarque sentenced to nine months of abstention and nine years of school, B∴ Dejuin being out of court trial because at present the proceedings are not conclusive.

4° Regarding the BBB∴ of the R∴L∴ Les Cœurs Réunis, defendants, the decision of the said R∴L∴ which sentences BB∴ Dubernard sr. and B∴ Senil jr. to the fire shall be confirmed and shall remain so.

5° The decision pronounced against B∴ Vignolet by the R∴L∴ La Paix shall be quashed as well as all the work done by the said Lodge as of February 2nd, 1784. It is announced that, as of that day, the powers and titles of the said Lodge La Paix, have been vested and will in the future be vested on the sole persons of BBB∴ Marie Vignolet, Londios, St Prolit, Salgues de Magnac and others who will acknowledge the authority of the assembled LLL∴.

6° Ruling on the claims against the R...L∴ La

contre la R∴L∴ de la Parfaite Amitié, on ne communiquera plus avec cette Loge, à moins que dans le délai d'un mois, elle ne rétracte le travail qui a donné lieu aux plaintes et ne reconnaisse la légitimité et l'autorité des RRR∴ LLL∴ réunies et de leurs travaux.

7° Que les chefs des commissions demeurent autorisés à faire exécuter les délibérations et jugements des RRR∴LLL∴ réunies dans tout le contenu et à donner avis au G. Or. par extrait des condamnations prononcées.

Certifié véritable

SHARP 73-1

Bordeaux le 6 avril 1784

Madame

Pour faire suite de l'acceptation de la proposition qui a été faite en ma faveur le mois de juin 1781, j'ai l'honneur de vous prier de la renouveler en ce moment, étant dans l'intention d'exécuter tout ce à quoi je serai tenue en me faisant recevoir dans votre Loge d'adoption, ce que les différentes maladies et accidents que j'ai éprouvés et essuyés depuis cette époque m'ont empêchée de faire jusqu'à présent.
J'ai l'honneur de vous souhaiter le bon jour ainsi qu'à M. Roque et votre famille et d'être avec la plus parfaite considération

Madame

Votre très humble et très obte. Servante

Contenceau Isabelle

SHARP 73-2

A Madame

Madame Roque
rue du pas St. Georges

Parfaite Amitié, there shall be no more communications with that Lodge unless, within a month, it withdraws the work which gave rise to the claims and acknowledge the legitimacy and the authority of the united RRR∴ LLL∴ and of their work.

7° The chairmen of the commissions shall remain entitled to have the deliberations and the decisions of the united RRR∴ LLL∴ implemented in all their contents and to notify the G. Or. by way of an extract of the decisions pronounced.

Certified true copy

SHARP 73-1

Bordeaux April 6th, 1784

Madam,

Further to the acceptance of the proposal which was made in my favour in the month of June 1781, I have the honour of asking you to renew it now, as I intend to fulfil all of the obligations I will have by being admitted to your Lodge of adoption, which the various illnesses and accidents which I suffered and endured since that time have prevented me from doing until now.

I have the honour of sending my regards to you as well as to M. Roque and his family, and to be, with the utmost consideration,

Madam,

Your very humble and obedient servant

Contenceau Isabelle

SHARP 73-2

to Madame

Madame Roque
rue du pas St. Georges

à Bordeaux

SHARP 130-1

A la Gloire du G∴ A∴ de l'Univers

au Nom et sous les auspices du S∴G∴M∴

d'un lieu éclairé et très fort où règnent l'union, le silence et la concorde,
le 21ᵉ jour du 3ᵉ mois de l'an de la V∴L∴ 5875

Les R∴L∴ de l'orient de Toulouse, cumulativement assemblées sur le même orient

Au G∴O∴ de France

S∴F∴V∴

T∴C∴ et TT∴DD∴FF∴

Nous vous faisons part du jugement rendu l'année dʳᵉ. Par les R∴L∴ assemblées contre quelques membres des différentes L∴ de cet O∴

SHARP 130-2

Elles n'avaient différé jusqu'à présent de donner une dernière publicité à ces jugements que pour laisser la voie ouverte au repentir et donner le temps à ceux d'entre les accusés qu'elles avaient jugés moins coupables de rechercher un pardon qu'on était disposé à leur accorder.
L'attente des R∴L∴ a été trompée. Parmi les accusés, ceux dont la conduite, de tous temps trop irréguliers, ne présentait aucun espoir de résipiscence ou ne pouvait mériter aucune grâce, n'ont pas manqué de raffermir leur obstination, ceux qui n'avaient à se reprocher que l'imprudence ou la faiblesse, sont successivement parvenus, à force d'intrigues, à opérer une défection et à séparer particulièrement du vœu général de

in Bordeaux

SHARP 130-1

To the Glory of the G∴ A∴ of the Universe

In the Name and under the auspices of the S∴G∴M∴

from an illuminated and very strong place, where unity, silence and concord prevail
on the 21ˢᵗ day of the 3ʳᵈ month of the year 5875 A.L.

The R∴L∴ at the Orient of Toulouse, collectively assembled at that same Orient,

To the Grand Orient of France

W∴S∴P∴

V∴D∴ and VV∴DD∴BB∴

We hereby inform you of the judgment rendered last year by the assembled R. Lodges against some members of the various Lodges of that Orient.

SHARP 130-2

They had waited until now to make those judgments public for the sole purpose of making repentance possible and of giving those of the accused whom they had found less guilty the time to ask for a pardon which they were prepared to grant.
The expectations of the R∴L∴ Lodges were disappointed. Among the accused, those whose behaviour had always been too irregular, showing no promise of remorse or deserving no forgiveness, did not fail to prove even more obdurate, and those who could only be blamed for their imprudence or weakness, managed successively, by way of repeated machinations, to create a division and, in particular, to separate from the general resolution of the assembly, the position of the L∴ *La Parfaite Amitié* which had

l'assemblée celui de L∴ de la Parfaite amitié, devenue leur protectrice et, par la, leur complice.

Le jugement rendu par les R∴L∴ frappait sur deux espèces de délits, les premiers commis dans les différentes Loges séparément et les seconds dans l'assemblée générale elle-même.

SHARP 130-3

Quel excès de scandale n'avait pas dû produire d'abord dans cet Or∴ une mascarade publique, revêtue de tous les attributs de l'Ordre et conduite dans un bal par les chefs mêmes de la R∴L∴ de la Paix !

Ce ne fut que d'après les plus vives réquisitions de la part de la R∴L∴ de la Parfaite amitié et d'après la dénonce de Frs Commissaires dans toutes les Loges que l'assemblée générale fut convoquée. Pourquoi donc cette Loge a-t-elle démenti après coup une conduite d'abord si régulière, en éloignant, par les voies les moins légitimes, un jugement qui avait été son ouvrage ?

Il est vrai que l'assemblée générale se vit forcée de réprimer l'orgueil et l'inconduite de quelques Frères Commissaires et particulièrement de quelques-uns d'entre ceux de la Parfaite Amitié, soit en punissant des cabales pratiquées ouvertement par eux dans le sein même de l'assemblée, soit en repoussant un ton de morgue et d'indécence contraire a tout esprit d'égalité.

SHARP 130-4

Mais la punition de ces Frères coupables devait-elle entrainer la défection de la L. de la Parfaite Amitié ? Ne l'avait-on pas vengée elle-même, en punissant également sur ses membres comme sur ceux des autres Loges, l'insulte faite à l'assemblée générale ?

Le jugement des R∴L∴ vous paraîtra d'autant plus impartial à cet égard que, quoique dans l'assemblée la plus nombreuse, il fut prononcé d'une voix unanime.

Ce n'est en effet, N∴T∴C∴F∴, que dans des assemblées générales où l'égoïsme et les

become their protector and therefore their accomplice.

The judgment rendered by the R∴L∴ punished two kinds of offences, the ones committed separately in the various Lodges, the others committed in the General Assembly itself.

SHARP 130-3

What a tremendous scandal had in the first place been created in that Orient by such a public masquerade, bearing all the regalia of the Order and led to a ball by the very chiefs of the R∴L∴ of *La Paix*!

It was only after the most pressing requests of the R∴L∴ *La Parfaite Amitié* and the report of the Brethren commissaries to all the Lodges that the General assembly was convened.

Why, then, was the attitude of that Lodge, at first so regular, contradicted by its departure from a judgment which it had pronounced itself, and that by the most illegitimate means?

It is true that the General Assembly was forced to penalise the pride and the misconduct of some Brethren commissaries, especially some of those from *La Parfaite Amitié*, either by punishing some cabals openly conducted by them in the very bosom of the Assembly, or by chastising a haughty and indecent tone, so contrary to any spirit of equality.

SHARP 130-4

Was it right, however, that the penalties inflicted on those guilty Brethren should bring about the defection of the L. of *La Parfaite Amitié*? Had it not been also vindicated by the punishment of its own members as well as of those from the other Lodges for the insult to the General Assembly?

The judgment of the R. Lodges will appear to you all the more impartial in this respect as it was pronounced unanimously, albeit in a very large assembly.

It is, indeed, our O∴V∴D∴B∴, only in general assemblies, where egoism and pretention, so

prétentions, si redoutables quelques fois dans les Loges particulières, n'osent plus se mettre à découvert, où y sont repoussées avec ce ton de dérision qu'elles méritent par les vœux réunis de la Liberté et de l'Égalité. Plus ces différents jugements avaient été précédés de toutes les voies de conciliation et de douceur inspirées

SHARP 130-5

par la généralité de l'amitié, plus ils étaient devenus nécessaires, plus les R∴L∴ apporteront une fermeté inébranlable dans leur exécution.

Il eut été sans doute au-dessous de la dignité d'un tribunal aussi respectable que celui des L∴ assemblées de chercher de se justifier ou de s'arrêter à de vains murmures dictés par un esprit de domination désormais impuissant. Elles n'en étaient pas moins jalouses de mettre en évidence leur conduite en vous communiquant ce jugement, bien persuadées qu'elles acquerront, par ce moyen, de nouveaux droits à une estime qu'elles s'empresseront de mériter.

SHARP 86-1

A∴L∴G∴ Du G∴A∴D∴L∴A∴ N∴ et S∴ les A∴ du SSS∴G∴M∴	A l'O∴ de Toulouse, d'un lieu très éclairé, très fort, très régulier où règnent la Paix, l'Union et la Concorde, le 10ème jour du 5ème mois l'an de la V∴L∴ 5785, an vulgaire le 10 juillet 1785
La très R∴L∴ de St Jean sous le titre distinctif de la Parfaite Amitié	

Au Grand Orient de France
S∴ F∴ et V∴

Extrait du travail des LLL∴ Réunies le 4ème jour du premier mois de l'an de la V∴ L∴ 5784

T∴C∴ et T∴D∴ FFF∴

Art.3 du 25ème jour du 1er mois 5784
Le Frère orateur s'étant élevé contre les indécences et les propos injurieux tenus dans les précédentes séances ainsi que contre les manœuvres pratiquées contre l'honneur et l'autorité des Loges assemblées, lesdites accusations ayant été

SHARP 86-2

mises sous le marteau d'après les différentes dépositions et les différents avis des membres, il a été délibéré :
1°. Que le F∴ Malpel, membre de la R∴L∴ de la Parfaite Amitié, que plusieurs opinants ont attesté avoir été successivement brûlé ou expulsé de plusieurs Loges de cet O∴ comme l'auteur des différentes cabales qui s'y étaient élevées et, par conséquent, incapable d'aucune résipiscence, accusé d'ailleurs et convaincu de s'être rendu coupable dans les précédentes séances de la présente assemblée des indécences les plus graves, des propos les plus scandaleux et des manœuvres les plus répréhensibles, serait brûlé, la dite condamnation ayant été prononcée unanimement à l'exception de deux voix neutres et une à le citer.
2°. Que le F∴ Cassaigne, de la R∴L∴ de la Parfaite Amitié, a été condamné pour les excès commis dans les précédentes séances à être brûlé.
3°. F∴ Gaubert, ex-vénérable de la R∴L∴ de St Jean d'Écosse a été pareillement condamné à être brûlé pour les susdits excès.
4°. F∴ Dejuin, membre de la Loge de la Parfaite Amitié, vu que la procédure n'est pas encore concluante, a été mis hors de cour.
5°. FF∴ Derrey et Lamarque, de la même Loge, et Forbet de St. Jean d'Écosse, tous trois à neuf mois d'abstention et neuf ans d'école.
6°. F∴ Delmas, de St. Jean d'Écosse, exclu à perpétuité de la Maçonnerie.

SHARP 86-3

Art. 5 du 25ème jour du 1er mois 5784

Art 3 of the 25th day of the 1st month 5784[80]
The Brother Orator having spoken out against the indecencies and the insulting words uttered in the previous meetings, as well as against the manoeuvres made against the honour and the authority of the Assembled Lodges, the said accusations having been

SHARP 86-2

put on trial after the various statements and advices of the members, it was decided after deliberation that :
1° B∴ Malpel, a member of the R∴L∴ La Parfaite Amitié, who, according to the testimonies of several voters had been successively burned or expelled from several Lodges of the O∴ as the author of the various cabals which had arisen there, and therefore past all possible repentance, charged, besides, and convicted of having, in the earlier meetings of the present assembly, uttered the most scandalous words, committed the most serious indecencies and wrought the most objectionable manoeuvres, should be burned. The sentence was pronounced unanimously except for two neutral votes and one for having him summoned.

2° B∴ Cassaigne, from the R∴L∴ La Parfaite Amitié, was sentenced to be burned for the excesses committed in the earlier meetings.
3° B∴ Gaubert, Past Master of the R∴L∴ St Jean d'Écosse, was similarly sentenced to be burned for the aforesaid excesses.
4° B∴ Dejuin, a member of the Lodge La Parfaite Amitié, was dismissed from the cause because the procedure was not conclusive yet.
5° BB∴ Derrey and Lamarque, from the same Lodge, and B∴ Forbet from St Jean d'Écosse, were all three sentenced to three to nine months of abstention and nine years of school.
6° B∴ Delmas, from St Jean d'Écosse, was expelled forever from Freemasonry

SHARP 86-3

Article 5 of the 25th day of the 1st month 5784

Quant à la dénonce faite de la planche de l'Amitié, qui déclare en ce qui concerne le travail irrégulier, il a été dit :

1°. Que l'assemblée demeure parfaitement instruite que la susdite planche, aussi peu honnête dans la manière dont elle est énoncée que contenant les principes les plus erronés, avait été le fruit d'une convocation extraordinaire et précipitée ayant toute l'apparence de la clandestinité.

2°. Qu'il parait que ladite convocation n'avait été faite qu'à la considération de cinq commissaires de lad. L∴ condamnés dès ce jour ou mis hors de cour, qu'à l'effet de prévenir par la défection précipitée de leur Loge la juste punition des indécences et des manœuvres pratiquées dans cette même assemblée, qui vient d'exercer sur sa plus juste sévérité. [sic]

3°. Que, néanmoins, la conduite des autres quatre commissaires restant de la Parfaite Amitié, savoir F∴ de Roqueville, de Rigaud, de Rouville et de Lauric, n'avait pu que mériter les justes éloges de l'assemblée par leur modération et leur honnêteté.

Sur quoi, il a été délibéré qu'avant dire droit définitivement de la dénonce faite de la planche de d .L. de la Parfaite Amitié, on regarderait d'ores et déjà le pouvoir représentatif de ladite L∴ acquis irrévocablement jusqu'à la fin du travail aux susdits quatre commissaires restant de ladite L∴, savoir F∴ de Roqueville, F∴ de Rouville, de Rigaud et de Lauric, l'assemblée générale les mettant sous sa protection, annulant à cet effet comme récriminatoire et évoquant en tant que de besoin toutes les accusations portées dans leur Loge ou à porter contre eux, leur donnant, si bon leur semble, la permission de s'affilier dans toutes les Loges de cet

SHARP 86-4

Or∴ où ils voudront se retirer.

Comme aussi a la charge par les quatre commissaires de n'associer à eux que des membres qui reconnaitraient l'autorité

As for the announcement made of the letter of *L'Amitié*, which reported on the matter of irregular work, it was said that:

1° The assembly was perfectly informed of the fact that the aforementioned letter, as dishonest in the way it is presented as it is filled with the most erroneous principles, had been the product of an extraordinary and hasty notice of meeting which had all the appearances of clandestinity.

2° It seems that the said notice had only been made upon the opinion of five commissaries from the said L∴, convicted or dismissed from the cause on this day, for the sole purpose, by the hurried defection of their Lodge, of warding off the just punishment of the indecencies and of the manoeuvres committed in this very assembly which has just shown the most legitimate severity.

3° Nevertheless, the behaviour of the remaining four commissaries from *La Parfaite Amitié,* namely B∴ de Roqueville, de Rigaud, de Rouville and de Lauric, could only deserve the just praise of the assembly by their moderation and their honesty.

Whereupon it was resolved that before a final decision on the letter from the aforesaid L∴ *La Parfaite Amitié* could be taken, the power to represent the said L∴ would be irrevocably granted until the end of the proceedings to the four remaining commissaries from the said L∴, namely B∴ de Roqueville, de Rigaud, de Rouville and de Lauric, putting them under the protection of the General Assembly, nullifying for this purpose as discriminatory - and mentioning where necessary all the accusations brought forward in their Lodge or to be brought against them, and allowing them to become affiliated at will in all the Lodges of this

SHARP 86-4

Orient where they might wish to retire.

The four commissaries are also responsible for associating exclusively with members who recognise the general authority of the Lodges and who promise never to oppose, directly or

générale des Loges, promettant de ne venir jamais, directement ou indirectement, contre les décrets portés dans les présentes assemblées et de se soumettre au contraire a tout, tant par le présent que pour l'avenir, à leur pouvoir.

A raison de quoi les susdits quatre commissaires ont été priés de se rendre mardi prochain à l'assemblée générale des L∴ pour y continuer le travail.

Et, attendu pareillement, que parmi les membres de la L∴ de la Parfaite Amitié qui étaient absents et n'ont point concouru à cette loge extraordinaire, il en est un très grand nombre, distingué par des talents et des qualités supérieures, et qu'il serait trop affligeant pour l'assemblée générale de voir une défection de ladite Loge occasionnée par une délibération précipitée et prise par simples quatorze délibérants dont six d'entre eux (parmi lesquels on compte les quatre commissaires dont les Loges ont loué et approuvé la conduite) s'élevèrent contre-ladite délibération, tandis que, au contraire, parmi les autres huit on comptait les cinq commissaires accusés et dont quatre ont été condamnés, deux à être brûlés et les deux autres à une abstention de ce jour, il a été délibéré qu'il serait envoyé extrait du travail au F∴ Marquis de la Trène, Second Surveillant de la Loge de la Parfaite Amitié et devant tenir le marteau à la place du F∴ président Daspe et du F∴ de Laroquan, le premier étant Vénérable et le second Surveillant, pour l'avertir du péril où la Loge a été jetée en son absence

SHARP 86-5

et pour le prier d'avertir les autres membres de ne point adhérer à une défection scandaleuse aussi contraire aux intérêts de ladite loge de la Parfaite Amitié qu'au bien et l'utilité générale de l'Ordre, mais inviter au contraire lesdits FF∴ de ne point s'écarter d'une union qui fait la force et la base de la Maçonnerie et à rendre enfin, par un juste retour, aux loges assemblées les témoignages d'estime, d'amitié et de confiance que les mêmes loges auront pour eux.

indirectly, the decrees issued by the present assemblies, and to submit themselves to their power, for the present and the future.

Accordingly, the four abovementioned commissaries have been requested to attend the general assembly of the Lodges next Tuesday in order to proceed with their work.

Whereas, also, there are among the members of the Lodge *La Parfaite Amitié* who were absent and who did not take part in that extraordinary meeting a great many Brethren who stand out by their talents and superior qualities, and whereas it would be excessively grievous for the general assembly to witness a defection of the said Lodge because of a precipitate decision taken by only fourteen voters, six of whom (including the four commissaries whose conduct was praised and approved by the lodges) opposed the said decision while on the contrary, among the remaining eight, there were the five indicted commissaries, four of whom were sentenced to be burned and the other two were barred from voting on that day, it was decided that an excerpt from the proceedings would be sent to B∴ Marquis de la Trène, the Junior Warden of the Lodge *La Parfaite Amitié*, who was to take the gavel instead of Bro. President Daspe, and of Bro. Laroquan, the former being W. Master and the latter being Warden, to inform him of the danger in which the Lodge had been plunged in his absence

SHARP 86-5

and to ask him to warn the other members against approving so scandalous a defection, as contrary to the interests of the Lodge *La Parfaite Amitié,* as to the general good and benefit of the order, and to invite instead the said Brethren not to depart from that unity which is the strength and the basis of Freemasonry and to return rightfully the expressions of esteem, of friendship and of trust which those same Lodges will have for them.

Art. 7 du 25ème jour du 1er mois 5784

Delibéré ultérieurement qu'on ne donnera l'entrée à l'assemblée générale des loges ou dans les assemblées particulières tenues séparément par icelle à aucun Frère sous aucun motif que ce puisse être s'il ne reconnait, par avance, l'autorité des loges assemblées et ne promet de se soumettre aux décrets prononces par elle tant pour le présent que pour l'avenir en tout ce qui regarde les affaires pendantes à ce tribunal.

Art. 12 du 30ème jour du 1er mois 5784[71]

Sur les plaintes portées par le F∴ Deuxième Surv^t. contre la R∴L∴ de la Parfaite Amitié à raison du mauvais accueil par elle fait au travail du dernier jour qui lui fut présenté par le marquis de la Trène, l'un de ses membres et son 2ème surveillant tit∴, les R∴R∴L∴L∴ ont nommé commissaires les FF∴ Durroux, Bonneserre, de Segla, Villars et Douziech pour prendre des renseignements plus détaillés sur ce qui s'était passé dans la d. L∴ de la Parfaite Amitié lors de la présentation du travail et d'en rendre compte à la prochaine assemblée, lors de laquelle il sera définitivement statué sur les plaintes.
Et, attendu qu'il est minuit plein, la continuation

Art. 7 of the 25th day of the 1st month 5784

It was later decider that the entrance to the general assembly of the Lodges or to the particular assemblies held by the same would be allowed to no Brother under any motive whatsoever unless he recognises beforehand the authority of the assembled lodges and unless he promises to submit to the decrees pronounced by the same, for both the present and the future, for all that concerns the cases pending at this tribunal.

Art. 12 of the 30th day of the 1st month 5784[81]

On the complaints lodged by the B∴Junior Warden against the R.L. *La Parfaite Amitié* on the grounds of the poor reception it had made to the work of the last day which was presented by the marquis de la Trène, one of its members and its present Junior Warden, the R∴R∴L∴L∴ have appointed BB∴ Durroux, Bonneserre, de Segla, Villars and Douziech as commissaries for them to collect more detailed information on what had taken place in the L. *La Parfaite Amitié* when the work was presented and to report on the matter at the next meeting, where a final decision will be made about those complaints.

And whereas it is now low twelve, the continuation

du travail a été renvoyée à vendredi prochain 2 avril, heure de quatre de relevée, et l'atelier a été fermé en la forme ordinaire.

Et advenu le deuxième du second mois de l'an de la Vraie Lumière 5784, et ensuite vulgaire le 2 avril 1784, à cinq heures de relevée, la séance des R.R∴L.L∴ réunies a été ouverte en la forme ordinaire.

Art. 11

Sur les réquisitions du F∴Orateur, vu les services importants rendus a la Maçonnerie par le F∴ de Roqueville, les R.R∴L.L∴ réunies, voulant récompenser son zèle et le soustraire aux vexations qu'il pourrait éprouver de la part de certains membres de sa Loge, contre lesquels on a été forcé de sévir le dernier jour, l'ont mis et mettent en leur protection, l'ont déclaré membre-né de toutes les Loges de cet Or∴ et ont délibéré qu'il occuperait dans la présente assemblée une place d'ex-maitre que les R.R∴L.L∴ réunies créent pour lui à cet effet et, de suite, le F∴ de Roqueville a été installé à la dite place d'ex-maitre avec les cérémonies accoutumées.

Art. 2

Les R.R∴L.L∴ réunies vidant le renvoi porté dans l'art. 11 du travail du dernier jour, ouï le rapport des commissaires nommés lors d'icelui, qui ont fait lecture des procès-verbaux par eux faits le trente-et-un mars d°.,[82] et ce jourd'hui statuant sur les plaintes portées contre la R.R.L∴ de la Parfaite Amitié, ont délibéré de ne plus communiquer avec cette Loge à moins que, dans le délai d'un mois à compter de ce jour, elle ne rétracte le travail qui a donné lieu aux dernières plaintes et ne reconnaisse la régularité, la légitimité et l'autorité des R.R∴L.L∴ réunies et de leurs travaux, sauf, néanmoins, à admettre dans la présente assemblée et dans chaque Loge en particulier, les membres de celle de la Parfaite

of the work has been deferred until next Friday April 2nd at 4 p.m. and the Lodge has been closed in the ordinary manner.

On the second day of the second month of the year 5784 A.L., in the ordinary style April 2nd, 1784, at five p.m., the session of the united R.R∴L.L∴ Lodges was opened in the ordinary manner.

Art. 11

Upon the request of the B∴Orator, considering the important services rendered to Freemasonry by B∴ de Roqueville, the united R.R∴L.L∴ wished to reward his zeal and to protect him against the grief which he might suffer from some members of his Lodge who had to be punished on the last day. For that purpose, they put him under their permanent protection, declared him a born member of all the Lodges of this Or∴ and decided that in the present assembly he was to enjoy the title of a past Master, a dignity created for him to this effect by the R.R∴L.L∴. B∴. de Roqueville was then installed in the said dignity of Past Master with all the customary ceremonies.

Art.2

The united R.R∴L.L∴, in order to settle the remanded matters mentioned in art. 11 of the proceedings of the day before, have heard the report of the commissaries appointed on the said day who read out the minutes they had made on March 31st, and on the present day, ruling on the complaints lodged against the R.R.L∴ *La Parfaite Amitié*, they have decided to communicate no more with that lodge unless, within a month as of today, it withdraws the work which gave rise to the latest complaints and unless it recognises the legitimacy and the authority of the united R. Lodges and of their work. With the exception, however, that the members of *La Parfaite Amitié* who did not take part in the said work, which gave rise to the said

Amitié qui n'auront pas coopéré au dit

travail, qui a donné lieu aux dites plaintes.

F∴ Debans, président des Loges assemblées

Par mandement des LL.R.∵

Fr∴ Villars, Secrétaire Général

Scellé et timbré par nous
Garde des Sceaux et Timbres
de la R∴L∴ de la Sagesse
Pour et au nom des Loges <u>assemblées</u> :

F∴ Décamps, pro ^{tre}.

<u>Par duplicata</u>

complaints would

be admitted in the present assembly and in each Lodge in particular.

B∴ Debans, President of the assembled Lodges

By command of the assembled R.R∴L.L∴

B∴ Villars, general secretary

Sealed and stamped by us
Guard of the Seals and Stamps
of the R. L∴ *La Sagesse*
For and in the name of the <u>assembled</u> Lodges:

B∴ Décamps, pro tempore.

<u>Duplicate copy</u>

Sceau de *La parfaite Amitié* à l'Orient de Toulouse

A∴ L∴ G∴ D∴ G∴ A∴ D∴ L∴

A∴ N∴ et S∴ L∴ A∴ D∴ M∴ G∴ M∴

a O∴ de
Toulouse d'un
Eautes Claires
Des fort, tres
Regulier, ou
Regnent la
paix, l'union et
la concorde L∴
70 au faw Au
L∴ Dernier l'an d∴
L∴ V∴ L∴ 1785

En Vulgaire le 10
juillet 1785

Lattes R∴ L∴ De S∴ Jean Sous
Le titre Distinctif De la parfaite amitié

Au Grand orient De france

S∴ F∴ et V∴

Extrait du Livre D'architecture
de la R∴ L∴ De la parfaite amitié

J∴ T∴ T∴ C∴ C∴ fff

En vous faisant part par votre dernier planche du Vœu general
Des Loges a notre egard nous vouliez exposamer les motifs dictés
par cet esprit d'unanimité et d'union, qui nous faisoit une Loy
de Reconnoître leur autorité.   Quel avoit été dans le
principe L'objet de l'assemblée generale des Loges ? Celui
de punir un Scandale public et un Desordre particulier
provenû dans la Loge de la paix de la Corruption

SHARP 88-1

A.L.G.D.G.A.D.l'U.

A.N. et S.L.A.D.
SSS.GM.

La très R∴L∴ de St Jean sous le titre distinctif de la Parfaite Amitié

Au Grand Orient de France

A l'o. de Toulouse d'un lieu très éclairé, très fort, très régulier, où règnent la Paix, l'union et la concorde, le 10ème jour du 5ème mois, l'an de L∴V∴L∴ 5785 Ere vulgaire le 10 juillet 1785

S.F et V∴

Extrait du Livre d'architecture de L∴R∴L∴ de la Parfaite Amitié

T∴T∴T∴C∴C∴C∴FFF∴

En vous faisant part par notre dernière planche du vœu général des Loges à notre égard, nous vous en exposâmes les motifs dictés par cet esprit d'unanimité et d'union, qui nous faisait une loi de reconnaitre leur autorité. Quel avait été, dans le principe, l'objet de l'assemblée générale des Loges ? Celui de punir un scandale public et un désordre particulier, provenu, dans la Loge de la Paix, de la corruption

SHARP 88-1

To the Glory of the G.A.O.T.U

I.N. and U.T.A.O. the SSS.GM.

The Most R∴L∴ of St John under the distinctive title of *La Parfaite Amitié*

To the Grand Orient de France

at the O. of Toulouse, a very illuminated, very strong, very regular place, where Peace, Union, and Concord prevail, on the 10th day of the 5th month of the year 5785 A.L., in the ordinary style July 10th, 1785

W.S and P∴

Excerpt from the Book of the Minutes of the M∴R∴L∴ *La Parfaite Amitié*

V∴V∴V∴D∴C∴C∴FFF∴

When we informed you, by our latest letter, of the general resolution of the Lodges in our case, we explained to you why their motives, dictated by a spirit of unanimity and union placed us under an obligation to recognise their authority. What, as a matter of principle, was the purpose of the general assembly of the lodges? It was to punish a public scandal and a particular disorder, which stemmed, in the Lodge of *La Paix*, from the corruption

du plus grand nombre de ses membres.

Vous [vous] rappellerez que la plus grande partie des Frères de la Loge s'étaient rendus coupables d'une mascarade faite publiquement avec tous les attributs de l'Ordre, ainsi que du projet qui devait être d'une réception pratiquée avec toute l'impudence de la dérision au bal public de la Comédie.

Il est donc vrai qu'on ne pouvait plus attendre une juste sévérité de cette Loge sur elle-même, puisque ses membres coupables étaient, à la fois en plus grand nombre et les plus accrédités. La convocation de l'assemblée générale des Loges était donc devenue nécessaire, elle seule pouvait sévir.

Ce qu'il eut encore de plus affligeant, c'est que, comme l'oubli des principes s'accroit avec l'impunité, bientôt on passa des fautes les plus grandes aux délits les plus répréhensibles. Nous oserons à peine vous dire que le soin de leur sûreté particulière avait déjà nécessité quelques Loges à former des procédures en justice. Lorsqu'ensuite les dépositions faites dans l'assemblée générale parurent porter sur les faits les plus graves, la prudence ainsi que la générosité exigèrent qu'on tînt ces mêmes dépositions secrètes, en les consacrant pour toujours à l'oubli.

Tels furent les motifs de modération et d'équité qui avaient guidé les R.L. Il en était parmi les accusés qui, n'ayant d'autre reproche à essuyer que celui de

que celui de l'indécence dans les propos ou de l'orgueil dans les prétentions, ainsi que de ces manquements de respect et d'égard qui blessent les droits de l'égalité et de l'honnêteté, n'eurent à subir qu'une peine très modérée et sur laquelle même on avait voulu jusqu'à présent garder le silence. Enfin, il en était parmi ces Frères qui, conduits par un esprit de désobéissance et de cabale d'une Loge dans une autre, et proscrits successivement par toutes, avaient fini par

of most of its members.

Please remember that most of the Brethren in the lodge had been guilty of executing a public masquerade with all the regalia of the order and of having formed a scheme of performing a reception at the public ball of the Comedy, with all the impudence of derision.

It is therefore true that one could not expect that lodge to exercise a just severity on itself, since its guilty members were the most numerous and the most highly regarded. Consequently, it was necessary to convene the general assembly of the Lodges, as this was the only possible sanctioning authority. Another more upsetting fact was that, because principles are more and more set aside with impunity, the greatest faults were soon followed by the most reprehensible offences. We barely dare tell you that some Lodges had to take legal action to protect their individual security. When, later, the statements made in the general assembly seemed to refer to the most serious facts, prudence as well as generosity made it necessary to keep those statements secret and to consign them forever to oblivion.

Such were the motives of moderation and equity which had guided the R. L. Some of the accused Brethren, who could not be blamed for anything more than having shown a degree of

impropriety in their words or of pride in their pretensions, as well as those marks of disdain and disrespect which offend the rights of equality and decency, only had to be punished but very moderately, a penalty on which, until now, silence had intentionally been made. Lastly, there were some among those Brethren who, driven by a spirit of disobedience and of cabal from one Lodge to another and successively banned by all, had eventually deserved the general indignation which

mériter cette indignation générale qui prononça unanimement leur exclusion.

La plupart des jugements avaient déjà été prononcés dans l'assemblée générale lorsque quelques Frères commissaires de la Loge de la Parfaite Amitié, liés la plupart par des rapports profanes avec les accusés et s'étant d'ailleurs rendus eux-mêmes coupables des indécences les plus graves, entreprirent de faire rompre l'assemblée, en employant les moyens les moins honnêtes pour opérer une division.

Ayant été découverts et surpris dans leurs manœuvres, tous leurs efforts se portèrent à favoriser l'impunité générale pour éviter la peine particulière qui les attendait. Ils ne rougirent pas de recevoir dans leur Loge les Frères proscrits, ils profitèrent de l'absence générale des autres Frères pour faire révoquer après coup, dans une loge particulière et clandestine, le pouvoir ci-devant donné à leurs commissaires.

Cette révocation, tardive puisqu'elle n'était faite qu'après la prononciation de différents jugements auxquels ils avaient participé, n'interrompit pas les travaux de

SHARP 88-4

l'assemblée générale.

Cependant, par une dernière condescendance, elle envoya vers la Loge de la Parfaite Amitié des commissaires chargés d'une planche qui devait les éclairer sur leurs devoirs. Mais cette Loge, livrée à des factions fomentées de plus en plus par les coupables et cédant à des considérations et des rapports tirés de leurs états profanes, finit par se déclarer leur protectrice.

Conduits par cet esprit d'orgueil et de domination, qu'il était trop aisé de ranimer, elle ne reçut les commissaires que pour ajouter, à l'oubli de tous les principes d'honnêteté et de bienséance, l'outrage qu'il était le moins possible de dissimuler en brulant par avance et avant de la lire la planche adressée par l'assemblée générale.

Il était aisé de prévoir combien un pareil traitement attirerait l'indignation de toutes les Loges, d'autant plus que la planche envoyée à

unanimously pronounced their exclusion.

Most of the decisions had already been pronounced in the general assembly when some Brethren, commissaries of the Lodge La *Parfaite Amitié* who, for their greater part, had connections in the outside world with the accused, and who, besides had themselves committed the most serious improprieties, tried to break up the assembly by using the most dishonest means to create a division.

When they were found out and when their manoeuvres were discovered, all their efforts tended to promote a general impunity so that they might avoid the particular penalty which was in store for them. They shamelessly welcomed the banned brethren in their Lodges, they took advantage of the absence of the other Brethren to have the powers previously given to their commissaries revoked after the fact in a particular and clandestine Lodge meeting.

Such revocation, belated because it was not made before the various judgments in which they had taken part had been pronounced, did not interrupt the work of

SHARP 88-4

the general assembly.

However, in a last patronizing gesture, it sent to the Lodge *La Parfaite Amitié* some commissaries bearing a letter which was to teach them about their duty. But that Lodge, abandoned as it was to factions more and more encouraged by the guilty parties, and giving way to considerations and reports drawn from their social positions, eventually declared itself as their protector.

Because it was led by that spirit of pride and domination which it was only too easy to kindle, it received the commissaries only to add the most blatant insult to a disregard of every principle of decency and propriety, by burning in advance without reading it the letter addressed by the general assembly.

It was easy to predict that such an attitude would raise the indignation of all the Lodges, all the more so as the letter sent to the Lodge *La Parfaite Amitié* only presented the measures of severity taken against the guilty members, in

la Loge de la Parfaite Amitié ne lui démontrait les actes de la sévérité exercée contre des membres coupables qu'en la rassurant avec les plus justes éloges sur tous les sentiments d'estime et d'amitié qu'elle devait soit aux Frères absents, soit à ceux qui n'avaient pas participé par leurs avis à une lâcheté aussi basse. On joint ici l'extrait du travail sur lequel la planche fut tracée avec les principaux articles qui peuvent y avoir du rapport. Elle servira de conviction contre l'indignité d'un pareil procédé.

Tout nécessitait donc l'assemblée générale à venger de pareils excès. Pour arrêter les suites d'une impunité dangereuse, préférant le parti de la

SHARP 88-5

modération, elle déclara que si, dans un mois à compter de ce jour, les Frères de la parfaite amitié ne reconnaissaient dans son entier l'autorité des Loges, on romprait tout commerce avec elle.

C'est en vain que, dans le long intervalle écoulé depuis la prononciation de ce jugement jusqu'à l'époque où son extrait vous a été envoyé, on a épuisé toutes les voies de la conciliation pour ramener cette Loge a ses devoirs. Loin de répondre à des invitations aussi favorables, elle préparait un nouvel outrage au vœu de l'assemblée générale, en affectant dans sa dernière élection, d'élever à la qualité de dignitaires deux d'entre les Frères proscrits et un autre, à qui, par des considérations particulières, on avait épargné un jugement définitif.

Cette élection révoltante devait aliéner les esprits les moins prévenus. Elle ne pouvait, surtout, qu'occasionner tôt ou tard la séparation de certains Frères qui, n'étant pas dans une dépendance profane, pourraient plus facilement rompre les liens de cette espèce de servitude où des délibérations, continuellement inspirées par les alarmes des coupables, semblaient vouloir retenir toute leur Loge. Par ce motif, le Frère Président Daspe, ancien Vénérable, le Frère marquis de la Trene, avocat général, le Frère de Catellan

order to reassure it with the fairest praise about all the sentiments of esteem and friendship which it owed to the absent Brethren as well as to those who had not contributed with their advice to such low and cowardly deeds. We attach hereby an excerpt from the work about which the letter was written, together with the main articles which may be connected. It will serve as evidence against the indignity of such behaviour.

The general assembly was therefore compelled by every reason to exert revenge for such excesses. In order to put a halt on the consequences of a dangerous state of impunity and making the choice of

SHARP 88-5

moderation, it declared that if, within a month as of that day, the Brethren of *La Parfaite Amitié* failed to acknowledge in its entirety the authority of the Lodges, all relations with it would be severed.

During the long interval since the pronouncing of the decision until the time when you were sent an extract of it, all means of conciliation to bring that Lodge back on the path of its duties were vainly exhausted. Far from responding to so favourable invitations, it was preparing another insult against the desire of the general assembly, by making a show, in its latest election, of raising to the rank of dignitaries two of the banned Brethren, as well as another who, for particular considerations, had been spared a final judgment.

That outrageous election was bound to alienate the least partisan minds. It could only, above all things, bring about, sooner or later, the separation of some brethren who, as they were free from profane ties of dependence, could more easily break the bonds of that kind of servitude where deliberations perpetually inspired by the fears of the guilty seemed to keep all their Lodge occupied. For this reason, Bro. President Daspe, Past W. Master, Bro. Marquis de la Trene, Advocate General, Bro. Marquis de Caumont, Advocate General, Bro. De Tailhasson, Counsellor at the Parlement, Bro. Marquis de

marquis de Caumont, avocat général, le Frère de Tailhasson, conseiller au Parlement, le Frère marquis de Gramont, Capitoul gentilhomme, les Frères de Saubens et de Rouquette, gentilhommes, se

Gramont, Capitoul of noble birth, Brethren de Saubens and de Rouquette, noblemen,

SHARP 88-6

SHARP 88-6

retirèrent vers le tribunal des RR. Loges, composé provisoirement des chefs des commissions et des Vénérables, pour y protester du retour le plus sincère et de leur adhésion au travail des RR. Loges.

Dès lors, et en exécution des délibérations précédentes tenues par l'assemblée générale, lesdits chefs des commissions et Vénérables ordonnèrent à ces-dits Frère de former de suite une délibération et déclarèrent, comme vous l'avez vu par le dernier travail qui vous a été envoyé, le pouvoir constitutif et le titre de la Loge de la Parfaite Amitié désormais irrévocablement acquis sur leurs têtes.

Il fut à la fois ordonné que la Loge formée sous le marteau du F. Président Daspe retiendrait les Sceaux et les planches, qu'en qualité de Garde archives de l'autre Loge il avait en son pouvoir.

C'est à cette rétention de Sceaux, très peu importante par elle-même puisque par cet ordre l'on n'avait qu'à en prendre l'empreinte pour en faire graver des semblables, qu'on a cherché à donner les couleurs les plus odieuses, soit auprès de vous, soit auprès des profanes : misérable stratagème, qui ne peut pas plus justifier dans le genre l'indécence de leurs déclamations que cet esprit de domination et d'injustice qui, jusqu'à présent, a dirigé leurs démarches.

Par ces motifs, la Loge a délibéré de vous

retreated to the tribunal of the RR. Lodges, temporarily composed of the heads of the commissions and of the W. Masters, there to proclaim their sincerest return and their adhesion to the work of the RR. Lodges.

Thereupon, implementing the decisions previously taken by the general assembly, the said heads of the commissions and W. Masters ordered the said brethren to take a decision at once, and pronounced, as you have seen by the latest report which was sent to you, the constituting power and the title of the Lodge *La Parfaite Amitié* to be henceforth irrevocably vested on them.

At the same time, it was ordered that the Lodge formed under the gavel of B. President Daspe, would keep the seals and the letters which it held in its capacity of keeper of the archive of the other Lodge. It was that keeping of the seals - a very unimportant matter in itself, as by that order, one only had to take an impression of them to have similar ones engraved – which was painted, for you or for outsiders, under the most odious colours: a pitiful stratagem which can no more justify their indecent declamations than that spirit of domination and injustice which has directed their steps until now.

Upon those grounds, the Lodge has decided to

SHARP 88-7

SHARP 88-7

demander l'ampliation des Constitutions que les FF. soi-disant de la Parfaite amitié, sous le marteau du F. Malpel, retiennent en leur pouvoir, en vous priant de leur fournir tout autre expédient que votre Sagesse vous inspirera pour réparer cette perte.

Vous verrez, par le tableau des FF. qui, depuis

ask you to file the Constitutions which the so-called BB. of *La Parfaite Amitié*, under the gavel of B. Malpel, still retain, asking you also to provide them with whatever other means inspired by your wisdom to make for the loss.

You will see from the list of the BB. who joined their labours since they were nominated what

leur nomination, se sont joint à leurs Travaux, quel est son zèle pour l'Art Royal.

Elle ose présumer qu'un grand nombre d'autres Frères, qu'une fausse honte et des considérations ou des rapports profanes retiennent sous le marteau de l'autre Loge, rompront tôt ou tard les liens qui les empêchent de se réunir au vœu général pour rapporter de vers vous, avec les autres Loges, les témoignages d'affection et de reconnaissance qu'elles doivent à votre protection.

Nous sommes M∴T∴C∴FF∴
par le N. M∴E∴C∴D∴N∴S∴

Vos très affectionnés Frères

Catellan Ven^able ∴ pro tem^re.

Scellé et timbré par nous garde des Sceaux et archive
Par mandement de la Respectable Loge

Le M. de Lastie garde des Sceaux pro tempore

F. de Parazols secrétaire pro tempore.

SHARP 88-8

Nous, V^ble., 1er et second Surveillants, officiers et dignitaires et tous membres de cette R∴L∴ de Clermont, certifions au Grand O∴ de France que le présent procès-verbal contient vérité et nous nous joignons d'autant plus volontiers à la R∴L∴ de la Parfaite amitié que nous sommes intimement convaincus que la demande formée par lesdits Frères est de la dernière équité.
A l'O∴ de Toulouse, le 17 jour du 4ème mois de l'an de l'ère de la Vraie Lumière 5785

Le co^te. De Barneval Ven^ble.
Dupin, ex-ven^ble. Conseiller au par.
F. Deporte
F. Roume de Seguville,

zeal the Lodge shows for the Royal Art.

It dares presume that a great many other Brethren, who are kept under the gavel of the other Lodge by a false sense of shame and by profane considerations or social connections, will sooner or later break off those bonds which prevent them from joining in the general demand and that they will bring to you, together with the other lodges, the marks of affection and gratitude which they owe to your protection.

We are, M∴V∴D∴BB∴
By the M∴ N. K∴T∴U∴O∴

Your very affectionate Brethren

Catellan, W^ful. pro tem^re.

Sealed and stamped by us, Keeper of the Seals and archives
By command of the Respectable Lodge

The M[arquis] de Lastie, Keeper of the Seals pro tempore

Bro. de Parazols, Secretary pro tempore.

SHARP 88-8

We, the Wf^ul., Sr. and Junior Warden, officers and dignitaries and all members of this R.L. of Clermont, certify to the Grand O∴ of France that the present minutes contain the truth, and we are all the more pleased to join the R∴ L∴ *La Parfaite Amitié*, as we are deeply convinced that the request entered by the said Brethren is of the utmost equity.
At the Orient of Toulouse, on the 17th day of the 4th month 5785 A.L.

Count of Barneval, Wf^ul.
Dupin, Past Wf^ul., counsellor at the *Parlement*
B. Deporte
B. Roume de Seguville, Junior Warden

F. Cardonnel, orat∴
Le baron de Comere

Scellé et timbré par nous, garde des Sceaux et timbres de la respectable Loge Signé de Berthier	F. Ribonet, M^re. D'hôtel pro tempore F. de Lama, M^re. Des Cérémonies F, de Guiringaud Bastard F. Medalde

Par mandement de la R∴L∴
F. Letang Secrétaire tit.

Vu, conforme à l'original le Cte. Barneval Ven^ble. De L∴R∴L∴ Clermont

Certifié conforme Cardonnel, Secret. P∴t∴

vu bon et conforme à l'original

Firmin de Berthier

SHARP 88-9

Nous, Vénérable, premier et second surveillants, officiers dignitaires et tous membres de la R.L. la Française St. Joseph des Arts à l'Or. De Toulouse, certifions et déclarons au Grand Orient de France que le présent procès-verbal contient vérité et que les demandes que fait cette R.L. sont remplies de justice et que nous y adhérons volontairement.
A l'Or. De Toulouse, le 20 jour du 5ème mois de l'an de la Vraie Lumière 5785.

F. Delfau V.p.i.
F. Bordes père
Mazieres
F. Bajoux
Lacroix
Vié
F. Belin terrible
F. Bedos me. de Cérémonies
F. Couder
F. Icard

Bro. Cardonnel, Orat∴
Baron de Comere

Sealed and stamped by us, Keeper of the Seals and stamps of the Respectable lodge Signed De Berthier	Bro. Ribonet, Steward pro tempore Bro.de Lama, M^er. of Ceremonies B. de Guiringaud Bastard B. Medalde

By command of the R∴L∴
B. Letang, current Secretary

Seen and found true to the original, Count Barneval Wf^ul. of the R∴L∴ of Clermont

Certified true, Cardonnel, Secret. p∴ t∴

Seen and found true to the original

Firmin de Berthier

SHARP 88-9

We, the Wf^ul., Sr. and Junior Wardens, officers, dignitaries and all members of the R.L. *La Française St. Joseph des Arts*, at the Or. of Toulouse, certify and declare to the Grand Orient de France, that the present minutes contain the truth, and that the requests made by the R.L. are fully justified, and that we willingly subscribe to them.
At the orient of Toulouse on the 20th day of the 5th month of the year 5785 A.L.

B. Delfau Interim W.p.t.
Bro. Bordes Sr.
Mazieres
B. Bajoux
Lacroix
Vié
B. Belin terrible
B. Bedos Mr of Ceremonies
B. Couder
B. Icard

Barousse
Maury
Sauveterre
Duchenne
F. Albene
F. Rouane
F. Barreau cadet
F. Baron prêtre
Par mandement de la R.L.
F. Bordes fils Secrétaire

Vu bon et conforme à l'original

scellé et timbré par
nous Garde des
sceaux, timbres et
archives de la R.∴L.
de Saint joseph des
Arts

F∴Tarbès, V^{ble}.
Par mandement de la
R∴L∴.

F∴ Noel

F. Bordes père
Secrétaire pro tempore

Nous, Vénérable, premiers et seconds Surveillants, officiers

Barousse
Maury
Sauveterre
Duchenne
Bro. Albene
B. Rouane
B. Barreau jr.
B. Baron priest
By command of the R.L.
B. Bordes son, Secretary

Seen and found true to the original

Sealed and stamped
by us Keeper of the
Seals, stamps and
archives of the
R∴L∴ of *Saint
Joseph des Arts*

B∴ Tarbès, Wf^{ul}.
By command of the
R∴L∴.

B∴Noel

B..Bordes sr.
Secretary pro tempore

We, the Worshipful, Senior and Junior Wardens, officers,

Sceau de *La Sagesse* à l'Orient de Toulouse

dignitaires et tous membres de la R∴ L∴ ci-après nommés
réunis à l'orient de Toulouse, certifions et déclarons au
grand orient de France que le présent procès verbal contient
verité et que les demandes faites par cette R∴ L∴ sont de toute
justice et que nous y adhérons tous - à l'or∴ de Toulouse le 22 —
juillet 1785 Durroux le fils g[?]

aynar g∴ e∴   Roque e∴ [?]
pr surveillant   Noubin∴ terr[?]

                                        Capella tresorier
                                   Derrey Subelbere g∴ e∴ ai
                                   Tavignat m[?] dhotel
                                            James orateur

                    Ditas   Dejean M de C

Scellé et timbré par nous expr[?]   Par mandement de la R∴ L∴
garde des sceaux timbre et archiv[?]   Campam j e
de la R∴ L∴ Ricard   Qu'on donne conforme à l'original
          vu Bon pour tout le contenu en — Campan J L
          l'article qui concerne cette station donnée
          par la R∴ L∴ des vrais amis réunis
          Durroux le fils g∴ e∴ o∴ ee

Scellé et timbré par nous Exp[?]
garde des sceaux timbre et archives de
la R∴ L∴ des vrais R∴ Ricard

dignitaires et tous Frères de la R∴L∴ des Vrais Amis Réunis à l'orient de Toulouse, certifions et déclarons au Grand Orient de France que le présent procès-verbal contient vérité et que les demandes faites par cette R∴L∴ sont de toute justice et que nous y adhérons.

A l'or. De Toulouse, le 22 juillet 1785

Aymar G.E.	Durroux fils V^{ble}.
1er. Surveillant	Roque 2e Surv^t.
	Roubin terr^{ble}.
	Capella trésorier
	Derrey Subelbese G.E.
	Carignat M^e. d'hôtel
	Jammes orateur
	Milas
	F. Dejean M. de C.

Scellé et timbré par nous ex-m^e.
Garde des Sceaux, timbre et archives de la R∴L∴
Ricard Par mandement de la R∴L∴

Campain S^e.
Vu bon conforme à l'original

Campain S^e.

Vu bon pour tout le contenu en l'article qui concerne cette attestation donnée par la R∴L∴ des Vrais Amis réunis

Duroux le fils G∴E∴V^{ble}.

Scellé et timbré par nous Ex-V^{ble}.
Garde des Sceaux, timbre et archives de la R∴L∴ des Vrais Amis R. Ricard

SHARP 88-11

Nous, Vénérable, Premier et Second Surveillants, officiers dignitaires et tous membres de la R∴L∴ de St Jean sous le titre distinctif des Cœurs Réunis à l'O∴ de

---

dignitaries and all Brethren of the R∴L∴ *Les Vrais Amis Réunis,* at the Orient of Toulouse, certify and declare to the Grand Orient de France, that the present minutes contain the truth, and that the requests made by this R∴L∴ are fully justified, and that we subscribe to them.

Orient of Toulouse, July 22nd 1785.

Aymar	Durrouxson, Wf^{ul}.
Grand Ecossais	Roque Jr. Ward.
Sr. Warden	Roubin terrible
	Capella treasurer
	Derrey Subelbese G.S.
	Carignat Steward
	Jammes orator
	Milas
	B. Dejean M. of C.

Sealed and stamped by us Past Mr.
Keeper of the Seals, stamps, and archives of the R∴L∴
Ricard By command of the R∴L∴

Campain S^{ry}.
Seen and found true to the original

Campain, S^{ry}.

Seen and approved for all the contents regarding the present attestation delivered by the R.L. *Les Vrais Amis Réunis.*

Durroux son, G∴E∴, Wf^{ul}.

Sealed and stamped by us Past Mr.
Keeper of the Seals, stamps and archives of the R∴L∴ *Les Vrais Amis Réunis.* Ricard

SHARP 88-11

We, the Worshipful, Senior and Junior Wardens, officers, dignitaries and all Brethren of the R∴L∴ of St John under the title of *Les Cœurs Réunis* at the O∴ of Toulouse, certify and

Toulouse, certifions et déclarons au Grand O∴ de France que le procès-verbal ci-joint contient vérité et que les demandes de la R∴L∴ de la Parfaite Amitié sont remplies de justice et que nous y adhérons entièrement en tout ce qui peut nous concerner.

A l'O∴ de Toulouse, le 17 jour du 5ème mois de l'an de la Vraie Lumière 5785.

F. Chevalier de Segla Vble. Tit. S.P.d.R.

	F. Vincent Secrétaire S.P.d.R
scellé et timbré par nous Garde des sceaux, timbres et archives de la R∴L. des Cœurs Réunis Viallanes S∴P∴D∴R✠	F. Courtalon 2ᵉ Survt.
	F. abbé Cramel or. Pro. T.
	F. Dedaux Valés Par mandement de la R∴L∴ des Cœurs Réunis
	F∴ Baillon N Cabiran
	F. Andrieu Peletan
	F. Branque Garnaud
	Manou de Martin ex-maître

Vu bon conforme à l'original
F∴ Chevalier de Segla Vble. Tit∴ de la R∴L∴ des Cœurs Réunis

Certifié conforme N. Cabiran Secrétaire

L∴ de la Sagesse
Nous, Vénérable, Premier et Second Surveillants, Officiers dignitaires et tous membres de la R∴L∴ de St. Jean sous le titre distinctif de la Sagesse à l'Or. De Toulouse, certifions et déclarons au Grand Orient de France que le procès-verbal ci-joint contient vérité, que les demandes de la R∴ de la Parfaite Amitié sont remplies de justice et Que nous y adhérons entièrement en tout ce qui peut nous concerner.

A l'orient de Toulouse, le 18éme jour du cinquième mois de l'an de la Vraie Lumière 5785

T.S.V.P.

declare to the Grand O∴ of France, that the present minutes contain the truth, and that the requests made by the R∴L∴ *La Parfaite Amitié* are fully justified, and that we entirely subscribe to them in everything that may concern us.

At the O∴ of Toulouse, on the 17th day of the 5th month 5785 A.L.

B. Chevalier de Segla, Incumbent Wful., S.P.d.R.

	B. Vincent Secretary S.P.d.R.
Sealed and stamped by us, Keeper of the Seals and stamps of the R∴L. *Les Cœurs Réunis* Viallanes S∴P∴D∴R ✠	B. Courtalon Jr.Wdn.
	B. Abbé Cramel or. pro. t.
	B. Dedaux Valés by command of the R∴L∴ *Les Cœurs Réunis*
	B∴Baillon N Cabiran
	Bro. Andrieu Peletan
	Bro. Branque Garnaud
	Manou de Martin Past Master

Seen and found true to the original
B. Chevalier de Segla Inc∴ Wful. of R∴L∴*Les Cœurs Réunis*

Certified to be true, N. Cabiran, Secretary

L∴ *La Sagesse*
We, the Worshipful, Senior and Junior Wardens, officers, dignitaries and all Brethren of the R. Lodge of St John under the title of *La Sagesse* at the Orient of Toulouse, certify and declare to the Grand Orient de France, that the present minutes contain the truth, and that the requests made by the R∴ *La Parfaite Amitié* are fully justified, and that we entirely subscribe to them in everything that may concern us.

At the Orient of Toulouse, on the 18th day of the 5th month 5785 A.L.

P.T.O

114

ère vulgaire le 18 juillet 1785

scellé et timbré par nous Garde des sceaux et timbres de la R.L. Sans, pro tempore Vu bon et conforme à l'original F. Tirosguy F∴ Lafforgue	F∴ Deroussi V^ble Par mandement de la R.L de la Sagesse F. Decamps Secrétaire F. de Marrast F. Lafforgue Surveillant Beaujoy Orateur Marnac aîné trésorier Pouic m^e. d'hôtel Oubor V^ble. Pro tem. Olivier Me. de Cérémonies
La R.L de la Paix séante à l'or. De Toulouse extraordinairem- ent assemblée le 20 juillet 1785 certifie véritable le procès-verbal ci-dessus et reconnaît que la demande de la R.L. de la Parfaite Amitié est remplie de justice. Londios Ven^ble. Tit.	Duilor Chapron Dastigoite Damouys Mailhol Laporte Mis Debaus Abel Vu bon et conforme à l'original Deroussi Venble. tit. Par mandement de la R.L. F∴ Descamps, sec^re
Vignolles orateur F.. Marie Terrible Laune Pascal	
Scellé et timbré par nous Garde des sceaux, timbre et archives de la	Scellé et timbré par nous garde des sceaux, timbre et archives de la R. Loge des Cœurs réunis Viallanes S.P.D.R

In the ordinary style, July 18th 1785

Sealed and stamped by us, Keeper of the seals and stamps of the R. Lodge Sans, pro tempore Seen and found true to the original B. Tirosguy B∴ Lafforgue	Bro. Deroussi W. Master By command of the R. L. La sagesse B. Decamps Secretary B. de Marrast B. Lafforgue Warden Beaujoy Orator Marnac the elder, treasurer Pouic Steward Oubor Wf^ul. pro tem. Olivier Mr. of Cérémonies
The R.L. La Paix at the or. of Toulouse extraordinarily assembled on July 30th, 1785, certifies the above minutes to bet true and recognises that the request of the R. L. La Parfaite Amitié is fully justified. Londios Inc. Wf^ul.	Duilor Chapron Dastigoite Damouys Mailhol Laporte Mis Debaus Abel Seen and found true to the original Deroussi Inc. Wf^ul. By command of the R. L. B∴ Descamps, sec^ry .
Vignolles orator B∴Marie Terrible Laune Pascal	
Sealed and stamped by us, Keeper of the seals and stamps of the R. L. La	Sealed and stamped by us, Keeper of the seals and stamps of the R. L. Les Cœurs Réunis Viallanes S.P.D.R.

R.L de la Paix

Salgues de
Magnac ex-V^ble.
Vu bon et
conforme à
l'original

Vignolles
ex∴V^ble ∴
P∴E∴

SHARP 87-1

Juncti in vecti[83]
A l'O. de Toulouse d'un lieu très éclairé, très
fort, très régulier, où règnent l'union, le silence
et l'amitié, le 23 jour du 5ᵉ mois de l'an de la
V.L. 5785

A∴L∴G∴D∴G∴A∴D∴L∴U∴
A∴N∴E∴S∴L∴A∴D∴SSS∴G∴M∴

La R.L. de la Parfaite Amitié

A toutes les R.R.R.LLL∴de cet O∴
régulièrement constituées

SSS

V^ble. Et TTT∴CCC…FFF…

Nous vous prions de nous accorder la faveur de
nous donner le mot de semestre, jusqu'à ce que
nous puissions nous flatter de l'obtenir du G.O.
Nous vous demandons également de vouloir
bien attacher le visa à tous les certificats des
FFF. De notre L. qui pourraient en avoir
besoin.
Ce nouveau bienfait que doivent nous faire

SHARP 87-2

espérer ceux dont vous nous avez déjà comblés
excitera de plus en plus notre reconnaissance.

Paix

Salgues de
Magnac
Past Wf^ul.
Seen and found
true to the
original

Vignolles ex∴
W. Master, ex∴
W^ful∴ P∴S∴

SHARP 87-1

Juncti in vecti[87]
At the O. of Toulouse, from a very enlightened,
very strong, very regular place, where Union,
Silence and Friendship prevail, on the 23ʳᵈ day
of the 5ᵗʰ month of the year 5785 A.L

T∴T∴G∴O∴T∴G∴A∴O∴T∴U∴
I∴N∴A∴U∴T∴A∴O∴ SSS∴G∴M∴

The R. Lodge *La Parfaite Amitié*

To all R.R.R.LLL∴ of this O∴, regularly
Constituted

SSS

Wf^ul. and MMM∴DDD∴BBB∴

Please grant us the favour of giving us the Semi-
Annual Word, until we have the advantage of
obtaining it from the G. O. We also ask you to
be so kind as to affix the stamp on all the
certificates of the BBB. of our L. who might
need it.
This new act of kindness which we have reason

SHARP 87-2

to expect after those which you have already
lavished on us, will all the more arouse our
gratitude.

116

Nous avons la faveur d'être P. T. L. N..M. Q.. V.. S.. C.. &. A.. T.. H.. Q.. V. S.. D..

V^ble. Et TTT..CCC…FFF…

Vos très affectionnés et dévoués FFF..

Par mandement de la R..L…

f. Depradet, S^re. Pro t^e.

Scellé et timbré par nous, Garde des Sceaux, timbre et archives de la R.. L...

SHARP 85-1

D'un lieu, très éclairé, très fort, où règnent la Paix, la Concorde et la justice,
Le 2 du 6e mois de l'an de Lumière 5785 et de l'ère vulgaire 1785

A.L.G.D.G.A.D.L.
et S.L.A.D.S.G.M.

S.S.S.

La R.L. de la Parfaite Amitié

à la T.R.L. St. Jean, connue sous le titre distinctif des Vrais Amis Réunis

N.T.C. et T.D. FFF.

Nous vous prions de vouloir bien nous accorder des Commissaires qui, conjointement avec ceux déjà nommés par les T.R.L. des Cœurs Réunis, de St Joseph des Arts, de Clermont et de la Sagesse et ceux que nous proposons de demander à la R.L de la Paix, aviseront aux moyens de nous donner le Mot de Semestre.
Cette nouvelle faveur de votre part mettra le comble à notre reconnaissance.
Nous sommes, N.T.C. et T.D.F. P. le N.M.E C.D.N.S.

vos affectionnés et dévoués Frères

We have the advantage of being, B. A. T. M∴ N.K∴ T∴ Y∴ O∴&. A∴ T∴ H∴ W∴A∴ D∴ Y∴

W^ful. and VVV∴DDD∴BBB∴

Your most affectionate and devoted BBB∴

By command of the R∴ L∴

B. Depradet, S^ry. pro t^e.

Sealed and stamped by us, Keeper of the Seals, stamps, and Archives of the R. Lodge.

SHARP 85-1

From a very enlightened, very strong, very regular place, where Peace, Concord and Justice prevail, on the 2nd day of the 6th month of the year 5785A.L, in the ordinary style 1785

T.T.G.O.T.G.A.O.T.U.
and U.T.A.O.S.G.M.

S.S.S.

The R.L. *La Parfaite Amitié*

To the M.R.L. of St. John known under the title of *Les Vrais Amis Réunis*

O.V.D. and V.D. BBB.

Please grant us some commissaries who, jointly with those already appointed by the M.R.L. *Les Coeurs Réunis, St Joseph des Arts, Clermont* and *La Sagesse,* as well as those which we intend to request from the R. L. *La Paix* will decide on the best means to give us the Semi-Annual Word.
You will have our utmost gratitude for this new favour.

We are, O.V.D. and V.D.B., b. the M. N. K. T.O.U,

Your affectionate and devoted Brethren

Daspe, Wf^ul.

117

Daspe V^ble.

Signé par nous Garde Archives et Sceaux et timbre

Roqueville Garde des sceaux pro tempore

Par mandement de la R.L.

SHARP123-1

Le F∴ Linden père, sur les aumônes

Enreg. N° 16ème Livre des Archives

Mes très chers frères
C'est avec une sorte de satisfaction que je me suis affilié à la respectable Loge militaire des Trois Frères Unis[84] à l'orient de la Cour. Les Lumières que j'y ai puisées, l'amour et l'amitié que j'ai vouées à chacun des membres qui la composent, le désir ardent que j'ai de voir naître de plus en plus cette cordialité dans mes Frères, m'engagent à vous faire part de ma surprise et de mes réflexions. C'est, mes très chers frères, sur la médiocrité des aumônes qui se font parmi nous : elles ne répondent point aux excellentes qualités qui nous caractérisent et qui devraient nous distinguer des autres humains. Elles sont bien médiocres ! Suffit-il, mes très chers frères, que notre temple soit richement orné de meubles et de bijoux, ne devons-nous pas encore travailler au soulagement de nos frères et de nos semblables ? Tel était, et est encore, l'enseignement et la base de la Maçonnerie dans tout l'univers : elle est de précepte et érigée

SHARP 123-2

érigée en loi parmi les Vrais Maçons depuis des siècles. Elle se pratique et s'observe dans les quatre parties du monde maçonnique. Rien ne m'a plus frappé d'étonnement, mes très chers frères, que, soulevant le tronc des pauvres et en en voyant faire l'ouverture, de n'y trouver que des sols et des liards[85], qui en faisaient le poids et la plénitude. Où est donc

Signed by us Keeper of the Archives and Seals and stamps

Roqueville Keeper of the Seals, pro tempore

By command of the R.L.

SHARP 123-1

B∴ Linden senior, on the matter of alms

Regd. N° 16th volume of Archives

My very Dear Brethren
It was with a certain satisfaction that I became affiliated to the Respectable military Lodge *Les Trois Frères Unis*[88] at the orient of the Court. The Lights which I received there, the love and fraternity which I gave to every one of its members, my ardent desire to see such cordiality grow more and more in my Brethren, incite me to share my surprise and my thoughts with you. My concern, my Dear Brethren, is the smallness of the alms which are made among us. They do not match the excellent qualities which define us and which should set us apart from other human beings. How small they are! Is it enough, my Brethren, that our Temple is richly adorned with furniture and jewels? Should we not also work towards the relief of our Brethren and of our fellow humans? Such were and still are the teachings and the basis of Freemasonry in the whole of the universe; they are our tenets, and they have

SHARP 123-2

have for ages been made a law among true Masons. They are observed and practised at the four corners of the Masonic world. Nothing struck me with a greater amazement, my very dear Brethren, than when I lifted the alms box and saw it opened, I found nothing therein but pennies and farthings[89] to weigh it down. Where, indeed, is that Charity, which Freemasons

118

cette Charité tant recommandée parmi les Maçons ? Je pourrais m'étendre, mes très chers frères, sur l'aumône et la Charité, mes très chers frères, par les citations des Livres Saints et des différents auteurs qui ont traité cette matière ; mais l'élocution ne m'a pas été donnée en partage et je ne prétends pas non plus m'ériger en censeur, je ne cherche qu'à émouvoir vos cœurs et me borne à un idiome, ou manière de parler, reçu et pratiqué dans la société civile, et que l'on met souvent en avant. Charité bien ordonnée commence par soi-même, dit-on. Que sommes-nous, mes très chers frères rassemblés dans ce respectable temple, pour parler et penser de la sorte ? Une société d'hommes unis, des frères en un mot : si intimement et si étroitement liés ensemble, que le Souverain même ne pourrait nous dissoudre quant à notre façon de penser les uns pour les autres : nous formons tous un même corps, un même cœur, un même esprit, l'on pourrait même ajouter une même âme. Si cela est ainsi, mes très chers

frères

recommend so? I could, my very dear Brethren, dwell at length on alms and Charity by quoting the Holy Scripture and the various authors who treated that subject; I have not, however, received the gift of eloquence and neither do I pretend to take on the role of the censor of virtue. I only wish to move your hearts and I shall content myself with a saying or a phrase which is ordinarily used and often put forward in civil society: charity – they say - begins at home. What sort of men are we, my very dear Brethren, assembled in this respectable Temple, if we can think and speak in such a way? We are a society of united men, Brethren in a word, so closely and intimately linked to one another that the Sovereign himself could not separate us in our way of caring the ones for the others: we form one same body, one same heart, one same mind, we might even add one same soul. If that is so, my very dear

Brethren,

SHARP 123-3

frères, indubitablement, en assistant nos frères dans le besoin, nous nous rendons des services réciproques : car tels de nos frères qui voyagent peuvent manquer en route, soit par vols qui leur peuvent être faits, ou autres événements. N'est-il pas flatteur pour eux de trouver des ressources chez leurs frères, et à nous de les secourir ? Avons-nous de quoi, mes chers frères, avec de si médiocres aumônes ? Non, sans doute ! Pratiquons donc cette vertu trop resserrée pour des Vrais Maçons, elle fait partie essentielle de toutes celles que nous devrions ne pas perdre de vue et, s'il est des amusements innocents et honnêtes, où la décence, le respect et la vertu règnent, jouissons-en, sans perdre de vue un devoir que nous impose la fraternité et ne nous reposons pas les uns sur les autres pour les secourir. C'est une faible ressource pour les malheureux !

SHARP 123-3

Brethren, there is no doubt that by helping our Brethren in need we provide services which can be reciprocated. Indeed, a travelling Brother can find himself short of resources, because he was robbed or for any other reason. Is it not as advantageous for him to find some resources in his brethren as it is for us to come to his aid? Can we afford that, my dear Brethren, with so small alms? Indeed, we cannot! Let us then practise that virtue, too moderate for true Masons. It is an essential one among those of which we should not lose sight, and if there are innocent and honest amusements in which decency, respect and virtue prevail, let us enjoy them, without losing sight of a duty imposed on us by fraternity and let us not count the ones on the others to bring assistance to them.

It is but a feeble resource for those in need !

SHARP79-1-2-3

Copie manuscrite de la bulle In Eminenti du pape Clément XII (24 avril 1738)[86]

Condamnatio Societatis, seu Conventicularum – de Liberi Muratori – aut – de Francs Massons – sub poena Excommunicationis ipso facto incurrendo, ejus absolutione excepto Mortis Articulo Summi Pontifici reservata

Clemens episcopus: servus servorum Dei : universis Christi fidelibus, salutem & apostolicam benedictionem.

In eminenti Apostolatus specula, meritis licet imparibus, divina disponente clementia, constituti iuxta creditum nobis pastoralis providentiae debitum iugi (quantum ex alto conceditur) solicitudinis studio iis intendimus, per quae erroribus, vitiisque aditu intercluso, Orthodoxae Religionis potissimum servetur integritas, atque ab universo Catholico Orbe difficillimis hisce temporibus perturbationum pericula propellantur.

Sane vel ipso rumore publico nunciante, Nobis innotuit longe, lateque progredi, atque in dies invalescere nonnullas Societates, Coetus, Conventus, Collectiones, Aggregationes, seu Conventicula, vulgo de liberi Muratori seu Francs Massons, aut alia quavis nomenclatura pro idiomatum varietate nuncupata, in quibus cuiuscumque Religionis, et Sectae homines affectata quadam contenti honestatis naturalis specie, arcto aeque, ac impervio foedere secundum leges, et statuta sibi condita invicem consociantur; quaeque simul clam operantur, tum districto iureiurando ad Sacra Biblia interposito, tum gravium poenarum exaggeratione inviolabili silentio obtegere adstringuntur.

Verum cum ea sit sceleris natura, ut se ipsum prodat, et clamorem edat sui indicem, hinc Societates, seu Conventicula praedicta vehementem adeo Fidelium mentibus suspicionem ingesserunt, ut iisdem

SHARP 79-1-2-3

Handwritten copy of the bull In Eminenti issued by Pope Clement XII (April 24th 1738)[90]

Condemnation of the Society, or Conventicles of LIBERI MURATORI, or Freemasons, under pain of excommunication to be incurred ipso facto, and absolution from it being reserved for the Supreme Pontiff, except at point of death.

CLEMENT, BISHOP, Servant of the Servants of God to all the faithful, Salutation, and Apostolic Benediction.

Since the divine clemency has placed Us, Whose merits are not equal to the task, in the high watch-tower of the Apostolate with the duty of pastoral care confided to Us, We have turned Our attention, as far as it has been granted Us from on high, with unceasing care to those things through which the integrity of Orthodox Religion is kept from errors and vices by preventing their entry, and by which the dangers of disturbance in the most troubled times are repelled from the whole Catholic World.

Now it has come to Our ears, and common gossip has made clear, that certain Societies, Companies, Assemblies, Meetings, Congregations or Conventicles called in the popular tongue Liberi Muratori or Francs Massons or by other names according to the various languages, are spreading far and wide and daily growing in strength; and men of any Religion or sect, satisfied with the appearance of natural probity, are joined together, according to their laws and the statutes laid down for them, by a strict and unbreakable bond which obliges them, both by an oath upon the Holy Bible and by a host of grievous punishment, to an inviolable silence about all that they do in secret together.

But it is in the nature of crime to betray itself and to show itself by its attendant clamour. Thus, these aforesaid Societies or Conventicles have caused in the minds of the faithful the greatest suspicion, and all prudent and upright men have passed the same judgment on them as

120

aggregationibus nomen dare apud prudentes, et probos idem omnino sit, ac pravitatis, et perversionis notam incurrere; nisi enim male agerent, tanto nequaquam odio lucem haberent. Qui quidem rumor eo usque percrebuit, ut in plurimis Regionibus memoratae Societates per saeculi Potestates tanquam Regnorum securitati adversantes proscriptae, ac provide eliminatae iampridem extiterint.

Nos itaque animo evolventes gravissima damna, quae ut plurimum ex huiusmodi Societatibus, seu Conventiculis nedum temporalis Reipublicae tranquillitati, verum etiam spirituali animarum saluti inferuntur, atque idcirco tum Civilibus, tum Canonicis minime cohaerere Sanctionibus, cum divino eloquio doceamur, die noctuque more servi fidelis, et prudentis Dominicae Familiae praepositi vigilandum esse, ne huiusmodi hominum genus veluti fures Domum perfodiant, atque instar Vulpium vineam demoliri nitantur, ne videlicet simplicium corda pervertant, atque innoxios sagittent in occultis, ad latissimam, quae iniquitatibus impune patrandis inde aperiri posset, viam obstruendam, aliisque de iustis, ac rationabilibus causis nobis notis, easdem Societates, Coetus, Conventus, Collectiones, Aggregationes seu Conventicula de liberi Muratori, seu Francs Massons, aut alio quocumque nomine appellata, de nonnullorum Venerabilium Fratrum Nostrorum Sanctae Romanae Ecclesiae Cardinalium Consilio, ac etiam motu proprio, et ex certa scientia, ac matura deliberatione nostris, deque Apostolicae potestatis plenitudine damnanda, et prohibenda esse statuimus, et decrevimus, prout praesenti nostra perpetuo valitura Constitutione damnamus, et prohibemus.

Quocirca omnibus, et singulis Christifidelibus cuiuscumque status, gradus, conditionis, ordinis, dignitatis, et praeeminentiae, sive laicis, vel Clericis tam Saecularibus quam Regularibus, etiam specifica, et individua mentione, et expressione dignis districte, et in virtute sanctae obedientiae praecipimus, ne quis sub quovis praetextu, aut quaesito colore

being depraved and perverted. For if they were not doing evil, they would not have so great a hatred of the light. Indeed, this rumor has grown to such proportions that in several countries these societies have been forbidden by the civil authorities as being against the public security, and for some time past have appeared to be prudently eliminated.

Therefore, bearing in mind the great harm which is often caused by such Societies or Conventicles not only to the peace of the temporal state but also to the well-being of souls, and realizing that they do not hold by either civil or canonical sanctions; and since We are taught by the divine word that it is the part of faithful servant and of the master of the Lord's household to watch day and night lest such men as these break into the household like thieves, and like foxes seek to destroy the vineyard; in fact, to prevent the hearts of the simple being perverted, and the innocent secretly wounded by their arrows, and to block that broad road which could be opened to the uncorrected commission of sin and for the other just and reasonable motives known to Us; We therefore, having taken counsel of some of Our Venerable Brothers among the Cardinals of the Holy Roman Church, and also of Our own accord and with certain knowledge and mature deliberations, with the plenitude of the Apostolic power do hereby determine and have decreed that these same Societies, Companies, Assemblies, Meetings, Congregations, or Conventicles of Liberi Muratori or Francs Massons, or whatever other name they may go by, are to be condemned and prohibited, and by Our present Constitution, valid for ever, We do condemn and prohibit them.

Wherefore We command most strictly and in virtue of holy obedience, all the faithful of whatever state, grade, condition, order, dignity or pre-eminence, whether clerical or lay, secular or regular, even those who are entitled to specific and individual mention, that none, under any pretext or for any reason, shall dare or presume to enter, propagate or support these aforesaid societies of Liberi Muratori or Francs

audeat, vel praesumat praedictas Societates, de liberi Muratori, seu Francs Massons, aut alias nuncupatas inire, vel propagare, confovere, ac in suis aedibus, seu Domibus, vel alibi receptare, atque occultare, iis adscribi, aggregari, aut interesse, vel potestatem, seu commoditatem facere, ut alicubi convocentur, iisdem aliquid ministrare, sive alias consilium, auxilium, vel favorem palam, aut in occulto, directe, vel indirecte per se, vel alios quoquo modo praestare, nec non alios hortari, inducere, provocare, aut suadere, ut huiusmodi Societatibus adscribantur, annumerentur, seu intersint, vel ipsas quomodolibet iuvent, ac foveant, sed omnino ab iisdem Societatibus, Coetibus, Conventibus, Collectionibus, Aggregationibus, seu Conventiculis prorsus abstinere se debeant, sub poena excommunicationis per omnes, ut supra contrafacientes ipso facto absque ulla declaratione incurrenda, a qua nemo per quemquam nisi per nos, seu Romanum Pontificem pro tempore existentem, praeterquam in articulo mortis constitutus, absolutionis beneficium valeat obtinere.

Volumus insuper, et mandamus, ut tam Episcopi, et Praelati Superiores, aliique locorum Ordinarii, quam haereticae pravitatis ubique locorum deputati Inquisitores adversus transgressores cuiuscumque sint status, gradus, conditionis, ordinis, dignitatis, vel praeeminentiae, procedant, et inquirant, eosque tanquam de haeresi vehementer suspectos condignis poenis puniant, atque coerceant; iis enim, et eorum cuilibet contra eosdem transgressores procedendi, et inquirendi, ac condignis poenis coercendi, et puniendi, invocato etiam ad hoc, si opus fuerit, brachii saeculaaris auxilio liberam facultatem tribuimus et impartimur.

Volumus autem ut earumdem praesentium transumptis, etiam impressis manu alicuius notarii publici subscriptis et sigillo personae in dignitate ecclesiastica constitutae munitis, eadem fides prorsus adhibeatur, quae ipsis originalibus litteris adhiberetur si forent exhibitae vel ostensae.

Massons, or however else they are called, or to receive them in their houses or dwellings or to hide them, be enrolled among them, joined to them, be present with them, give power or permission for them to meet elsewhere, to help them in any way, to give them in any way advice, encouragement or support either openly or in secret, directly or indirectly, on their own or through others; nor are they to urge others or tell them, incite or persuade them to be enrolled in such societies or to be counted among their number, or to be present or to assist them in any way; but they must stay completely clear of such Societies, Companies, Assemblies, Meetings, Congregations or Conventicles, under pain of excommunication for all the above mentioned people, which is incurred by the very deed without any declaration being required, and from which no one can obtain the benefit of absolution, other than at the hour of death, except through Ourselves or the Roman Pontiff of the time.

Moreover, We desire and command that both Bishops and prelates, and other local ordinaries, as well as inquisitors for heresy, shall investigate and proceed against transgressors of whatever state, grade, condition, order dignity or pre-eminence they may be; and they are to pursue and punish them with condign penalties as being most suspect of heresy. To each and all of these We give and grant the free faculty of calling upon the aid of the secular arm, should the need arise, for investigating and proceeding against those same transgressors and for pursuing and punishing them with condign penalties.

It is our will also that exactly the same credit be given to copies of these presents, subscribed by the hand of some public notary, and fortified with the seal of some person placed in ecclesiastical dignity, as would be given to the original documents if exhibited or displayed.

Nulli ergo omnino hominum liceat hanc paginam nostrae declarationis, damnationis, mandati, prohibitionis et interdictionis infringere, vel ei ausu temerario contraire; si quis autem hoc attentare praesumpserit, indignationem omnipotentis Dei ac beatorum Petri et Pauli apostolorum eius se noverit incursurum.

Datum Romae, apud S. Mariam Maiorem, anno incarnationis dominicae MDCCXXXVIII, IV kalendas maii, pontificatus nostri anno VIII.

A. Card pro-datarius   J.B. Eugenius
C. Amatus pro-secretarius
Visa de Curia R. Antonnelus

Let it be lawful therefore for no man to infringe this proclamation notifying our declaration, condemnation, charge, prohibition and interdiction, or to act counter to it with reckless daring. But if any one presume to attempt this, let him know that he will incur the wrath of Almighty God. and of the blessed
Apostles Peter and Paul.

Given at Rome in the Basilica of Santa Maria Maggiore, in the year of our Lord, 1738, on the 28[th of] April, in the 8th year of our Pontificate.

A. Card pro-datarius   J.B. Eugenius
C. Amatus pro-secretarius
Visa de Curia R. Antonnelus

Composition du Grand O∴ de France
Sous Buonaparté

Le Prince Joseph. G∴ M∴ [△ S∴I∴S∴]	Grands officiers de 1re Classe
Le Prince Louis en Survivance	
Grand administrat.	Le Maréchal Augereau 1. G∴ Surv∴
Généraux	Le Maréc.l Perignon 2. G∴ Surv∴
Cambacérès Archi-chancelier	Delalande Astronome G∴ Orat∴
Lebrun Archi-trésorier	De Jeaucourt G∴ Sec∴
Grand Conservateur	Mayon de Medine G∴ Trés∴
Généraux	Sébastiani G∴ G∴ des Sc∴
Le Maréchal Kellermann	Le Maréc.l Le Fèvre G∴ G∴ des arch∴
Le Maréchal Murat	Duranteau G∴ M∴ des Cérém∴
Grand représentant du G∴ M∴	Le Duc de Luynes G∴ Aum∴
	De Sers G∴ hosp∴
Le Maréchal Masséna	Taubert, Tribun G∴ s Exp∴
Officiers de la grande L∴ Général	G∴ G∴ Exp∴ adjoints de 1re Classe
Grands Administrateurs	Vittot de Freville G∴ Exp∴
Choiseul-Praslin, Sénateur	Clément de Ris G∴ Exp∴
Beurnonville, Ambassadeur	. . . . . G∴ Exp∴
Macdonal, Général de Divis.on	. . . . . G∴ Exp∴
Grand Conservateur	. . . . . G∴ Exp∴
Fouché, Ministre	G∴ G∴ officiers de 2e Classe
Mareskalki, ministre	Anyebault
Valence Général de Division	. . . .
Hugues Maret Ministre G∴ Représentant Partic∴	
Poitiers Montaleau, Anc.n Vén.le de longtems comptet.	T∴ S∴ S∴ P∴

Composition du Grand O∴ de France sous Buonaparte

Le Prince Joseph *G∴M∴*
Le Prince Louis
En survivance

Grands administrateurs généraux

Cambacérès,
Archi-chancelier
Lebrun
Archi-trésorier

Grands Conservateurs Généraux

Le Maréchal Kellermann
Le Maréchal Murat

Grands Représentants Du G∴M∴

Le Maréchal Masséna

Officiers de la Grande L∴ Générale Grands administrateurs

Choiseul-Praslin
Sénateur
Beurnonville
Ambassadeur
Mac Donald
Général de Division

Grands Conservateurs
Fouché
Ministre

Grands Officiers de 1ère classe

Maréchal Augereau *1er*
G∴Surv∴
Maréchal Pérignon *2e*
G∴Surv∴
Lalande astronome
G∴ Orat∴
De Jeaucoust
G∴Sec∴
Magon de Médine *G∴ Très∴*
Sébastiani
G∴G∴des Sc∴
Marech. Lefèvre
G∴G∴ des Ar∴
Duranteau
G∴M∴ des Cér∴
Duc de Luynes
G∴Aum∴
De Sens
G∴Hosp∴
Jaubert, tribun
G∴ 1erExp∴

GG∴Exp∴ adjoints de 1ère classe

Vitot de Fréville
G∴Exp∴

Clément de Rix
G∴Exp∴
G∴ Exp∴
G∴ Exp∴
G∴ Exp∴

GG∴ Officiers de 2e classe
Angebault

Composition of the Grand Orient de France under Buonaparte

Prince Joseph
G∴M∴
Prince Louis
In reversion

Grand general Administrators

Cambacérès
arch-chancellor
Lebrun
arch-treasurer

Grand general Conservators

Marshall Kellermann
Marshall Murat

Grand Representatives of the G.M.

Marshall Masséna

Officers of the General Grand Lodge Grand Administrators

Choiseul-Praslin.
Senator
Beurnonville.
Ambassador
MacDonald
Major General

Grand Conservator

Fouché
Minister

Grand Officers 1st class

Marshall Augereau
G∴ Sr Ward∴
Marshall Pérignon.
G∴ Jr Ward∴
Lalande Astronomer
G∴ Orat∴
De Jeaucoust
G∴ Sec∴
Magon de Médine
G∴ Tres∴
Sebastiani
G∴K∴ of the Se∴
Marshall Lefèvre
G∴K∴ of the Ar∴
Duranteau
G∴M∴ of Cer∴
Duc de Luynes. *G∴ Alm∴*
De Sens
G∴ Hosp∴
Jaubert, tribun
G∴ Sr Exp∴

Assistant GG∴ Exp∴ 1st class

Vitot de Fréville
G∴Exp∴

Clément de Rix
G∴Exp∴
G∴ Exp∴
G∴ Exp∴
G∴ Exp∴

Grand Officers 2nd class
Angebault

Marescalchi. *Ministre* T.S.V.P
Valence
Général de division
Hugues Maret.
Ministre

**G∴ Représentants
Partic∴**

Roettier de Montaleau
*Anc^n M^re à la Cour des
comptes*

Marescalchi. *Minister* P.T.O.
Valence
Major General
Hughes Maret
Minister

**Grand Private
Representatives**

Roettier de Montaleau
*Former Master at the
Cour des Compte*

Officiers du G∴ chap∴
Général

Grands administrateurs
Généraux

Lacéped, G∴ ch∴ ... S∴ ... du S∴ ...   Girardin, ...   G∴ M∴ des Cér∴

Le Maréchal Sérurier   Dubois Dubais ...   G∴ Aum∴

Le Maréch∴ Brune   D'harville ...   G∴ Hosp∴

Le Maréch∴ Mortier   Delaplace ...   G∴ Exp∴

Grands Conservateurs   G∴ G∴ Exp∴ adjoints
Généraux

François de Neufchâteau   Dales D'audure, comte

François de Beauharnais   le Vaune, G∴ Xie...e

Reynier, Grand juge   D'arras

Champagny, Ministre   Le Maréchal Lannes

Grand représentant   Simon conseiller d'État
du G∴ M∴

De Grasse Tilly   ... ...   Porcher, Sénateur

Grands Officiers   chateau Latour, Tribun

Le Général Gardanne ... ... G∴ ...   Calepin, ex Ambassadeur

Le Maréchal Soult   G∴ Surv∴   Ganthesium, vice Amiral

Carion Nisas   G∴ Orat∴   Klint, conseiller d'État

Renier, Noble Vénitien   G∴ Sec∴

Chaptal   G∴ Trés∴

Gorlefoy de la tour d'auverg∴ G∴ G∴ des Sec∴

Murainc ... présid∴ de
la cour de Cassation,   G∴ G∴ des arch∴

SHARP 90-2

Officiers du G.·. Chap.·. Général

Grands Administrateurs Généraux

Lacepède.	Girardin
G.ch. de la Leg^on,	*G.·.M.·. des Cér.·.*
T.·.S.·. du S.·.Ch.·.	Dubois Dubais
Le Maréchal Serrurier	*G Aum.·.*
Le Maréchal Brune	D'Horville
Le Maréchal Mortier	*G.·.Hosp.·.*
	Delaplace
	1er G.·. Exp.·.

Grands Conservateurs Généraux

François de Neufchâteau	**GG.·.Exp.·. adjoints**
François de Beauharnais	Dales d'Anduze.
Reynier Grand Juge	Comte de Vienne. G.·.
Champagny Ministre	Vicaire d'Arras
	Le Maréchal Lannes
	Simon,
	Conseiller d'État

Grands Représentants du G.·.M.·.

De Grasse-Tilly	Porcher, Sénateur
T.·.S.·.	Chambeau Latour, tribun
	Calepio
	Ex-ambassadeur
	Gantheaume
	Vice-amiral
	Miot
	Conseiller d'État

Grands officiers

Le Général Gardanne
1er Surv.·.
Le Maréchal Soult
2e Surv.·.
Carion Miles
G.·. Orat.·.
Renier, noble vénitien
G.·. Sec.·.
Chaptal
G.·. Très.·.
Godefroy de la Tour d'Auvergne
G.·.G.·. des Sce.·.
Muraire 1er Présid^t de la Cour de cassation
G.·.G.·. des arc.·.

Officers of the General Grand Chapter

Grand General Administrators

Lacepède G.ch. of the Legion [of Honour]	Girardin
M.·.W.·. of the S.·. Ch.·.	*G.·.M.·.of Ceremonies*
Marshall Serrurier	Dubois Dubais
Marshall Brune	*G Alm.·.*
Marshall Mortier	D'Horville
	G.·.Hosp.·.
	Delaplace
	G.·.Sr Exp.·.

Grand General Conservators

François de Neufchâteau	**Assistant Grand Assistant GG.·. Exp.·.**
François de Beauharnais	Dales d'Anduze
Reynier,	Count of Vienne,
Grand Judge	G.·. Vicar of Arras
Champagny Minister	Marshall Lannes
	Simon
	State Councillor

Grand Representatives of the G.·.M.·.

De Grasse-Tilly	Porcher Senator
	Chabeau Latour Tribun
	Calepio
	Ex-ambassador
	Gantheaume
	Rear-admiral
	Miot.
	State Councillor

Grand Officers

General Gardanne
Sr Ward.·.
Marshall Soult
Jr Ward.·.
Carion Miles
G.·.Orat.·.
Reynier
Venetian noble,
G.·. Sec.·.
Chaptal
G.·. Très.·.
Godefroy de la Tour d'Auvergne.
G.·.K.·.of the Ses.·.
Muraire, 1st Presid^t of the Ultimate Appellate Court
G.·.K.·.of the Arc.·.

Procés Verbal de la fete Maç∴ donnée au
S∴ A∴ S∴ Le Prince Archi-Chancelier de
L'Empire L'Ill∴ F∴ Cambacerus G∴ M∴ adjoint
du G∴ O∴ de France, E∴ P∴ S∴ C∴, chef du
Supreme Conseil pour la france, chef S∴ & unique
du Rit Philosophique, chef S∴ du Rit Kilwining
& du plus ancien connu en france, president
d'honneur du S∴ E∴ des G∴ I∴ I∴ C∴ de Toulouse

_____

Le 15 jour du 9me mois de l'an de la V∴ Lumiere 5807 Les
Maç∴ E∴ des differens Rits pratiqués en france reunis
avec des Maç∴ des Rits symb∴ pour feter le S∴ G∴ M∴
de l'ordre se sont assemblés sous le point Géométrique dans le
Local preparé à cet effet.

S∴ A∴ S∴ avoir fixé à Dix heures le moment de
sa visite, les travaux ont été ouverts au nom du G∴ A∴ par
L'Ill∴ F∴ Borel president du Trib∴ tenant son siege à
Toulouse aidé à L'occident par le R∴ & S∴ F∴ Picot
Laperyrouse E∴ S∴ du S∴ chap∴ de la sincere Amitié au Rit
Moderne et du R∴ & S∴ F∴ Gourdan R∴ ✠ D'herodon
Le S∴ Amitié G∴ Ex∴ au Rit Philosophique portant

Procès-verbal de la fête maç∴ donnée à S∴A∴S∴ Prince Archi-Chancelier de l'Empire l'Ill∴ F∴ Cambacérès, G∴M∴ Adjoint du G∴O∴ de France, T∴P∴S∴C∴ Chef du Suprême Conseil pour la France, Chef S∴ et unique du Rit Philosophique, Chef S∴ du Rit de Kilwinning et plus ancien connu en France, Président d'honneur du Sⁿ∴ Tᵃˡ∴ des G∴I∴I∴C∴ de Toulouse.[91]

Le 5ᵉ jour du 9ᵉ mois de l'an de la V∴ Lumière 5807, les Maç∴ E∴ des différents Rits pratiqués en France, réunis avec les Maç∴ des Rits Symb∴ pour fêter le S∴G∴M∴ et l'Ordre, se sont assemblés sous le point géométrique en le local préparé à cet effet.
S∴A∴S∴ avait fixé à dix heures le moment de sa visite. Les travaux ont été ouverts au nom du G∴A∴ par l'Ill∴ F∴ Borel, président du Trib∴ tenant son siège à Toulouse, aidé à l'occident par le R∴ et P∴ F∴ Lapeyrouse, T∴S∴ du ∴ Ch∴ de la Sincère Amitié au Rit Moderne et du R∴ et P∴ F∴ Gourdan, R∴✠ d'Hérodom.

Le F∴ Amiel, G∴Ec∴ au Rit Philosophique portait

SHARP 80-1

Minutes of the mas∴ celebration given for H∴A∴H∴ the Prince Arch-Chancellor of the Empire, the Ill∴ B∴ Cambacérès, Deputy G∴M∴ of the G∴O∴ of France, M∴P∴S∴C∴, Chief of the Supreme Council for France, Supreme and Only S∴ Chief of the Scottish Philosophical Rite, S∴ Chief of the Rite of Kilwinning, the oldest known in France, Honorary President of the Sn∴Tal∴ of G∴I∴I∴C∴ of Toulouse.[92]

On the 5th day of the 9th month of the year of T∴ Light 5807, the S∴ Mas∴ of the different rites practised in France, together with the Mas∴ of the Symb∴ Rite and in order to celebrate the S∴G∴M∴ and the Order, assembled under the geometric point in the room prepared for that purpose.
H∴S∴H∴ had fixed the time for his visit at ten o'clock. Labours were opened in the name of the G∴A∴ by Ill∴ B∴ Borel, President of the Tribunal which has its seat in Toulouse, assisted in the West by the R∴ and P∴ B∴ Lapeyrouse, M∴ W∴ of the Ch∴ La Sincère Amitié of the Rite Moderne, and of the R∴ and P∴ B∴ Gourdan, R∴✠ of Heredom.

B∴ Amiel, G∴Sc∴ in the Scottish Philosophical Rite was Orator

130

la parole et le G∴I∴I∴C∴ Peyronnet tenait les pinceaux.

L'O∴ était embelli par la présence du G∴I∴I∴C∴V∴M∴ Laroque, vice-président du Souv∴Trib∴de Puylaurens et par celle du G∴I∴I∴C∴ Saget en l'abord

La salle tenue au Rit Ec∴ était décorée avec magnificence et le buste de Sa Majesté l'Empereur attirait tous les regards.

L'arrivée du S∴G∴M∴ a été annoncée, une députation de 9 membres à la tête de laquelle étaient trois G∴I∴I∴C∴ est allé le recevoir à la descente de sa voiture, le G∴I∴I∴C∴ Saget le complimenta, le conduisit aux acclamations des Maç∴ et au bruit d'une musique guerrière, au trône sur lequel il a été revêtu des habits de l'Ordre par le G∴I∴I∴C∴ Peyronnet.

Pendant cette cérémonie, le S∴G∴M∴a fait connaître le plaisir qu'il éprouvait en voyant les Rites se réunir pour la fête et a annoncé qu'il espérait que, bientôt, ils n'en feraient qu'un.

Annoncé à la porte du Temple, le V^ble dirigeant les travaux est allé à sa rencontre. S∴A∴ est entré, accompagné du G∴I∴I∴C∴ Chabran, Général de Division commandant la 10me qui a été placé à l'O∴, le V^ble dirigeant les travaux lui a remis le Maillet et l'a conduit sous la voûte d'acier au trône qui lui était préparé au bruit d'une musique guerrière et aux acclamations des F∴F∴E∴.

L'I∴S∴G∴M∴ a remis les travaux en vigueur.

SHARP 80-3

S∴A∴S∴ a fait prêter à la L∴ le Serment de fidélité à Napoléon et à sa dynastie ainsi qu'aux Statuts Généraux du G∴O∴ et des Mères-Loges Ec∴ Ce double Serment a été prêté dans l'enthousiasme.

and the G∴I∴I∴C∴Peyronnet was Secretary.

At the outset, the E∴ was adorned by the presence of the G∴I∴I∴C∴* W. Master Laroque, vice-president of the Sov∴ Trib∴ of Puylaurens, and by that of the G∴I∴I∴C∴ Saget.

The room was arranged with the furnishings of the Sc∴ rite and it was magnificently decorated. The bust of His Majesty attracted everyone's attention.

The arrival of the S∴G∴M∴** was announced and a deputation of 9 membersled by three G∴I∴I∴C∴ went to receive him as he stepped down from his carriage. The G∴I∴I∴C∴ Saget greeted him and led him, under the Mas∴'s applause and to the tune of a warlike music, to the throne where the G∴I∴I∴C∴ Peyronnet decked him out with the clothing of the Order.

In the course of that ceremony, the S∴G∴M∴** made it known that he was pleased to witness the reunion of the Rites for the celebration, and he announced that he hoped that they would soon be united into a single one.

When he was announced at the door to the Temple, the presiding W^ful went to meet him. His Serene Highness*** entered, accompanied by the G∴I∴I∴C∴ Chabran, Major General commanding the 10th who installed him at the O∴. The presiding W^ful gave him the gavel and led him under the arch of steel to the throne which had been prepared for him, to the sound of a warlike music and under the applause of the B∴B∴B∴.

The I∴S∴G∴M∴then resumed the labours.

SHARP 80-3

H.S.H*** had the Lodge take the oath of fidelity to Napoleon and his dynasty, as well as to the general statutes of the G∴O∴ and of the Sc. Mother-Lodges. This double oath was sworn enthusiastically.

L'O∴, après avoir obtenu la parole, a prononcé l'esquisse qui suit.

Ill∴ et S∴G∴M∴

Le Grand Architecte a donné aux hommes, dans sa bonté infinie, la Loi de l'Unité. C'est dans cette Loi que se trouvent les règles que nous avons suivies pour pratiquer la vertu, connaître la science et atteindre la perfection.
Cette Loi est plus particulièrement celle des Maç∴, elle se manifeste clairement sous les emblèmes qui la couvrent : un seul Grand Architecte, une seule famille composée de tous les Maçons, une seule science à cultiver.
Hors de cette Loi, point de bonheur, les divisions des hommes les en privent. Au moment où s'abandonnant à leurs passions, ils perdent de vue l'Etoile mystérieuse en s'écartant de la Loi, ils tombent dans la colère et le malheur.
Nos archives sont pleines du récit de ses actes sublimes mais les hommes semblent refuser de les voir.

The O∴, having obtained permission to speak, delivered the following speech.

Ill∴ and S∴G∴M∴

In His infinite goodness, the great Architect has given to men the Law of Unity. It is in this Law that one finds the rules which we have followed to practise virtue, know science and reach perfection.
This Law is more particularly that of Mas∴. It is clearly manifested under the emblems which cover it: a single Great Architect, a single family composed of all Masons, a single science to study.
Beyond this law, there is no happiness: men's divisions rob them of it. At the moment when they abandon themselves to their passions, they lose sight of the mysterious star and as they deviate from the law they fall into anger and misfortune.
Our archives are full of the story of His sublime deeds, but men seem to refuse to see them.

SHARP 80-4

Ils refusent au moins d'en profiter.

Le Grand Architecte daigne envoyer, de siècle en siècle, des hommes privilégiés qui cherchent à ramener à cette unité précieuse. Leurs succès sont passagers, sans doute, mais ils n'en sont pas moins grands, moins précieux pour la Maçonnerie. Ils font le bonheur des Maçons qui existent à ces époques fortunées et leurs souvenirs sont des phares et jalonnent la route qui mène à la science.

Le génie du mal a pénétré jusque dans nos Sanctuaires. Il n'a pas pu détruire la Maçonnerie, cette science sainte est une comme la Vérité, mais s'il pouvait y en avoir plusieurs, elles rentreraient dans la foule de ces institutions humaines que chaque âge voit naître et s'évanouir. La Maçonnerie a traversé les siècles, son existence seule est la preuve de son origine. Ne pouvant la détruire, on a cherché à la défigurer. De là cette multiplicité, non seulement de grades mais encore de Rits, qui, sous l'apparence de la fécondité et de la splendeur, ne prouvent que la puissance des passions et la faiblesse des hommes. Ils ne peuvent soutenir l'éclat de la Vérité, ils courent après les emblèmes qui la déguisent.

Au milieu de cette fausse grandeur, les Maçons zélés sentent le mal qui s'appesantit sur eux mais ils voient, avec une douce satisfaction, briller l'aurore d'une de ces époques mémorables qui ramènent la Maçonnerie à sa simplicité et les ouvriers au travail

SHARP 80-5

Au milieu des orages qui ont passé sur nous, un sage veillait, son œil avait calculé le cours du torrent qui parcourait la France, il sentit que la résistance qu'on lui opposerait ne ferait qu'accroître sa violence et rendre les ravages plus terribles. Calme au milieu de la tempête, il cherchait dans les maux qu'il ne pouvait prévenir des moyens de conservation. Dans le silence de son cabinet, il s'occupait du bonheur de l'humanité, il méditait sur les lois qui seules

SHARP 80-4

At least, they refuse to benefit from them.

From century to century, the Great Architect has deigned to send some privileged men who have attempted to return to that precious unity. Their successes may be temporary, they are no less great and precious to Freemasonry. They bring happiness to Masons who live in those fortunate times and their memories are like beacons along the road which leads to science.

The spirit of evil has found its way into our sanctuaries. It has not destroyed Freemasonry. Like Truth, that holy science is one; but if there could be several, they would join the multiplicity of those human institutions which one sees rising and vanishing in each age. Freemasonry has endured through centuries; its very existence is the proof of its origin. Because it could not be destroyed, attempts to disfigure it have been made. Hence that abundance of Rites which, under an appearance of fertility and splendour, only make evident men's passions and weaknesses. They cannot bear the radiance of Truth: they seek the emblems which disguise it.

In the midst of such false greatness, zealous Masons feel the weight of the ills which have fallen upon them. However, they see with a sweet joy the light of the dawn of one of those periods which is bringing Freemasonry back to simplicity and the workmen to their labours.

SHARP 80-5

In the midst of the storms which passed over us, his eye had measured out the course of the torrent which was running across France. He felt that resisting it would only increase its violence and make the destructions more terrible. He remained calm in the middle of the storm, searching for means of preservation in the ills which he could not prevent. In the privacy of his study, he attended to the happiness of mankind; he meditated upon the laws which can alone

peuvent assurer le repos et l'existence des familles, il préparait cet ouvrage qui ramène à l'unité civile tant de nations que la puissance du grand peuple appelle à l'unité politique.

Lorsque Napoléon le Grand voulu assurer le repos des Français, lorsqu'il appela les savants à préparer le code qui porte son nom, les incitations de Cambacérès leur servirent de guide et le génie du Héros ne fit que sanctionner le travail du Sage.

Gloire à notre Grand Maitre ! Salut à ces rayons émanés de l'Etoile Flamboyante qui, illuminant à la fois les Maçons de tous les Rits, leur inspira l'idée féconde de <le> solliciter de se mettre à leur tête.

Reconnaissance éternelle au sage qui, sacrifiant son repos à la prospérité de l'Ordre, a accepté cette dignité sublime.

L'Ill∴ Fr∴ Cambacérès est Chef Suprême de chaque Rit en particulier. Quel heureux présage pour tous ! Quel pas fait vers le retour à l'unité !

ensure the rest and the existence of families; he prepared that work which brings to civil unity so many nations which the power of a great people calls to political unity.

When Napoleon the Great wished to ensure the tranquillity of the French, when he invited the learned to prepare the Code which bears his name, Cambaceres' promptings guided them and the genius of the Hero only confirmed the work of the Sage.

Glory be to our Grand Master! Glory to those rays emanating from the Blazing Star and which, illuminating at once the Masons of every Rite gave them the fruitful idea of calling upon him to be their chief.

Eternal gratitude to the sage who, sacrificing his tranquillity to the prosperity of the Order, accepted that sublime dignity.

The Ill∴ Br∴ Cambaceres is the Supreme Chief of each particular Rite. What a happy omen this is for everyone! What a step towards a return to unity !

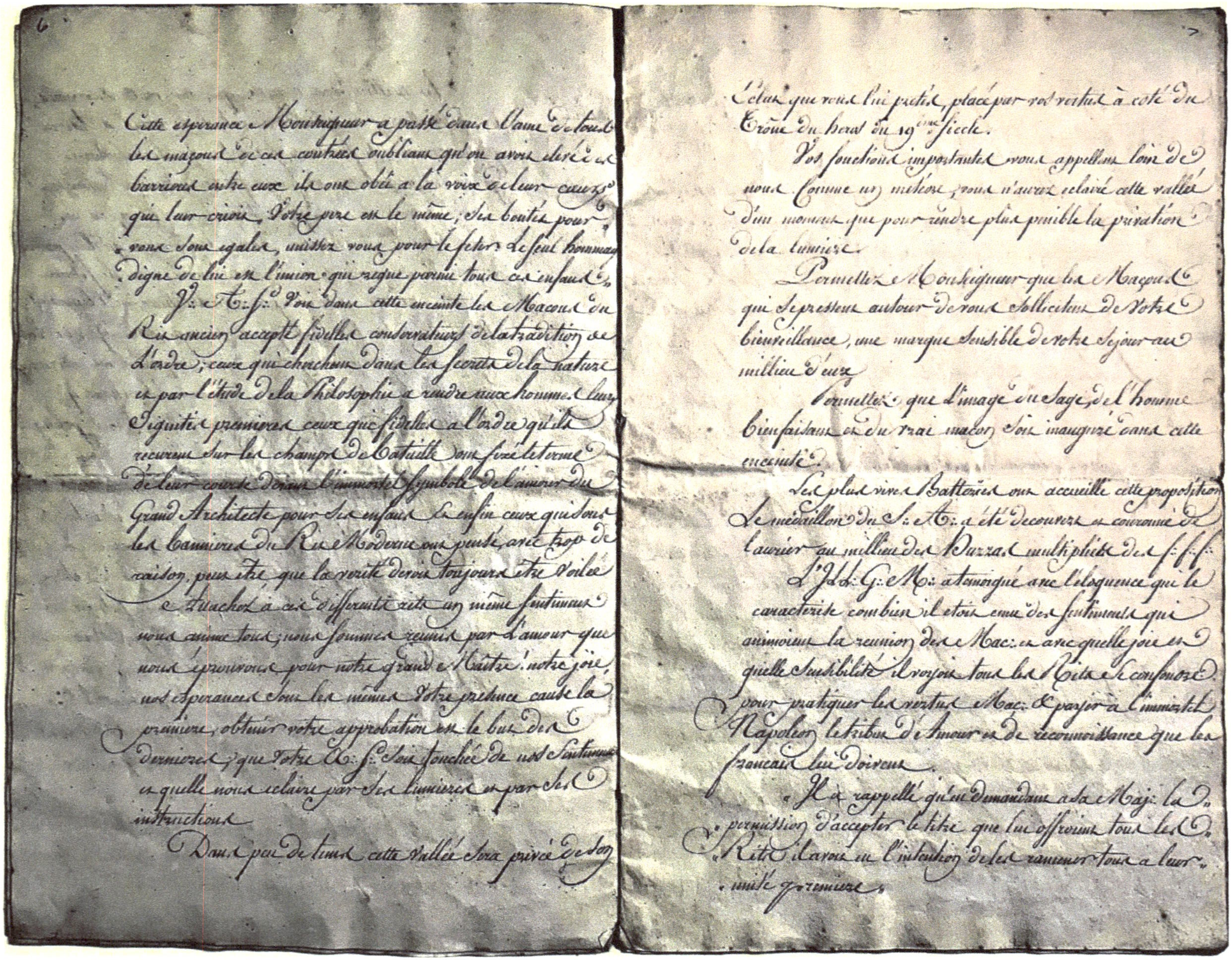

Cette espérance, Monseigneur, a passé dans l'âme de tous les Maçons de cette contrée. Oubliant qu'on avait dressé des barrières entre eux, ils ont obéi à la voix de leurs cœurs, qui leur criait : votre père est le même, ses bontés pour vous sont égales, unissez-vous pour le fêter, le seul hommage digne de lui est l'union qui règne parmi tous ses enfants.

V∴A∴S∴ voit dans cette enceinte les Maçons du Rit Ancien Accepté, fidèles conservateurs de la tradition de l'Ordre, ceux qui cherchent dans les secrets de la nature et par l'étude de la philosophie à rendre aux hommes leur dignité première, ceux qui, fidèles à l'Ordre qu'ils reçurent sur les champs de bataille[93], ont fixé le terme de leur course devant l'immortel symbole de l'amour du Grand Architecte pour ses enfants et, enfin, ceux qui, sous les bannières du Rit Moderne, ont pensé, avec trop de raison, que la Vérité devait toujours être voilée.

Attachés à ces différents Rits, un même sentiment nous anime tous, nous sommes réunis par l'amour que nous éprouvons pour notre Grand Maitre. Notre joie, nos espérances sont les mêmes. Votre présence cause la première, obtenir votre approbation est le but des dernières. Que votre A∴S∴ soit touchée de nos sentiments et qu'elle nous éclaire par ses Lumières et par ses instructions.

Dans peu de temps, cette vallée sera privée de Son

SHARP 80-7

éclat que vous lui prêtez, placé par vos vertus à côté du trône du Héros du 19ème siècle.

Vos fonctions importantes vous appellent loin de nous. Comme un météore, vous n'aurez éclairé cette vallée qu'un moment, que pour rendre plus pénible la privation de la Lumière.

Permettez, Monseigneur, que les Maçons qui se pressent autour de vous sollicitent de votre bienveillance une marque sensible de votre séjour au milieu d'eux.

Permettez que l'image du Sage, de l'homme

SHARP 80-6

This hope, Your Grace, has found its way into the souls of all the Masons of these parts. They forgot that barriers had been erected between them and they obeyed the voice of their hearts which called to them: you have the same father; his generosity is the same for all of you. You must unite in order to celebrate him: the only fitting tribute for him is the reign of unity among his children.

Within these walls, Your Grace can see the Masons of the Ancient Accepted Rite, the faithful guardians of the traditions of the Order, those who seek, through the secrets of nature and the study of philosophy, to return their primordial dignity to men, those who, faithful to the Order which they received on the battlefield[94], have determined the ultimate goal of their careers before the immortal symbol of the love of the Great Architect for his children, and finally, those who, under the banners of the Rite Moderne, so rightly thought that Truth should always be veiled.

Notwithstanding our attachment to those various Rites, we are all moved by the same feeling; we are united by the love we have for our Grand Master. Our joys and our hopes are the same. Your presence is the cause of the former, obtaining your approval is the aim of the latter. Let your Most Serene highness be moved by our sentiments and enlighten us by your Lights and your instructions.

This valley will shortly be deprived of the

SHARP 80-7

brilliance which you communicate to it, as your virtues have placed you next to the throne of the Hero of the 19th century.

Your important functions are calling you far from us. Like a meteor, you will have illuminated this valley for a just a moment, only to make the deprivation of light all the more painful.

Please allow, Your Grace, the Masons who gather around you, to request from your kindness a tangible sign of your stay among them.

Allow the picture of the Sage, of the benevolent

bienfaisant et du vrai Maçon soit inaugurée dans cette enceinte.

Les plus vives batteries ont accueilli cette proposition. Le médaillon de S∴A∴ a été découvert et couronné de lauriers au milieu des houzzas multipliés des F∴F∴F∴

L'Ill∴ G∴M∴ a témoigné avec l'éloquence qui le caractérise combien il était ému des sentiments qui animaient la réunion des Maç∴ et avec quelle joie et quelle sensibilité il voyait tous les Rits se confondre pour pratiquer les vertus Maç∴ et payer à l'immortel Napoléon le tribut d'amour et de reconnaissance que les Français lui doivent.

Il a rappelé qu'en demandant à sa Maj∴ la permission d'accepter le titre que lui offrirent tous les Rits, il avait eu l'intention de les ramener tous à leur unité première.

man and true Mason to be inaugurated within these walls.

The proposal was received with the most vigorous applause. The medallion of H∴H∴ was unveiled and crowned with laurels amid the repeated huzzas of the B∴B∴B∴

With the eloquence which characterises him, the Ill∴G∴M∴ said how moved he was by the sentiments which animated the reunion of the Mas∴, and with what joy and sensitivity he observed how all Rites were merging in order to practise Mas∴ in order to pay to the immortal Napoleon the tribute of love and gratitude which all the French owe him.

He recalled that when he had asked His Majesty permission to accept the title offered to him by all the rites, he had intended to bring them all back to their original unity.

SHARP 80-8

Le F∴Picot Lapeyrouse, 1er Surv^t∴, a obtenu la parole et a dit

Ill∴ et S∴G∴M∴

Nos vœux sont accomplis. L'astre le plus pur de l'orient est venu porter sa Lumière resplendissante dans cette vallée. Ses rayons vivifiants ont pénétré jusque dans les replis les plus secrets de nos temples. Heureux les MM∴ qui ont concouru aux travaux dont le S∴G∴M∴ a daigné donner le signal. Le souvenir de ce jour solennel demeurera à jamais gravé dans nos cœurs. Ce monument en retracera la mémoire à nos derniers neveux. Je te salue au nom de la postérité, image chérie et révérée du mortel qui fut le modèle le plus parfait de l'homme privé, d'un profond législateur, d'un juge comblé d'honneur et de gloire. Ce sont des ennemis du mensonge et de l'adulation qui te décernent cet hommage. Ils sont vrais et désintéressés comme leur dévouement et leur respect. Tu te plairas dans le séjour déjà consacre par les traits du Héros immortel qui règle la destinée de l'Univers, tu aimeras à te retrouver avec celui qui t'a jugé digne de présider à ses conseils. C'est ici, qu'en contemplant ces images tutélaires, des citoyens amis de l'ordre et des lois viendront faire germer de nouvelles semences de vertu et de bienfaisance, que leur attachement à nos institutions ont [sic] projeté dans les cœurs.

SHARP 80-9

Gloire, honneur, amour reconnaissance immortelle à l'auteur d'un si grand bienfait ! Que ses jours coulent sans nuage au sein de la prospérité, que son nom soit toujours sur nos lèvres, son souvenir dans nos cœurs ! Que la postérité la plus reculée nous envie cette belle journée et répète avec nous : Gloire, honneur à mon triomphe, reconnaissance immortelle à l'auteur de tant de bien.
La santé de S∴A∴ ne lui permettant pas de continuer à tenir le Maillet, il l'a remis au

SHARP 80-8

B∴Picot Lapeyrouse, Sr Wardn∴, obtained permission to speak and said:

Ill∴ and S∴G∴M∴

Our wishes have been fulfilled. The purest star of the east has come to bring its resplendent light in this valley. Its life-giving rays have penetrated down to the most secret folds of our temples. Happy the MM∴ who have had a share in the labours for which the S∴G∴M∴ deigned to give the signal. The memory of this solemn day shall remain engraved in our hearts forever. This monument will retrace its memory to our remotest descendants. Hail to thee in the name of posterity, thou cherished and venerated picture of the mortal who was the most perfect model of the private man, of a profound legislator, of a judge covered with honours and glory. Those who pay this tribute to you are averse to lies and to adulation. They are as true and as disinterested as their devotion and their respect. You will like being in a place already consecrated by the features of the immortal Hero who directs the destiny of the Universe, you will appreciate to find yourself with the one who found you worthy of being his counsellor. It is here that, when they gaze upon those tutelary images, citizens who are friends to laws and order will come and germinate some new seeds of virtue and goodwill instilled in the hearts by their attachment to our institutions.

SHARP 80-9

Glory, honour, love and gratitude be to the author of such a great blessing! Let his days run a cloudless course, surrounded with prosperity, let his name be always on our lips and his memory in our hearts! Let the remotest posterity envy us this beautiful day and repeat with us: Glory, honour to my triumph, immortal gratitude to the author of so many blessings.
Because the health of H∴H∴ did not permit him to continue to hold the gavel, he gave it to

R∴F∴Borel et s'est retiré.

La commission le précédant, et la L∴, son Ven^{ble}∴ à la tête marchant autour de sa personne, il a fait, sous la voute d'acier, le tour de la L∴ de banquet et a daigné témoigner le regret de quitter des F∴F∴ qui lui montraient un attachement si vrai et un dévouement si profond.

S∴A∴S∴ a été reconduite à sa voiture par la L∴ en corps au bruit d'une musique guerrière et du cliquetis des glaives.

La L∴ rentrée, les travaux ont repris leur vigueur.

Sur la proposition d'un F∴ le G∴O^{eur}∴ entendu, la Loge a délibéré que le procès-verbal de la séance, le nom de tous les F∴F∴F∴ et les discours prononcés seraient imprimés en nombre suffisant pour être envoyés

R∴B∴Borel and withdrew.

With the committee walking ahead of him and the L∴, led by the Wor^{ful}∴ surrounding him, he walked round the Banquet L∴ under the arch of steel and kindly expressed his regret at leaving Brethren who showed him such true attachment and such deep devotion.

H∴S∴H∴ was then led back to his carriage by the whole L. to the sound of a warlike music and of the rattling of the swords.

After the L. had returned, work resumed its course.

Upon the suggestion of one B∴r and after the G∴Or∴ had given his opinion, the Lodge decided that the minutes of the meeting, the names of all the B∴B∴B∴ and the addresses given would be printed in sufficient number to be sent

au S∴G∴M∴ au G∴O∴, aux M∴M∴L∴L∴Ec∴, aux Cha∴ et L∴ Symb∴ de tous les Rits.

La R∴L∴ délibéra à l'unanimité que tous les membres qui la composaient inviteront leurs At∴ à inaugurer le buste de son A∴

La L∴ délibéra que le produit du tronc sera remis au F∴ Olivier pour être donné à un Maç∴ malheureux.

Le Ven^{ble}∴ a suspendu les travaux pour passer en L∴ de banquet.

La L∴ s'est rendue en corps, précédée par une musique militaire et par le médaillon de S∴A∴, dans la L∴ de banquet, qui était décorée par le buste de sa Majesté l'Empereur et par la couronne de laurier contenant les noms de

Napoléon, Joseph, Napoléon Cambacérès, Hermès, Moïse, Trismégiste, Pythagore et Numa Pompilius.

Le médaillon du S∴G∴M∴ a été placé sous une couronne de fleurs et de laurier à la place destinée à S∴A∴S∴ et le V^{ble}∴ a pris place à sa droite.

La santé de sa Majesté Napoléon et de la famille impériale a été tirée et couverte d'un triple feu, celle du S∴G∴M∴ lui a succédé

et les membres de la L. ont pu faire éclater de nouveau l'amour qui les embrase pour lui.

Le 1er S∴ ayant demandé le commandement des travaux, a fait tirer une santé pour le V^{ble}∴ qui y a répondu avec les expressions de la plus vive sensibilité, cette santé a été suivie de celle des Off∴ Dig^{res}∴

Le R∴F∴ Mayran ayant obtenu la parole, a chanté, avec le talent qu'on lui connaît, le cantique suivant :

---

to the S∴G∴M∴, to the G∴O∴, to the M∴M∴
Sc∴L∴L∴, to the Chas∴ and the Symb L∴ of all the rites.

The R∴L∴ unanimously decided that all the members, who composed it would invite their L∴ to inaugurate the bust of His H∴

The L∴ decided that the proceeds of the collection would be delivered to B∴ Olivier for him to give it to some Mas∴ in need.

The Wor^{ful}∴ then suspended the work in order to open the table L∴

The whole L∴, preceded by a military band and by the medallion of H∴H∴, went to the Banquet L∴ which was decorated by a bust of His Majesty the Emperor and by a laurel wreath containing the names of

Napoleon, Joseph, Napoleon Cambacérès, Hermes, Moses Trismegistus, Pythagoras and Numa Pompilius.

The medallion of the S∴G∴M∴ was placed beneath a crown of flowers and laurels at the seat destined to H∴S∴H∴ and the Wor^{ful}∴ took his place on its right.

The health of His Majesty Napoleon and of the imperial family was fired and it was covered by a triple fire. The health of the S∴G∴M∴ followed

and the members of the L∴ were again free to express their overwhelming love for him.

The S∴W∴ requested permission to lead the work and had a toast fired for the Wor^{ful}∴ who answered it with the expression of his keen appreciation. That toast was followed by that to the Off∴ and Digres∴

R∴B∴ Mayran obtained permission to speak and sang, with his well-known talent, the following hymn of praise:

Sur l'air : Le cor retentit dans le bois

Le Ciel a comblé nos souhaits
Il luit enfin ce jour prospère.
Nous pouvons contempler ces traits
Ces traits augustes qu'on révère.
Que leur aspect dans ce séjour
Fait éclore une douce ivresse,
Nos cœurs s'enivrent tour à tour
Et de bonheur et d'allégresse.

Salut, Grand Maître glorieux,
Digne appui sur lequel se fonde
Le monarque victorieux
Qui sous ses pieds foule le monde.
Je ne dirai point vos vertus,
Vos talents, votre bienfaisance.
Les éloges sont superflus
Lorsque votre nom les devance.

Daigne l'Architecte éternel
Si notre prière le touche
Accueillir d'un œil paternel
Le vœu qu'exprime notre bouche.
Puisse-t-il, ce Dieu de vos jours
Conserver la trame chérie.
Qu'il daigne en prolonger le cours
Pour le bonheur de la Patrie.

Le V^ble ∴ a fait tirer une santé pour tous les Maç∴

To the tune of "The horn is sounding in the woods"

Heaven has fulfilled our wishes
This fortunate day shines at last.
We can gaze upon those features
Those august and revered features.
What a sweet delight their aspect
Is arousing in this country!
Our hearts are enraptured in turn
With elation and happiness.

Hail to thee, glorious Grand Master,
Worthy support and solid ground
For the victorious monarch
Whose feet tread over the whole world.
I will not mention your virtues,
Your talents, your benevolence.
Words of praise are superfluous
When your name is preceding them.

May the eternal Architect
If our prayers reach up to Him
Receive in a fatherly way
The prayer spoken by our mouths.
May this God consent to protect
The cherished current of your life,
Let Him deign to prolong its course
For the Motherland's happiness.

The Wor^ful ∴ had a toast fired for all Freemasons

SHARP 80-12

répandus sur la surface de la terre et a fermé les Travaux.

Cambacérès
Gr Maitre et chef suprême de l'O.M.

Le président du T^al∴ V^ble∴ de la Réunion des Maç∴ de tous les Rites
J∴J∴ Borel 31^e
Chs Saget 31^e
Mayran 31^e
[Ill] 31^e

Vu par nous, Mayran 31e, Oeur∴ de la réunion
    Amiel

Par mandement de la L∴
Le Chancelier du Trib∴ Secrétaire de la Réunion

Bedos R ✠   Peyronnet R ✠
G. Desezar R ✠
Richard Marbelles R ✠
Gorand R ✠
Vieusseur R ✠   [Ill]
Duclos R ✠   Gourdan R✠
Henry R ✠   F∴ Espy
V^ble Ec∴

SHARP 80-13

F. Olivier R✠ Laurans   B. Benazet R✠
Gillet Laforgue R✠ Ecc Soubirous R✠
Daran R✠ C∴Daran, an Pichon Cadet R✠
Laigon R✠   Lecour

SHARP 91-1

Paris, le 10 août 1809

Je n'ai pas répondu, mon cher ami, à vos deux lettres, d'abord parce que je n'ai rien compris à

SHARP 80-12

spread all over the surface of the earth, and he closed the Lodge.

Cambacérès
Gr Master and Supreme Head of the M.O.

The President of the Tal∴, W^ful∴of the reunion of Mas∴ of all Rites.
J∴J∴Borel 31st
Chs Saget 31st
Mayran 31st
[Ill] 31st

Reviewed by us, Mayran 31st, O^tor∴ of the Reunion
    Amiel

By command of the L∴
The chancellor of the Trib∴, Secretary of the Reunion.

Bedos R ✠   Peyronnet R ✠
G. Desezar R ✠
Richard Marbelles R ✠
Gorand R ✠
Vieusseur R ✠   [Ill]
Duclos R ✠   Gourdan R✠
Henry R ✠   F∴ Espy
Sc∴ Wful

SHARP 80-13

F. Olivier R✠ Laurans   B. Benazet R✠
Gillet Laforgue R✠ Ecc Soubirous R✠
Daran R✠ C∴Daran, an Pichon Cadet R✠
Laigon R✠   Lecour

SHARP 91-1

Paris, August 10th 1809

I did not, Dear Friend reply to your two letters, firstly because I did not understand the first one at

146

la première et, ensuite parce que je voulais avoir réussi à quelque chose pour vous écrire. Quoique je ne sois pas plus avancé, je vous réponds, car il est vraisemblable que je quitterai cette vallée sans rien terminer. Le F∴ Thory est impossible à joindre, on le voit une seconde en Loge et puis il disparaît.

Je ne me prononcerai jamais entre le rit du F. Alexandre[95] et les autres. J'ai la certitude que le Trib∴ de Puylaurens pense ou a pensé que j'avais manqué à des promesses que je n'ai jamais faites, que j'ai voulu sacrifier son rite, etc. Un arrêt, aussi irrégulier qu'injuste, consacre cette opinion. Je demande, je demanderai irréductiblement ou que le Trib∴ rapporte son jugement

SHARP91-2

ou qu'on le casse. La force peut me priver de l'exercice de mes droits, mais je ne ferai jamais rien qui puisse compromettre ma délicatesse. Je ne veux pas qu'on puisse dire que j'ai acheté ma grâce. Je ne veux pas d'amnistie. Je veux justice et je l'aurai. Nul sentiment de haine ne m'agite. Je suis persuadé que si les F∴F∴ de Puylaurens me connaissaient, ils reviendraient d'eux-mêmes. Je ne veux pas rentrer chez eux puisqu'ils ne veulent pas de moi. Je ne leur veux aucun mal, mais qu'ils déclarent quels sont les reproches qu'ils me font. Il n'y a pas plus de gloire que de justice à punir quelqu'un sans dire ce qu'il a fait.

Je vous ai adressé, par le F∴ Mayac un exemplaire des Règlements. Quant au tableau des [raturé], il n'y en a plus. Je vous communiquerai celui dont on me fit présent lorsque je visitai pour la 1ère fois.

Je dois avoir une conférence avec le F∴ Thory la semaine prochaine. Il ne veut pas de bijoux. Je fais

SHARP 91-3

faire une médaille. J'écrirai dimanche à la Loge pour lui en faire connaitre le dessin, elle

---

all, and secondly because I wanted to have succeeded in something before I wrote to you. Although I have made no progress, I am answering to you because I am likely to leave this vale of tears without having managed to complete anything. B∴ Thory cannot be reached. He is seen in the Lodge for one second and then he disappears.

I shall never decide between the Rite of B∴ Alexandre[96] and the others. I am certain that the Trib∴ of Puylaurens believes, or believed that I had broken promises which I had in fact never made, that I had intended to sacrifice their Rite etc. A decision, as irregular as it is unfair, makes this opinion official. I request - and I shall irreducibly request – that the Trib∴'s decision be changed

SHARP 91-2

or quashed. I can be forcibly deprived of the free exercise of my rights, but I shall never do anything which might hurt my pride. I do not want it to be said that I bought my exculpation. I do not want amnesty. I want justice and I shall have it. I am not driven by any feeling of hatred. I am convinced that if the B∴B∴ from Puylaurens knew me, they would reverse their judgment of their own accord. Since they do not want me, I do not want to join them. I wish them no harm. Let them, however, openly state what they reproach me with.

There is neither glory nor justice in punishing someone without saying what he has done.

I have sent you, through B∴ Mayac, a copy of the Regulations. As to the [crosshatched] it is not available any more. I will send you the one which I was given when I visited for the 1st time.

I am supposed to have a discussion with B∴ Thory next week. He does not want any jewels I am having

SHARP 91-3

a medal made. On Sunday, I will write to the Lodge to show them the design of it. It will cost

coûtera de 72 à 80 f. (en or elle en coûte 400 f.) Adieu, mon cher Peyronnet, faites bien mes amitiés à tous nos FFF∴, dites à tous, à Blanc, À Faudinier, qu'ils ont bien mal [fait] de ne m'avoir pas dit un mot de ce qui s'est passé ou aurait dû se passer à Puylaurens.

Tout à vous
J.J. Borel

between 72 and 88 f. (in gold, it costs 400 f.) Farewell, my Dear Peyronnet, please give my regards to all our BBB∴. Say to everyone, to Blanc, to Faudinier thet they were very wrong not to have said a word to me about what happened, or could have happened in Puylaurens.

Warm regards
J.J. Borel

ANNEXE 1

BULLE IN EMINENTI DE CLÉMENT XII. Édictée le 28 avril 1738.
CONDAMNATION DE LA SOCIÉTÉ APPELÉE « LIBERI MURATORI » OU « FRANCS-
MAÇONS », SOUS PEINE D'EXCOMMUNICATION ENCOURUE PAR LE SEUL FAIT DONT
L'ABSOLUTION EST RÉSERVÉE AU SOUVERAIN PONTIFE, SI CE N'EST À L'ARTICLE DE
LA MORT.
Clément XII, Évêque, serviteur des serviteurs de Dieu, à tous les fidèles, salut et bénédiction
apostolique.

La divine Providence nous ayant placé, malgré notre indignité, dans la Chaire la plus élevée de
l'Apostolat pour y veiller sans cesse à la sûreté du troupeau qui nous est confié, nous avons donné
tous nos soins autant que le secours d'En Haut nous l'a permis et toute notre application à opposer au
vice et à l'erreur une barrière qui en arrête le progrès, à conserver spécialement l'intégrité de la
religion orthodoxe et à éloigner des fidèles, dans ces temps difficiles, tout ce qui pourrait être pour
eux une occasion de trouble.

Nous avons appris, et le bruit public ne nous a pas permis d'en douter, qu'il s'était formé une certaine
société, assemblée ou association, sous le nom de Francs-Maçons ou Liberi Muratori ou sous une
appellation équivalente, suivant la diversité des langues, dans laquelle sont admises indifféremment
des personnes de toute religion et de toute secte, qui, sous les dehors affectés d'une probité naturelle
qu'on y exige et dont on se contente, se sont établies certaines lois, certains statuts qui les lient les uns
aux autres et qui, en particulier, les obligent sous les plus graves peines, en vertu d'un serment porté
sur les Saintes Écritures, de garder le secret inviolable sur tout ce qui se passe dans leurs assemblées.

Mais comme le crime se découvre lui-même, et que malgré les précautions qu'il prend pour se cacher,
il se trahit par l'éclat qu'il ne peut arrêter, cette société, ces assemblées, sont devenues si suspectes aux
fidèles, que tout homme de bien regarde aujourd'hui comme un signe peu équivoque de perversion,
quiconque s'y fait adopter. Si leurs actions étaient irréprochables, ils ne se déroberaient pas avec tant
de soin à la lumière. De là vient que depuis longtemps ces sociétés ont été sagement proscrites par la
plupart des princes dans leurs États. Ils ont regardé ces sortes de gens comme ennemis de la sûreté
publique.

Ayant donc mûrement réfléchi sur les grands maux qui naissent pour l'ordinaire de ces associations
toujours nuisibles à la tranquillité de l'État et au salut des âmes et qui, à ce titre, ne peuvent s'accorder
avec les lois civiles et canoniques ; instruit d'ailleurs par la parole de Dieu même, qu'en qualité de
serviteur prudent et fidèle, choisi pour gouverner le troupeau du Seigneur, nous devons être
continuellement en garde contre les gens de ce caractère, de peur qu'à l'exemple du voleur, ils ne
percent la maison et que, comme autant de renards, ils ne se jettent et ne portent partout la désolation,
c'est-à-dire qu'ils ne séduisent les simples et ne blessent en secret de leurs flèches les âmes
innocentes.

Enfin voulant arrêter le cours de cette perversion et interdire une voie qui donnerait lieu de se laisser
aller impunément à bien des iniquités et pour plusieurs autres raisons à nous connues, et qui sont
également justes et bien fondées ; après en avoir délibéré avec nos vénérables frères les cardinaux de
la Sainte Église romaine et de leurs avis et même aussi de notre propre mouvement et connaissance
certaine, et de toute la plénitude de la jouissance apostolique, nous avons résolu de condamner et de
défendre comme de fait, nous condamnons et défendons, par notre présente constitution et à
perpétuité, les susdites sociétés, assemblées de Francs-Maçons ou désignées sous un autre nom quel

qu'il soit.

C'est pourquoi nous défendons très expressément et en vertu de la sainte obéissance, à tous les fidèles, soit laïques, soit clercs séculiers ou réguliers, y compris ceux qui doivent être spécialement nommés, de quelque état, grade, condition, dignité et prééminence qu'ils soient, d'entrer pour quelque cause et sous quelque prétexte que ce soit dans les sociétés ci-dessus mentionnées de Francs-Maçons, de favoriser leur accroissement, de les recevoir ou cacher chez soi ou ailleurs, de s'y faire associer, d'y assister, de faciliter leurs assemblées, de leur fournir quoi que ce soit, de les aider de conseil, de leur prêter secours et faveurs en public ou en secret, d'agir directement ou indirectement par soi ou par autrui, d'exhorter, de solliciter, d'induire, d'engager quelqu'un à se faire adopter dans ces sociétés, à y assister, à les aider de quelque manière que ce puisse être, et à les fomenter ; nous leur ordonnons au contraire de s'interdire entièrement ces associations ou assemblées, sous peine d'excommunication qui sera encourue par le seul fait et sans autre déclaration par les contrevenants dont nous avons fait mention, de laquelle excommunication ils ne pourront être absous que par nous ou par le Souverain pontife pour lors régnant, si ce n'est à l'article de la mort.

Voulons de plus et ordonnons que les évêques, prélats, supérieurs et autres ordinaires des lieux, de même que les inquisiteurs, procèdent contre les contrevenants de quelque grade, condition, ordre, dignité et prééminence qu'ils soient ; qu'ils travaillent à les réprimer et qu'ils les punissent des peines qu'ils méritent à titre de gens très suspects d'hérésie.

À cet effet, nous donnons à tous et à chacun d'eux le pouvoir de les poursuivre et de les punir selon les voies de droit et d'avoir recours, s'il en est besoin au bras séculier.

Voulons aussi que les copies de la présente constitution aient la même force que l'original dès qu'elles seront munies de la souscription d'un notaire public et du sceau de quelque personne constituée en dignité ecclésiastique.

Que personne, au reste, ne soit assez téméraire pour oser attaquer ou contredire la présente déclaration, condamnation, défense et interdiction. Si quelqu'un portait jusqu'à ce point la hardiesse, qu'il sache qu'il encourra l'indignation de Dieu et de ses bienheureux apôtres saint Pierre et saint Paul.

Donné à Rome, à Sainte Marie Majeure, l'an depuis l'incarnation de Jésus Christ 1738, le 4 des calendes de mai, de notre pontificat le huitième.

A. Card. PRODATARIUS
Visa de Curia
N. ANTONELLUS
J. B. EUGENIUS

ANNEXE 2

Correspondance des loges avec le Grand Orient de France. Loges de l'étranger. Loges des États-Unis. La Nouvelle-Orléans (Louisiane). Loge Parfaite Harmonie.

Letters between the lodges and the Grand Orient of France. Lodges abroad. Lodges in the United States. New Orleans (Louisiana). Lodge la Parfaite Harmonie.

Traduction : J.P. Gonet

Transcription: Joseph Wages

Nous, Maîtres, Officiers et Frères de la Sainte Loge de St Jean de St Eustache, sise à la latitude de 17D. 30M. N, munis d'une dispense de son Excellence William Matthew, Capitaine Général et Commandant en Chef de (sa Majesté de Grande Bretagne) aux îles Sous-le-Vent de la Caraïbe en Amérique et Grand Maître Provincial de la Très Ancienne et Honorable Société des Maçons Libres et Acceptés auxdites îles Sous-le-Vent, certifions par les présentes que nos Dignes et Bien-aimés Frères Paul Fooks et Pierre Carresse ont présentés à cette Vénérable Loge une lettre de députation de la Vénérable Loge la Parfaite Harmonie, à la Nouvelle Orléans et une Copie exacte des Minutes de leur Loge depuis sa création, signée par tous ses membres, ainsi qu'une Constitution à eux accordée par la Vénérable loge de la Parfaite Union à Saint Pierre, dans l'île de la Martinique, datée du 16ème jour de Juillet 5752, pour que, ainsi qu'ils le désirent, notre <Vénérable> Loge reconnaisse leur loge pour Dûment et régulièrement Constituée et bien établie. Nous avons mûrement examiné leurs travaux que nous avons trouvés Réguliers conformément aux usages et pratiques de la Maçonnerie, tels qu'ils sont Exécutés dans toutes les Loges Régulières. Nous recommandons particulièrement à nos frères de la Parfaite harmonie de Poursuivre l'Usage de Conférer les deux Grades d'Apprenti et de Compagnon immédiatement l'un après

We Master Officers and Brethren of the Holy Lodge of St. John of St Eustatius Lying in the Latitude of 17D 30M. N having a Regular Dispensation from His Excellency William Mathew Captain General and Commander In Chief of (His Majesty of Great Britain's) Leeward Charribbee [sic] Islands in America and Provincial Grand Master of the Most Ancient and Honourable Society of Free & Accepted Masons in the said Leeward Islands, Do hereby Certifie [sic] that Our Worthy and Beloved Brothers Paul Fooks and Peter Carresse has presented to this Worshipful Lodge a Deputation from the Worshipful Lodge of the perfect Harmony of New Orleans and an Exact Copy of the Minuets of their Lodge since it's formation signed by all It's members as also a Constitution Granted to them by the Worshipful Lodge of the Perfect Union in St. Pierre in the Island of Martinico Dated the 16th Day of July 5752 and as they have Desired of this <Worshipful> Lodge to Acknowledge their Lodge as Duly and Regularly Constituted and well founded, we have maturely Examined their works which we have found Regular According to the Use and practice of Masonry as Executed in all Regular Lodges, Particularly we do strictly Recommend to our Brethren of the Perfect Harmony to Continue in the Use of Giving th two Degrees of Entered Apprentice and fellow Craft Immedietly [sic] the One After the Other

l'autre, sans aucun Délai, comme cela se Pratique dans la plupart des Meilleures Loges, et comme nous le faisons nous-mêmes, car plusieurs Raisons qui ne peuvent être dites ici nous ont Convaincus de la Nécessité de cet Usage que nous avons Communiqué à Nos Frères Fooks et Carresse. De plus, nous Confirmons et Approuvons la susdite Constitution à eux Acccordée par la Vénérable loge de Saint Pierre dans l'île de la Martinique, et nous leur reconnaissons une Autorité pleine et suffisante pour Jouir de tous les Privilèges et avantages attachés à une Loge Régulièrement Constituée, nous désirons que tous les véritables Frères les Reconnaissent pour tels.

Nous vous souhaitons, Vénérable Maître et Bien-aimés Frères, Joie et Prospérité. Recevez notre Triple Salut dans l'espoir que vos seules Difficultés soient une Louable Émulation dans l'Étude de l'Art Royal et des vertus Sociales qui appartiennent à notre Honorable Société.

Donné sous le Sceau de notre Loge à St Eustache.

Ce 14ème Jour d'Aout de l'An de la Maçonnerie 5752
Ralph Sampson Tr.r   Egillard P.M.
          Ands Ravené M
John Hiffernan 1er S
Allier   Nicolas Heyliger 2e S

Nous, Officiers et Frères de la Sainte loge de St Eustache à la latitude de 17D. 30M. N., Certifions par les Présentes que la présente lettre de Députation nous a été Communiquée par nos Dignes et Bien-aimés Frères M.r Paul Fooks et M.r Pierre Carresse, et qu'en Conséquence nous avons Approuvé leurs Constitutions. Nous Certifions en outre que leur Bonne Conduite et Comportement durant leur séjour parmi Nous a reçu notre Approbation, en considération de quoi nous leur avons donné le présent Certificat.

L : Puech   Donné sous le Sceau de notre Loge à St. Eustache ce14ème
          Jour d'Aout
Jos : Lindsey
Nich. Lawrence   Dans l'An de la Maçonnerie 5752

without any Delay as is the Practice of Most of the Best Lodges, as we do ourselves, for several Reasons that Cannot be Exprest [sic] here, has Convinced us of the Necessity of this Use which we have Communicated to Our Brethren Fooks & Carresse, We do Also Confirm and Approve the Above mentioned Constitution Granted to them by the Worshipful Lodge of the Perfect Union of S.t Pierre in the Island of Martinico and we Acknowledge them to have full and sufficient Authority and power to Enjoy all Privileges and Benefits whatsoever belonging to a Regular[ly] Constituted Lodge, and we do desire all true Brethren to Regard them as such, We wishing you Worshipful Master and Beloved Brethren   all Joy and Prosperity Greeting you thrice hoping your Only Contentions will be a Laudable Emulation In Cultivating the Royal Art and the Social Virtues belonging to our Honourable Society

Given under the Seal of our Lodge at St. Eustatius

This 14th Day of August In the Year of Masonry 5752
Ralph Sampson Tr.r   Egillard P.M.
          Ands Ravené M
John Hiffernan SW
Allier   Nicolas Heyliger JW

We the Officers and Brethren of the Holy Lodge of St. John of St Eustatius in the Latitude of 17D 30M N. do by these presents Certifie [sic] that they present Deputation has bee²n Communicated to us by our Worthy and well-Beloved Brethren M.r Paul Fooks and M.r Peter Carresse and in Consequence have Agreed of their Constitutions. Certifying further that During their stay Among Us we do Approve of their Good Conduct and Behaviour In Consideration of which we have given this our Certificate

L: Puech   Given under the Seal of our Lodge at St. Eustatius this 14th
          Day of August
Jos: Lindsey
Nich. Lawrence   In the Year of Masonry 5752

Egillard P.M.
Ands Ravené M
John Fitzpatrick
John Annan
John Hiffernan 1er S.
Nicolas Heyliger 2e S.
Allier
Ralph Sampson Tr.r

Egillard P.M.
Ands Ravené M
John Fitzpatrick
John Annan
John Hiffernan 1er S.
Nicolas Heyliger 2e S.
Allier
Ralph Sampson Tr.r

We Master Officers and Brethren of the Holy Lodge of St John of St Eustatius lying in the Latitude of 17. 30 N having a Regular Deputation from His Excellency William Mathew Captain General and Commander in Chief of His Majesty of Great Britain's Leeward Charibee islands in America and Provincial Grand Master of the Most Ancient and Honourable Fraternity of Free & Accepted Masons in the said Leeward Islands, Do hereby Certifie that Our Worthy and Beloved Brethren Paul Fockhard and Peter Carresse has presented to this Worshipfull Lodge a Deputation from the Worshipfull Lodge of the Perfect Harmony of New Orleans and an Attest Copy of the Minutes of their Lodge since its foundation signed by all its Members as also a Constitution Granted to them by the Worshipfull Lodge of the Perfect Union in St Pierre in the Island of Martinico Dated the 16th Day of July 1754 and as they have desired of this Worshipfull Lodge to Acknowledge their Lodge as Duly and Regularly Constituted and well founded, we have Maturely Examined their works which we have found Regular According to the Usage and practice of good Masonry as Executed in all Regular Lodges, Particularly as do strictly Recommend to our Brethren of the Perfect Harmony to Continue in the Use of Giving the two Degrees of Entred Apprentice and fellow Craft Imediatly the One After the Other without any Delay as is the Practice of most of the Best Lodges and as here do our selves, for severale Reasons that Cannot be Exprest here but Convinced us of the Necessity of this Usage which we have Communicated to Our Brethren Focks & Carrese, We do Also Confirm and Approve the Above Mentioned Constitution Granted to them by the Worshipfull Lodge of the Perfect Union of St Pierre in the Island of Martinico and we Acknowledge them to have full and sufficient Authority and power to Enjoy all Priviliges and Benefits whatsoever belonging to a Regular Constituted Lodge, and we do deem all true Brethren to Regard them as such, We wishing their Worshipfull Master and Beloved Brethren all Joy and Prosperity Greeting you thrice hoping your Only Contention will be a Laudable Emulation In Cultivating the Royal Art and the Social Virtues belonging to our Honourable Society

Given under the Seal of our Lodge at St Eustatius this 18th Day of August In the Year of Masonry 5754

Ralph Sampson
Sec.
Gillard P.m.
Allen
And Ravené in
John Heffernan SW
Nicolas Heyliger

We the Officers and Brethren of the Holy Lodge of St John of St Eustatius in the Latitude of 17. 30 N. do by these presents Certifie that the present Deputation has been Communicated to us by our Worthy and well Beloved Brethren Mr Paul Focks and Mr Peter Carresse and in Consequence have Approved of their Constitutions, Certifieing further that During their stay Among Us we do Approve of their Good Conduct and Behaviour In Consideration of which we have given them Our Certificate

Given under the Seal of our Lodge at St Eustatius this 18th Day of August In the Year of Masonry 5752

L. Puech
Jos Smidrant
Noah Lawrence
John Heffernan
John Annan
Gillard P.m.
Allen
And Ravené Jr
John Heffernan
Nicolas Heyliger SW
Ralph Sampson
Sec.

...ances d'orient: vous en conviendrez lorsque le
frere morin, vous aura instruit il faut
eviter le schisme sans doute, mais il ne faut
jamais sacrifier la tradition a la paix.

Quant a moi, T. R. F. J'ai trespeu de commis,
et aussi peu de chevaliers, Je compte avoir a
cet egard une delicatesse qui satisfera bien la
votre.

adieu chers freres, aimez un peu un frere qui
vous aime quoi qu'il ne vous connoisse pas;
il ne vous est pourtant pas inconnue a tous,
et quand il embrassera en particulier les chers
freres Duvigier, agard, et feuillez, cela autant
comme amis que comme freres qu'il le fera
mais je me reproche cette distinction, n'est
on pas ami dès qu'on est frere, et surtout des
qu'on peut se rencontrer dans la voute sacrée?
adieu donc, Tres chers amis, je vous embrasse
tous par nos nombres connus, Recevez cette
lettre comme une marque certaine de mon
amitié, elle tiendra lieu de constitutions au
frere morin pour etablir un conseil dans votre
ville, car tel est Notre pouvoir en qualité de
chevalier tres libre.

Je finis en vous observant que l'amitié etant
le prix d'elle meme, personne ne compte plus
sur la votre que celui qui est avec tous les
sentiments Del voirie plus intime, ...

T. R. F. E. L.   Votre tres humble et
                                        tres obeissant serviteur,
                                        frere et ami,
                                        De ?oulond
                                        S. d. Ch. T. L.

avocat au parlement   Paris... Le samedi 16 du 12e...
rue de bourbon a   mois........ de l'an de la ?? 1749 ::::
la villeneuve vis a   ??le ordinaire ce samedi
vis le coin des filles   16. Mai 1750
Dieu.

qui pro voë Sagis Conseils en Soutenez L'esprit d'h'harmonie —
Nous avons L'honneur d'etre avec le Nombre sacré et
Mistérieux /.

hm Respectable Loge /.   voë tres humbles tres
                                                 obéissants serviteurs Officiers

à horient cen lieu ou regne le Silence   moir m.˙.
Lequin été concorde pour les 29 sep /o
et clôture pris du 6. et. Le 17. day v
Moin Lan 5788 /.

                                                         Montay
                                                          m˙˙e

                                                     Berton
                                                      S. P. et. é.

Aux T∴ P∴ F∴ Ch∴ M∴ et Mere L∴ de Bordeaux

F.

T∴ R∴ F∴

Ecrit le 6 Janvier 1753.
au F∴ Morin que nous
ne recevoir trions cette Loge
qu'après qu'elle auroit été
en Constitué par le dit F∴
feuillas notre deputé.

C'est avec une Satisfaction infiny quenous vous faisons part
denostre Etablissement en cette ville, N∴ R∴ Mere L∴
du Cap, delaquelle nous tenons nos pouvoirs et Constitution
par L'Entre mise du F∴ Morin quelle a deputé pour
nous recevoir et Installer Enregle, vous donnera comme nous
les avis afin denous mettre a lieu de forme avec vous
une Correspondance quenous sera extrememenc profitable
par les lumieres quenous vous prions denous accorder et quenous
nous feront une loix de Suivre, Trop heureux sy pouvoir a vostre
Exemple faire revivre et donnes un Nouvel Lostre a l'ordre
Sublime de La M∴

Nous Sommes T∴ R∴ F∴ par les nombre L∴ & M∴
Enmaly Sous les Ruines de C∴ F∴

= Desbrune G∴ M∴ E∴ Frances
Devillarfueun O∴ E∴
Guichard B∴ S∴ S∴ E∴
Au Port S∴ au 6 Juin 1752.

par mandemenc delaloge

157

au nom Du G... A... del N...
de la Parfaitte loge des Elus parfaits ou anciens maitres
situeé a Paris

A la parfaitte loge d'Elus parfaits ditte Ecossoise situeé par 45 deg.
latitude de Nord.

Rep: le 7. Juin

Tres Respectables freres Elus parfaits,

A: L: G: A: d: L: V: M: l'E: a: q: r: T: ....;

C'est le Tres digne frere Morin qui vous remettra
ma lettre, c'est lui dont les raisons dictées par le zele
me determinent a vous l'ecrire malgré notre peu
de correspondance; c'est lui qui a dissipé mes ténebres,
c'est lui enfin qui a fait luire à mes yeux la grande
lumiere dont les rayons vous environnent aussi.
Dès l'an 5744 Je fus initié par lui aux mysteres
de la perfection écossoise comme l'on dit. choiroit on
que cet avantage a eté long tems sans me satisfaire
ce n'est que depuis quelque tems que je m'en
felicite comme je dois, c'est adire depuis qu'a la
faveur, et des recherches que j'ai faittes dans les
sources les plus pures, et des conversations que j'ai
eües dans mes voyages avec les freres les plus
eclairés, j'ai debrouillé le cahos dans lequel les
verités ecossoites etoient ensevolies, de bonne foi ce
n'étoit des mysteres que parce qu'à peine on y trou-
voit du bonsens; aujourd'hui ce n'est plus cela, ce sont
reellement des verités auti respectables que
curieuses. ce que nous appellons notre Ecossisme
n'est autre chose que l'ancienne maitrise, qui fut
changée a la mort d'........ dont il doit etre tres peu
question dans notre catechisme, et qui ne fut
confiée par Salomon qu'à un petit nombre

PRÉSENCE D'ÉTIENNE MORIN DANS LES MANUSCRITS SHARP

QUATRE DOCUMENTS CHOISIS

PRESENCE OF ETIENNE MORIN IN THE SHARP MANUSCRIPTS

FOUR SELECTED DOCUMENTS

qui pro vos Sages Conseils en Soutenez L'esprit & L'harmonie

Nous avons L'honneur d'être avec le Nombre sacré &

Mistérieux /.

De la Respectable Loge /.   vos très humbles très

obéissants serviteurs & Frères

à Norient en lieu ou regne le silence   Moiin : m : 2

depuis &c convoqué sous le N: 19 jour /

est situé grand du &c : &c : le 17 : jour 2

Mois de l'an 5718 /.   Montay

m : de la R

Berton

S : Pierre /.

dances d'orient. vous en conviendres lorsque le
frere morin vous aura instruit. il faut
eviter le schisme sansdoute, mais il nefaut
jamais sacrifier latradition alapaix.

Quantamoi, T.R.f. J'ai trespeurecu d'ecossois,
et aussi peu de chevaliers, Je compte avoir a
cet egard vne delicatesse qui satisfera bien la
votre.

adieu chers freres, aimes vnpeu vnfrere qui
vousaime quoi qu'il nevous connoitdepas;
il nevous est pourtant pas inconnue atous,
etquand il embrassera enparticulier les chers
freres Duvigier, agard, et feuillez, ce'tautant
comme amis que comme freres qu'il lefera:
mais je me reproche cette distinction, n'est
on pas ami dqu'on est frere, et surtout la
qu'on peut se rencontrer dans la voute sacrée:
adieu Donc, tres chers amis, jevous embrasse
tous par nos nombres connues, Recevez cette
lettre comme vne marque certaine de mon
amitié, elle tiendra lieu deconstitution au
frere morin pour etablir vnconseil dans votre
ville, car tel est votre pouvoir en qualité de
chevalier tres libre.

Je finis envous observant que l'amitié etant
leprix d'elle meme, personne ne compteplus
surlavotre que celui qui est avec tous les
sentiments l'dl'vnionlaplus intime, ...

T. R. f. E. L.   Votre tres humble et
                                 tres obeissant serviteur,
Paris... Lesamedi 16 du 12e...   frere et ami,
mois........ de l'andelagce 1749::::   deg d'oulond
Style ordinaire ce samedi   S. d. ch. P. L.
16. mai 1750

avocat aupartement
rue debourbon a
lavilleneuve visa
vis le coin des filles
Dieu.

Sharp 15.4 (Volume 1, page 63)

au nom Du...G...A...del'V...........

De la parfaitte loge des Elus parfaits ou anciens maitres
située a Paris.

15

A la parfaitte loge d'Elus parfaits ditte Ecossoise située par 45 deg. e
Lattitude Nord.

Rep. le 7. Juin

Tres Respectables freres Elus parfaits,

A. L. G. A. d. L'V. M. l'E. a.q. s. t.........;

C'est le Tres digne frere Morin qui vous remettra
ma lettre, c'est lui dont les raisons dictées par le zele
me determinent a vous l'ecrire, malgré notre peu
de correspondance; c'est lui qui a dissipé mes tenebres,
c'est lui enfin qui a fait luire a mes yeux la grande
lumiere dont les rayons vous environnent aussi.
Des l'an 1744 Je fus initié par lui aux mysteres
de la perfection ecossoise comme l'on dit. croiroit on
que cet avantage a eté longtems sans me satisfaire
ce n'est que depuis quelque tems que je m'en
felicite comme je dois, c'est a dire depuis qu'à la
faveur, et des recherches que j'ai faittes dans les
sources les plus pures, et des conversations que j'ai
eües dans mes voyages avec les freres les plus
eclairés, j'ai debrouillé le cahos dans lequel les
verités ecossoises etoient ensevelies, de bonne foi ce
n'etoit des mysteres que parce qu'à peine on y trou-
voit du bonsens; aujourd'hui ce n'est plus cela, ce sont
reellement des verités aussi respectables que
curieuses. ce que nous appellons notre Ecossisme
n'est autre chose que l'ancienne maitrise, qui fut
changée a la mort d'▓▓▓▓ dont il doit etre tes peu
question dans notre catechisme, et qui ne fut
confiée par Salomon qu'à un petit nombre

Sharp 15.1 (Volume 1, page 61)

Lettres d'Etienne Morin

**Publiées le 3 avril 1928 par
N. Choumitzky
Bulletin de la Loge de Recherche St
Claudius – GLNI&R**

The letters of Etienne Morin

**First published by N. Choumitzky
on April 3rd 1928
Bulletin of the St Claudius Research
Lodge - GLNI&R**

Translated by Joseph Wages

Archive de la Grande Loge d'Ukraine.
N. 991 M.

Archives of the Grand Lodge of Ukraine.
No. 991 M.

Monsieur, et Très respectable frère.

Les bontés dont vous m'avez honoré pendant mon séjour à Paris, et la permission expresse que vous m'avez accordée de vous écrire à mon arrivée aux îles de l'Amérique, m'autorisent à prendre cette liberté.

Après beaucoup de peines, d'incidents et de revers trop longs à vous détailler, je me borne à vous rendre compte seulement du précis de ma conduite maçonnique, et à vous faire le bref détail de toutes les opérations que j'ai faites à ce sujet pour le bien et la postérité de l'Ordre en général.

J'ose donc, Monsieur, vous apprendre avec toute la satisfaction et la joie qu'un cœur vraiment Maçon peut ressentir que l'Art Royal qui paraissait languir depuis longtemps et qui penchait même vers sa ruine se relève aujourd'hui avec un nouvel éclat et une nouvelle vigueur.

Les voyages que j'ai faits dans différentes villes de France, mon séjour en Angleterre après avoir été pris, et celui que j'ai fait à la Jamaïque par les mêmes raisons, m'ont détenu quatorze mois avant de me rendre à Saint Domingue où j'ai pris pied à terre à Saint-Marc le vingt du mois de janvier 1763.

Pendant ces voyages j'ai eu l'avantage de

Sir and Most Respectable Brother.

The kindness with which you honoured me during my stay in Paris and the express permission you have given me to write to you upon my arrival in the American Islands allow me to take this liberty.

I have experienced many problems, untoward incidents and setbacks but these would take too long to explain, so I shall content myself with a summary of my Masonic activities and with brief details of all the operations I have undertaken under this heading for the benefit and continued success of the Order in general.

I would therefore make so bold Sir to inform you with the great satisfaction and joy that only a truly Masonic heart can feel that the Royal Art, which has appeared to be in the doldrums for so long and which was even heading towards ruination, is today on the rise again with a new splendour and vigour.

The trips I made to different French towns, my stay in England after being captured, and what I did in Jamaica with the same intentions detained me for fourteen months before I went to Saint-Domingue, where I landed in Saint-Marc on January 20th 1763.

During these trips I had the advantage of

visiter toutes les loges régulières et constituées qui se sont rencontrées dans les lieux où j'ai séjourné. Leurs soumissions respectueuses, et le désir ardent qu'elles m'ont témoigné d'être reconnues pour telles par notre Grande, très respectable et souveraine Loge de Paris, m'assurent qu'elles ne négligeront rien pour mériter cette faveur, en observant scrupuleusement les lois, règlements et statuts qu'elle daignera leur prescrire ; j'ai eu la consolation de voir qu'un même esprit les gouverne ; que l'amitié, la concorde et la paix les dirigent, et que l'espérance les fortifie dans le choix glorieux que notre très cher, très respectable, très sublime et très Sérénissime Grand Maitre le prince de Clermont a fait de votre illustre personne pour son Substitut Général dans l'Ordre.

Toutes ces Loges, Monsieur, espèrent que conduites par vos sages leçons elles parviennent au Sanctuaire de la vertu, centre de l'édifice que nous élevons à l'Éternel, où (comme autant de rayons) aboutissent nos sentiments et nos vœux ; dont chaque Maçon forme un point de sa circonférence, chaine circulaire composé de pièces sans nombre, dont l'harmonie et l'union n'en forment effectivement qu'une et dont on n'aperçoit ni le commencement ni la fin.

Elles espèrent, Monsieur, que vous voudrez bien recevoir leurs humbles suppliques pour n'être pas comprises dans la réforme, et pour se voir enregistrées au nombre de vos filles chéries, pour enfin jouir des droits et privilèges de tous bons Maçons, et goûter à justes titres les douceurs de la fraternité.

C'est ainsi, Monsieur et Très Respectable frère, qu'ont travaillé la Respectable Loge Écossaise et les Loges Symboliques de Bordeaux qui, sur l'avis (que je leur ai donné de votre avènement à la Sublime charge de Substitut Général de l'Ordre) se disposeront dans le moment à vous faire part de leur création et dresseront leurs très humbles suppliques pour mériter vos suffrages et pour vous assurer de leur profonde obéissance.

Au commencement de mil sept cent soixante-deux, je fus pris en mer et conduit prisonnier par l'ennemi de l'État dans Londres où j'ai reçu

visiting all the regular and constituted lodges in the places where I stayed. Their respect full submissions and the ardent desire they showed me to be duly recognised by our Grand and Most Respectable and Sovereign Lodge of Paris convinced me that they will spare no efforts in earning the right to this favour by strictly observing any laws, regulations and Statutes that the Grand Lodge will deign to prescribe to them. I had the consolation of seeing that they share the same prevailing spirit, that their steps are guided by friendship, concord and peace, and that their hopes have been raised by the splendid choice which our Most Dear, Most Respectable, Most Sublime and Most Serene Grand Master the Prince de Clermont has made in appointing you his Substitute-General in the Order.

All these lodges, Sir, hope that, guided by your wise instruction, they will reach the sanctuary of virtue, the centre of the edifice that we are raising to the Eternal, where (like so many rays) our feelings and wishes find their fulfilment, with every Mason forming a point on its circumference in a circular chain composed of innumerable parts, the harmony and unity of which enable them to become one, and of which one sees neither the beginning nor the end.

They hope, Sir, that you will be kind enough to entertain their humble pleas to be excluded from the reform and to see them numbered amongst your precious daughters, so as to finally enjoy the rights and privileges of all good Masons and to rightfully taste the sweetness of fraternity.

That is, Sir and Most Respectable Brother, the work which the Respectable Scottish Lodge and Craft Lodges of Bordeaux have undertaken. In response to the news (which I have given them of your appointment to the supreme post of Substitute-General of the Order) they will take immediate steps to inform you of their efforts and will address to you their most humble petitions that they might be deserving of your support whilst assuring you of their profound obedience.

At the beginning of one thousand seven hundred sixty-two I was captured at sea and led in captivity by the enemy of the French State to

toutes les consolations et joui des douceurs et avantages qu'un Maçon peut espérer dans pareille circonstance, surtout étant aussi bien recommandé que je l'étais par vous.

J'ai eu l'agrément de travailler souvent avec le Très Respectable frère le Comte de Ferrest, vicomte de Tamworth, Grand Maitre et protecteur de toutes les loges sous la domination anglaise.

Je lui ai fait part en Loge ouverte des patentes que vous avez eu la bonté de m'accorder, auxquelles il joint son approbation, en me congratulant et me favorisant du titre de membre-né de toutes les Loges d'Angleterre et de la Jamaïque, où j'ai reçu en cette qualité tous les services dont j'ai eu besoin jusqu'à mon départ pour Saint-Domingue.

Quelle surprise agréable pour moi, Monsieur, à mon arrivée à Saint-Marc de trouver en cette ville une Respectable Loge Écossaise constituée par celle de Bordeaux laquelle j'ai créé depuis mil sept cent quarante-cinq. Je l'ai trouvée si bien composée ainsi que la Loge Symbolique que j'ai cru devoir leur donner les mêmes instructions pour mériter auprès de vous et de notre très respectable mère Loge de Paris d'être mises au nombre de ses filles chéries, qu'ils ont reçu avec toute la confiance et la reconnaissance possibles ; de même que leur fille Loge de la Parfaite Union, du Port-au-Prince où je suis actuellement.

Je me suis chargé moi-même de leurs suppliques respectueuses que j'ai pris la liberté de vous adresser et vous faire passer par la voie de Bordeaux. À l'égard des Respectables Loges Écossaises et Symbolique des Cayes, Fond de l'ile à Vaches sous le titre de la Concorde dont je vous ai déjà fait les justes éloges j'espère qu'elles profiteront de la première occasion pour se rendre dignes de la même faveur.

Quant à la Respectable Loge Écossaise du Cap Français que j'ai fondée en mil sept cent quarante-huit et la Loge Symbolique du Fort Dauphin leur fille, sous le titre de la Double Alliance, j'espère faire une tournée dans cette partie de l'ile pour m'acquitter de ma mission avec exactitude, et vous faire un détail circonstancié de leurs travaux et de leur

London, where I received all the consolations and enjoyed all the pleasures and benefits that a Freemason can expect in such circumstances, especially as I had been so highly recommended by your good self.

I often had the pleasure of working with the Most Respectable Brother Earl Ferrers, Viscount Tamworth, the Grand Master and Protector of all the Lodges under English jurisdiction.

I told him in open lodge about the patents you were kind enough to grant me, to which he added his approval, congratulating me and bestowing on me the title of life member of all the lodges of England and Jamaica, in which places I received in this capacity all the services which I needed until my departure for Saint-Domingue.

What a lovely surprise for me, Sir, to find upon my arrival at Saint-Marc that this town had a Respectable Ecossais Lodge constituted by that of Bordeaux which I created in one thousand seven hundred forty-five. I found it so well organised as was also the Craft Lodge that I thought I should give them the same instructions in order to earn from you and our Most Respectable Mother Lodge of Paris the right to be ranked among its beloved daughters, which they received with all possible confidence and gratitude, as also did their daughter Lodge La Parfaite Union in Port-au-Prince, where I am currently residing.

I have responded to their respectful demands that I take the liberty of addressing and having delivered to you by way of Bordeaux. Regarding the Respectable Scottish and Craft Lodges of Les Cayes du Fond on the Ile à Vache known as La Concorde the praises of which I have already sung to you, I hope they will take the first opportunity to render themselves worthy of the same favour.

As for the Respectable Scottish Lodge of Le Cap Français which I founded in one thousand seven hundred forty-eight and its daughter the Symbolic Lodge at Fort Dauphin founded under the title of La Double Alliance I hope to visit this part of the island to fulfil my mission to the ultimate, and will let you have a detailed description of their work and their Masonic

conduite maçonnique.

J'ai observé, Monsieur et Très Respectable frère avec édification dans les constitutions envoyées aux Loges Symboliques par les Respectables Loges Écossaises leurs mères, que tous les articles des règlements y insérés sont vraiment maçonniques, tendant à établir l'ordre, la paix et la concorde : mais ces articles entre eux n'ont point d'ordre méthodique, ce qui sans faire tort aux bonnes mœurs, ne laisse pas de fatiguer la mémoire et embarrasser dans les citations de tel ou tel article dont le numéro se trouve presque toujours différent en diverses Loges.

Dans quelques Loges, j'ai vu des articles de leurs constitutions qui en lient extrêmement les membres, articles gênants à charge et que je crois innovés.

Telles Loges conduites et dirigées par l'esprit d'obéissance et de soumission, et engagées par l'obligation qu'ils [sic] ont prêtée aveuglement sur tous les articles en général de leur constitution particulière n'osent enfreindre aucun de ces articles, auxquels ils [resic] sont pour ainsi dire asservis ; mais pour éviter les abus qui pourraient résulter de pareilles innovations et surtout les dégoûts de quelques Maçons même zélés, j'oserai, Monsieur, vous exposer que j'estime qu'il serait du bien de l'Ordre qu'il vous plaise me charger pour la liberté maçonnique de faire observer uniquement le seul et même règlement de la Souveraine et Grande Loge de Paris, et, de votre autorité, les dégager à pur et à plein de l'obligation qu'ils ont prêtés [sic] pour tous autres règlements et articles particuliers quels qu'ils puissent être, afin de se voir leurs consciences timorées, soulagées du fait de certaines obligations prises et données, souvent par la dure nécessité d'avoir une constitution en forme à quelque prix que ce soit : s'obligeant et s'engageant préalablement, formellement et avec toutes solennité en tous les articles de votre règlement général.

Voilà, Monsieur et Très Respectable frère, le fruit de mes faibles travaux, trop heureux si je puis mériter (par mon zèle et par mon application) votre approbation et l'amitié de tous mes frères ; mais je puis dire avec vérité

conduct.

I have been pleased to observe, Sir and Most Respectable brother, that all the articles of the regulations included in the Constitutions sent to the Symbolic Lodges, by the Respectable Scottish Lodges, their mothers, are truly Masonic and that they seek to establish order, peace and concord. However, these articles are not methodically organised, which, though it is not reprehensible, makes excessive demands on the memory and causes confusion when quoting this or that article, the numbering of which almost always differs from one lodge to another. In some Lodges I saw articles in their Constitutions which place extreme restrictions on the members: these articles are difficult to impose and are, I think, probably innovations.

Such Lodges, led and guided by the spirit of obedience and submission and committed by the obligation into which they have blindly entered to all the articles in general of their particular Constitution dare not violate any of these articles to which they are, as it were, enslaved, but in order to avoid the abuses that could result from such innovations and especially the disgust which is experienced even by certain zealous Masons I dare, Sir, to reveal to you that I think it would be for the good of the Order if you would kindly entrust to me, for the sake of Masonic liberty, an obligation to observe one and the same regulation of the Sovereign and Grand Lodge of Paris and thus, by your authority, fully discharge the Lodges of the obligation they have sworn to all other specific regulations and articles, whatever they might be, so that they might see their fearful consciences relieved of certain obligations which they have undertaken and given, often out of the hard necessity of having a formal constitution at any price, and so commit themselves formally, with all due solemnity and in advance to all the articles of your general regulations.

That, Sir and Most Respectable brother, is the fruit of my modest endeavours, and I shall be so happy if I can earn (by my zeal and application) both your approval and the friendship of all my Brethren, but I can honestly say that all our

que toutes nos Loges de l'Amérique se comportent avec toute la décence et la régularité possible, et, particulièrement celle du Port-au-Prince que j'ai le plaisir de voir diriger sous mes yeux par notre vénérable frère Texier, Grand Écossais Chevalier Maçon, ou par notre ex M[aitr]e frère Rouzier, Grand Écossais Chevalier Maçon, tous deux rigides observateurs de nos lois et d'un mérite distingué ; lesquels ont chargé le frère Lartigue, un de nos membres chéris et porteur de la présente d'un duplicata pour vous remettre en mains propres, dans la crainte que leur premier envoi ne soit pas parvenu jusqu'à vous ; et, comme le frère Lartigue après avoir fait ses affaires à Paris doit revenir promptement aux îles, je vous supplie, Monsieur, de vouloir bien lui indiquer la joie de votre commodité pour prendre vos ordres, et pour vous assurer que tout ce qui viendra ici de votre part, ou autre chose qu'il vous plaira le commander, sera mis au rang des faveurs insignes dont vous m'avez honoré jusqu'à ce jour.

Des voyages que je suis obligé de faire dans plusieurs quartiers de l'Isle m'absenteront pour quelques temps du Port-au-Prince ; auquel cas si vous me faites l'honneur de m'écrire et de répondre favorablement aux désirs maçonniques qui conduisent mes pas et dirigent mes actions, je vous supplie, Monsieur, d'adresser votre paquet sous le couvert de M[onsieur] Texier, négociant au Port-au-Prince, Maçon des plus zélés et sur lequel j'ai toute confiance.

Il me faut encore deux ou trois ans pour terminer mes affaires dans cette colonie, et retourner en France ; j'attends, Monsieur, ce bienheureux moment avec impatience : mais je n'en saurais pourtant souhaiter avec plus d'ardeur que celui où je pourrai vous prouver parfaitement que je suis avec le plus profond respect par tous les N[ombres] S[ecret] et My[stérieux] Qui nous sont connus,

Monsieur et Très respectable frère,

Votre très humble, très fidèle et très respectueux frère.

MORIN

Au port au Prince,
Ce 21 Juin 1763.

American Lodges behave with every possible decency and regularity, especially the one at Port-au-Prince which I have had the pleasure of seeing directed, under my supervision, by our Respectable Brother Texier, Grand Ecossais Knight Mason, or by our ex-M[aste]r Brother Rouzier, Grand Ecossais Knight Mason, both strict observers of our laws and men of outstanding merit, who have ordered Brother Lartigue, one of our most cherished members and the bearer of the present duplicate document, to place it directly into your hands, out of fear that the first despatch may not have reached you. Since Brother Lartigue must, after completing his business in Paris, return promptly to the islands, I beseech you Sir to kindly indicate to him how happy you are that he has had an opportunity to take your orders, and to assure you that anything that you might send to us here or anything else that it might suit you to command us to do will be counted amongst the great favours with which you have honoured us up to the present day.

Some of the journeys I am obliged to make in several areas of the island will cause me to be absent from Port-au-Prince for some time: if you would do me the honour of writing to me and responding favourably to the Masonic desires that guide my steps and which direct my actions, I would therefore beg you, Sir, to address your letter to M[onsieur] Texier, merchant, of Port-au-Prince, one of the most zealous Masons and someone in whom I have total confidence.

I will need a further two or three years to conclude my business in this colony and then return to France. I await that blessed moment with impatience Sir, but I could not long for it with any greater ardour than that with which enables me to prove to you that I am, with the most profound respect by all the S[ecret] and My[sterious] N[umbers] which are known to us,

Sir and Most Respectable Brother,

Your very humble, very loyal and most respectful brother.

MORIN

Port-au-Prince,
June 21st 1763.

Monsieur et Très Respectable frère,

Pénétré de vos bontés et toujours animé de zèle maçonnique, tous mes mouvements tendent à vous donner des preuves de ma sincère reconnaissance et à vous rendre compte de ma conduite et de celle des frères avec lesquels j'ai ici une intime liaison.

J'ai eu l'honneur de vous rendre un témoignage sincère de la Très R[espectable] Loge des Cayes du fond de l'île à vaches et des membres qui la composent par ma lettre [991 M.] du courant du mois de juin, dont le frère Lartigue, parti de ce port peu de jours après est porteur ; je suis édifié de leur conduite depuis ce temps : et celle-ci pour confirmer ma première : ils m'ont[97] adressé leur bref ci-joint et la liste de leurs membres pour me prier de la faire parvenir jusqu'à vous ; leur modestie, leur soumission et leur désir tendant au vrai, vous seront connus par la lecture de leur dit bref, et j'ose les fortifier dans la douce espérance où ils sont que vous voudrez bien les étayer et leur accorder leur très humble supplique. Le R[espectable] F[rère] de Villiers Deschamps, écrivain du Roi sur les vaisseaux de sa Majesté, s'est fait un plaisir de se charger de ce paquet ; il parait désirer avec ardeur que les affaires de son service le puissent mettre à même de vous le remettre lui-même ; je le désirerais aussi pour que vous puissiez juger des mérites et talents personnels et des sentiments respectables de ce frère chéri ; s'il est obligé de vous faire passer par les postes, il perdra beaucoup de n'avoir pas le bonheur d'être connus de vous, ce qui cependant se récupérer par le témoignage unanime de tous ceux qui ont l'avantage de le connaitre ; mon attestation à son égard serait d'un trop faible poids pour que j'ose m'enorgueillir[98] jusqu'à vous le recommander. La vertu, la sagesse et la probité se recommandent par elles-mêmes ; ce sont les sentiments que je lui ai connus pendant le temps qu'il a séjourné ici, et tout son mérite qui aurait pu échapper à mes faibles lumières se manifestera infailliblement à votre pénétration

Sir and Most Respectable Brother,

Suffused with your kindness and always animated as I am by Masonic zeal, the aim of all my actions is to give you proof of my sincere gratitude towards you, and to give you an account both of my own conduct and that of the Brethren with whom I am most closely associated.

I had the honour of giving you my sincere testimony regarding the Most R[espectable] Lodge of Les Cayes du Fond on the Ile à Vache and its members by means of a letter [991 M.] sent in June and of which Brother Lartigue, who left this port a few days afterwards is the bearer. I have been impressed by the Brethren's conduct from that time onwards: by way of confirmation of my first letter they have given me the enclosed brief and list of their members with a request that I send them to you. Their modesty, submissiveness and yearning for the truth will be obvious to you when you read the said brief, and I am taking the liberty of encouraging them in their sweet hope that you will support them and grant them their very humble request. The R[espectable] B[rother] Villiers Deschamps, a King's Purser, was happy to be the bearer of this missive. He seemed to ardently desire that the commitments associated with his official position would enable him to place the letter in your hands in person. I am also anxious for you to have the opportunity of judging the personal merits and talents and worthy sentiments of this dear Brother. If he is obliged to use the post to send the letter to you then he will lose much by not having the pleasure of making your acquaintance, which however is compensated for by the universal testimony of those who have the advantage of knowing him. My own seal of approval in this respect would carry too little weight for me to be so prideful as to recommend him to you. Virtue, wisdom and probity recommend themselves, and these are the feelings which I have had about him during the time he has resided here. All this merit, which may well

incomparable s'il a l'honneur de vous faire sa révérence.

Je vous supplie, Monsieur, de vouloir bien me continuer vos bontés dont je tacherai de me rendre digne par la plus grande exactitude et par profond respect avec lequel je suis selon les N[ombres] S[ecret] et My[stérieux] Qui nous sont connus.

Monsieur et Très Respectable frère,

Votre très humble, très fidèle et très respectueux frère.

Au Port-au-Prince,
MORIN
Ce 25 Juillet 1763.

have eluded my own dull vision, will infallibly make itself known to your own incomparable insight if he has the honour of paying you his respects.

I beg you Sir, to continue in your kindness towards me, of which I seek to make myself worthy by the great punctiliousness and the profound respect with which I am, according to the S[ecret] N[umbers] and My[steries] which are known to us,

Sir and Most Respectable Brother,

Your very humble, very loyal and very respectful Brother,

Port-au-Prince,
MORIN
July 25th 1763.

Archives de la Grande Loge d'Ukraine N° 913 M.

Archives of the Grand Lodge of Ukraine No. 913 M.

Mon T[rès] C[her] F[rère]

My V[ery] D[ear] B[rother,]

J'ai reçu avec une vraie satisfaction celle que vous m'avez fait l'amitié de m'écrire du 25 Décembre passé. J'apprends avec plaisir que vous connaissez un peu de plus ; je vous en félicite de tout mon cœur. Je vous prie de lui donner pour moi l'accolade et de l'assurer de mon amitié respectueuse que je lui dois à tous égards.

Le f[rère] de Bercy qui vous remettra la présente est un de mes meilleurs amis, c'est notre procureur du Roi qui va à Paris revoir sa patrie et se propose de revenir. Il vous fera part de ses projets, je vous le recommande en bon frère. Il a pénétré au Grand Écossais et Chevalier Maçon. Il s'est rappelé votre nom aussitôt qu'il l'a vu et que je lui ai montré votre lettre. Il était premier secrétaire de M[onsieur] l'Intendant lorsque vous étiez à Saint-Domingue dans le S[aint]t-Michel.

Je vous envoie 3 listes qui sont comme vous verrez la suite de celles que j'ai déjà envoyées avec les brefs des trois loges en duplicata, celle de Saint-Marc, celle des Cayes du fond de l'ile à Vaches, et celle du Port-au-Prince, soit à vous,

It was with genuine satisfaction that I received the letter you were kind enough to send me dated December 25th last. I am pleased to learn that you now know a little more. I congratulate you with all my heart. I would ask you to embrace him on my behalf and to ensure him of my sincere friendship which I owe to him in all respects.

B[rother] de Bercy, who is the bearer of the present letter, is one of my best friends. He is our Crown Prosecutor here and is going to Paris to see his native country again, but he intends to return here. He will tell you about his plans. I commend him to you as a worthy Brother. He has got as far as the Grand Ecossais and Chevalier Maçon. He remembered your name as soon as he saw it on your letter. He was First Secretary to the Intendant when you were at Saint Domingue in St. Michel.[99]

I am sending you three lists which, as you will see, are continuations of those I have already sent, along with the briefs in duplicate for three Lodges, namely those of Saint-Marc, Les Cayes du Fond in the Ile à Vache and Port-au-Prince. I

ou au F[rère] Devaux Dumorier pour les présenter au Substitut Général. Comme j'ai voulu profiter de l'occasion favorable du F[rère] de Bercy, je vous envoie une liste de chaque loge n'ayant pas le temps de faire savoir à Saint-Marc et aux Cayes d'envoyer un triplicata de leur bref ; je certifie ceux-ci et vous fait part que nous avons exclu de notre Société le sieur Saint Rome, ingénieur et Laforcade, négociant dans cette ville qui ont manqué aux obligations les plus essentielles de nos constitutions secrétaires comme chefs de cabale et perturbateurs de l'harmonie base de la Maçonnerie.

Le premier, qui est Saint Rome, est chevalier de Saint-Louis, il était de la loge de Nantes qui se révolta et refusa de reconnaitre le prince de Clermont pour notre Grand Maitre.

Il y a aussi une loge au Cap sous le titre d'Édouard Stuard qui se compose de même et que nous ne voulons point reconnaitre.

Le F[rère] de Bercy vous remboursera la somme pour chacune des loges dont voici la liste. Je vous prie de ne pas oublier.

Le F[rère] de Bercy m'a promis de vous procurer un perroquet gris que vous souhaitez, n'ayant pu en trouver encore comme j'aurais voulu ; vous le recevrez au premier jour, avec deux andouilles de Macouba et Saint-Domingue.

Donnez-moi, mon cher frère souvent de vos nouvelles et tous vos amis seront les miens propres.

Envoyez-moi, je vous prie, un ou deux bijoux de Prince de Jérusalem, qui est une balance, et le petit formulaire de l'Ordre.

Le F[rère] de Bercy vous remboursera le tout. Mille compliments à tous nos frères et sœurs. Je vous écrirai plus amplement dans quinze jours. Je suis avec le plus sincère attachement. Mon cher ami et F[rère], tout à vous.

MORIN nég[ocian]t au Port-au-Prince
  Au Port-au-Prince ce 3 Mai 1764.
  Je vous prie de présenter le F[rère] de Bercy au F[rère] de Jonville.

shall send these either to you or to B[rother] Devaux Dumorier to present them to the Substitute-General. As I wanted to take advantage of the opportunity presented by B[rother] de Bercy's visit, I am sending you a list of each lodge since I do not have the time to ask Saint-Marc and Les Cayes to send me their briefs in triplicate. I certify those lists as true, and inform you that we have expelled from our Society a Monsieur Saint Rome, an engineer, and a Monsieur Laforcade, a merchant of this town, who have failed in the most essential obligations of our secret constitutions, being leaders of a conspiracy and disrupters of the basic harmony of Freemasonry.

The first of these, Saint Rome, is a Knight of Saint-Louis. He belonged to the lodge in Nantes which rebelled and which refused to recognise the Prince de Clermont as our Grandmaster.

There is also a lodge in Le Cap called Édouard Stuard which is similarly composed and which we certainly do not want to recognise.

B[rother] de Bercy will reimburse you the relevant amount for each of the lodges on the enclosed list. I beg you not to forget about this.

B[rother] de Bercy promised me that he would obtain for you a grey parrot, since I myself was still unable to find one as I would have liked. You will receive the parrot at the first opportunity along with two chitterlings from Macouba and Saint-Domingue.

Write to me often, my dear Brother, with your news: then all your friends will be my friends also.

Send me, I beg of you, one or two jewels of the Prince of Jerusalem, which is a set of scales, along with the Small Formulary of the Order.

B[rother] de Bercy will reimburse you for everything. My warmest greetings to all our brothers and sisters. I will write to you at greater length in a fortnight. I remain, my dear friend and Brother, sincerely yours,

MORIN, merchant at Port-au-Prince
  Port-au-Prince, May 3rd 1764.
  I would kindly ask you to introduce B[rother] de Bercy to B[rother] de Jonville.

Comme je vous ai marqué par ma précédente que, lorsque je m'embarquai à Bordeaux pour passer en Amérique, je fus pris par l'ennemi de l'État et conduit en Angleterre ; je fus deux mois à Londres où le comte Ferrest, Grand Maitre de toutes les loges sous la domination anglaise, m'avait fort accueilli et approuva ma commission, m'a nommé Inspecteur de sa domination dans la partie du Nouveau Monde et m'a décoré de grades sublimes en me donnant une attestation comme je suis le seul constitué pour les loges de Grand Élu, Chevalier et Prince Maçon Écossais. Je vous ferai part dans le peu de toutes ces raretés que j'admire et suis au comble de ma joie d'en être le dépositaire.

As I pointed out to you in my previous letter, when I embarked at Bordeaux to travel to America I was captured by the enemy of the French State and taken to England. I spent two months in London, where Count Ferrars, Grand Master of all the Lodges under English jurisdiction, has appointed me Inspector of its jurisdiction for the part of the New World and has bestowed on me the sublime degrees by giving me a certificate stating that I alone am able to establish lodges of Grand Elect, Knight and Ecossais Prince Mason. I will share with you some of these rarities, which I admire and of which I am overcome with joy at being the depositary.

Archives de la Grande Loge d'Ukraine N° 914 M.

À vous Monsieur Devaux, Paris.
Port-au-Prince ce 28 Août 1764
        Saint-Domingue.

Mon très R[espectable] F[rère]

J'ai reçu avec une vraie satisfaction par Monsieur le chevalier de Villeneuve votre lettre du 10 7bre 63 et celle du 14 8bre même année ; je ne vous pardonnerais pas M[on] ch[er] frère de ne me l'avoir pas envoyé M[on] Il parait avoir toutes les qualités requises pour la R[espectable] Société. Je l'ai cependant reçu comme un frère sans mystère. Je vous fais mille remerciements de m'avoir procuré sa connaissance ; il a parti ces jours derniers pour aller trouver Monsieur Lefranc, son oncle, habitant au fond des blancs. Je lui ai procuré une voiture et il y est déjà rendu.
J'avais eu la triste nouvelle du décès de frère Lacorne dans mon séjour en Angleterre ; je le regrette de tout mon cœur.
J'apprends avec bien du plaisir tous les changements qui se sont faits depuis mon départ et l'installation du R[espectable] F[rère] Chaillon de Jonville pour notre Substitut Général.
J'ai fait part de tous ces changements à nos

Archives of the Grand Lodge of Ukraine No. 914 M.

To Monsieur Devaux, Paris
Port-au-Prince, August 28th 1764
        Saint-Domingue.

My Most R[espectable] B[rother,]

It was with real satisfaction that I received, via Chevalier de Villeneuve, your letter of September 10th 1763 and that of October 14th of the same year. I would never have forgiven you my dear Brother if you had not sent this gentleman to me. He seemed to have all the qualities required for our R[espectable] Society. I did however receive him as a Brother without mystery. I am so grateful to you for enabling me to make his acquaintance. He left here during the past few days in search of Monsieur Lefranc, his uncle, who lives at Fond-des-Blancs. I obtained a carriage for him and he has already returned.
During my stay in England I received the sad news of the death of Brother Lacorne. I regret it with all my heart.
It was with great pleasure that I learned of all the changes which have been made since my departure and the installation of the R[espectable] B[rother] Chaillon de Jonville as our Substitute-General.

loges ; elles se mettent en règle pour adresser leurs suppliques à la Grande Loge, et depuis deux années voilà plusieurs lettres que nous adressons au frère De La Chaussée, et partout sans avoir la confirmation et l'enregistrement de la Grande Loge ; c'est pour les 3 Loges de cette colonie que je parle qui sont la Concorde de Saint-Marc, la Concorde des Cayes et de la Parfaite Union, du Port-au-Prince. Cette dernière est fille de celle de Saint-Marc ; toutes ces trois loges ont plusieurs fois adressé leurs suppliques ainsi que la mienne pour rendre compte de leurs travaux ; elles ont aussi envoyé une liste de leurs membres, grades et qualités civiles, telle que le marquent vos nouveaux règlements.

Nous avons célébré votre santé et la prospérité de votre nouvelle Loge sous le titre de Saint Pierre. Je vous souhaite sa prospérité comme je suis assuré que les membres qui la composent seront des mieux instruits. Personne ne possède mieux la M[açonnerie] que vous et je regrette tous les moments que je puis employer avec vous.

J'ai fait un voyage en Écosse dans mon séjour en Angleterre et j'ai vu un habile homme à Édimbourg ; j'ai passé 3 mois avec le Maçon le plus zélé que j'aie jamais connu, et je puis vous assurer que j'ai notre Grand Ordre en règle et des découvertes que je vous enverrai lorsque je trouverai une occasion favorable d'un frère qui les connaitra. Le cher frère Brunet que j'embrasse de toute mon âme n'est jamais oublié chez nous ; nous venons de recevoir le F[rère] Pradines, religieux de son Ordre ; c'est notre curé et une très bonne acquisition.

Je vous prie donc, mon cher frère de m'adresser les constitutions pour cette partie en qualité d'Inspecteur que mes titres qu'ont acquis et ceux que la Grande Loge d'Angleterre m'a accordés au dos de la patente que le R[espectable] F[rère] Chaillon de Jonville m'a aussi accordée signée de tous les Maitres de la Grande Loge qui se trouvent en la dite assemblée.

M[onsieu]r Jean Cottin fils ainé, chez M[onsieur] Cottin directeur de la Compagnie des Indes, place Vendôme, doit recevoir ordre de M[onsieu]r Pierre Isaac Rastau, de la

I have notified our Lodges of all these changes. They are getting ready to address their petitions to the Grand Lodge. Over a period of some two years now we have written several letters to Brother De La Chaussée, but always without receiving any confirmation that the Grand Lodge has received and recorded them. I am speaking on behalf of the three Lodges of this colony, namely La Concorde in Saint-Marc, La Concorde in Les Cayes and La Parfaite Union in Port-au-Prince. The last of these is the daughter lodge of the lodge in Saint-Marc. All these three lodges have sent their petitions several times (as well as mine) giving an account of their work. They have also sent a list of their members, degrees and civil status, just as your new regulations specify.

We have celebrated the health and prosperity of your new Lodge called St. Pierre. I wish you every success, as I am assured that its members will be amongst the best instructed. No one has a better grasp of M[asonry] than yourself and I regret all those moments that I am unable to spend with you.

I made a trip to Scotland during my stay in England; where I met a capable man in Edinburgh. I spent 3 months with the most zealous Mason I have ever known. I can assure you that I have our Grand Order in good standing and I will send you the discoveries when I have a favourable moment through a brother who will know them. The dear Brother Brunet whom I embrace with all my heart is never forgotten amongst us. We have just welcomed B[rother] Pradines, a member of his religious Order. He is our curé and is a very worthwhile acquisition.

I beg you, my dear Brother, to send me the Constitutions as Inspector for this part of the world which my various titles have acquired along with those that the Grand Lodge of England has granted me on the back of the patent which the R[espectable] B[rother] Chaillon de Jonville also granted me, signed by all the Masters of the Grand Lodge which are to be found in the said assembly.

M[onsieu]r Jean Cottin fils aîné c/o M[onsieur] Cottin, director of the Compagnie des Indes, place Vendôme, should receive an order from

Rochelle, de compter les sommes nécessaires pour le montant de ce qu'il faut payer, porte par les nouveaux règlements de la Loge de France, et s'il n'en avait pas reçu avis, je vous prie, mon cher frère de la faire et nous marquer à Bordeaux au frère Lartigue ou Monsieur Isaac Rastau de la Rochelle, négociant, qui vous remboursera.

Je suis avec les sentiments d'une amitié vraiment sincère, mon très cher et R[espectable] F[rère] Votre très humble et très obéissant serviteur et frère.

MORIN

Nous avons ici M[onsieur] le comte d'Estin, nouveau général et M[onsieur] de Magon intendant ; serait-il possible par votre moyen d'avoir des lettres de recommandation du Bouton pour moi ? Vous m'obligeriez infiniment.

Mon adresse, s'il vous plait, sera M[onsieur] Estienne Morin, négociant au Port-au-Prince ; comme il y a un autre Morin, en mettant Estienne Morin on me distingue.

Mille respects, s'il vous plait, à Madame notre chère sœur, et à tous nos chers frères et sœurs.

Le sieur Duchaine qui vous remettra la présente a un privilège pour établir une imprimerie en cette ville ; c'est un fort honnête homme, je vous en prie de lui rendre tous les services qui dépendront de vous ; il se chargera de vos dépêches pour moi et de tous les ordres que vous voudrez bien m'envoyer en tout ce que vous me jugerez capable. Pourriez envoyer les paquets pour la Loge et pour moi à Monsieur Gabriel Rateau, négociant au Port-au-Prince, à Saint-Domingue.

Monsieur Pierre Isaac Rastau of La Rochelle to set aside the necessary sums which have to be paid under the new regulations of the [Grand] Lodge of France: if he has not been informed about this I beg you, my Dear Brother, to do so and to mention us to Brother Lartigue in Bordeaux or Monsieur Isaac Rastau, merchant, of La Rochelle, who will reimburse you.

I am, with most sincere feelings of friendship my Dear and R[espectable] B[rother], your very humble and very obedient servant and brother,

MORIN

We have here M[onsieur] Comte d'Estin, a new General, and M[onsieur] de Magon, as Surveyor. Would it be possible for me to make use of your services to get hold of the letters of recommendation from Le Bouton? I would be infinitely obliged.

Please note that my address is M[onsieur] Estienne Morin, merchant, Port-au-Prince; there is another Morin here, so please put Estienne Morin to distinguish me.

Please send my very best wishes to Madame, our dear sister, and to all our brothers and sisters.

Monsieur Duchaine, who will hand you this letter, has been granted a licence to set up a printing-press in this town. He is a very honourable man, and I beg you to give him all the assistance you can. He will deal with your dispatches for me and with all the orders which may wish to send to me relating to all those matters where you think I can be of assistance. Please send the mail for the Lodge and myself to Monsieur Gabriel Rateau, merchant, at Port-au-Prince, Saint-Domingue.

Archives de la Grande Loge d'Ukraine N° 915 M.

De la Parfaite Harmonie, à l'Orient du Port-au-Prince,
Ile et Cote de Saint-Domingue le 11ième jour du 9ième mois de l'année M[açonni]que 5765 A. D.

Archives of the Grand Lodge of Ukraine No. 915 M.

From the Lodge "La Parfaite Harmonie" at the Orient of Port-au-Prince,
Island and Coast of Saint-Domingue, this 11th day of the 9th month of the Masonic Year 5765

le 7 Mars 1765.
T[res] R[espectable] F[rères] (Lantoine et Dauburtin pour Daruty.)

En vertu des pouvoirs que votre Grande et Souveraine Loge m'a accordé en date du second mois de l'année maçonnique 5760, et suivant le style ordinaire le 28 Aout 1761, signés par le T[rès] R[espectable] F[rère] Chaillon de Jonville, substitut général, De la Corne, Brest de la Chaussée, Maximilien de Saint Simon, Savalete de Buchelay, Saunier, Topin, Comte de Choise[u]l, Boucher de Lenoncourt et Herbin, lesquels pouvoirs me constituent inspecteur de toutes les L[oges] de l'Amérique sous la domination française et Vénérable Maitre à perpétuité d'une Loge Symbolique de la Parfaite Harmonie avec la liberté de la tenir dans les lieux où je serai à même de faire ma résidence.

Les fâcheux évènements qui me sont survenus depuis mon départ de France jusqu'à mon arrivée à Saint-Domingue m'ont privé depuis longtemps de cette gracieuse satisfaction que tout bon Maçon ressent en travaillant à l'agrandissement de l'Art Royal.

Sitôt mon arrivée à Saint-Domingue, j'ai fait usage de mes pouvoirs, j'ai visité et inspecté les L[oges] déjà établies, et ai fait part de mes opérations au T[rès] R[espectable] F[rère] Chaillon de Jonville notre Substitut Général par des lettres particulières en date du 21 Juillet 1763. Ce R[espectable] F[rère] me fit passer en réponse les nouveaux statuts et règlements arrêtés par les 14 commissaires le 25 Novembre 1762.

Les L[oges] que j'eus la satisfaction de visiter et inspecter conformément à mes pouvoirs se soumirent avec plaisir à vous demander la ratification de leurs constitutions, l'approbation de leurs travaux et votre protection. Elles adressèrent par duplicata, l'un en date du 26 Février 1763, l'autre en date du 28 Juin de la même année, leurs suppliques aux T[rès] R[espectable] F[rères] De la Chaussée et Devaux du Mourier qui voulurent bien se charger de les présenter à votre R[espectable] G[rand] et S[ouverain] L[oge] de même que le Catalogue des F[rères] qui composent les leurs.

Les L[oges] suppliantes sont:

or March 7th 1765 AD.
M[ost] R[espectable] B[rothers] (Lantoine and Dauburtin for Daruty.)

By virtue of the powers that your Grand and Sovereign Lodge granted me in the second month of the Masonic year 5760, or in the ordinary style August 28th 1761, signed by the M[ost] R[espectable] B[rother] Chaillon de Jonville, Substitute-General, De la Corne, Brest de la Chaussée, Maximilien de Saint Simon, Savalete de Buchelay, Saunier, Topin, Comte de Choise[u]l, Boucher de Lenoncourt and Herbin, which powers duly appoint me Inspector of all L[odges] of America under French jurisdiction and Worshipful Master in perpetuity of a Symbolic Lodge La Parfaite Harmonie with the right to open this lodge wherever I can establish my residence.

The unfortunate events that befell me between my departure from France and my arrival in Saint-Domingue have deprived me for a long time now of the delicate satisfaction that all good Masons should feel when working on the further expansion of the Royal Art.

However, as soon as I arrived in Saint-Domingue I started to use my authority by visiting and inspecting the L[odges] which had already been established. I sent details of my work to the M[ost] R[espectable] B[rother] Chaillon de Jonville, our Substitute-General, in specific letters dated 21st July 1763. In reply this R[espectable] B[rother] sent me the new statutes and regulations adopted by the 14 Commissioners on November 25th 1762.

The L[odges] which I had the pleasure of visiting and inspecting in accordance with my powers were very happy to agree to have you ratify their constitutions, approve their work and offer them your protection. They addressed duplicates of their petitions, one dated February 26th 1763, the other dated June 28th of the same year, to the M[ost] R[espectable] B[rothers] De la Chaussée and Devaux du Mourier, who were more than willing to assume the task of presenting them to your R[espectable] G[rand] and S[overeign] Lodge in the same way as the Catalogue of the B[rethren] who are members of their own Lodges.

1° La Concorde des Cayes du fond de l'Ile à Vache.

2° La Concorde de Saint-Marc.

3° La Parfaite Union du Port-au-Prince.

Pour ne pas me trouver en défaut à l'arrivée des Statuts et nouveaux Règlements, j'ai fait choix de plusieurs f[rères] membres de différentes L[oges] régulièrement constituées, soit de la Colonie, ou de France, pour former ma L[oge] La Parfaite Harmonie ; je la tiens une ou deux fois le mois, et j'ai lieu d'être satisfait du zèle que tous nos chères f[rères] témoignent à s'instruire, ce qui fait notre unique travail, a la réserve cependant de l'admission de deux prosélytes[100] qui méritent par leurs vertus de connaitre la vraie lumière.

Je joins ici le catalogue des f[rères] qui composent la Loge La Parfaite Harmonie ; j'espère que vous voudrez bien leur accorder ainsi qu'à moi votre amitié, nous ne cesserons de faire des vœux pour la prospérité de vos travaux.

Le frère Gourdon, capitaine réformé à la suite du Régiment de Boulonnais, porteur de cette lettre, est un zélé Maçon, enfant de la Loge La Parfaite Union, du Port-au-Prince, membre affilié de la Parfaite Harmonie ; les regrets de tous nos f[rères] sur son départ sont inexprimables, je ne puis en mon particulier vous mieux témoigner le mien et le cas que j'en fais qu'en vous le recommandant et vous l'annonçant digne de vos faveurs. Le devoir de ma charge m'engage à vous faire part qu'il s'est déjà présenté dans les L[oges] qui nous sont inconnues ; je pense qu'il serait nécessaire que nous eussions le Tableau des L[oges] régulières de France et de ses dépendances outre-mer, principalement celles de Paris; ce moyen serait très propre à obvier à bien des abus.

Comme mon séjour n'est pas fixe au Port-au-Prince et que mes affaires m'appellent souvent ailleurs, daignez T[rès] R[espectable] F[rères] adresser ce que j'ai l'avantage de vous demander au F[rère] de Pradines, curé de Port-au-Prince.

Veuille le G[rand] A[rchitect] de L['Univers] répandre ses bénignes influences.

Je suis avec l'amitié la plus fraternelle par les N[om]bres M[ystérieu]x qui nous, T[rès]

The petitioning L[odges] are:

1. La Concorde of Les Cayes du Fond, Ile à Vache.

2. La Concorde of Saint-Marc.

3. La Parfaite Union of Port-au-Prince.

So that you do not find me in default upon the arrival of the new Statutes and Regulations I have already chosen several B[rethren] members of different regularly constituted L[odges], either within the colony, or in France to form my L[odge] La Parfaite Harmonie. I open it once or twice a month and have good reason to be satisfied with the eagerness to learn that all our dear B[rethren] display. This is our sole activity, with the exception of the admission of two proselytes whose virtues certainly make them worthy to know the true light.

I enclose the catalogue of the B[rethren] who compose the Lodge La Parfaite Harmonie. I hope that you will extend your friendship to them and to me also. We for our part shall not cease to wish you every success in your own work.

Brother Gourdon, a half-pay captain following the Boulonnais Regiment, who is the bearer of this letter, is a zealous Mason, a son of the Lodge La Parfaite Union in Port-au-Prince, and an associate member of the Lodge La Parfaite Harmonie. We cannot express how upset our B[rethren] were at his departure. For my part I cannot give better testimony of my own feelings and of the case that I would make on his behalf than by recommending him to you and informing you that he is well deserving of your favours. It is however my official duty to inform you that he has already visited L[odges] which are unknown to us. I think we should have a copy of the table of regular L[odges] in France and her overseas dependencies, and in particular those of Paris. This would be a very good way of avoiding abuses.

As my stay in Port-au-Prince is open-ended and my business often calls me elsewhere, deign the M[ost] R[espectable] B[rethren] to send whatever I have had the opportunity of asking you for c/o B[rother] Pradines, curé of Port-au-Prince.

May the G[reat] A[rchitect] of the [Universe]

R[espectable] F[rères]

shower His benign influence upon you.

I am, with the most fraternal friendship by the M[ysterious] N[um]bers that unite us, M[ost] R[espectable] B[rethren],

Votre très affectionné serviteur et F[rère] MORIN V[enerable] M[aitre] de la Parfaite Harmonie.

Your very affectionate servant and B[rother] MORIN, W[orshipful] M[aster] of La Parfaite Harmonie.

INDEX DOCUMENTS « SHARP »
INDEX "SHARP" DOCUMENTS

Traduit en anglais, largement amendé, corrigé et augmenté sur la base de l'index de G. Prinsen.
Transcribed, translated, extensively amended, corrected, and expanded.

Nom / Surname	**Abel**
Atelier / Lodge	La Sagesse
Orient	Toulouse

Observations
Signa l'attestation de 1785 en faveur des dissidents de la Parfaite Amitié.
Signed the 1785 attestation in favour of the dissidents of La Parfaite Amitié.

Référence	Sharp 88 (1785)

Nom / Surname	**Albene**
Atelier / Lodge	La Française de Saint-Joseph des Arts
Orient	Toulouse

Observations
Signa l'attestation de 1785 en faveur des dissidents de la Parfaite Amitié.
Signed the 1785 attestation in favour of the dissidents of La Parfaite Amitié.

Référence / Reference
Sharp 88 (1785)

Nom / Surname	**ALBERT** (d') duc de Luynes
Prénom(s) / First name(s)	Louis, Joseph, Charles, Amable
Qualité / Quality	Mestre de camp du régiment Colonel-Général Dragons, (1769), maréchal de camp (1781), colonel général de Dragons (1783). Camp Master of the Colonel-Général Dragons regiment (1769), Colonel General of the Dragoons (1783).
Atelier / Lodge	La Candeur
Orient	Paris

➡1748-1807 – Issu de la haute noblesse, il se joint au tiers état lors de l'Assemblée constituante de 1789. Devenu conseiller général de la Seine (1800), puis maire du 9e arrondissement, il se rallie ensuite à l'Empire. Il est nommé sénateur et obtient la Légion d'honneur. Il est inhumé au Panthéon avant d'être rendu à sa famille.

Membre du Suprême Conseil Écossais (an XIII), Grand Architecte d'Honneur du Grand Orient, Grand Aumônier du Grand Orient vers 1805.

➡1748-1807 – A member of the high aristocracy, he joined the representatives of the tiers état* at the 1789 National Constituent Assembly. He became General Councillor of the Seine Département in 1800, and mayor of the 9th Parisian district. He subsequently rallied with the Empire, became a senator and was awarded the Legion of Honour. He was buried in the Pantheon before his body was returned to his family.

Member of the Ecossais Supreme Council (An III, i.e. 1794-1795), Honorary Grand Architect of the Grand Orient, Grand Almoner of the Grand Orient around 1805.
* Third Estate, representing commoners.

Référence	Sharp 90

Nom / Surname	**Andrieu**
Atelier / Lodge	Les Cœurs Réunis
Orient	Toulouse

Observations
Signa l'attestation de 1785 en faveur des dissidents de la Parfaite Amitié.
Signed the 1785 attestation in favour of the dissidents of La Parfaite Amitié.

Référence	Sharp 88 (1785)

Nom / Surname	**Arbassere**
Atelier / Lodge	La Paix
Orient	Toulouse

Compromis dans l'affaire du bal, il fut exclu à perpétuité en 1784.
He was incriminated in the case of the public ball and permanently expelled in 1784.

Référence / Reference	Sharp 83 (1784)

Nom / Surname	**Arnauld**
Atelier / Lodge	Saint-Jean de Jérusalem Écossaise
Orient	Cap-Français

Observations
Député Grand Maître en 1753.
Deputy Grand master in 1783.

Référence / Reference	Sharp 44 (1753)

Nom / Surname	**Audebert**
Atelier / Lodge	Saint-Jean de Jérusalem Écossaise
Orient	Saint-Pierre de la Martinique

Député Grand Maître en 1753.
Deputy Grand Master in 1753.

Référence / Reference	Sharp 44 (1753)

Nom / Surname	**Audibert**
Atelier / Lodge	Parfaite Loge d'Écosse
Orient	Marseille

Grand Trésorier en 1750.
Grand Treasurer in 1750.

Référence / Reference	Sharp 9 (1750)

Nom / Surname	**Auger**
Atelier / Lodge	Elus Parfaits
Orient	Bordeaux
Référence / Reference	Sharp 67 (1770)

Nom / Surname	**Augereau** (duc de Castiglione)

Prénom(s) / First name(s)	Pierre François
Qualité / Quality	Maréchal et pair de France
	Field Marshal and Peer of the Empire
Atelier / Lodge	Les Enfants
Orient	Régiment du 27ᵉ léger
	27ᵗʰ Regiment of Light Cavalry

➡1757-1816. L'un des seuls Parisiens d'origine parmi les généraux de la Révolution et de l'Empire. Fils d'un domestique et d'une fruitière, Augereau s'engage à dix-sept ans, puis passe dans l'armée napolitaine. En 1790, il rentre de Naples où il avait fini par devenir maître d'armes, et s'engage comme volontaire. Général de division en 1793, envoyé à l'armée d'Italie en fin 1795, il entre alors dans la légende épique comme l'un des meilleurs lieutenants de Bonaparte. Celui-ci l'envoie à Paris pour juguler les menées royalistes des clichyens en août 1797 ; grâce aux troupes envoyées de Sambre-et-Meuse par Hoche, Augereau mène à bien le coup d'État du 18-Fructidor ; il nourrit dès lors une ambition politique très supérieure à ses moyens intellectuels. Député en 1799 aux Cinq-Cents, il siège à gauche et s'oppose au 18-Brumaire, puis fronde pendant le Consulat ; Napoléon le comprend néanmoins dans la première liste des maréchaux et lui confie en 1805 le 7e corps de la Grande Armée. Excellent divisionnaire, Augereau va se trouver moins à l'aise, malgré sa valeur, à la tête de masses plus considérables ; à Eylau, il verra son corps d'armée presque anéanti à la suite de ses fausses manœuvres. En 1814, Napoléon lui confie l'armée de l'Est ; Augereau, usé, défaitiste, se laisse manœuvrer et battre, malgré les objurgations de Napoléon qui l'appelle à « reprendre ses bottes et sa résolution de 93 » ; dès le début d'avril, il lance une proclamation où il injurie vilement le Corse, auquel il dénie jusqu'à la nationalité française, et fait passionnément l'éloge de la cocarde blanche : aux Cent-Jours, malgré de nouveaux efforts pour rentrer en grâce auprès de Napoléon, il sera rayé de la liste des maréchaux. La seconde Restauration se passera de ses services.

Jean MASSIN *Encyclopedia Universalis*

Dignitaire du Grand Orient, il fut Premier Grand Surveillant et Grand Hospitalier.

➡Pierre-François-Charles Augereau, duke of Castiglione, (born October 21, 1757, Paris, France - died June 12, 1816, La Houssaye), army officer whose military ability won for France a series of brilliant victories in Italy under Napoleon's command.

He carried out the coup d'état of 18 Fructidor (September 4, 1797) and was elected a deputy and secretary of the Assembly in 1799. Augereau opposed Napoleon's coup d'État of 18 Brumaire (November 9, 1799) and was consequently given unimportant commands from 1800 to 1805. Yet he was made a Marshal of France in 1804.

In 1806 Augereau commanded a corps at the Battle of Jena. At the Battle of Eylau (February 7–8, 1807), his corps, misdirected in a snowstorm, lost half its numbers. Nevertheless, in 1808 Napoleon named him duc de Castiglione and gave him a new command in Catalonia, in Spain, where he was soon defeated. Recalled to France in 1810, he was given only a minor post during Napoleon's invasion of Russia in 1812. He continued fighting in Germany the following year, but after the losses at the Battle of Leipzig (October 16–19, 1813) he returned to France.

After another defeat at Lyon, in 1814, he bitterly attacked Napoleon and declared himself a royalist after the First Restoration of the Bourbon monarchy (1814). Louis XVIII rewarded Augereau for his anti-Napoleonic sentiments, and when he again offered his services to Napoleon in 1815, he was ignored. After the Battle of Waterloo, the king gave him no command, and he retired to his estate at La Houssaye.

Encyclopaedia Britannica

Pierre-François-Charles Augereau was a dignitary of the grand Orient, in the capacities of Senior Grand Warden and Grand Almoner.

Référence / Reference	Sharp 90

Nom / Surname	**Auguié**
Orient	Toulouse ou/or Figeac
Référence / Reference	Sharp 70 (1770)

Nom / Surname	**Aymar**
Atelier / Lodge	Vrais Amis Réunis
Orient	Toulouse

Premier Surveillant en 1785, il signa l'attestation en faveur des dissidents de la Parfaite Amitié.
Senior Warden in 1785, he signed the statement in favour of the dissidents of la Parfaite Amitié.

Référence / Reference	Sharp 88 (1785)

Nom / Surname	**Baillon**
Atelier / Lodge	Les Cœurs Réunis
Orient	Toulouse

Il signa l'attestation en faveur des dissidents de la Parfaite Amitié.
He signed the statement in favour of the dissidents of la Parfaite Amitié.

Référence / Reference	Sharp 88 (1785)

Nom / Surname	**Bajoux**
Atelier / Lodge	La Française de Saint Joseph des Arts
Orient	Toulouse

Il signa l'attestation en faveur des dissidents de la Parfaite Amitié.
He signed the statement in favour of the dissidents of la Parfaite Amitié.

Référence / Reference	Sharp 88 (1785)

Nom / Surname	**Balanqué**
Prénom(s) / First name(s)	Sauveur
Qualité / Quality	Officier de marine, commandant une frégate, ensuite capitaine du port de Cap-Français. Naval Officer, captain of a frigate, later captain of the port of Cap-Français.
Atelier / Lodge	La Concorde et Ateliers Supérieurs souchés sur celle-ci. La Concorde and higher degrees Lodges, attached to La Concorde
Orient	Les Cayes
Référence / Reference	Sharp 56 (1757)

Nom / Surname	**Barneval** (comte de)
Prénom(s) / First name(s)	Nicolas
Atelier / Lodge	Clermont
Orient	Toulouse

➡ 1726-1813. Vénérable en 1785, il signa l'attestation en faveur des dissidents de la Parfaite Amitié. Fils de Richard, comte Barnwall de Trimelstown, en Irlande, fondateur à la suite de son père de la Franc-maçonnerie bordelaise, fondateur en 1742 de Saint-Jean l'Ancienne, il jouissait d'un très grand prestige dans la Maçonnerie toulousaine.
➡ 1726-1813. W. Master in 1785, he signed the statement in favour of the dissidents of la Parfaite Amitié. The son of Richard Count Barnwall of Trimelstown in Ireland, founder after his father of freemasonry in Bordeaux, he enjoyed a great prestige with freemasons in Toulouse.

Référence / Reference	Sharp 88 (1785) – Fonds Bossu BNF

Nom / Surname	**Baron**
Qualité / Quality	Prêtre / Priest
Atelier / Lodge	La Française de Saint-Joseph des Arts
Orient	Toulouse
Il signa l'attestation en faveur des dissidents de la Parfaite Amitié.	
He signed the statement in favour of the dissidents of la Parfaite Amitié.	
Référence / Reference	Sharp 88 (1785)

Nom / Surname	**Barousse**
Atelier / Lodge	La Française de Saint-Joseph des Arts
Orient	Toulouse
Il signa l'attestation en faveur des dissidents de la Parfaite Amitié.	
He signed the statement in favour of the dissidents of la Parfaite Amitié.	
Référence / Reference	Sharp 88 (1785)

Nom / Surname	**Barreau**
Atelier / Lodge	La Française de Saint-Joseph des Arts
Orient	Toulouse
Il signa l'attestation en faveur des dissidents de la Parfaite Amitié.	
He signed the statement in favour of the dissidents of la Parfaite Amitié.	
Référence / Reference	Sharp 88 (1785)

Nom / Surname	**Bastard**
Atelier / Lodge	Clermont
Orient	Toulouse
Il signa l'attestation en faveur des dissidents de la Parfaite Amitié.	
He signed the statement in favour of the dissidents of la Parfaite Amitié.	
Référence / Reference	Sharp 88 (1785)

Nom / Surname	**Bâtard**
Atelier / Lodge	La Parfaite Harmonie
Orient	Nouvelle-Orléans / New Orleans
➡Simple Maître symbolique en 1752, il fit partie de la délégation envoyée par les FF∴ de la Nouvelle-Orléans à Saint-Pierre de la Martinique pour obtenir la Constitution octroyée par la Parfaite Union à la Parfaite Harmonie.	
➡As a simple Craft Master, he was a member of the delegation sent by the New Orleans Brethren to Saint-Pierre de la Martinique in order to obtain the Constitution sent by La Parfaite Union to La Parfaite Harmonie.	
Référence / Reference	Sharp 40 (1752); Sharp 72 (1752)

Nom / Surname	**Beauharnais** (marquis de)
Prénom(s) / First name(s)	François
Qualité / Quality	Ambassadeur / Ambassador
Atelier / Lodge	L'Amitié Française puis/then L'Amitié Fraternelle
Orient	Loges militaires du régiment de Ségur et du régiment de Belzunce. Military lodges with the Ségur and Belzunce regiments.
➡1756-1846 - Né à La Rochelle le 10 août 1756, capitaine au régiment de Ségur-Dragons, colonel	

à la suite en 1785, député suppléant de la noblesse de Paris aux états généraux, appelé à siéger le 3 novembre 1789, en remplacement de Lally-Tollendal. Émigré après le 10 août 1792, major-général de l'Armée de Condé, rentre en 1802, ambassadeur en Étrurie, puis en Espagne. Rentre dans la vie privée après 1815.

P. L. In Daniel Ligou – *Dictionnaire de la franc-maçonnerie.*

Grand Officier d'honneur du Grand Orient il fut aussi Grand Conservateur Général du Grand Chapitre des Rites.

➡Born La Rochelle August 10 1756, Captain in the Ségur regiment of dragoons, colonel in 1785, alternate representative for the Paris nobility at the États Généraux, he sat on November 3rd 1789, substituting Lally-Tollendal. He emigrated after August 10th 1792 and became a major-general in the army of Condé. Back in 1802 he was ambassador to Etruria and later to Spain. He left public service after 1815.

P. L. In Daniel Ligou – *Dictionnaire de la franc-maçonnerie.*

Honorary Grand Officer of the Grand Orient, he was also General Grand Custodian of the Grand Chapter of Rites.

Référence / Reference	Sharp 90

Nom / Surname	**Beaujoy**
Atelier / Lodge	La Sagesse
Orient	Toulouse

Orateur en 1785, il signa l'attestation de 1785 en faveur des dissidents de la Parfaite Amitié.

Orator in 1785, he signed the statement in favour of the dissidents of la Parfaite Amitié.

Référence / Reference	Sharp 88 (1785)

Nom / Surname	**Beausset (de)**
Prénom(s) / First name(s)	Fortuné
Atelier / Lodge	Parfaite Loge d'Écosse
Orient	Marseille
Référence / Reference	Sharp 9 (1750)

Nom / Surname	**Beausset (de)**
Prénom(s) / First name(s)	Rodolphe
Atelier / Lodge	Saint-Jean de Jérusalem et/and Parfaite Loge d'Écosse
Orient	Marseille

Vénérable de Saint-Jean de Jérusalem en 1750.

W. Master of Saint-Jean de Jerusalem in 1750.

Référence / Reference	Sharp 9 (1750)

Nom / Surname	**Bedos**
Atelier / Lodge	La Française de saint-Joseph des Arts
Orient	Toulouse

Maître des cérémonies en 1785, il signa l'attestation de 1785 en faveur des dissidents de la Parfaite Amitié.

Master of Ceremonies in 1785, he signed the statement in favour of the dissidents of la Parfaite Amitié.

Référence / Reference	Sharp 88 (1785)

Nom / Surname	**Bedos**

Orient	Toulouse

Rose✠ Croix en 1807, il participa à la réception en l'honneur de Cambacérès.

Rose✠ Croix in 1807, he took part in the reception in the honour of Cambacérès. Possibly the same as the one in the above entry.

Référence / Reference	Sharp 80 (1807)

Nom / Surname	**Belin**
Atelier / Lodge	La Française de saint-Joseph des Arts
Orient	Toulouse

Terrible en 1785, il signa l'attestation de 1785 en faveur des dissidents de la Parfaite Amitié.
Bro. Terrible In 1785, he signed the statement in favour of the dissidents of la Parfaite Amitié.

Référence / Reference	Sharp 88 (1785)

Nom / Surname	**Benaben** (cadet / the younger)
Qualité / Quality	Négociant / Merchant
Atelier / Lodge	Parfaite Loge d'Écosse
Orient	Toulouse

Premier Grand Surveillant en 1750.
Grand Senior Warden in 1750.

Référence / Reference	Sharp 10 (1750) ; Sharp 27 (175(1) ; Sharp 39 (1752)

Nom / Surname	**Benazet**
Orient	Toulouse

➡Il participa à la réception de Cambacérès, en 1807 et semble avoir été, selon sa signature. Rose✠ Croix à cette date.

➡He took part in the reception in the honour of Cambacérès. His signature seems to indicate that he was a Rose✠ Croix on that date.

Référence / Reference	Sharp 80 (1807)

Nom / Surname	**Bergès**
Atelier / Lodge	La Paix
Orient	Toulouse

Compromis dans « l'affaire du bal », il fut exclu pour six mois en 1784.
He was incriminated in the case of the public ball and expelled for six months in 1784.

Référence / Reference	Sharp 83 (1784)

Nom / Surname	**Bermont d'Ales d'Anduze** (comte de)
Qualité / Quality	Abbé, vicaire général.
	Priest, vicar General.

➡Grand Expert Adjoint du Grand Chapitre Général, il fut fait membre actif du Suprême Conseil de France en 1804 par Grasse-Tilly.

➡Deputy Grand Expert of the General Grand Chapter, Grasse-Tilly made him a member of the Supreme Council of France in 1804.

Référence / Reference	Sharp 90

Nom / Surname	**Bermond d'Ales d'Anduze** (comte de)
Prénom(s) / First name(s)	Jean Joseph Henri Augustin

Qualité / Quality	Ancien chanoine-comte de Vienne, vicaire général honoraire d'Arras Former Count-Canon of Vienne, Honorary Vicar General of Arras.
Atelier / Lodge	Saint Alexandre d'Écosse
Orient	Paris

➡1757 - ? - Il fut l'un des derniers hommes d'Église à soutenir au nom des libertés gallicanes le non-validité des condamnations pontificales de la Franc-maçonnerie.
Grand Expert Adjoint du Grand Chapitre Général, il fut fait membre actif du Suprême Conseil de France en 1804 par Grasse-Tilly.
➡1757 - ? – One of the last churchmen who argued that the Pope's condemnations of freemasonry were not valid because of the legal franchises of the French state regarding church matters.
Deputy Grand Expert of the General Grand Chapter, he was made an active member of the Supreme Council of France by de Grasse Tilly in 1804.

Référence / Reference	Sharp 90

Nom / Surname	**Bernard Seissat** (de)
Atelier / Lodge	Élus Parfaits
Orient	Bordeaux

➡Premier Grand Surveillant en 1750, Grand Maître en 1752 et Député Grand Maître en 1754. Il était à la Martinique en 1751 et fit un rapport favorable à Veyres et Colisson. Il y était encore début 1752. Rentré à Bordeaux, il fit partie des FF∴ des Élus Parfaits qui furent élevés au grade de Grand Maître Architecte le 16 juin 1754.
➡Senior Grand Warden in 1750, Grand Master in 1752, Deputy Grand Master in 1754. He was in Martinique in 1751 and made a favourable report about Veyre and Colisson. After he returned to Bordeaux, he was one of those Elus Parfaits who were raised to the degree of Grand Master Architect on June 16 1754.

Référence / Reference	Sharp 32 (1752) ; Sharp 33 (1752) ; Sharp 121 (1754)

Nom / Surname	**Berthier** (de)
Prénom(s) / First name(s)	Firmin
Atelier / Lodge	Clermont
Orient	Toulouse

Garde des Sceaux, il signa l'attestation de 1785 en faveur des dissidents de la Parfaite Amitié.
Keeper of the Seals, he signed the statement in favour of the dissidents of la Parfaite Amitié.

Référence / Reference	Sharp 88 (1785)

Nom / Surname	**Berthomieux**
Atelier / Lodge	Élus Parfaits
Orient	Bordeaux

Il installa, par mandement et sur ordre de Lamolère de Feuillas, la loge Écossaise de Saint-Marc.
By order and commission of Lamolère de Feuillas, he installed the Ecossais lodge of Saint-Marc.

Référence / Reference	Sharp 45 (1752) ; Sharp 46 (1752) ; Sharp 106 (1753)

Nom / Surname	**Berton**
Atelier / Lodge	Saint-Jean de Jérusalem Écossaise
Orient	Cap-Français
Référence/ Reference	Sharp 7 (1748)

Nom / Surname	**Bertoux**

Prénom(s) / First name(s)	Antoine
Qualité / Quality	« Habitant » de la Martinique, d'origine picarde.
	Landowner-operator in the Martinique, originally from Picardy.
Atelier / Lodge	Parfaite Union et / and Parfaite Loge d'Écosse
Orient	Saint-Pierre de la Martinique

Maître Élu et Chevalier d'Orient en 1750, il fut Premier Grand Surveillant
Elect Master and Knight of the East, he was Senior Grand Warden.

Référence / Reference	Sharp 13 (1750); Sharp 18 (1750); Sharp 19 (1750)

Nom / Surname	**Bérindouague**
Prénom(s) / First name(s)	Martin
Qualité / Quality	"Habitant" / Landowner-operator
Atelier / Lodge	La Concorde et Ateliers Supérieurs souchés sur cette Loge.
	La Concorde and higher degree lodges attached to that Lodge.
Orient	Les Cayes

➡Bérindouague fut l'un des premiers Députés-Inspecteurs de Morin. Il ne semble pas avoir été très actif en cette qualité. En 1774, le courrier de sa Loge lui était adressé. Une famille Bérindouague, assez nombreuse, résidait dans la région des Cayes.
➡He was one of Morin's first Deputy-Inspectors. He does not seem to have been very active in that capacity. In 1774 he was sent a letter by his Lodge. A somewhat numerous Bérindouague family resided in the region of Les Cayes.

Référence / Reference	Sharp 56 (1757); Sharp 57 (1757)

Nom / Surname	**Beville**
Atelier / Lodge	Saint Jean de Jérusalem Écossaise
Orient	Cap-Français
Observations	Député Grand Maître en 1752. Deputy Grand master in 1752.
Référence / Reference	Sharp 34 (1752)

Nom / Surname	**Bigarré**
Qualité / Quality	Cordonnier / Shoemaker
Atelier / Lodge	Saint-Charles
Orient	Paris

➡Vénérable Maître inamovible, membre du groupe Pény, exclu en 1766 et réintégré en 1771, il opta pour la Grande Loge maintenue.
➡W. Master ad vitam, he was a member of the Pény party, expelled in 1766 and reinstated in 1771. He opted for the maintained Grand lodge.

Référence / Reference	Sharp 129 (1772)

Nom / Surname	**Bizoton de Lamotte**
Prénom(s) / First name(s)	Charles Gabriel
Qualité / Quality	Gouverneur de l'Ouest de Saint-Domingue.
	Governor of West St Domingue.
Atelier / Lodge	La Concorde et/and Parfaite Loge d'Écosse
Orient	Saint-Marc

➡Grand Maître de la Parfaite Loge d'Écosse à sa fondation (1753).
[Capitaine à Saint-Domingue (1725). Aide-major à l'Artibonite (1727). Major à la Grande-Anse et à Léogane (1734). Chevalier de Saint-Louis, lieutenant de roi au Petit-Goave (1738), puis à

l'Artibonite (1739). Gouverneur de la partie de l'Ouest (1755). Époux de Françoise Pelle. *[Index Moreau de St Méry].*

Il eut au moins un fils, Charles-Michel Bizoton des Petits-Bois. [Captain in Saint-Domingue (1725). ➡Grand Master at the foundation of the Parfaite Loge d'Écosse (1753).

Assistant-Major at l'Archibonite (1727). Major at Grande-Anse and Léogane (1734). Knight of St Louis, King's Lieutenant at Petit-Goave (1738), and later at l'Archibonite (1739). Governor of West Saint-Domingue (1755). Married Françoise Pelle. *[Index Moreau de St Méry].*

Father of Charles-Michel Bizoton des Petits-Bois.

Référence / Reference	Sharp 45 (1752); Sharp 46 (1752)

Nom / Surname	**Blancard**
Prénom(s) / First name(s)	Jacques
Atelier / Lodge	Parfaite Union puis/*later* Parfaite Loge d'Écosse
Orient	Saint-Pierre de la Martinique

➡Maître en 1750, au moment de la fondation de la Loge. Il se donnait pour l'ancien vénérable de la Loge de Nîmes (une loge St Jean y a existé vers 1750, selon le registre d'Avignon). C'est ce Blancard qui croit Morin originaire de la Martinique. Reçu courant 1750, il fut Grand Secrétaire de la Parfaite Loge d'Écosse en 1751 et Orateur de la Parfaite Union en 1750.

➡Master Mason in 1750 when the Lodge was created, he styled himself past master of the Lodge of Nîmes (there was a Lodge of St John there in 1750 according to the Register of Avignon). He believed that Morin was from the Martinique. He was received in 1750 and became Grand Secretary of the Parfaite Loge d'Écosse in 1751. He was Orator at the Parfaite Union in 1750.

Référence Sharp 13 (1750) ; Sharp 16 (1750) ; Sharp 29 (1751) ; Sharp 30 (1751) ; Sharp 47 (1753) ; Sharp 117 (1750)	

Nom / Surname	**Boisfermé**
Atelier / Lodge	Parfaite Loge d'Écosse
Orient	Saint-Pierre de la Martinique

➡Il fut, avec trois autres FF∴ exclu en 1750 parce ce que « ses Lumières étaient trop imparfaites et diffuses ».

➡Expelled in 1750 together with three other Brethren because "he was too imperfectly and too vaguely enlightened".

Référence / Reference	Sharp 19 (1750)

Nom / Surname	**Bojat** (de)
Prénom(s) / First name(s)	Jean-Ignace
Qualité / Quality	Conseiller au Parlement de Toulouse Counsellor at the Parlement of Toulouse
Atelier / Lodge	Parfaite Loge d'Écosse
Orient	Toulouse

➡?-1772. Beau-frère des Monteron, il prit fait et cause pour eux dans la fameuse « aventure toulousaine ».

➡?-1772. Brother-in-law of the Monteron, he espoused their cause in the famous "Toulouse adventure".

Référence Sharp 10 (1750); Sharp 23 (1750) ; Sharp 25 (1750) ; Sharp 27 (1750) ; Sharp 105 (1750) ; Sharp 107 (1750)	

Nom / Surname	**Bonaparte**

Prénom(s) / First name(s)	Joseph
Qualité / Quality	Son illustre frère fit de lui un roi de Naples puis d'Espagne. His illustrious brother made him, King of Naples and later King of Spain.
Atelier / Lodge	La Parfaite Sincérité (il y fut initié le 8 octobre 1793) Initiated October 8 1793.
Orient	Marseille

➡1768-1844. Grand Maître du Grand Orient de France en 1804, il le demeura jusqu'à la chute de l'Empire et le redevint pendant les Cent Jours. À Naples et en Espagne, il fut le Grand Maître des Grands Orients locaux. Époux de Julie Clary. Il se réfugia en Amérique après 1815.

➡1768-1844. Grand Master of the Grand orient of France in 1804 until the fall of the Empire, and again during the "Cent Jours", i.e. Napoleon's brief return to power from his exile on the Isle of Elba until Waterloo. A 111 days period. In Naples as well as in Spain, he was Grand Master of the local Grand Orients. Husband of Julie Clary. He took refuge in America after 1815.

Référence / Reference	Sharp 90

Nom / Surname	**Bonaparte**
Prénom(s) / First name(s)	Louis
Qualité / Quality	Roi de Hollande sous l'Empire King of Holland under Napoleon

➡1778-1846. Aide de camp de son frère pendant les campagnes d'Italie et d'Égypte, il fut contraint par Napoléon d'épouser Hortense de Beauharnais en 1802. Plus tard, en 1806, nommé roi de Hollande, il s'opposa à l'Empereur au sujet du Blocus Continental et contraint d'abdiquer en 1810. Très éphémère Grand Maître Adjoint du Grand Orient de France.

➡1778-1846. Aide-de-camp to his brother during the campaigns of Italy and Egypt, Napoleon forced him to marry Hortense de Beauharnais in 1802. He was later made King of Holland and opposed the emperor on the matter of the continental blockade. He had to abdicate in 1810. Transitory Deputy Grand Master of the Grand Orient of France.

Nom / Surname	**Bonneserre**
Orient	Toulouse

➡Désigné, en 1785, comme enquêteur dans l'affaire de la Parfaite Amitié, conséquence de « l'affaire du bal »

➡Appointed in 1785 as investigator in the case of the Parfaite Amitié, a consequence of the "case of the public ball".

Référence / Reference	Sharp 86

Nom / Surname	**Bordes** (fils / junior)
Atelier / Lodge	La Française de Saint-Joseph des Arts
Orient	Toulouse

Secrétaire de sa Loge, il signa l'attestation de 1785 en faveur des dissidents de la Parfaite Amitié.
Secretary of his lodge, he signed the statement in favour of the dissidents of la Parfaite Amitié.

Référence / Reference	Sharp 88 (1785)

Nom / Surname	**Bordes** (père / senior)
Atelier / Lodge	La Française de Saint-Joseph des Arts
Orient	Toulouse

Il signa l'attestation de 1785 en faveur des dissidents de la Parfaite Amitié.

He signed the statement in favour of the dissidents of la Parfaite Amitié in 1785.

Référence / Reference	Sharp 88 (1785)

Nom / Surname	**Botel**
Prénom(s) / First name(s)	Jean-Jacques
Atelier / Lodge	Tribunal du Rite Écossais Philosophique Tribunal of the Philosophical Scottish Rite
Orient	Toulouse

➡Président du Tribunal de Toulouse et Vénérable de la Réunion des Maçons de tous les rites en 1807, 33ème, il présida la réception de Cambacérès. Dans une lettre adressée à Peyronnet (Toulouse) en 1804, il fait allusion au « Rite du F∴ Alexandre ».

➡President of the Tribunal of Toulouse and W. Master of the Reunion of masons from all rites in 1807, he presided over the reception in the honour of Cambacérès. In a letter to Peyronnet (Toulouse) in 1804, he mentioned the "Rite of Bro. Alexandre".

Référence / Reference	Sharp 91 (1804)

Nom / Surname	**Borrelly**
Atelier / Lodge	Saint-Paul des Vrais Amis
Orient	Figeac-en-Quercy

Ex-vénérable de Saint Paul des Vrais Amis de Figeac-en-Quercy et orateur en 1770.
Past W. Master of Saint Paul des Vrais Amis in Figeac-en-Quercy, orator in 1770.

Référence / Reference	Sharp 69 (1770); Sharp 70 (1770)

Nom / Surname	**Boulainvilliers** (Comte de / Count of)
Prénom(s) / First name(s)	Lucas
Qualité / Quality	Abbé /Abbot
Atelier / Lodge	a) Les Vrais Amis b) La Parfaite union
Orient	a) Figeac-en-Quercy b) Orléans 1772

➡Lucas de Boulainvilliers fut Vénérable de la Loge des Vrais Amis et Grand Orateur de la Grande Loge de France Il joua un rôle significatif lors de la création du Grand Orient. Fils d'Henri, comte de Boulainvilliers. Lucas fut du parti des « philosophes » et, bien qu'abbé, fut l'un des propagateurs de l'athéisme.

➡Lucas de Boulainvilliers was W. Master of the Loge des Vrais Amis and Orator of the Grand Lodge of France. He played a significant part in the creation of the Grand Orient. The son of Henri, Count of Boulainvilliers. Lucas shared the positions of the "philosophes" and advocated atheism.

Référence / Reference	Sharp 24

Nom / Surname	**Bouquier**
Qualité / Quality	Négociant à Troyes / Merchant in Troyes
Atelier / Lodge	Parfaite Loge d'Écosse
Orient	Toulouse
Référence / Reference	Sharp 17 (1750) ; Shatp 27 (1750)

Nom / Surname	**Branque**
Atelier / Lodge	Les Cœurs Réunis
Orient	Toulouse

Il signa l'attestation de 1785 en faveur des dissidents de la Parfaite Amitié.
He signed the statement in favour of the dissidents of la Parfaite Amitié in 1785.

Référence / Reference	Sharp 88 (1785)

Nom / Surname	**Brest de la Chaussée**
Prénom(s) / First name(s)	Henri Joseph
Atelier / Lodge	Écossaise de l'Exactitude /Saint Etienne de la Vraie et Parfaite Amitié
Orient	Paris

➡Brest de la Chaussée Henri-Joseph (Paris, 21-4-1733)

Directeur de la loterie royale et militaire — puis commis pour l'examen des comptes de la Marine et secrétaire interprète de la Reine.

Loge Écossaise de l'Exactitude 28-5-1761, Officier de la Grande Loge 1761-71, Grand Élu, Grand Écossais Chevalier du Soleil 1760, Grand Garde des Sceaux et Archiviste du Conseil Souverain des Chevaliers d'Orient de France 1763.

BNF – Fonds Bossu

Il opta pour le Grand Orient dont il devint l'un des Grands Officiers d'honneur. Il fut l'un des signataires de la Patente Morin et, mis en accusation par la Grande Loge Nationale, écrivit le fameux Mémoire justificatif.

Cf. Claude-Antoine Thory - *Histoire de la fondation du Grand Orient de France* - introd., avertissement et index par Alain Bernheim.

➡Brest de la Chaussée Henri-Joseph (Paris, 21-4-1733)

Director of the Royal and Military Lottery – Auditor for the accounts of the Navy, secretary and interpreter of the Queen.

Lodge: Écossaise de l'Exactitude 28-5-1761, Officer of the Grand Lodge 1761-71, Grand Elect, Grand Ecossais Knight of the Sun 1760, Grand Keeper of the Seals and Archivist of the Sovereign Council of Knights of the East in France 1763

BNF – Fonds Bossu

He chose the Grand Orient where he became one of the Grand Honorary Officers. He was among the signatories of the Morin Patent. Accused by the National Grand Lodge, he replied with his famous Explanatory Statement.

Cf. Claude-Antoine Thory - *Histoire de la fondation du Grand Orient de France* – edited by Alain Bernheim.

Référence / Reference	Sharp 129 (1772)

Nom / Surname	**Broussoles** (de)
Qualité / Quality	Lieutenant général du Roi / King's Lieutenant
Atelier / Lodge	Saint-Paul des Vrais Amis
Orient	Figeac-en-Quercy
Vénérable en 1770. W. Master in 1770.	
Référence / Reference	Sharp 70 (1770)

Nom / Surname	**Brune**
Prénom(s) / First name(s)	Guillaume Marie Anne
Qualité / Quality	Maréchal de France / Field Marshal of France
Atelier / Lodge	La Consolante Amitié (Sézanne) Saint-Napoléon / Les Frères Artistes
Orient	Sézanne, Paris

➡1763-1815 - Clerc de procureur puis imprimeur avant 1789, journaliste et membre du club des Cordeliers au début de la Révolution, Maréchal d'Empire, sa carrière militaire prit fin en 1807, avec sa disgrâce. Son ralliement pendant les Cent Jours lui valut d'être massacré par une bande d'ultra-royalistes en 1815. Membre de l'Ordre des Sophisiens et Commandeur de l'Ordre d'Orient. Grand

Administrateur Général du Grand Chapitre des Rites.

➡ 1763-1815 - Law clerk and printer before 1789, journalist and member of the Club des Cordeliers during the Revolution. Field marshal of the Empire, his career ended with his fall into disfavour in 1807. He opted for Napoleon during the Cent Jours. He was butchered by a party of royalists in 1815. He belonged to the Order of Sophisiens. Commander of the Order of the East. Grand General Administrator of the Grand Chapter of Rites.

Référence / Reference	Sharp 90

Nom / Surname	**C'Kerret**
Prénom(s) / First name(s)	Jacques
Qualité / Quality	Négociant / Merchant
Atelier / Lodge	La Concorde et Ateliers Supérieurs souches sur cette Loge La Concorde and higher degree lodges attached thereto.
Orient	Les Cayes

Secrétaire de la Parfaite Loge d'Écosse et du Conseil des Chevaliers d'Orient.
Secretary of the Parfaite Loge d'Écosse and of the Council of Knights of the East.

Référence / Reference	Sharp 56 (1757) ; Sharp 57 (1757) ; Sharp 111 (1757)

Nom / Surname	**Cabiran**
Atelier / Lodge	Les Cœurs Réunis
Orient	Toulouse

Secrétaire de sa Loge, il signa l'attestation de 1785 en faveur des dissidents de la Parfaite Amitié.
Secretary of the Lodge, he signed the statement in favour of the dissidents of la Parfaite Amitié in 1785.

Référence / Reference	Sharp 88 (1785)

Nom / Surname	**Cabissol**
Atelier / Lodge	La Paix
Orient	Toulouse

Compromis dans « l'affaire du bal », il fut exclu pour six mois et condamné à un an « d'école ».
He was incriminated in the case of the public ball, expelled for six months and sentenced to one year of "school".

Nom / Surname	**Caignet de Lester**
Prénom(s) / First name(s)	Armand-Robert
Atelier / Lodge	La Concorde et / and Parfaite Loge d'Écosse
Orient	Saint-Marc

➡ Écuyer, commissaire général de la Marine (1764), Ordonnateur au Cap (1768), Conseiller au Conseil Supérieur du Cap, puis Président de ce Conseil (vers 1775). Propriétaire à l'Acul.
Index Moreau de Saint Mery
Successeur en 1774 de Martinès de Pasqually dans l'Ordre des Élus Coëns, jusqu'à son décès en 1778.
« Outre ses beaux-frères Collas, Martinès possède à Saint-Domingue deux autres contacts personnels, cousins de sa femme, les frères Caignet. On en connaît un, Joseph-Pierre, ancien lieutenant du régiment de Foix rentré à Saint-Domingue en 1768, auteur des fascicules de grades comprenant des références explicites aux Coëns. Le second est son aîné Armand-Robert, dit Caignet de Lester. - A. Kervella, *Aux sources du Régime Écossais Rectifié – Martines de Pasqually* – Ed. La pierre Philosophale 2016 p. 237.

➡Squire, General Naval Commissary (1764), Ordonnateur (colonial administrator) at Le cap (1768), Councillor at the Superior Council at Le Cap, President of said Council around 1775. Landowner-operator in Acul.

Index Moreau de Saint Mery

Successor in 1774 of Martines de Pasqually in the Order of Elus Coëns, until his death in 1778.

"In addition to his Collas brothers-in-law, Martines had two other contacts in St Domingue who were his wife's cousins: the Caignet brothers. The first one, Joseph-Pierre, a former lieutenant in the regiment of Foix, returned to St Domingue in 1768. He was the author of cahiers of the degrees including explicit references to the Elus Coëns. The second one, his elder brother was Armand-Robert, aka Caignet de Lester.

A. Kervella, *Aux sources du Régime Écossais Rectifié – Martines de Pasqually* – Ed. La pierre Philosophale 2016 p. 237

Référence / Reference	Sharp 45 (1752) ; Sharp 46 (1752)

Nom / Surname	**Calepio**
Qualité / Quality	Ambassadeur / Ambassador

Grand Expert Adjoint du Grand Collège des Rites sous l'Empire. Deputy Grand Expert on the Grand College of Rites in Napoleonic times.

Référence / Reference	Sharp 90

Nom / Surname	**Calvimont de Tayac**
Atelier / Lodge	La Concorde et / and Parfaite Loge d'Écosse
Orient	Saint-Marc

Premier Grand Surveillant en 1753.
Senior Grand Warden in 1753.

Référence / Reference	Sharp 45 (1752); Sharp 46 (1752)

Nom / Surname	**Cambacérès**
Prénom(s) / First name(s)	Jean-Jacques, Régis de
Qualité / Quality	Duc de Parme / Duke of Parma
Atelier / Lodge	Loge Ancienne et / and Réunion des Élus
Orient	Montpellier

➡1753-1824. Conseiller à la Cour des Comptes de Montpellier, Président du tribunal criminel de l'Hérault, conventionnel, Président de l'Assemblée, membre du Comité de Salut public après Thermidor, puis des Cinq-Cents. Deuxième consul, un des rédacteurs du Code civil, Archichancelier, Président du Sénat, membre de l'Institut, puis de l'Académie Française. Membre de la Loge Ancienne et Réunion des Élus à l'Orient de Montpellier, Vénérable de la loge de Saint-Jean de la Grande Maîtrise à l'Orient de Paris. Grand Maître du Grand Orient (1806-1815) en suppléance du roi Joseph Bonaparte qui en conservait le titre, et Grand Commandeur du Suprême Conseil du Rite Écossais sous l'Empire, il cumulait aussi les fonctions de Grand Maître d'Heredom, de Grand Maître de la Mère Loge du Rite Écossais Philosophique et de Grand Maître du Rite Primitif.

Bien qu'il eût été, en1815, exilé comme régicide. Descazes lui permit de rentrer en 1818, mais il ne parait guère s'être alors intéressé à la Maçonnerie.

Daniel Ligou – *Dictionnaire de la Franc-Maçonnerie* – PUF 1987

Pour une vue plus complète cf. *Les Éssais Écossais vol.10* Grand Collège des Rites Écossais, GODF – 2018

➡1753-1824. Counsellor at the Court of Auditors of Montpellier, President of the Criminal Court of the département of Hérault, member of the Committee of Public Safety after Robespierre's

downfall, member, later, of the Council of Five Hundred. Second Consul, co-author of the Civil Code, Archchancellor, President of the Senate, member of the Institute and of the French Academy W. Master of the Lodge of St John of the Grande Maitrise at the Orient of Paris. Grand Master of the Grand Orient (1806-1815) substituting King Joseph Bonaparte who, retained the title, Grand Commander of the Supreme Council of the Scottish Rite in imperial France, he also filled the functions of Grand Master of Heredom, grand Master of the Mother Lodge of the Philosophical Scottish Rite and of Grand Master of the Primitive Rite.

He was exiled in 1815 as regicide. However, Minister Descazes allowed his return in 1816. He did not resume his masonic activities.

Daniel Ligou – *Dictionnaire de la Franc-Maçonnerie* – PUF 1987

For more complete information, see *Les Éssais Écossais vol.10* Grand Collège des Rites Écossais, GODF – 2018

Référence / Reference	Sharp 80 (1807)

Nom / Surname	**Campain**
Atelier / Lodge	Les Vrais Amis Réunis
Orient	Toulouse

Secrétaire en 1785, il signa l'attestation en faveur des dissidents de la Parfaite Amitié.
Secretary in 1785, he signed the statement in favour of the dissidents of la Parfaite Amitié.

Référence / Reference	Sharp 88 (1785)

Nom / Surname	**Capella**
Atelier / Lodge	Clermont
Orient	Toulouse

Orateur de sa Loge, il signa l'attestation de 1785 en faveur des dissidents de la Parfaite Amitié.
Orator of his Lodge, he signed the statement in favour of the dissidents of la Parfaite Amitié.

Référence / Reference	Sharp 88 (1785)

Nom / Surname	**Cardonnel**
Atelier / Lodge	Clermont
Orient	Toulouse

Orateur de sa Loge, il signa l'attestation de 1785 en faveur des dissidents de la Parfaite Amitié.
Orator of his Lodge, he signed the 1785 statement in favour of the dissidents of la Parfaite Amitié.

Référence / Reference	Sharp 88 (1785)

Nom / Surname	**Caresse**
Prénom(s) / First name(s)	Pierre
Atelier / Lodge	Parfaite Harmonie et/and Magnifique Loge d'Écosse
Orient	New Orleans

➡Maître avant 1754, il fut élevé au grade d'Élu Parfait en 1763. Grand Secrétaire à l'installation de la Magnifique Loge d'Écosse, nous perdons sa trace après les événements tragiques qui suivirent la cession de la Nouvelle-Orléans à l'Espagne.
➡Master Mason before 1754, he was made a Perfect Elect in 1763. Grand Secretary at the installation of the Magnifique Loge d'Écosse. We lose track of him after the tragic events which occurred after New Orleans was ceded to the Spanish Empire.

Référence / Reference	Sharp 40 (1752) ; Sharp 41 (1752) ; Sharp 49 (1754) ; Sharp 52 (1754) ; Sharp 64 (1763) ; Sharp 72 (1752)

Nom / Surname	**Carignat**
Atelier / Lodge	Les Vrais Amis Réunis
Orient	Toulouse

Observations	
Maître d'hôtel de sa loge, il signa l'attestation en faveur des dissidents de la Parfaite Amitié.	
Steward of his Lodge, he signed the statement in favour of the dissidents of la Parfaite Amitié.	

Référence / Reference	Sharp 88 (1785)

Nom / Surname	**Carion Miles**

Grand Orateur du Grand Chapitre Général	
Grand orator of the General Grand Chapter	

Référence / Reference	Sharp 90

Nom / Surname	**Carlier**
Prénom(s) / First name(s)	Alexis
Qualité / Quality	Parfaite Harmonie
Atelier / Lodge	New Orleans

Second Surveillant en 1754.	
Junior Warden in 1754	

Référence / Reference	Sharp 49 (1754) ; Sharp 50 (1754) ; Sharp 52 (1754)

Nom / Surname	**Carpenté**
Qualité / Quality	Maître chirurgien juré / Sworn master surgeon
Atelier / Lodge	Parfaite Loge d'Écosse
Orient	Toulouse

➡D'abord partisan de Dubuisson dans « l'aventure toulousaine », il céda à la pression de l'autre faction et changea de camp.	
➡Originally a defender of Dubuisson in the "Toulouse adventure", he yielded to the pressure of the opposite faction and changed sides.	

Référence / Reference	Sharp 10 (1750); Sharp 27 (1750); Sharp 107 (1750); Sharp 108 (1750)

Nom / Surname	**Carrère**
Atelier / Lodge	Saint Jean de Jérusalem Écossaise
Orient	Cap-Français
Observations	Grand Secrétaire en 1752. / Grand secretary in 1752.
Référence / Reference	Sharp 34 (1752)

Nom / Surname	**Carrère de Montgaillard**
Atelier / Lodge	La Parfaite Amitié
Orient	Toulouse

Compromis dans l'affaire du bal, il fut exclu à perpétuité en 1784.	
He was incriminated in the case of the public ball and permanently expelled in 1784.	

Référence / Reference	Sharp 83 (1784)

Nom / Surname	**Cassaigne**
Atelier / Lodge	La Parfaite Amitié
Orient	Toulouse

➡Ayant soulevé de multiples incidents au cours de l'enquête sur « l'affaire du bal » et injurié ses

F∴ il fut « brûlé » en 1785.

➡️Because he caused several incidents during the investigation of the "case of the public ball" and insulted his Brothers, he was "burned" in 1785.

Référence / Reference	Sharp 83 (1784); Sharp 86 (1785)

Nom / Surname	**Castillon**
Qualité / Quality	Chirurgien-major / Surgeon-major
Atelier / Lodge	La Parfaite Harmonie
Orient	Cap-Français

➡️Chirurgien-major au Cap. Il servait depuis longtemps à Saint-Domingue lorsqu'il reçut un brevet du roi le 23 juillet 1772. Prétendait avoir le « secret d'une poudre et d'un élixir antiscorbutique ».
Index Moreau de St Méry

➡️Surgeon-major at Le cap. He had been long in the Service when he received a royal commission in 1772. He claimed to possess the "secret of an anti-scurvy powder and elixir".
Index Moreau de St Méry
Officer of the Lodge in 1759.

Référence / Reference	Sharp 62 (1759); Sharp 118 (1759)

Nom / Surname	**Cattelan de Caumont**
Prénom(s) / First name(s)	Jean Antoine
Qualité / Quality	Avocat Général au Parlement de Toulouse Advocate General at the *Parlement* of Toulouse
Atelier / Lodge	La Parfaite Amitié puis / then La Vérité Reconnue.
Orient	Toulouse

1776-1800. Il prit la tête de la scission de la Parfaite Amitié en 1785.

1776-1800. He led the breakaway party at the Parfaite Amitié in 1785.

Référence	Sharp 88 (1785)

Nom / Surname	**Caton**
Atelier / Lodge	Saint-Jean de Jérusalem Écossaise
Orient	Cap-Français

➡️Fervent partisan de Lamolère de Feuillas, il imputa à Morin les difficultés rencontrées vers 1758 par sa Loge, dont il fut le Vénérable Maître en 1759.

➡️A strong supporter of Lamolère de Feuillas, he blamed Morin for the difficulties faced by his Lodge around 1758. He was W. Master of that Lodge in 1759.

Référence / Reference	Sharp 62 (1759); Sharp 118 (1759)

Nom / Surname	**Caulet** (de)
Qualité / Quality	Président du Parlement de Toulouse Président of the *Parlement* of Toulouse
Atelier / Lodge	Saint-Jean
Orient	Toulouse

➡️Premier Surveillant de sa Loge. Peut-être par solidarité de caste, il prit parti pour Savy et Bojat contre Dubuisson.

➡️Senior Warden of his Lodge. He sided with Savy and Bojat against Dubuisson, possibly out of a caste bias.

Référence / Reference	Sharp 23 (1750) ; Sharp 25 (1750) ; Sharp 27 (1750)

Nom / Surname	**Caulet** (de) marquis de Gramont,
Prénom(s) / First name(s)	Tristan

Qualité / Quality
➡Mestre de camp de cavalerie, chevalier de l'ordre royal et militaire de Saint-Louis et de l'ordre de Malte. Capitoul noble de Toulouse en 1787.
➡Cavalry Officer, Knight of the Royal Order of Saint Louis, Knight of Malta. Capitoul (noble) of Toulouse in 1787.

Atelier / Lodge	Parfaite Amitié puis / and Vérité Reconnue
Orient	Toulouse

Il participa à la scission de la Parfaite Amitié, en 1785.
He took part in the division of La Parfaite Amitié, in 1785.

Référence / Reference	Sharp 88 (1785)

Nom / Surname	**Chabran**
Prénom(s) / First name(s)	Joseph
Qualité / Quality	Général de division / Major-General
Atelier / Lodge	Napoléon Magne
Orient	Toulouse

➡1763-1843. Vénérable d'honneur de la Loge Napoléon Magne. En tant que Grand Inspecteur Inquisiteur Commandeur du Rite Écossais Philosophique, il accompagna Cambacérès lors de sa visite à Toulouse.
➡1769-1843. Honorary W. Master of the Lodge Napoléon Magne. In his capacity of Grand Inspector Inquisitor Commander of the Philosophical Scottish Rite, he escorted Cambacérès during the latter's visit to Toulouse.

Référence / Reference	Sharp 80 (1807)

Nom / Surname	**Chaillou**
Atelier / Lodge	Parfaite Loge d'Écosse
Orient	Saint-Pierre de la Martinique
Référence / Reference	Sharp 18 (1750)

Nom / Surname	**Chambeau Latour** (Baron de)
Prénom(s) / First name(s)	Antoine Georges François
Qualité / Quality	Homme politique / Politician

➡(1769-1832). Membre du Conseil des Cinq-Cents, Tribun, nommé Chevalier de l'Empire par l'Empereur. Grand Expert Adjoint du Grand Chapitre Général sous l'Empire.
➡(1769-1832). Member of the Council of Five Hundred, member of the Tribunal, The Emperor made him a Knight of the Empire. Deputy Grand Expert of the Grand General Chapter in Napoleonic times.

Référence / Reference	Sharp 90

Nom / Surname	**Chantalou**
Atelier / Lodge	La Parfaite Harmonie
Orient	Nouvelle Orléans / New Orleans

Observations
Maître avant 1754 – Master mason before 1754

Référence	Sharp 49 (1754)

Nom / Surname	**Chapon**
Atelier / Lodge	Saint-Jean de Jérusalem Écossaise
Orient	Cap-Français
Grand Maître en 1759 – Grand master in 1759	
Référence / Reference	Sharp 59 (1759); Sharp 116 (1759);

Nom / Surname	**Chapron**
Atelier / Lodge	La Sagesse
Orient	Toulouse
He signed the 1785 statement in favour of the dissidents of la Parfaite Amitié.	

Nom / Surname	**Chaptal,** Comte de Chanteloup / Count of Chanteloup
Prénom(s) / First name(s)	Antoine
Qualité / Quality	Chimiste et homme politique / Chemist and politician
Atelier / Lodge	Ia Parfaite Union (membre honoraire / honorary member)
Orient	Montpellier

➡1756-1832. Il fonda les premières fabriques de produits chimiques en France. Ministre de l'Intérieur en 1800, il réorganisa les hôpitaux et hospices et l'École de pharmacie, créa l'école des sages-femmes, organisa les Chambres de commerce. Démissionné par Napoléon en 1804, il devint trésorier du Sénat. Initié à Montpellier en compagnie de Cambacérès, il restera son ami toute sa vie. Grand Trésorier du Grand Orient de France sous l'Empire, il mit ses dons de financier au service de l'obédience.

➡1756-1832. He created the first manufactures of chemicals in France. Home Secretary in 1800, he reorganised hospitals, hospices and the School of Pharmacy, he created the School for Midwives, he organised the chambers of commerce. Dismissed by Napoleon in 1804, he became treasurer of the Senate. He was initiated in Montpellier along with Cambacérès whose friend he remained to the end. Grand Treasurer of the Grand Orient of France, he put his financial skills at the service of the order.

Référence / Reference	Sharp 90

Nom / Surname	**Chartres** (Duc de)
Prénom(s) / First name(s)	Louis Philippe
Qualité / Quality	Prince du sang, arrière-petit-fils du régent Prince of royal blood, great grandson of the regent.
Atelier / Lodge	Saint-Jean de Chartres, et / and La Candeur (affiliation)
Orient	Mousseaux-sur-Seine

➡Louis-Philippe Joseph, duc d'Orléans, dit Philippe Égalité (1747-1793). Duc de Chartres en 1752, puis duc d'Orléans en 1785, il avait été élu en 1771 grand maître de la première Grande Loge de France, baptisée Grand Orient de France en 1773. Marquant peu d'intérêt pour cette fonction, il laissa Montmorency-Luxembourg le diriger à sa guise.
Le Petit Dictionnaire des (vrais et faux) frères, par Alain Bauer et Roger Dachez, Flammarion
Guillotiné le 6 novembre 1793.

➡Louis-Philippe Joseph, Duke of Orléans, aka Philippe Egalité (1747-1793). Duke of Chartres in 1752, Duke of Orleans in1785. Elected in 1771 the first Grand Master of the Grand Lodge of France baptised Grand Orient of France in 1773. He has little interest in that function and left the direction to Montmorency-Luxembourg.
Le Petit Dictionnaire des (vrais et faux) frères, by Alain Bauer and Roger Dachez, Flammarion
He was guillotined on November 6 1793.

Référence / Reference	Sharp 129

Nom / Surname	**Chatard**
Prénom(s) / First name(s)	François
Qualité / Quality	Apothicaire / Apothecary
Atelier / Lodge	La Parfaite Union
Orient	Saint-Pierre de la Martinique

➡Apothicaire au Cap, propriétaire de trois maisons dans cette ville et d'une caféterie à Plaisance. Chatard rentra en France en 1774.
Index Moreau de Saint Méry
Maître des Cérémonies en 1750, il devint Maître Élu en 1750.
➡Apothecary at Le Cap, owner of three houses in that town and of a coffee shop in Plaisance. He returned to France in 1774.
Index Moreau de Saint Méry
Master of Ceremonies in 1750, Elect Master in 1750.

Référence / Reference	Sharp 13 (1750)

Nom / Surname	**Chenaud de Dideplaux**
Atelier / Lodge	Élus Parfaits
Orient	Bordeaux

Grand Trésorier en 1752, Maître Architecte en 1754.
Grand Treasurer in 1752, Master Architect in 1754.

Référence / Reference	Sharp 45 (1752); Sharp 121 (1754)

Nom / Surname	**Choiseul-Praslin** (comte puis duc de / Count, then Duke of)
Prénom(s) / First name(s)	Antoine César
Qualité / Quality	Maître de camp à Lorraine Infanterie (1788), membre de l'Assemblée Nationale (1789), sénateur (1799). Maître de camp (an *ancient régime* rank equivalent to colonel) at the regiment of Lorraine (1788), member of the National Assembly (1789), Senator (1799).
Atelier / Lodge	La Candeur (16 avril 1777 – April 16 1777)
Orient	Paris

1756-1808 Grand Administrateur du Grand Orient sous l'Empire.
1756-1808 Grand Administrator of the Grand Orient in Napoleonic times.

Référence / Reference	Sharp 90

Nom / Surname	**Cholet**
Qualité / Quality	"Habitant" / Landowner-operator
Atelier / Lodge	La Concorde et Ateliers Supérieurs souchés sur cette Loge. La Concorde and higher degree lodges attached to La Concorde.
Orient	Les Cayes

Maître des Cérémonies du Conseil des Chevaliers d'Orient.
Master of Ceremonies of the Council of Knights of the East.

Référence / Reference	Sharp 56 (1757) ; Sharp 57 (1757

Nom / Surname	**Clairmont**
Atelier / Lodge	Élus Parfaits

Orient	Bordeaux

Second Grand Surveillant en 1752.
Junior Grand warden in 1752.

Référence / Reference	Sharp 45 (1752)

Nom / Surname	**Colisson**
Qualité / Quality	« Habitant » (Landowner-operator) de/in Saint-Pierre de la Martinique
Atelier / Lodge	Saint-Jean
Orient	Saint-Pierre de la Martinique

➡Il fut impliqué dans la polémique qui suivit la création de la Parfaite Loge d'Écosse de la Martinique.
➡He was involved in the dispute following the creation of the Parfaite Loge d'Écosse in Martinique.

Référence Sharp 8 (1749) ; Sharp 13 (1750) ; Sharp 18 (1750) ; Sharp 19 (1750) ; Sharp 28 (1750) ; Sharp 30 (1751) ; Sharp 31 (1751) ; Sharp 32 (1752) ; Sharp 33 (1752) ; Sharp 36 (1752) ; Sharp 115 (1751)

Nom / Surname	**Comte**
Prénom(s) / First name(s)	Pascal
Qualité / Quality	Négociant / Merchant
Atelier / Lodge	La Concorde et Ateliers Supérieurs souchés sur cette Loge. La Concorde and higher degree lodges attached to La Concorde.
Orient	Les Cayes
Référence / Reference	Sharp 56 (1757); Sharp 57 (1757)

Nom / Surname	**Coutanceau**
Prénom(s) / First name(s)	Isabelle
Atelier / Lodge	Loge d'Adoption /
Orient	Bordeaux
Référence / Reference	Sharp -73 (1784)

Nom / Surname	**Couder**
Atelier / Lodge	La Française de Saint-Joseph des Arts
Orient	Toulouse

Il signa l'attestation de 1785 en faveur des dissidents de la Parfaite Amitié.
He signed the 1785 statement in favour of the dissidents of la Parfaite Amitié.

Référence	Sharp 88 (1785)

Nom / Surname	**Courtalon**
Atelier / Lodge	Les Cœurs Réunis
Orient	Toulouse

➡Second Surveillant en 1785, il signa l'attestation de 1785 en faveur des dissidents de la Parfaite Amitié.
➡Junior Warden in 1785, he signed the statement in favour of the dissidents of la Parfaite Amitié.

Référence / Reference	Sharp 88 (1785)

Nom / Surname	**Courtès**
Atelier / Lodge	Parfaite Loge d'Écosse

Orient	Marseille
Premier Grand Surveillant en 1751.	
Senior Grand Warden in 1751.	
Référence / Reference	Sharp 9 (1750)

Nom / Surname	**Cousse**
Qualité / Quality	Ecuyer / Squire
Atelier / Lodge	Saint-Jean de Jérusalem Ancienne, fille de Clermont, et / and Parfaite Loge d'Écosse
Orient	Toulouse
Grand Maître d'honneur de la Parfaite Loge d'Écosse de Toulouse en 1750.	
Honorary Grand Master of the Parfaite Loge d'Écosse of Toulouse in 1750.	
Référence / Reference	Sharp 27 (1750)

Nom / Surname	**Couture**
Prénom(s) / First name(s)	Michel
Qualité / Quality	Capitaine marchand, d'origine Provençale / Merchant Captain of provençal descent.
Atelier / Lodge	Parfaite Union et /and Parfaite Loge d'Écosse
Orient	Saint-Pierre de la Martinique
➡Maître Élu en 1750, il fut Maître des Cérémonies de la loge de Péchagut puis Grand Orateur en 1751.	
➡Master Elect in 1750, he was Master of Ceremonies and later, in 1751, Grand Orator in Péchagut's Lodge	
Référence / Reference	Sharp 13 (1750) ; Sharp 29 (1751)

Nom / Surname	**Covail de Sainte Foy**
Atelier / Lodge	La Paix
Orient	Toulouse
Compromis dans « l'affaire du bal », il fut « brûlé » en 1784.	
He was incriminated in the case of the public ball and "burned" in 1784.	
Référence / Reference	Sharp 83 (1784)

Nom / Surname	**Cramel**
Qualité / Quality	Abbé / Abbot
Atelier / Lodge	Les Cœurs Réunis
Orient	Toulouse
Orateur en 1785, il signa l'attestation de 1785 en faveur des dissidents de la Parfaite Amitié.	
Orator in 1785, he signed the statement in favour of the dissidents of la Parfaite Amitié.	

Nom / Surname	**Dalleret**
Qualité / Quality	Commissaire aux classes de la marine / Naval Commissary
Atelier / Lodge	Parfaite Loge d'Écosse
Orient	Toulouse

➡Grand Secrétaire en 1751.

À partir des années 1665-1670, tous les gens de mer du royaume, s'adonnant à une activité maritime civile, sont recensés et divisés en classes ou contingents annuels, afin de servir alternativement sur les vaisseaux du roi ; d'où l'appellation de « système des classes ». Des

commissaires de marine sont désignés pour superviser la confection et la mise à jour des registres ou matricules de marins classés. JPG

➡Grand Secretary in 1751.

From the years 1665 - 1670 onwards, all civilian seafarers in the kingdom were registered and divided into classes, or yearly contingents, to serve on the King's vessels; hence the term of "system of the classes". Naval Commissaries were appointed to supervise the establishing and updating of the registers, or service numbers of "classed" seamen. JPG

Référence / Reference	Sharp 10 (1750) ; Sharp 12 (1750) ; Sharp 27 (1750)

Nom / Surname	**Daniel**
Atelier / Lodge	Parfaite Loge d'Écosse
Orient	Marseille

Grand Maître des Cérémonies en 1750.

Grand Master of Ceremonies in 1750.

Référence / Reference	Sharp 9 (1750)

Nom / Surname	**Daran**
Orient	Toulouse

➡Deux FF∴ de ce nom ont signé le procès-verbal de la réception de Cambacérès. Le premier fait suivre sa signature de la mention M✠, le second des simples lettres an.

➡Two Bros. of that name signed the minutes of the reception in honour of Cambacérès. The former's signature is followed by the mention M✠, the latter's by the simple letters an.

Référence / Reference	Sharp 80 (1807)

Nom / Surname	**Darche** ou/or **d'Arché**
Qualité / Quality	Négociant /Merchant
Atelier / Lodge	Élus Parfaits
Orient	Bordeaux

➡Député Grand Maître en 1752, Grand Maître en 1753, ce négociant en vins se serait, selon Butel, simplement appelé Arché.

➡Deputy Grand Master in 1752, Grand master in 1753. According to Paul Butel, this wine merchant's name was simply Arché.

Référence / Reference	Sharp 45 (1752); Sharp 121 (1754);

Nom / Surname	**D'Aspe**, dit aussi/aka Daspe de Meilhan
Prénom(s) / First name(s)	Augustin Jean Charles Louis
Qualité / Quality	Président au Parlement de Toulouse
Atelier / Lodge	La Parfaite Amitié puis / then La Vérité Reconnue.
Orient	Toulouse

➡1752-1794 (guillotiné) Vénérable en 1784-85, il prit la tête de la scission de la Parfaite Amitié, en 1785.

➡1752-1794 (guillotined) W. Master in 1784-85, he led the division of the Parfaite Amitié in 1785.

Référence / Reference	Sharp 85 (1785) ; Sharp 86 (1785) ; Sharp 88 (1785)

Nom / Surname	**Dastigoite**
Atelier / Lodge	La Sagesse
Orient	Toulouse

He signed the 1785 statement in favour of the dissidents of la Parfaite Amitié.

Référence / Reference	Sharp 88 (1785)

Nom / Surname	**Daubertin**
Prénom(s) / First name(s)	Joseph Alphonse
Qualité / Quality	Conseiller du roi, greffier en chef du Conseil d'État et commissaire ordinaire de l'artillerie. King's Counsellor, Senior Registrar of the Council of State, Ordinary quartermaster of artillery.
Atelier / Lodge	Saint-Alphonse
Orient	Paris

➡1739 - ? Vénérable inamovible de la Loge, il appartint pourtant au groupe Lacorne. Secrétaire Général de la Grande Loge en 1771 après avoir été exclu en 1766, puis relevé de cette condamnation en 1773, il fut Officier du Grand Orient.

➡1739-? Irremovable W. Master of the Lodge, he was a member of the Lacorne group. General Secretary of the Grand lodge in 1771, after having been expelled in 1766, and then indemnified from that sentence in 1773. He was an Officer of the Grand Orient.

Référence / Reference	Sharp 129 (1772)

Nom / Surname	**Débarras**
Atelier / Lodge	La Parfaite Union
Orient	Saint-Pierre de la Martinique

Orateuren 1752 / Orator in 1752.

Référence / Reference	Sharp 4(1 (1752) ; Sharp 72 (1752)

Nom / Surname	**Debaus**
Prénom(s) / First name(s)	Abel
Atelier / Lodge	La Sagesse
Orient	Toulouse

➡Après avoir présidé l'assemblée générale des LL∴ de Toulouse, dans « l'affaire du bal » et dans celle de la Parfaite Amitié, il signa l'attestation de 1785 en faveur des dissidents de la Parfaite Amitié.

➡He presided over the general assembly of the lodges of Toulouse in the "case of the public ball" and in the dispute over the Parfaite Amitié. He signed the 1785 statement in favour of the dissidents of la Parfaite Amitié.

Référence / Reference	Sharp 88 (1785);

Nom / Surname	**Debrune**
Atelier / Lodge	Loge symbolique / Craft Lodge
Orient	Port-de-Paix

➡Vénérable Maître en 1753 de la loge fondée par Morin et que les Élus Parfaits refusèrent de constituer.

➡W. Master in 1753 of the Lodge which Morin created and which the Perfect Elects refused to constitute.

Référence / Reference	Sharp 38 (1753)

Nom / Surname	**Decamps**
Atelier / Lodge	La Sagesse
Orient	Toulouse

Secrétaire en 1785, il signa l'attestation de 1785 en faveur des dissidents de la Parfaite Amitié.
Secretary in 1785, he signed the statement in favour of the dissidents of la Parfaite Amitié.

Référence / Reference	Sharp 86 (1785) ; Sharp 88 (1785)

Nom / Surname	**Dedaux**
Atelier / Lodge	Les Cœurs Réunis
Orient	Toulouse

Il signa l'attestation de 1785 en faveur des dissidents de la Parfaite Amitié.
He signed the 1785 statement in favour of the dissidents of la Parfaite Amitié.

Référence/ Reference	Sharp 88 (1785)

Nom / Surname	**Dejean**
Atelier / Lodge	La Paix
Orient	Toulouse

Compromis dans « l'affaire du bal », il fut exclu à perpétuité en 1784.
He was incriminated in the case of the public ball and permanently expelled in 1784.

Référence / Reference	Sharp 83 (1784)

Nom / Surname	**Dejean**
Atelier / Lodge	Les Vrais Amis Réunis
Orient	Toulouse

➡Maître des cérémonies de sa Loge, il signa l'attestation en faveur des dissidents de la Parfaite Amitié. Il ne faut pas le confondre avec le précédent.
➡Master of Ceremonies of his lodge. He signed the 1785 statement in favour of the dissidents of la Parfaite Amitié. Not to be confused with the above entry.

Référence / Reference	Sharp 88 (1785)

Nom / Surname	**Dejuin**
Atelier / Lodge	La Parfaite Amitié
Orient	Toulouse

Compromis dans « l'affaire du bal », il fut mis hors de cour faute de preuves.
He was incriminated in the case of the public ball and acquitted for lack of evidence.

Référence/ Reference	Sharp 83 (1784) ; Sharp 86 (1785)

Nom / Surname	**Delapersonne**
Atelier / Lodge	Saint-Jean d'Écosse
Orient	Toulouse

➡Compromis dans « l'affaire du bal », il fut condamné à trois mois d'abstention et à trois mois d'école en 1784.
➡Incriminated in the case of the public ball. He was sentenced in 1784 to three months abstention and three months of "school".

Référence / Reference	Sharp 83 (1784)

Nom / Surname	**Delaplace**

Premier Grand Expert du Grand Chapitre Général vers 1805.
Senior Grand expert of the General Grand Chapter around 1805

Référence / Reference	Sharp 90

Nom / Surname	**Delfau**
Atelier / Lodge	La Française de Saint-Joseph des Arts
Orient	Toulouse

➡Vénérable Maître en 1785, il signa l'attestation de 1785 en faveur des dissidents de la Parfaite Amitié.
➡W. Master in 1785, he signed the 1785 statement in favour of the dissidents of la Parfaite Amitié.

Référence / Reference	Sharp 88 (1785)

Nom / Surname	**Delfoy**
Atelier / Lodge	Saint-Paul des Vrais Amis
Orient	Figeac-en-Quercy

L'un des trois signataires de la lettre adressée au F∴Derrey.
One of the three signatories of the letter addressed to Bro. Derrey.

Référence / Reference	Sharp 69 (1770)

Nom / Surname	**Delmas**
Atelier / Lodge	Saint-Jean d'Écosse
Orient	Toulouse

➡Compromis dans « l'affaire du bal », il fut exclu à perpétuité en 1784. Cette peine fut confirmée en 1785.
➡Incriminated in the case of the public ball. He was permanently expelled in 1784. The sentence was confirmed in 1785.

Référence / Reference	Sharp 83 (1784) ; Sharp 86 (1785)

Nom / Surname	**Delonserres**
Atelier / Lodge	Saint-Jean de Jérusalem
Orient	Montauban
Observations	Garde des Sceaux en 1772. Keeper of the Seals in 1772.
Référence / Reference	Sharp 129 (1772)

Nom / Surname	**Delshens**
Atelier / Lodge	Saint-Paul des Vrais Amis
Orient	Figeac-en-Quercy

➡Premier Surveillant de Saint-Paul des Vrais Amis de Figeac-en-Quercy, cofondateur de la Loge, il fut impliqué dans une affaire de loge de table impromptue et mal couverte et sévèrement condamné.
➡Senior Warden of the Lodge, he was involved in a case of an improvised and improperly tyled table lodge, he was severely punished.

Référence / Reference	Sharp 69 (1770) ; Shatp 70 (1770) ; Sharp 71 (1770)

Nom / Surname	**Delzolier**
Prénom(s) / First name(s)	Henry
Atelier / Lodge	Élus Parfaits
Orient	Bordeaux

➡Maître Écossais en 1749, Grand Secrétaire en 1750, Premier Grand Surveillant en 1752, il fut l'un des membres importants des Élus Parfaits.
➡Ecossais Master in 1749, Grand Secretary in 1750, Senior Grand Warden in 1751, he was an important member of Les Elus parfaits.

Référence / Reference: Sharp 8 (1749) ; Sharp 25 (1750) ; Sharp 35 (1752) ; Sharp 45 (1752) ;

	Sharp 120 (1756) ; Sharp 121 (1754)

Nom / Surname	**Demouys**
Atelier / Lodge	La Sagesse
Orient	Toulouse

Il signa l'attestation de 1785 en faveur des dissidents de la Parfaite Amitié.
He signed the 1785 statement in favour of the dissidents of la Parfaite Amitié.

Référence / Reference	Sharp 88 (1785)

Nom / Surname	**Deporte**
Atelier / Lodge	Clermont
Orient	Toulouse

Il signa l'attestation de 1785 en faveur des dissidents de la Parfaite Amitié.
He signed the 1785 statement in favour of the dissidents of la Parfaite Amitié.

Référence / Reference	Sharp 88 (1785)

Nom / Surname	**Deroussi**
Atelier / Lodge	La Sagesse
Orient	Toulouse

Vénérable Maître en 1785, il signa l'attestation de 1785 en faveur des dissidents de la Parfaite Amitié.
W. Master in 1785, he signed the 1785 statement in favour of the dissidents of la Parfaite Amitié.

Nom / Surname	**Derrey**
Atelier / Lodge	La Parfaite Amitié
Orient	Toulouse

➡Compromis dans « l'affaire du bal », il fut condamné à neuf mois d'abstention et à neuf ans d'école en 1784. Sa peine fut confirmée en 1785. On ne doit pas le confondre avec Derrey Subelbese.
➡Incriminated in the case of the public ball. He was sentenced in 1784 to nine months of abstention and nine years of "school". The sentence was confirmed in1785. Not to be confused with Derrey Subelbese.

Référence / Reference	Sharp 83 (1784) ; Sharp 86 (1785)

Nom / Surname	**Derrey Subelbese**
Atelier / Lodge	Les Vrais Amis Réunis
Orient	Toulouse

➡Grand Écossais avant 1770, il signa, en 1785, l'attestation en faveur des dissidents de la Parfaite Amitié. Auparavant, il avait été le fondateur de La Parfaite Amitié et, dans l'affaire de Figeac, c'est à lui que les FF∴ s'adressèrent pour dire le droit.
➡Grand Ecossais before 1770, he signed the 1785 statement in favour of the dissidents of la Parfaite Amitié. In, the Figeac case, the Brothers went to him to lay down the law.

Référence / Reference	Sharp 69 (1770) ; Sharp 70 (1770) ; Sharp 71 (1770) ; Sharp 88 (1785)

Nom / Surname	**Desbois**
Qualité / Quality	Bailli de la ville de Mâcon / Bailiff of the City of Mâcon
Atelier / Lodge	La Parfaite Union
Orient	Mâcon

➥Il écrivit à Willermoz en 1778. Sa loge, la Parfaite Union, s'orienta vers le Rite Écossais Philosophique. En 1779, peut-être à la suite de ses contacts avec Willermoz, une nouvelle Loge, L'Intime Union, travaillant au Rite Rectifié, fut créée.

➥He wrote to Willermoz in 1778. His Lodge, La Parfaite Union, chose the Philosophical Scottish Rite. In 1779, perhaps after his contacts with Willermoz, a new lodge, L'Intime Union, practising the Rectified Scottish Rite was created

Référence / Reference	Sharp 74 (1778)

Nom / Surname	**Desezard**
Orient	Toulouse

Rose✠ Croix en 1807, il participa à la réception en l'honneur de Cambacérès.

Rose✠ Croix in 1807, he took part in the reception in honour of Cambacérès.

Référence	Sharp 80 (1807)

Nom / Surname	**Deslandes du Roy**
Prénom(s) / First name(s)	Charles
Atelier / Lodge	La Parfaite Union
Orient	Saint-Pierre de la Martinique

➥Bien qu'Écossais, ses lumières furent jugées « trop diffuses » et son exclusion fut décidée.

➥Though he was "Ecossais", his knowledge was considered "too vague" and his exclusion was pronounced.

Référence / Reference	Sharp 19 (1750)

Nom / Surname	**Desroches**
Prénom(s) / First name(s)	François Julien
Qualité / Quality	Chevalier, officier de marine /Knight, naval officer
Atelier / Lodge	La Concorde et/and Parfaite Loge d'Écosse
Orient	Saint-Marc

➥Gouverneur Général des Iles de France et de Bourbon (1768). Chef d'escadre (1776), il mourut à Paris le 12 août 1786. Chevalier de Saint-Louis en 1747.

Index Moreau de Saint Méry

Grand Trésorier en 1752.

➥Governor General of the Isles of France and Bourbon [now La Réunion – NDT] (1768). Naval squadron leader (1776), he died in Paris on August 12 1786 Knight of St Louis in 1747.

Index Moreau de Saint Méry

Grand treasurer in 1752.

Référence / Reference	Sharp 45 (1752); Sharp 46 (1752)

Nom / Surname	**Dignosser**
Orient	Toulouse

Orateur en 1785, il signa l'attestation de 1785 en faveur des dissidents de la Parfaite Amitié.

Orator in 1785, he signed the 1785 statement in favour of the dissidents of la Parfaite Amitié.

Référence / Reference	Sharp 88 (1785)

Nom / Surname	**Douziech**
Orient	Toulouse

L'un des enquêteurs désignés par l'assemblée générale des loges de Toulouse dans l'affaire de la Parfaite Amitié.

One of the investigators appointed by the lodges of Toulouse in the case of La Parfaite Amitié.

Référence / Reference	Sharp 86 (1784)

Nom / Surname	**Doyhamboure**
Prénom(s) / First name(s)	François
Qualité / Quality	Négociant à St-Pierre, d'origine bayonnaise. / Merchant in Saint-Pierre, originally from Bayonne.
Atelier / Lodge	Parfaite Union et/and Parfaite Loge d'Écosse
Orient	Saint-Pierre de la Martinique

➡ Maître Élu et Chevalier d'Orient en 1750, il fut le Grand Secrétaire de la loge de Péchagut puis son Second Grand Surveillant en 1751. Il fut aussi Second Surveillant de la Parfaite Union en 1750.
➡ Master Elect and Knight of the East in 1750, he was Grand Secretary in Péchagut's Lodge and then his Junior Grand Warden in 1751. He was also Junior Warden of La Parfaite Union in 1750.

Référence Sharp 13 (1750) ; Sharp 16 (1750) ; Sharp 18 (1750) ; Sharp 19 (1750) ; Sharp 29 (1751) ; Sharp 30 (1751) ; Sharp 40 (1752) ; Sharp 47 (1753) ; Sharp 72 (1752) ; Sharp 117 (1750)

Nom / Surname	**Draveman**
Atelier / Lodge	Élus Parfaits
Orient	Bordeaux
Référence / Reference	Sharp 25 (1750)

Nom / Surname	**Drouin**
Qualité / Quality	Armateur et négociant / Shipowner and merchant
Atelier / Lodge	La Concorde et Parfaite Loge d'Écosse
Orient	Saint-Marc

Grand Écossais en 1752, il fut Second Grand Surveillant.
Grand Ecossais in 1752, he was Junior Grand Warden.

Référence / Reference	Sharp 45 (1752) ; Sharp 46 (1752)

Nom / Surname	**Dubernard** (aîné/the elder)
Atelier / Lodge	Les Cœurs Réunis
Orient	Toulouse

Compromis dans « l'affaire du bal », il fut « brûlé » en 1784.
Incriminated in the case of the public ball. He was "burned" in 1784.

Référence / Reference	Sharp 83 (1784)

Nom / Surname	**Dubernard** (cadet/the younger)
Atelier / Lodge	Les Cœurs Réunis
Orient	Toulouse

Compromis dans « l'affaire du bal », il fut « brûlé » en 1784.
Incriminated in the case of the public ball. He was "burned" in 1784.

Référence / Reference	Sharp 83 (1784)

Nom / Surname	**Dubois Dubais**

Grand Aumônier du Grand Chapitre général vers 1805.
Grand Almoner of the General Grand Chapter around 1805.

Référence / Reference	Sharp 90

Nom / Surname	**Dubor**
Atelier / Lodge	La Sagesse
Orient	Toulouse

➡Vénérable Maître pro tempore en 1785. Il signa l'attestation de 1785 en faveur des dissidents de la Parfaite Amitié.
➡W. Master pro tempore in 1785, he signed the statement in favour of the dissidents of la Parfaite Amitié.

Référence / Reference	Sharp 88 (1785)

Nom / Surname	**Duboulay**
Qualité / Quality	Négociant à St-Pierre / Merchant in St-Pierre
Atelier / Lodge	Saint-Jean
Orient	Saint-Pierre de la Martinique

➡Il figure sur la liste des Parfaits d'Écosse absent lors de l'installation de la Parfaite Loge d'Écosse de la Martinique.
➡His name appears on the list of absent Bros. at the installation ceremony of the Perfect Ecossais Lodge of Martinique.

Référence / Reference	Sharp 13 (1750) ; Sharp 18 (1750) ; Sharp 19 (1750) ; Sharp 31 (1751)

Nom / Surname	**Duboullé**
Atelier / Lodge	La Parfaite Union
Orient	Saint-Pierre de la Martinique

➡Il était qualifié de Trinitaire en 1750, mais il est possible que cela ne signifie que son appartenance à l'Écossisme des Trois J.
➡He was called a "Trinitarian" in 1750, which may only mean that he belonged to the Ecossism of the three JJJ.

Référence / Reference	Sharp 31 (1751)

Nom / Surname	**Dubuisson**
Qualité / Quality	Directeur de l'Opéra de Toulouse Director of the Opera in Toulouse
Atelier / Lodge	Élus Parfaits (Bordeaux) et/and Parfaite Loge d'Écosse (Toulouse)
Orient	Bordeaux et/and Toulouse

➡Dubuisson fut impliqué dans une affaire tragi-comique qui secoua la Loge de Toulouse. Il y avait été délégué par les Élus Parfaits de Bordeaux pour la faire passer de l'Écossisme des Trois JJJ à l'Écossisme Bordelais. Moreau de Saint-Méry signale un Dubuisson, arrivé au Cap-Français en 1773 en compagnie de sa femme. Tous deux comédiens. Il se fit commerçant, fabriqua des pièces d'artifice et finit marchand de charbon. Il semble bien que ce soit notre homme.
➡Dubuisson was involved in a tragic-comical, case which shook the Lodge of Toulouse. He had been delegated to that Lodge by the Elus Parfaits of Bordeaux to help it to abandon the Scottish Rite of the three JJJs and to adopt the Scottish Rite of Bordeaux. Moreau de Saint-Méry mentions one Dubuisson who arrived at Cap-Français in 1773 together with his wife, both actors. He became a merchant, manufactured artillery items and ended up selling coal. He may well be the same person.

Référence Sharp 10 (1750) ; Sharp 12 (1750) ; Sharp 14 (1750) ; Sharp 17 (1750) ; Sharp 23 (1750) ; Sharp 25 (1750) ; Sharp 27 (1750) ; Sharp 103 (1750) ; Sharp 104 (1750) ; Sharp 105 (1750) ; Sharp 107 (1750) ; Sharp 113 (1750)

Nom / Surname	**Duchenne**

Atelier / Lodge	La Française de Saint-Joseph des Arts
Orient	Toulouse
Il signa l'attestation de 1785 en faveur des dissidents de la Parfaite Amitié.	
He signed the 1785 statement in favour of the dissidents of la Parfaite Amitié.	
Référence / Reference	Sharp 88 (1785)

Nom / Surname	**Duilot**
Atelier / Lodge	La Sagesse
Orient	Toulouse
Il signa l'attestation de 1785 en faveur des dissidents de la Parfaite Amitié	
He signed the 1785 statement in favour of the dissidents of la Parfaite Amitié.	
Référence / Reference	Sharp 88 (1785)

Nom / Surname	**Dumas**
➡Ce destinataire éventuel de l'envoi de François Lamarque en 1757 était très vraisemblablement un profane.	
➡A possible addressee of François Lamarque's parcel, probably a non-mason.	
Référence / Reference	Sharp 111 (1757)

Nom / Surname	**Dumoulin**
Atelier / Lodge	Saint-Jean de Jérusalem
Orient	Cap-Français
➡Secrétaire en 1759. Moreau de Saint-Méry signale un Dumoulin qui fut curé des Verrettes, dans l'Artibonite. Ce peut être le même.	
➡Secretary in 7159. Moreau de Saint-Méry mentions one Dumoulin who was Vicar of Les Verrettes in the Artibonite. He may be the same person.	
Référence / Reference	Sharp 59 (1759)

Nom / Surname	**Dupin**
Qualité / Quality	Conseiller au Parlement / Counsellor at the Parlement
Atelier / Lodge	Clermont
Orient	Toulouse
➡Passé-Vénérable de Clermont, il signa l'attestation de 1785 en faveur des dissidents de la Parfaite Amitié.	
➡Past W. Master of Clermont, he signed the 1785 statement in favour of the dissidents of la Parfaite Amitié.	
Référence / Reference	Sharp 88 (1785)

Nom / Surname	**Dupin**
Qualité / Quality	Chanoine à l'église cathédrale d'Alès / Canon of the Cathedral in Alès
Atelier / Lodge	Parfaite Loge d'Écosse
Orient	Toulouse
Il propagea activement l'Écossisme bordelais vers Nîmes et Béziers.	
He actively propagated the Bordeaux variety of Ecossism in Nîmes and Béziers.	
Référence Sharp 17 (1750) ; Sharp 23 (1750) ; Sharp 25 (1750) ; Sharp 27 (1750) ; Sharp 105 (1750) ; Sharp 108 (1750)	

Nom / Surname	**Dupin Deslezes**

Qualité / Quality	Secrétaire Général de l'Intendance à Bordeaux. General Secretary of the *Intendance* in Bordeaux*
Atelier / Lodge	L'Anglaise et/and les Élus Parfaits
Orient	Bordeaux

➡Premier Grand Surveillant en 1750 et Grand Maître en 1752. Il fut également Député Grand Maître en 1754. Il fut aussi le Vénérable de l'Anglaise en 1750. Dupin Deslezes écrivit, en 1759, une très importante lettre au F∴ Roussillon de la Nouvelle-Orléans.

➡Senior Grand Warden in 1750, Grand Master in 1752, Deputy Grand master in 1754. In 1759, he wrote a very important letter to Bro. Roussillon in New Orleans.

*Intendant: administrative official under the ancient régime in France who served as an agent of the king in each of the provinces, or généralités. From about 1640 until 1789, the intendancies were the chief instrument used to achieve administrative unification and centralization under the French monarchy. *Encyclopaedia Britannica*

Référence / Reference: Sharp 31 (1751) ; Sharp 32 (1752) ; Sharp 45 (1752) ; Sharp 48 (1754) ; Sharp 60 (1759) ; Sharp 61 (1759) ; Sharp 106 (1753) ; Sharp 110 (1752) ; Sharp 115 (1751) ; Sharp 120 (1756) ; Sharp 121 (1754)

Nom / Surname	**Duranteau**
Observations	Grand Maître des Cérémonies du Grand Orient vers 1805.
Référence / Reference	Sharp 90

Nom / Surname	**Duret**
Prénom(s) / First name(s)	Henri
Qualité / Quality	Perruquier / Wig-maker
Atelier / Lodge	L'Union
Orient	Paris

➡Vénérable Maître inamovible, il fut l'un des plus actifs membres du groupe Pény. Il compta au nombre des bannis de 1766 et des réintégrés de 1771. Pendant la suspension des travaux de la Grande Loge, il tenta de mettre en place une Grande Loge clandestine. C'est lui qui, à peine réintégré, le 21 juin 1771, proposa les nominations du duc de Chartres comme Grand Maître et de Montmorency-Luxembourg comme Substitut Général. Il en fut récompensé par une nomination de Grand Garde des Sceaux. Ne pouvant se résigner à l'abolition du vénéralat ad vitam, il opta pour la Grande Loge maintenue.

➡In his capacity of irremovable W. Master, he was one of the most active members of the Pény group. He was banished in 1766 and reinstated in1771. During the suspension of the activities of Grand Lodge, he attempted to set up a clandestine Grand Lodge. As soon as he was reinstated on June 21 1771, he proposed the nominations of the Duke of Chartres as Grand Master and of Montmorency-Luxembourg as Substitute General. His reward was his appointment as Grand Keeper of the Seals. He could not be reconciled with the abolition of W. Masters ad vitam and he chose the "maintained" Grand Lodge.

Référence / Reference	Sharp 129 (1772)

Nom / Surname	**Durroux** fils/jr.
Atelier / Lodge	Les Vrais Amis Réunis
Orient	Toulouse

➡Vénérable en 1785, après avoir été l'un des commissaires enquêteurs dans l'affaire de la Parfaite Amitié, il signa l'attestation de 1785 en faveur des dissidents de cette Loge.

➡W. Master in 1785, he was one of the investigating commissaries in the case of La Parfaite

Amitié. He signed the 1785 statement in favour of the dissidents of la Parfaite Amitié.

Référence / Reference	Sharp 86 (1784); Sharp 88 (1785)

Nom / Surname	**Dutillet**
Prénom(s) / First name(s)	Jean-Baptiste Louis Villain
Qualité / Quality	Officier de bouche du Roi et commis du Comte de Maurepas. Officer of the King's Household and Clerk to the Count of Maurepas
Orient	Paris

➡Dutillet, dans sa lettre du 21 avril 1746, dit avoir été initié par trois étrangers, eux-mêmes initiés par l'amiral Matthews.
➡In a letter of April 21 1746, he claims to have been made a Mason by three foreigners who had previously been initiated by Admiral Matthews.

Référence / Reference	Sharp 2 (1746); Sharp 4 (1747)

Nom / Surname	**Espy**
Orient	Toulouse
Observations	Il participa à la réception en l'honneur de Cambacérès. He took part in the reception in honour of Cambacérès.
Référence / Reference	Sharp 80

Nom / Surname	**Fager**
Qualité / Quality	Négociant / Merchant
Atelier / Lodge	Parfaite Loge d'Écosse
Orient	Toulouse
Référence / Reference	Sharp 27 (1750)

Nom / Surname	**Fauchier**
Prénom(s) / First name(s)	Pierre
Qualité / Quality	« Habitant » de l'île de la Grenade, d'origine provençale. Capitaine d'infanterie commandant le quartier de la Grenade. Landowner-operator in the isle of Grenada, of Provençal descent. Infantry Captain commanding the quarters of Grenada.
Atelier / Lodge	Parfaite Union et/and Parfaite Loge d'Écosse
Orient	Saint-Pierre de la Martinique

➡Maître Élu et Chevalier d'Orient en 1750, il fut le Député Grand Maître de la loge de Péchagut, puis, en 1751, le Maître des Cérémonies.
➡Master Elect and knight of the East in 1750, Deputy Grand Master and, in 1751, Master of Ceremonies in Péchagut's Lodge.

Référence Sharp 13 (1750) ; Sharp 16 (1750) ; Sharp 18 (1750) ; Sharp 19 (1750) ; Sharp 29 (1751) ; Sharp 47 (1753) ; Sharp 48 (1754) ; Sharp 61 (1759)

Nom / Surname	**Faudinier**

Borel fait allusion à lui dans sa lettre à Peyronnet.
Mentioned by Borel in his letter to Peyronnet.

Référence / Reference	Sharp 91

Nom / Surname	**Faugeroux**
Orient	La Réole

➡️Il fut initié, en 1754, au grade d'Architecte, en même temps que les FF∴ des Élus Parfaits. La Réole est une petite ville sur la Garonne, dans l'arrondissement de Langon, où il n'y avait pas de Loge en 1754. Toutefois, il existait, à une trentaine de kilomètre, une Loge Écossaise, La Persévérance, à Sainte-Foy-sur-Dordogne.

➡️Received in 1754 in the degrees of Architect together with the Bros. Of Les Elus Parfaits. La Réole is a small town on the Garonne river, in the district of Langon, where there was no Lodge in 1754. However, there was an Ecossais Lodge, La Persévérance, some 20 miles away in Sainte-Foy-sur-Dordogne.

Référence / Reference	Sharp 121 (1754)

Nom / Surname	**Feger**
Orient	Bordeaux

➡️François Lamarque le place sur la liste des destinataires éventuels de son envoi du 1er juillet 1757, qui devait contenir les documents 56 et 57. C'était, très vraisemblablement, un profane. Selon Butel, les Feger étaient une importante famille bordelaise, qui se répartissait entre le négoce, l'armement et le monde parlementaire. Ils étaient d'origine bretonne. Rien n'indique qu'ils aient eu des rapports avec la Franc-maçonnerie.

➡️He can be found on François Lamarque's list of possible addressees of his letter of July 1st 1757 which was to include documents 56 and 57. He was probably a non-mason. According to Butel, the Feger were a prominent family in Bordeaux who were active in commerce, armament and the parliamentary circles. They came originally from Britttany. There is no indication of their having been connected with freemasonry.

Référence / Reference	111 (1757)

Nom / Surname	**Félix**
Prénom(s) / First name(s)	Jacques
Atelier / Lodge	La Parfaite Union
Orient	Saint-Pierre de la Martinique

Couvreur en 1750. Tyler in 1750.

Référence / Reference	Sharp 13 (1750)

Nom / Surname	**Ferrières**
Qualité / Quality	Négociant / Merchant
Atelier / Lodge	Parfaite Harmonie et/and Parfaite Loge d'Écosse
Orient	Toulouse

Vénérable de la Parfaite Harmonie en 1750.
W. Master of La Parfaite Harmonie in 1750.

Référence / Reference	Sharp 1(1 (1750) ; Sharp 12 (1750) ; Sharp 27 (1750) ; Sharp 107 (1750) ; Sharp 108 (1750)

Nom / Surname	**Fontanilhe**
Qualité / Quality	Négociant / Merchant
Atelier / Lodge	Saint-Jean de Jérusalem Ancienne, fille de Clermont, et Parfaite Loge d'Écosse Saint-Jean de Jérusalem Ancienne, daughter of Clermont, and Parfaite Loge d'Écosse
Orient	Toulouse

➡️« L'affaire Dubuisson » éclata en son absence, mais les choses rentrèrent rapidement dans l'ordre

à son retour. Vénérable de Saint-Jean de Jérusalem Ancienne en 1750, il fut le premier Grand Maître de la Parfaite Loge d'Écosse après avoir été un temps Député Grand Maître. Butel signale une famille Fontanilhe, établie à Toulouse. Il s'agit de marchands. Cette famille, installée à Bordeaux, était aussi en relation commerciale suivie avec Marseille.

➧The "Dubuisson scandal" broke out in his absence, however matters were quickly set right on his return. W. Master of Saint-Jean de Jérusalem Ancienne in 1750, he was the first Grand Master of the Parfaite Loge d'Écosse after he had been Deputy Grand Master for a while. Butel mentions a Fontanilhe family established in Toulouse. They were merchants. The same family, established in Bordeaux had continuing regular dealings with Marseille.

Référence: Sharp 10 (1750) ; Sharp 12 (1750) ; Sharp 14 (1750) ; Sharp 25 (1750) ; Sharp 26 (1750) ; Sharp 27 (1750) ; Sharp 105 (1750) ; Sharp 113 (1750)

Nom / Surname	**Fooks**
Prénom(s) / First name(s)	Paul
Atelier / Lodge	La Parfaite Harmonie
Orient	La Nouvelle Orléans / New Orleans

➧Parfait d'Écosse en 1752, il fit partie de la délégation qui obtint des constitutions de la Parfaite Union de Saint Pierre de la Martinique.
➧Perfect Ecossais in 1752, he was a member of the delegation which obtained the delivery of constitutions by La Parfaite Union of Saint Pierre de la Martinique.

Référence / Reference	Sharp 40 (1752), Sharp 72 (1752)

Nom / Surname	**Forbet**
Atelier / Lodge	Saint-Jean d'Écosse
Orient	Toulouse

➧Compromis dans « l'affaire du bal », il fut condamné à neuf mois d'abstention et à neuf ans d'école en 1784. Cette peine fut confirmée en 1785.
➧Incriminated in the case of the public ball. He was sentenced in 1784 to nine months of abstention and nine years of "school". The sentence was confirmed in1785.

Référence	Sharp 83 (1784); Sharp 86 (1785)

Nom / Surname	**Fouché** (duc d'Otrante)
Prénom(s) / First name(s)	Joseph
Qualité / Quality	Ministre de la Police sous le Directoire, le Consulat, l'Empire et au commencement de la Restauration. Minister of Police under the Directory, the Consulate, the Empire and the beginning of the Bourbon Restoration.
Atelier / Lodge	Sophie Madeleine, Reine de Suède (Arras) et/and Les Citoyens Réunis (Melun)
Orient	Arras et/and Melun

➧1759-1820 - Conventionnel, Montagnard et régicide, il se distingua au cours de missions par son athéisme militant, faisant graver sur la porte d'un cimetière « la mort est un sommeil éternel », et par sa férocité, notamment à l'occasion des canonnades de Lyon. Proche des hébertistes, il fut l'un des artisans de Thermidor. Ministre de la Police de 1799 à 1810, il se construit un très efficace réseau d'informateurs. Après Waterloo, il prend de lui-même la tête d'un gouvernement provisoire qui précipite la 2ème Restauration. Finalement proscrit, il mourut à Trieste en 1820. Bien qu'il ait appartenu à deux Loges, au reste assez éloignées de son domicile, et qu'il ait été Grand officier d'honneur et Grand Conservateur de la Grande Loge symbolique générale du Grand Orient de

France. Son activité maçonnique ne semble guère avoir été significative.

➡1759-1820 - A member of the National Convention, a "Montagnard" and a regicide, he distinguished himself in his missions by his militant atheism and by his ferocity, particularly during the revolt of Lyon against the National Convention. Close to the ideas of radicals such as Jacques-René Hébert, he was one of the artisans of Robespierre's downfall. Minister of Police from 1799 until 1810, he built up a highly efficient network of informers. After Waterloo, he became the head of a provisional government which precipitated the coming of the 2nd Bourbon Restoration. He was eventually banished and died in Trieste in 1820. Although he belonged to two Lodges, both at some distance from his place of residence, and although he was Honorary Grand Officer and Grand Conservator of the Grand Symbolic Lodge of the Grand Orient of France, He does not seem to have had any significant masonic activity.

Référence / Reference	Sharp 90

Nom / Surname	**Frusses**
Atelier / Lodge	Loge symbolique / Craft Lodge
Orient	Port-de-Paix
Référence / Reference	Sharp 38 (1752)

Nom / Surname	**Gaillac de Serignac**
Atelier / Lodge	La Parfaite Harmonie
Orient	Cap-Français
Second Surveillant en 1759. Junior Warden in 1759.	
Référence / Reference	Sharp 62 (1759) ; Sharp 118 (1759)

Nom / Surname	**Gampers**
Atelier / Lodge	Parfaite Loge d'Écosse
Orient	Marseille
Référence / Reference	Sharp 9 (1750)

Nom / Surname	**Ganteaume** (Comte de)
Prénom(s) / First name(s)	Honoré Joseph Antoine
Qualité / Quality	Amiral puis Pair de France / Admiral and Peer of the Realm

➡1755-1818 - Il commanda avec succès sous la Révolution et sous l'Empire, ravitailla Saint-Domingue, fut préfet maritime à Toulon et fut blessé à Aboukir. Son ralliement aux Bourbons lui valut d'être pair de France. Bien qu'on ne sache pas à quelle loge il a pu appartenir, il paraît avoir joué un rôle important lors de la reconstitution du Grand Orient sous le Consulat et avoir été le négociateur de l'acceptation de la Grande Maîtrise par Joseph Bonaparte. Il fut Grand Expert Adjoint du Grand Chapitre Général vers 1805.

➡1755-1818 - A successful commanding officer under the Revolution and the Empire, he brought supplies to Saint Domingue. He was Préfet Maritime of Toulon. He was wounded at the battle of the Nile (1779). He served the Bourbons after the restoration and was made a Peer of the Realm. Although we do not know to what lodge he belonged, he seems to have played an important part in the re-establishment of the Grand Orient under the Consulate and to have been the mediator for Joseph Bonaparte's agreement to become Grand master. He was Deputy Grand Expert of the General Grand Chapter around 1805.

Référence / Reference	Sharp 90

Nom / Surname	**Gardanne** (comte de)

Prénom(s) / First name(s)	Charles Matthieu
Qualité / Quality	Général

➡Apparenté au docteur Jacques Joseph Gardanne, secrétaire du duc de Chartres pour les affaires maçonniques jusqu'en 1779, il fut Premier Surveillant du Grand Chapitre Général vers 1805.
➡A relative of Dr Jacques Joseph Gardanne, secretary of the Duke of Chartres for masonic matters until 1779, he was Senior Warden of the General Grand Chapter around 1805.

Référence	Sharp 90

Nom / Surname	**Garnaud**
Atelier / Lodge	Les Cœurs Réunis
Orient	Toulouse

He signed the 1785 statement in favour of the dissidents of la Parfaite Amitié.

Référence / Reference	Sharp 88 (1785)

Nom / Surname	**Gassen**
Prénom(s) / First name(s)	Joseph
Qualité / Quality	Capitaine marchand ? * Corsaire ? ** Merchant marine captain ? Privateer ?
Atelier / Lodge	Parfaite Loge d'Écosse
Orient	Marseille

➡Second Grand Surveillant en 1750. * Charles Carrière in *Les négociants marseillais au XVIIIᵉ siècle* signale un Joseph Gassen, capitaine marchand, commandant du chébec l'Aigle, qui reçut, en 1756, une épée d'argent damasquinée d'or pour son courage. Ce pourrait être notre homme.
** Un ouvrage publié en 1782 à Aix-en-Provence intitulé *Le commerce de l'Amérique par Marseille ou explication des Lettres-Patentes du Roi, portant Règlement pour le Commerce qu'il se fait de Marseille aux Iles Françoises de l'Amérique, données au mois de Février 1719*, fait mention du vaisseau *Le Vermudien*, armé en course à Marseille, Capitaine Joseph Gassen. Par ailleurs, le commandant du port à Marseille évoque dans une lettre du 2 octobre 1780 les « 9 prisonniers anglais de la prise du capitaine Gassen, »
➡Junior Grand Warden in 1750. * Charles Carrière in *Les négociants marseillais au XVIIIᵉ siècle* mentions one Joseph Gassen, captain, of the merchant vessel *l'Aigle,* who was presented in 1756 with a silver sword inlaid in gold, as a reward for bravery.
** A document published in 1782 in Aix-en-Provence under the title: *The Trade with America via Marseille, or an explanation of the King's letters patent containing the Regulations for the trade from Marseille to the French Isles of America, given in the month of February 1719*, mentions the ship *Le Vermudien*, fitted for privateering, captain Joseph Gassen. Moreover, in a letter dated October 2 1780, the captain of the harbour of Marseille mentions the "9 English prisoners from Captain Gassen's prize."

Référence / Reference	Sharp 9 (1750)

Nom / Surname	**Gaubert**
Atelier / Lodge	Saint-Jean d'Écosse
Orient	Toulouse

➡Passé Vénérable de Saint-Jean d'Écosse, son comportement, au cours des événements qui suivirent « l'affaire du bal » lui valut d'être « brûlé » en 1785.
➡Past W. Master of Saint-Jean d'Écosse, his conduct during the events which followed the "case of the public ball" caused him to be "burned" in 1785.

Référence / Reference	Sharp 83 (1784); Sharp 86 (1785)

Nom / Surname	**Gavaudyn de Gavalda**
Qualité / Quality	Médecin
Atelier / Lodge	Parfaite Loge d'Écosse
Orient	Toulouse
D'après son nom, il se pourrait qu'il ait été un Nouveau Chrétien.	
His name suggests that he may have been a "New Christian"	
Référence / Reference	Sharp 27 (1750)

Nom / Surname	**Gérard**
Atelier / Lodge	La Parfaite Harmonie
Orient	Cap-Français
➡Moreau de Saint-Méry signale un Jean-Baptiste Gérard, né à Bayonne en 1737, procureur des habitations Lameth, Picot et Mercy-d'Argenteau, toutes situées au voisinage des Cayes, où il fut notaire de 1779 à 1785. Élu député du Sud, emprisonné, réfugié à New-York en 1804, rentré en France en 1806 et nommé receveur particulier à Dreux, où il mourut en 1815. Malgré la distance, ce pourrait être notre homme.	
➡Moreau de Saint-Méry mentions one Jean-Baptiste Gérard, born in Bayonne in 1737, King's Prosecutor in the districts of Lameth, Picot and Mercy-d'Argenteau, all close to Les Cayes where he was notary from 1779 until 1785. Elected representative of the South, a refugee in New York in 1804, he returned to France in 1806 and was appointed special district tax collector in Dreux where he died in 1715. He may have been our man.	
Référence / Reference	Sharp 62 (1759); Sharp 118 (1759)

Nom / Surname	**Gherardi**
➡Il aurait été à l'origine de la « Clavimètrie », dont les rituels se sont perdus et qui fut pratiquée à Bordeaux et à Toulouse avant 1759.	
➡He is supposed to have been at the origin of the "Clavimetry" whose rituals are lost and which was practised in Bordeaux and Toulouse before 1759.	
Référence / Reference	Sharp 61 (1759)

Nom / Surname	**Gillet**
Orient	Toulouse
Il participa à la réception en l'honneur de Cambacérès.	
He took part in the reception in honour of Cambacérès.	
Référence / Reference	Sharp 80 (1807)

Nom / Surname	**Ginestet**
Qualité / Quality	Avocat au Parlement de Béziers
	Solicitor at the Parlement of Béziers
Atelier / Lodge	Parfaite Loge d'Écosse
Orient	Toulouse
Il semble être resté en dehors de l'affaire Dubuisson.	
He seems to have kept clear of the Dubuisson case.	
Référence / Reference	Sharp 27 (1750)

Nom / Surname	**Girardin (comte de)**
Prénom(s) / First name(s)	Stanislas

Qualité / Quality	Musicien et dessinateur / Musician and graphic artist
Atelier / Lodge	La Clémente Amitié (affilié / affiliated)
Orient	Paris

➡1762-1827 - Député de l'Oise à l'Assemblée législative (1791) - Membre (1799-1807) du Tribunat, président (en 1802). - Nommé général en 1808. - Comte de l'Empire (en 1811). - Préfet de Rouen puis de Dijon sous la Restauration - Député de la Seine-Inférieure (en 1819) réélu en 1824. *Données BNF*
Titulaire du grade de Kadosh, il fut Grand Maître des Cérémonies du Grand Chapitre général vers 1805.
➡1762-1827 – Deputy of Oise at the Legislative Assembly (1791) – Member (1799-1807) of the Tribunat, President in 1802. He was made a general in 1808 and Count of the Empire in 1811. Préfet of Rouen and later of Dijon under the Bourbon Restoration. Deputy of the Seine-Inférieure in 1819, re-elected in 1824. *BNF Data.*
Bearer of the degree of Kadosh, he was Grand Master of Ceremonies of the General Grand Chapter around 1805.

Référence / Reference	Sharp 90

Nom / Surname	**Godefroy**
Qualité / Quality	Contrôleur à la Manufacture des tabacs Controller at the Tobacco Manufacture
Atelier / Lodge	Parfaite Loge d'Écosse
Orient	Toulouse

➡Grand Secrétaire eu 1750, il prit parti pour Dubuisson dans ses démêlés avec Savy et Bojat. Député Grand Maître en 1752.
➡Grand Secretary in 1750, he took sides with Dubuisson in the latter's conflict with Savy and Bojat. Deputy Grand master in 1752.

Référence / Reference	Sharp 10 (1750) ; Sharp 21 (1750) ; Sharp 22 (1750) ; Sharp 26 (1750) ; Sharp 27 (1750) ; Sharp 107 (1750) ; Sharp 110 (1752)

Nom / Surname	**Gorand**
Orient	Toulouse

Rose✠ Croix en 1807, il participa à la réception en l'honneur de Cambacérès.
Rose✠ Croix in 1807, he took part in the reception in honour of Cambacérès.

Référence / Reference	Sharp 80 (1807)

Nom / Surname	**Goudal**
Prénom(s) / First name(s)	Joseph
Qualité / Quality	Négociant en vins ct armateur / Winemerchant and shipowner
Atelier / Lodge	L'Anglaise et/and les Élus Parfaits
Orient	Bordeaux

➡Après avoir été plusieurs fois Vénérable de *l'Anglaise* (en 1752, 1758, 1769 et 1774), il fut Grand Secrétaire des *Élus Parfaits* en 1760. Butel parle d'une famille Goudal, l'une des plus anciennes familles protestantes de Bordeaux, spécialisée dans le commerce des vins et des produits du nord mais aussi dans l'armement. Henry Goudal acheta, en 1745, la maison noble de Port-Aubin, ce qui lui conféra la noblesse. Son fils Zacharie était le beau-frère d'un Georges Draveman (voir ce nom). Les deux familles associées armèrent de nombreux navires, à destination des Antilles. Nous avons ainsi la preuve du recrutement des Élus Parfaits au sein des familles les plus importantes des négociants bordelais.

➡Several times W. Master of *L'Anglaise* (1752, 1758, 1769 et 1774), Grand Secretary of *Les Elus Parfaits* in 1760. Paul Butel mentions one Goudal family, one of the oldest protestant families in Bordeaux, active in the wine trade and shipowning. In 1754, Henry Goudal bought the noble house of Saint Aubin, title included. His son Zacharie, together with his brother-in-law Draveman (see that name), he fitted out a great many ships to trade with the West Indies. This is a piece of evidence of the recruiting activity of Les Elus Parfaits in one of the most prominent trading family in Bordeaux.

Référence / Reference	Sharp 112 (1760) ; Shatp 114 (1760) ; Sharp 119 (1760)

Nom / Surname	**Goujon**
Prénom(s) / First name(s)	Jean-François
Atelier / Lodge	La Parfaite Union
Orient	Saint-Pierre de la Martinique

Secrétaire en 1750. Secretary in 1750.

Référence / Reference	Sharp 13 (1750); Sharp 117 (1750)

Nom / Surname	**Gourdan**
Orient	Toulouse

Rose✠ Croix d'Heredom en 1807, il fut le Second Surveillant de la réception en l'honneur de Cambacérès.
Rose✠ Croix of Heredom in 1807, he was Junior Warden at the reception in honour of Cambacérès.

Référence	Sharp 80 (1807)

Nom / Surname	**Gourdon**
Qualité / Quality	Directeur des vivres à la marine / Director of naval victualling
Atelier / Lodge	Parfaite Loge d'Écosse
Orient	Toulouse

Il ne semble pas avoir pris part à l'affaire Dubuisson.
He seems to have kept clear of the Dubuisson dispute.

Référence / Reference	Sharp 27 (1750)

Nom / Surname	**Grandchamp**
Atelier / Lodge	La Parfaite Harmonie
Orient	Nouvelle-Orléans / New Orleans

Maître avant 1754. / Master Mason before 1754.

Référence / Reference	Sharp 49 (1754)

Nom / Surname	**Granon**
Prénom(s) / First name(s)	Jean-Baptiste
Qualité / Quality	Interprète pour les langues anglaise et allemande. Interpreter for the German and English languages.
Atelier / Lodge	La Parfaite Union
Orient	Saint-Pierre de la Martinique
Référence / Reference	Sharp 13 (1750)

Nom / Surname	**Grasse-Tilly** (de Rouville, comte de)
Prénom(s) / First name(s)	Alexandre François
Qualité / Quality	Officier (chef d'escadron) / Army officer (Major)
Atelier / Lodge	Saint-Jean d'Écosse du Contrat Social (Paris, avant/before 1789), La

	Vérité (Cap-Français, de/from 1789 à/until 1791), La Candeur (Charleston, de/from 1792 à/until 1802)
Orient	Paris, Cap-Français, Charleston puis de nouveau/and back to Paris.

➡️1765-1845 - La vie d'Alexandre de Grasse-Tilly fut toute entière consacrée à la Franc-maçonnerie Écossaise et appartient à l'histoire. Planteur à St Domingue en 1789, il fuit la révolte des esclaves, passe en Amérique avant de revenir en France. Initié en 1783, à la loge *Saint Lazare* devenue *Le Contrat Social*. Il installe, en 1804, La Grande Loge Générale Écossaise qui ouvre l'aventure en France puis en Europe du REAA. En ce qui concerne nos documents, indiquons seulement qu'après 1806 il ne fut plus que l'un des membres du Suprême Conseil et qu'on le retrouve en tant que Grand représentant du Grand Maître auprès du Grand Chapitre général vers 1805. Toutefois, et la lettre de Borel à Peyronnet (Sharp 91) le montre bien, il était toujours considéré comme le créateur du Rite Écossais Ancien et Accepté et donc l'homme le plus important de ce Rite.

➡️1765-1845 - Alexandre de Grasse-Tilly's life was entirely devoted to Scottish Rite Freemasonry. It belongs to History. The heir to a plantation in Saint Domingue in 1789, he fled before the slaves' uprising, went to America and then returned to France. He was made a Mason in 1783 in the *Saint Lazare* Lodge, which became later *Le Contrat Social*. In 1804, he installed the General Ecossais Grand Lodge, a major event which is widely considered, rightly or wrongly, as the beginning of the Scottish Rite adventure in France and in Europe. Having regard to our documents, let us simply indicate that after 1806 he was only one of the members of the Supreme Council after having been Grand Representative of the Grand Master in 1805. However, as it appears clearly in Borel's letter to Peyronnet (Sharp 91), he was still regarded as the creator of the AASR and as such the most important representative of the Rite.

Référence / Reference	Sharp 90 ; Sharp 91 (1809)

Nom / Surname	**Griffoul**
Atelier / Lodge	Parfaite Loge d'Écosse
Orient	Toulouse
Référence / Reference	Sharp 27 (1750)

Nom / Surname	**Grimiau** (la)
Qualité / Quality	Actress and singer at the Toulouse Opera in 1750
Elle fut, avec sa sœur et son amant Monterun, à l'origine de l'affaire Dubuisson. Together with her sister and her lover Monterun, she was at the origin of the Dubuisson case.	
Référence / Reference	Sharp 25 (1750) ; Sharp 103 (1750)

Nom / Surname	**Guichard**
Atelier / Lodge	Loge symbolique / Craft Lodge
Orient	Port-de-Paix
Second Surveillant en 1753 /Junior Warden in 1753.	
Référence / Reference	Sharp 38 (1753)

Nom / Surname	**Guieu**
Atelier / Lodge	Parfaite Loge d'Écosse
Orient	Marseille

➡️Grand Orateur en 1750. Charles Carrière (in Les négociants marseillais au XVIIᵉ siècle) signale une famille de négociants marseillais de ce nom. Vers 1750, Jean Louis Guieu commerçait activement avec la Martinique.

➡️Grand Oratorin 1750. Charles Carrière (in Les négociants marseillais au XVIIᵉ siècle) mentions a

Guieu family, merchants in Marseille. Around 1750, Jean-Louis Guieu was actively trading with Martinique.

Référence / Reference	Sharp 9 (1750)

Nom / Surname	**Guignard**
Prénom(s) / First name(s)	Georges François
Atelier / Lodge	Parfaite Union et/and Parfaite Loge d'Écosse
Orient	Saint-Pierre de la Martinique

Premier Grand Surveillant en 1751.
Grand Senior Warden in 1750.

Référence / Reference	Sharp 29 (1751); Sharp 30 (1751)

Nom / Surname	**Guillot**
Qualité / Quality	Papetier / Papermaker
Atelier / Lodge	Saint-François
Orient	Paris

➡Membre actif du groupe Pény*. Exclu en 1766 et réintégré en 1771, très hostile à la Grande Loge Nationale de 1773 en raison de son attachement au vénéralat ad vitam, il fut exclu et opta pour la Grande Loge maintenue dont il était le doyen en 1797.

* Vers 1758, Louis de Clermont avait nommé en qualité de Substitut particulier, pour administrer en son nom la Grande Loge, un certain Lacorne, maître de danse. Intrigant pour asseoir son pouvoir sur les loges de Paris, il suscita une vive hostilité de la part des plus anciens Maîtres des Loges, dès lors connus comme « antilacornards », emmenés par un plumassier du nom de Pény. Lacorne, courtisan proche des princes, incarnait d'une certaine manière une Maçonnerie d'obédience aristocratique - bien qu'il n'en fût que le valet - opposée à celle, plus populaire et petite-bourgeoise, que représentait Pény.

Roger Dachez – *Histoire de la franc-maçonnerie* PUF

➡An active member of the Pény** group, he was expelled in 1766 and reinstated in 1771. Very much opposed to the Grande Loge Nationale of 1773 because of his attachment to the institution of Lodge Masters ad vitam, he was expelled and subsequently joined the Maintained Grande Loge of which he was the Dean in 1797.

** Circa 1758, Louis de Clermont had appointed a Personal Substitute to administer the Gande Loge in his name. This was Lacorne, a dancing master who connived to strengthen his power over the Paris Lodges, thus earning the fierce hostility of the most senior Lodge Masters, dubbed the "antilacornards", led by a feather dresser called Pény. Lacorne was a courtier, close to the high nobility. He embodied, somehow, an "aristocratic" Masonry - even though he was no more than its servant – as opposed to a more popular and middle-class masonry represented by Pény.

Roger Dachez – *Histoire de la franc-maçonnerie* PUF

Référence / Reference	Sharp 129 (1772)

Nom / Surname	**Guiringaud** (de)
Atelier / Lodge	Clermont
Orient	Toulouse

Il signa l'attestation de 1785 en faveur des dissidents de la Parfaite Amitié.
He signed the 1785 statement in favour of the dissidents of la Parfaite Amitié.

Référence / Reference	Sharp 88 (1785)

Nom / Surname	**Guyot**

Atelier / Lodge	La Parfaite Union
Orient	Saint Pierre de la Martinique

➡Il fit, un peu avant 1754, un voyage en Palestine. Il fit part de ses expériences à Fauchier qui, à son tour, les narra, par lettre, à Dupin Deslezes.

➡Sometime before 1774 he made a journey to Palestine. He communicated this experience to Fauchier, who, in his turn, told the story in a letter to Dupin Deslezes.

Référence / Reference	Sharp 48 (1754)

Nom / Surname	**Hatier**
Atelier / Lodge	Saint-Jean de Jérusalem Écossaise
Orient	Cap-Français

Admis aux degrés Écossais en 1748.
Received in the Scottish degrees in 1748.

Référence / Reference	Sharp 7 (1748)

Nom / Surname	**Henry**
Orient	Toulouse

➡Il participa à la réception donnée en l'honneur de Cambacérès et faisait suivre sa signature du symbole ✠.

➡He took part in the reception in honour of Cambacérès. His signature was followed by the symbol ✠.

Référence/ Reference	Sharp 80 (1807)

Nom / Surname	**Heusseux**
Orient	Toulouse

➡Il participa à la réception donnée en l'honneur de Cambacérès et faisait suivre sa signature du symbole ✠.

➡He took part in the reception in honour of Cambacérès. His signature was followed by the symbol ✠.

Référence / Reference	Sharp 80 (1807)

Nom / Surname	**Hoffmann**
Prénom(s) / First name(s)	Jacques Germain
Atelier / Lodge	La Parfaite Union
Orient	Saint-Pierre de la Martinique

Il était le Tuileur de sa loge quand il fut fait Maître Parfait en 1750.
He was Tyler in his lodge when he was made a Perfect Master in 1750.

Référence / Reference	Sharp 13 (1750)

Nom / Surname	**Horville** (d')

Grand Hospitalier du Grand Chapitre Général vers 1805.
Grand Almoner of the General Grand Chapter around 1805.

Référence / Reference	Sharp 90

Nom / Surname	**Icard**
Atelier / Lodge	La Française de Saint-Joseph des Arts
Orient	Toulouse

Il signa l'attestation de 1785 en faveur des dissidents de la Parfaite Amitié

He signed the 1785 statement in favour of the dissidents of la Parfaite Amitié.

Référence / Reference	Sharp 88 (1785)

Nom / Surname	**Imbert**
Prénom(s) / First name(s)	Jacques
Qualité / Quality	Négociant / Merchant
Atelier / Lodge	L'Amitié
Orient	Bordeaux

➡Ancien Vénérable Maître en 1752, il fut agrégé à la loge dès sa fondation, en 1746. Butel signale un Jacques Imbert, originaire de Sainte Foy-la-Grande, courtier et protestant, ayant épousé en 1740 la fille, Elisabeth, du grand négociant bordelais et protestant Desclaux. Il fut associé à Jean Jacques de Bethmann, Allemand de naissance à partir de 1742.

➡Past W. Master in 1752, he was incorporated in the Lodge in 1746. Butel mentions one Jacques Imbert from Sainte Foy-la-Grande, a broker and a protestant, who married, in 1740, Elisabeth, the daughter of Desclaux, a prominent protestant merchant from Bordeaux. He had a partnership with the German born Jean Jacques de Bethmann, from 1742 onwards.

Référence / Reference	Sharp 41 (1752)

Nom / Surname	**Jaubert** (comte de)
Prénom(s) / First name(s)	François
Qualité / Quality	Magistrat, Tribun, Conseiller d'État, Gouverneur de la Banque de France. Magistrate, Tribun*, State Councillor, Governor of the Banque de France *Member of the Tribunate, one of the houses of the bicameral legislature during the Consulate.
Atelier / Lodge	Les Francs Chevaliers
Orient	Paris

➡1758-1822 - Proche des Girondins, il fut sauvé par Thermidor. Président du Tribunat en 1804, il fut l'un des Grands Commis de Napoléon. Dignitaire du Grand Orient, il en fut le Premier Grand Expert vers 1805.

➡1758-1822 - Close to the Girondins party, his life was saved by Robespierre's downfall. He was one of Napoleon's high state officials. A dignitary of the Grand Orient, he was its Senior Grand Expert in 1805.

Référence / Reference	Sharp 90

Nom / Surname	**Jaussaumes**
Atelier / Lodge	La Parfaite Union
Orient	Saint Pierre de la Martinique
Référence / Reference	Sharp 40 (I752); Sharp 72 (I752)

Nom / Surname	**Jeaucoust** (de)

Grand Secrétaire du Grand Orient vers 1805.

Grand Secretary of the Grand orient around 1805.

Référence / Reference	Sharp 90

Nom / Surname	**Jullien**

Atelier / Lodge	Parfaite Loge d'Écosse
Orient	Marseille
Grand Secrétaire en 1750. Grand secretary in 1750.	
Référence / Reference	Sharp 9 (1750)

Nom / Surname	**Jung**
Atelier / Lodge	La Parfaite Harmonie
Orient	Nouvelle-Orléans / New Orleans
Maître avant 1754. / Master mason before 1754.	
Référence / Reference	Sharp 49 (1754); Sharp 50 (1754)

Nom / Surname	**Kellermann** (duc de Valmy)
Prénom(s) / First name(s)	François Christophe
Qualité / Quality	Maréchal de camp en 1789, Lieutenant-général en 1792, Maréchal en 1804, Pair de France en 1815.

➡1735-1820 - Le grand fait d'armes de Kellermann fut sa participation à la bataille de Valmy. Envoyé commander les troupes assiégeant Lyon, il fut accusé par Fouché de « modérantisme » excessif, arrêté, emprisonné et ne fut sauvé que par Thermidor. Rallié aux Bourbons en 1815, il fut fait pair de France. Sa vie maçonnique fut intense et il se rangea dès 1804 parmi les membres du Rite Écossais Ancien et Accepté. Il fut coopté membre actif du Suprême Conseil de France le 22 décembre 1804. En 1805, il prit une part considérable dans la dénonciation du Concordat de 1804. Il fut Grand Conservateur Général du Grand Orient sous l'Empire.

➡1735-1820 – Kellermann's great military feat was his victory at the battle of Valmy (1792). He was sent to lead the siege of Lyon and Fouché then accused him of an excess of moderation. He was arrested, gaoled, ad saved only by Robespierre's downfall. He rallied behind the Bourbons at the second Restoration and became a Peer of the Realm in 1815. He led an intense masonic life and joined the members of the Ancient Accepted Scottish Rite as soon as 1804. He was co-opted member of the Supreme Council of France on December 22 1804. In 1805 he played an important part in the termination of the Concordat of 1804. Under Napoleon he was General Grand Custodian of the Grand Orient.

Référence / Reference	Sharp 90

Nom / Surname	**Lacépède** (de la **Ville**, comte de)
Prénom(s) / First name(s)	Bernard, Germain Etienne
Qualité / Quality	Savant naturaliste, musicien, membre de l'Institut (1795), Président du Sénat (1801), Grand Chancelier de la Légion d'honneur, Pair de France. Scientist, naturalist, musician, member of the Institute (1795), President of the Senate (1801), Grand Chancellor of the Legion of Honour, Peer of the Realm.
Atelier / Lodge	Les Neuf Sœurs
Orient	Paris

➡1756-1825 - Bernard Germain Etienne de La Ville, comte de Lacépède, a, comme naturaliste, sa place marquée dans l'histoire de la science à la suite de Buffon et de Daubenton, dont il fut le disciple, l'ami et le continuateur. Il a été un écrivain très fécond. Il a laissé des œuvres nombreuses, variées, considérables.

Louis Amiable – *Une loge maçonnique d'avant 1789, la Loge des Neuf Sœurs* - 1897

Nommé par Napoléon Second Grand Surveillant du Grand Orient en 1803, il fut aussi le Très Sage

du Grand Chapitre Général. Coopté membre actif du Suprême Conseil de France le 22 décembre 1804, il fut assez attaché à l'indépendance du Rite Écossais Ancien et Accepté pour démissionner du Grand Orient en 1815.

➡ 1756-1825 – As a naturalist, Bernard Germain Etienne de La Ville, Count of Lacépède, has a prominent position in the history of science. A deserving successor of Buffon and Daubenton, he was their friend, disciple and continuator. He was also a prolific writer who left considerable, numerous and varied works.

Louis Amiable – *Une loge maçonnique d'avant 1789, la Loge des Neuf Sœurs* - 1897

Appointed by Napoleon as Junior Grand Warden of the Grand Orient in 1803, he was also Most Wise Master of the General Grand chapter. Co-opted as active member of the Supreme Council of France on December 22, 1804, he was so attached to the independence of the Ancient Accepted Scottish Rite that he resigned from the Grand Orient in 1815.

Référence/ Reference	Sharp 90

Nom / Surname	**La Garigue**
Qualité / Quality	Négociant à Baziège / Merchant in Baziège
Atelier / Lodge	Parfaite Loge d'Écosse
Orient	Toulouse
Il ne prit pas part à l'affaire Dubuisson. He kept clear of the Dubuisson case.	
Référence / Reference	Sharp 27 (1750)

Nom / Surname	**La Peyre**
Qualité / Quality	Négociant à Montauban / Merchant in Montauban
Atelier / Lodge	Parfaite Loge d'Écosse
Orient	Toulouse
Il ne semble pas avoir pris part à l'affaire Dubuisson. He seems to have kept clear of the Dubuisson case.	
Référence / Reference	Sharp 27 (1750)

Nom / Surname	**Laborie**
Qualité / Quality	Bourgeois / Burgher
Atelier / Lodge	Saint Jean de Jérusalem Ancienne, fille de Clermont, et/and Parfaite Loge d'Écosse
Orient	Toulouse
Il ne semble pas avoir pris part à l'affaire Dubuisson. He seems to have kept clear of the Dubuisson case.	
Référence / Reference	Sharp 10 (1750) ; Sharp 27 (1750)

Nom / Surname	**Lacan**
Qualité / Quality	Chirurgien / Surgeon
Atelier / Lodge	Les Fidèles Réunis
Orient	Paris
➡ Vénérable Maître inamovible, il fit partie du groupe Pény. Exclu en 1766, il fut réintégré en 1771 et opta ensuite pour la Grande Loge maintenue. ➡ W. Master ad vitam, he was a member of the Pény group. Expelled in 1766, he was reinstated in 1771 and subsequently chose to join the "Maintained" Grand Lodge.	
Référence / Reference	Sharp 129 (1772)

Nom / Surname	**Lacoste Rigail**
Atelier / Lodge	Saint-Jean de Jérusalem
Orient	Montauban
Premier Surveillant en 1772 / Senior Warden in 1772.	
Référence/ Reference	Sharp 129 (1772)

Nom / Surname	**Lacroix**
Atelier / Lodge	La Française de Saint-Joseph des Arts
Orient	Toulouse
Il signa l'attestation de 1785 en faveur des dissidents de la Parfaite Amitié He signed the 1785 statement in favour of the dissidents of la Parfaite Amitié.	
Référence / Reference	Sharp 88 (1785)

Nom / Surname	**Lafanière**
Atelier / Lodge	La Parfaite Harmonie
Orient	Nouvelle-Orléans / New Orleans
Proposé pour le grade de Maître en 1754. Proposed for the Master's degree in 1754.	
Référence / Reference	Sharp 49 (1754)

Nom / Surname	**Lafforgue**
Atelier / Lodge	La Sagesse
Orient	Toulouse
Surveillant en 1785, il signa l'attestation de 1785 en faveur des dissidents de la Parfaite Amitié. Lodge Warden in 1785, he signed the statement in favour of the dissidents of la Parfaite Amitié.	
Référence / Reference	Sharp 88 (1785)

Nom / Surname	**Laforgue**
Orient	Toulouse
➡Malgré la petite différence d'orthographe (Lafforgue et Laforgue), il pourrait s'agir du précédent. Il participa à la réception en l'honneur de Cambacérès. Il faisait suivre sa signature du symbole O✠. ➡Regardless of the slight difference in spelling (Lafforgue and Laforgue), he may well be the same person. He took part in the reception in honour of Cambacérès. His signature was followed by the symbol O✠.	
Référence / Reference	Sharp 80 (1807

Nom / Surname	**Lafresselière**
Prénom(s) / First name(s)	Jean
Qualité / Quality	"Habitant" / Landowner-operator
Atelier / Lodge	La Concorde et Ateliers Supérieurs souchés sur cette Loge. La Concorde and higher degrees Lodges, attached to La Concorde
Orient	Les Cayes
➡Il fut fait, de la main de Morin, Adam du Chapitre de Chevaliers du Soleil et Orateur du Conseil de Chevaliers d'Orient en 1757. Moreau de Saint-Méry signale un Joseph de la Fresselière (ou de la Frezillière, il n'est pas sûr), mort aux Cayes en 1755. Ce pourrait être le père du nôtre. ➡Morin made him "Adam" of the Chapter of Knights of the Sun and orator of the Council of knights of the east in 1755. Moreau de Saint-Méry mentions one Joseph de la Fresselière (or de la	

Frezillière), who died in Les Cayes in 1755. He could be our man's father.

| Référence / Reference | Sharp 56 (1757); Sharp 57 (1757) |

Nom / Surname	**Lagère**
Prénom(s) / First name(s)	Joseph
Atelier / Lodge	Élus Parfaits
Orient	Bordeaux

Il assista Morin dans la création des Ateliers Supérieurs des Cayes.

He assisted Morin in the creation of higher degree lodges in Les Cayes.

| Référence / Reference | Sharp 56 (1757); Sharp 57 (1757) |

| Nom / Surname | **Laigon** |
| Orient | Toulouse |

Il participa à la réception en l'honneur de Cambacérès.

He took part in the reception in honour of Cambacérès.

| Référence / Reference | Sharp 80 |

Nom / Surname	**Lalande (Le François de)**
Prénom(s) / First name(s)	Joseph Jérôme
Qualité / Quality	Astronome, Membre de l'Académie de Berlin. - Membre de l'Académie des sciences (1753). - Professeur d'astronomie au Collège de France (1762). - Directeur de l'Observatoire de Paris de 1768 à sa mort. Astronomer, member of the Berlin Academy, Member of the Academy of Science (1753), Astronomy Professor at the Institute (1762), Director of the Paris observatory from 1768 until his death.
Atelier / Lodge	Saint-Jean des Élus (Loge mère / Mother lodge), Les Sciences (Vénérable fondateur / Founding W. Master), Les Neuf Sœurs (Vénérable / W. Master)
Orient	Bourg-en-Bresse et/and Paris

➡1732-1807 – Savant illustre, Lalande fut un des principaux encyclopédistes. On lui doit l'article Franc-Maçon inséré dans le tome troisième du supplément de L'Encyclopédie, qui parut en 1777. Très actif Maçon entre 1771 et 1779, il prit une part très importante dans la constitution du Grand Orient, tel que le voulait Luxembourg. C'est lui qui initia Voltaire et qui, peu après, se retira du vénéralat au profit de Benjamin Franklin. À l'écart de la Maçonnerie dans les années qui précédèrent la révolution, il fut, sous l'Empire, le Grand Orateur du Grand Orient.

➡1732-1807 – An illustrious scientist, Lalande was one of the most important "encyclopedists". He wrote the article Franc-Maçon inserted in volume 3 of the supplement to the Encyclopédie, published in 1777. A very active freemason between 1771 and 1779, he played an important part in the creation of the Grand Orient as Luxembourg wished it to be. It was he who made Voltaire a mason. Subsequently, he relinquished his W. Master's chair to leave it to Benjamin Franklin. In the years before the revolution, he remained outside freemasonry. He was Grand Orator of the Grand Orient in Napoleonic times.

| Référence / Reference | Sharp 90 |

Nom / Surname	**Lalande** Jean ?
Atelier / Lodge	Parfaite Harmonie
Orient	Nouvelle-Orléans / New Orleans

➡Proposé pour le Grade de Maître en 1754. Moreau de Saint-Méry signale un Jean Lalande, propriétaire au Cap-Français vers 1780. Il pourrait s'agir du nôtre, nombreux étant les habitants de la Nouvelle-Orléans qui s'installèrent à Saint-Domingue pour fuir la domination espagnole après 1769.

➡Proposed for the Master's degree in 1754. Moreau de Saint-Méry mentions one Jean Lalande, Landowner-operator at Cap-Français, around 1780. This could be our man as a great many inhabitants of New Orleans who fled before the Spanish domination settled in Saint-Domingue after 1769.

Référence / Reference	Sharp 49 (1754)

Nom / Surname	**Lama** (de)
Atelier / Lodge	Clermont
Orient	Toulouse

Maître des Cérémonies en 1785, il signa l'attestation en faveur des dissidents de la Parfaite Amitié.
Master of Ceremonies in 1785, he signed the statement in favour of the dissidents of la Parfaite Amitié.

Référence / Reference	Sharp 88 (1785)

Nom / Surname	**Lamarque**
Prénom(s) / First name(s)	François
Qualité / Quality	Négociant / Merchant
Atelier / Lodge	La Concorde et Ateliers Supérieurs souchés sur cette Loge. La Concorde and higher degrees Lodges, attached to La Concorde
Orient	Les Cayes

➡Après avoir été fait, en 1757, Grand Écossais et Chevalier d'Orient de la main d'Etienne Morin, Lamarque fut, vers 1764, nommé Député Inspecteur. Passé en France, il joua, sous le sobriquet de « l'Américain », un rôle important au Grand Orient, notamment pour l'étude des dossiers de reconstitution des loges des Antilles.

➡He was made a Grand Ecossais and Knight of the East by Morin in 1757. Appointed Deputy Inspector in 1764. Back to France, under the nickname of "the American" he played an important part in the grand Orient, particularly in the examination of the files for the recreation of the lodges of the West Indies.

Référence / Reference	Sharp 56 (1757); Sharp 57 (1757); Sharp 111 (1757)

Nom / Surname	**Lamolère de Feuillas**
Prénom(s) / First name(s)	Guillaume
Qualité / Quality	Négociant puis « habitant » à Fort-Dauphin / Merchant and later Landowner-operator in Fort-Dauphin.
Atelier / Lodge	Élus Parfaits
Orient	Bordeaux

➡Ca. 1720- ? - Lamolère de Feuillas joua un rôle de tout premier plan dans l'histoire des Élus Parfaits de Bordeaux. Grand Maître en 1745, il quitta alors Bordeaux pour Paris puis, un peu avant 1752, vint s'installer à Saint-Domingue où il reçut alors une véritable délégation proconsulaire. Il semble bien que ses relations avec Morin n'aient pas été des meilleures.

➡Ca. 1720- ? - Lamolère de Feuillas played a leading role in the history of the Elus Parfaits of Bordeaux. Grand Master in 1745, he left Bordeaux for Paris, and some time before 1752 he settled in Saint-Domingue where he was then invested with a proper proconsular commission. He did not have the best of relations with Morin.

Référence Sharp 2 (1746) ; Sharp3 (1747) ; Sharp 4 (1747) ; Sharp5 (1747) ; Sharp45 (1752) ;

Sharp 46 (1752) ; Sharp 59 (1759) ; Sharp 62 (1759) ; Sharp 63 (1759) ; Sharp 106 (1753) ; Sharp 109 (1755) ; Sharp 119 (1760)

Nom / Surname	**Lapeyre**
Atelier / Lodge	Saint-Jean de Jérusalem Écossaise
Orient	Cap-Français
Il apporta au Cap-Français une lettre des Élus Parfaits.	
He brought a letter from the Elus Parfaits to Cap-Français	
Référence / Reference	Sharp 35 (1752)

Nom / Surname	**Lapeyrouse** ou/or **Picot Lapeyrouse**
Atelier / Lodge	La Sincère Amitié
Orient	Toulouse
➡Très Sage du Chapitre de Sincère Amitié, au Rite Moderne, il fut le Premier Surveillant de la cérémonie de réception de Cambacérès.	
➡Most Wise Master of the Chapter La Sincère Amitié, Modern Rite, he was Senior Warden at the reception in honour of Cambacérès.	
Référence / Reference	Sharp 80

Nom / Surname	**Laporte**
Atelier / Lodge	La Sagesse
Orient	Toulouse
Il signa l'attestation de 1785 en faveur des dissidents de la Parfaite Amitié	
He signed the 1785 statement in favour of the dissidents of la Parfaite Amitié.	
Référence / Reference	Sharp 88 (1785)

Nom / Surname	**Larnac**
Atelier / Lodge	La Parfaite Union
Orient	Saint-Pierre de la Martinique
Premier Surveillant en 1752 / Senior Warden in 1752.	
Référence / Reference	Sharp 40 (1752); Sharp 47 (1753); Sharp 72 (1752)

Nom / Surname	**Laroquan**
Atelier / Lodge	La Parfaite Amitié
Orient	Toulouse
Premier Surveillant à l'époque des événements de 1784-85.	
Senior Warden at the time of the 1784-85 events.	
Référence / Reference	Sharp 86 (1785)

Nom / Surname	**Laroque**
Atelier / Lodge	Tribunal du Rite Écossais Philosophique Tribunal of the Philosophical Scottish Rite
Orient	Puylaurens
➡Grand Inspecteur Inquisiteur Commandeur du Rite Écossais Philosophique, il était le Vice-Président du Tribunal de Puylaurens.	
➡Grand Inspector Inquisitor Commander, in the Philosophical Scottish Rite, he was Vice-President of the Tribunal in Puylaurens.	
Référence / Reference	Sharp 80 (1807)

Nom / Surname	Lassalle
Prénom(s) / First name(s)	Jean
Atelier / Lodge	La Parfaite Union et/and Parfaite Loge d'Écosse
Orient	Saint-Pierre de la Martinique
Parfait d'Écosse courant 1750, Grand Trésorier en 1751.	
Perfect Ecossais in the course of 1750, Grand Treasurer in 1751.	
Référence / Reference	Sharp 29 (1751); Sharp 30 (1751); Sharp 40 (1752); Sharp 72 (1752)

Nom / Surname	Lastie (de)
Atelier / Lodge	La Parfaite Amitié et/and La Vérité Reconnue
Orient	Toulouse
➡Il fut l'un des dissidents de la Parfaite Amitié et le Garde des Sceaux pro tempore de la loge provisoire qui devint ensuite La Vérité Reconnue.	
➡One of the dissidents of La Parfaite Amitié and pro tempore Keeper of the Seals of the temporary lodge which was to become La Vérité Reconnue.	
Référence / Reference	Sharp 88 (1785)

Nom / Surname	Laune
Prénom(s) / First name(s)	Pascal
Atelier / Lodge	La Paix
Orient	Toulouse
Il signa l'attestation de 1785 en faveur des dissidents de la Parfaite Amitié	
He signed the 1785 statement in favour of the dissidents of La Parfaite Amitié.	
Référence / Reference	Sharp 88 (1785)

Nom / Surname	Laurans
Orient	Toulouse
Il participa à la réception en l'honneur de Cambacérès.	
He took part in the reception in honour of Cambacérès.	
Référence / Reference	Sharp 80 (1807)

Nom / Surname	Lauric (rie)
Atelier / Lodge	Parfaite Amitié
Orient	Toulouse
➡Commissaire désigné par sa Loge aux réunions plénières des loges de Toulouse en 1784 et 1785, il fut en butte à l'hostilité d'une partie de sa loge.	
➡Commissary appointed by his lodge at the plenary meetings of the lodges of Toulouse in 1784 and 1785, he met with the hostility of a fraction of his lodge.	
Référence / Reference	Sharp 86 (1785)

Nom / Surname	Lavie
Qualité / Quality	Président au Parlement de Bordeaux
	President at the *Parlement* of Bordeaux
Atelier / Lodge	Élus Parfaits
Orient	Bordeaux
Grand Maître en 1754 / Grand Master in 1754.	
Référence / Reference	Sharp 121 (1754)

Nom / Surname	Lavielle
Prénom(s) / First name(s)	Jean-Baptiste
Qualité / Quality	"Habitant" / Landowner-operator
Atelier / Lodge	La Parfaite Union
Orient	Saint-Pierre de la Martinique

➡Décédé en avril 1791, quelqu'un, un descendant sans doute, demanda à ce qu'il fut établi à son nom un certificat établissant son appartenance à la Franc-maçonnerie.
➡Deceased in April 1791. Someone, probably a descendant, asked for a certificate to be drafted in his name to certify his membership of Freemasonry.

Référence / Reference	Sharp 101 (1805)

Nom / Surname	Laville
Prénom(s) / First name(s)	Alexandre
Qualité / Quality	"Habitant" / Landowner-operator
Atelier / Lodge	La Concorde et Ateliers Supérieurs souchés sur cette Loge. La Concorde and higher degrees Lodges, attached to La Concorde
Orient	Les Cayes

➡Moreau de Saint-Méry signale un Pierre de Laville, fils d'un négociant de La Rochelle, arrivé à Saint-Domingue en 1716 et un autre Pierre de Laville, enseigne dans les troupes de Saint-Domingue en 1753.
➡Moreau de Saint-Méry mentions one Pierre de Laville, the son of a Merchant from La Rochelle who arrived in Saint-Domingue in 1716, and another Pierre de Laville, an ensign in the troops of Saint-Domingue in 1753.

Référence / Reference	Sharp 7 (1748); Sharp 56 (1757); Sharp 57 (1757)

Nom / Surname	Lebrun (Duc de Plaisance)
Prénom(s) / First name(s)	Charles-François
Qualité / Quality	Homme politique, juriste et financier. - Duc de Plaisance (1808). - Gouverneur de Hollande (1810) - Membre de l'Institut Politician, jurist, financier. Duke of Plaisance (1808) – Governor of Holland (1810) - Member of the Institute.

➡1739-1824 - Troisième Consul de la République française (1798) Architrésorier de l'Empire Français. Trésorier du Grand Orient vers 1805.
➡1739-1824 – Third Consul of the French Republic (1798) – Arch-treasurer of the French Empire. Treasurer of the Grand Orient around 1805.

Référence / Reference	Sharp 90

Nom / Surname	Leclère ou/or Leclerc
Qualité / Quality	"Habitant" / Landowner-operator
Atelier / Lodge	Saint-Jean de Jérusalem
Orient	Cap-Français

Garde des Archives en 1753 / Keeper of Archives in 1753.

Référence / Reference	Sharp 44 (1753)

Nom / Surname	Lecour
Orient	Toulouse

Il participa à la réception en l'honneur de Cambacérès.

He took part in the reception in honour of Cambacérès.	
Référence / Reference	Sharp 80

Nom / Surname	**Lefèvre** (duc de Dantzig)
Prénom(s) / First name(s)	François-Joseph
Qualité / Quality	Maréchal, Pair de France / Field Marshal, Peer of the Realm
Atelier / Lodge	Chapitre de l'Abeille
Orient	Paris

➡1755-1820 - Soldat bien avant la Révolution, il entra aux Gardes Françaises en 1773, il se joignit à Bonaparte pour le coup d'état de Brumaire. Il s'illustra dans toutes les guerres de la Révolution, du Consulat et de l'Empire. En 1814, il se rallia aux Bourbons, mais suivit Napoléon dans l'aventure des Cent Jours. Il réintégra la Chambre des pairs en 1819.

Sur le plan maçonnique, il fut plusieurs fois Grand Officier du Grand Orient. Ainsi, il était Grand Garde des Archives en 1805. Il fut le Grand Maître de l'Ordre du Christ, qui pratiquait le Rite des Commandeurs du Temple. Il fut coopté au Suprême Conseil en 1811.

➡1755-1820 - Already a soldier much before the Revolution, he entered the corps of the Gardes Françaises in 1773. He joined Bonaparte at the Coup of 18 Brumaire. He distinguished himself in all the wars of the Revolution, the Consulate and the Empire. In 1814 he rallied to the Bourbons. However, he followed Napoleon in the adventure of the "Hundred days". He became again a Peer of the Realm in 1819.

He was several times a Grand Officer of the Grand Orient. Grand Keeper of the Archives in 1805. Grand master of the Order of Christ which practised the Rite of the Commanders of the temple. Co-opted at the Supreme Council in 1811.

Référence / Reference	Sharp 90

Nom / Surname	**Le Roux**
Prénom(s) / First name(s)	Jean
Atelier / Lodge	La Parfaite Union
Orient	Saint-Pierre de la Martinique
Observations	Trésorier et Maître Élu en 1750 / Treasurer and Master Electin 1750.
Référence / Reference	Sharp 13 (1750)

Nom / Surname	**Le Sage**
Qualité / Quality	Fermier de la direction des fermes de Toulouse. Tax collector at the Toulouse excise.
Atelier / Lodge	Parfaite Loge d'Écosse
Orient	Toulouse

Il prit parti pour Dubuisson contre Bojat et Savy.
He sided with Dubuisson against Bojat and Savy.

Référence / Reference	Sharp 10 (1750) ; Sharp 25 (1750) ; Sharp 27 (1750) ; Sharp 107 (1750) ; Sharp 108 (1750)

Nom / Surname	**Letang**
Atelier / Lodge	Clermont
Orient	Toulouse

Secrétaire en 1785, il signa l'attestation en faveur des dissidents de la Parfaite Amitié.
Secretary in 1785, he signed the statement in favour of the dissidents of la Parfaite Amitié.

Référence / Reference	Sharp 88 (1785)

Nom / Surname	Léveillé
Qualité / Quality	Gainier / Upholsterer, Girdle-maker
Atelier / Lodge	La Magdeleine
Orient	Paris

➡Vénérable Maître inamovible, il fut, bien entendu, du parti de Pény. * Compromis dans l'affaire des libelles de 1766, il se rétracta et fut absous. Il participa ensuite à une Grande Loge clandestine avec Pény et Duret. Après 1773, il opta pour la Grande Loge maintenue.
*Cf. article **Guillot**
➡W. Master ad vitam, he was, as a matter of course, a member of the Pény group. ** He was incriminated in the case of the libels in 1766, he then recanted and obtained his pardon. He was subsequently a member of a clandestine lodge, in the company of Pény and Duret. After 1773, he chose the "maintained" Grand lodge.
** See article **Guillot**

Référence / Reference	Sharp 129 (1772)

Nom / Surname	Leysson
Atelier / Lodge	Parfaite Union et/and Parfaite Loge d'Écosse
Orient	Saint Pierre de la Martinique
Référence / Reference	Sharp 18 (175(1) ; Sharp 30 (1751) ; Sharp 31 (1751) ; Sharp 33 (1752)

Nom / Surname	Lichigaray
Atelier / Lodge	Saint-Jean (L'Union Cordiale)
Orient	Bayonne

Vénérable Maître en 1744, passé Vénérable Maître en 1752, il écrivit à Tiphaine une lettre fort intéressante.
W. Master in 1744, Past Master in 1752, he sent Tiphaine a most interesting letter.

Référence / Reference	Sharp 41 (1752)

Nom / Surname	Linden (père/sr.)
Qualité / Quality	Probablement officier dans les gardes du corps du roi. Probably an officer in the Household Cavalry.
Atelier / Lodge	La Militaire des Trois Frères Unis
Orient	(Versailles)

Hospitalier, il se plaignit, dans un travail présenté en loge, de la modicité des aumônes.
In his capacity of almoner, he complained in the lodge about the mediocrity of the alms.

Référence/ Reference	Sharp 123 (entre 1775 et 1790)

Nom / Surname	Londios
Atelier / Lodge	La Paix
Orient	Toulouse

Vénérable Maître en 1785, il signa l'attestation de 1785 en faveur des dissidents de la Parfaite Amitié.
W. Master in 1785, he signed the statement in favour of the dissidents of la Parfaite Amitié.

Référence / Reference	Sharp 83 (1784) ; Sharp 88 (1785)

Nom / Surname	Loup

Atelier / Lodge	Saint-Jean de Jérusalem Écossaise
Orient	Cap-Français
Grand Trésorier en 1753 / Grand Treasurer in 1753.	
Référence / Reference	Sharp 44 (1753)

Nom / Surname	**Luynes** (de)
Observations	Voir/See **Albert**
Référence / Reference	Sharp 90

Nom / Surname	**Macdonald** (duc de Tarente)
Prénom(s) / First name(s)	Etienne Jacques Joseph Alexandre
Qualité / Quality	Marshal of France
Atelier / Lodge	Centre des Amis (1797) et/and Chapitre de L'Harmonie Universelle
Orient	Paris et/and Castres

➡1765-1840 - Descendant d'une famille écossaise jacobite exilée en France, il fut général à vingt-huit ans. S'étant illustré dans toutes les guerres de la Révolution et de l'Empire, promu Maréchal de France sur le champ de bataille, il fut l'un des derniers maréchaux à reconnaître l'abdication de Napoléon. Il se rallia alors aux Bourbons. Ce fut l'un des principaux Grands Officiers du Grand Orient, dont il fut le Grand Administrateur de 1804 à 1813. Grand Administrateur de la Grande Loge Symbolique en 1813, Deuxième Grand Expert du Grand Orient de France et sous la monarchie de Juillet deuxième puis premier Grand Maître adjoint du GODF. Contrairement à d'autres, il continua de pratiquer la Maçonnerie bien après 1815.

➡1765-1840 - A descendant of a Scottish Jacobite family exiled in France; he was already a general at 28 years of age. He distinguished himself in every war of the Revolution and of the Empire. He was made a Marshal of France on the battlefield. He was one of the last marshals to acknowledge the abdication of Napoleon. He then rallied with the Bourbons.

He was one of the principal Grand Officers of the Grand Orient and its Grand Administrator between 1804 and 1813. Under the "July monarchy" regime (1830-1848) he was second then first Deputy Grand Master. Unlike many others, he remained an active freemason well after 1815.

Référence / Reference	Sharp 90

Nom / Surname	**Magon de Médine**
Prénom(s) / First name(s)	Charles René
Qualité / Quality	Contre-Amiral / RearAdmiral

➡1763-1805 – Fils de René Magon, qui fut intendant de Saint-Domingue, il combattit les Anglais à Ouessant (1778), Sumatra (1796), s'empara de Fort-Dauphin (1802) et fut tué à Trafalgar (1805) où il commandait le vaisseau de ligne Algesiras. Sa conduite est considérée comme une des rares actions positives de ce désastre. Son nom figure sur l'Arc de Triomphe.

Il fut Grand Trésorier du Grand Orient vers 1805

➡1763-1805 – The son of René Magon who was Intendant of Saint-Domingue, he fought the English at Ushant (1778) and Sumatra (1796), he seized Fort-Dauphin in 1802. He was killed at the battle of Trafalgar whilst commanding the ship-of-the-line Algésiras - his conduct in the battle is seen as one of the few redeeming features of that disaster, and his name appears on the Arc de Triomphe. He is also notable as a Grand Officer of the Grand Orient de France, Grand Treasurer around 1804.

Référence / Reference	Sharp 90

Nom / Surname	**Mailhol**

Atelier / Lodge	La Sagesse
Orient	Toulouse
Référence / Reference	Sharp 88 (1785)

Nom / Surname	**Maisonneuve**
Qualité / Quality	"Habitant" / Landowner-operator
Atelier / Lodge	Saint-Jean de Jérusalem Écossaise
Orient	Cap-Français
Référence / Reference	Sharp 44 (1753

Nom / Surname	**Malpel**
Atelier / Lodge	La Parfaite Amitié
Orient	Toulouse

➡Compromis dans « l'affaire du bal », il fut « brûlé » en 1784. Mais, loin d'accepter sa sentence, il se fit élire vénérable de la Parfaite Amitié et fut ainsi à l'origine de la scission de la Loge.

➡He was incriminated in the case of the public ball and "burned" in 1784. Far from accepting the sentence, he managed to get elected W. Master of La Parfaite Amitié and was therefore at the origin of the division of the lodge.

Référence / Reference	Sharp 83 (1784) ; Sharp 86 (1785) ; Sharp 88 (1785)

Nom / Surname	**Manou de Martin**
Atelier / Lodge	Les Cœurs Réunis
Orient	Toulouse

Il signa l'attestation de 1785 en faveur des dissidents de la Parfaite Amitié.

He signed the 1785 statement in favour of the dissidents of la Parfaite Amitié.

Référence / Reference	Sharp 88 (1785)

Nom / Surname	**Marbelies**
Prénom(s) / First name(s)	Richard
Orient	Toulouse

Rose✠ Croix en 1807, il participa à la réception en l'honneur de Camhacérès.

Rose✠ Croix in 1807, he took part in the reception in honour of Cambacérès.

Référence / Reference	Sharp 80 (1807)

Nom / Surname	**Marescalchi** (Comte)
Prénom(s) / First name(s)	Ferdinando
Qualité / Quality	Diplomate et homme politique italien / Italian diplomat and politician.
Orient	Milan

➡1754-1816 – Membre de la commission chargée de former la Fédération cispadane* (1796). - Membre du directoire de la Cisalpine (1799), ambassadeur à Paris, puis ministre des affaires étrangères (1800) de la République italienne et du royaume d'Italie, il fut ministre plénipotentiaire d'Autriche (1815). À la création du Grand Orient d'Italie (20 juin 1805), il devint son Grand Conservateur. Le Grand Maitre était le prince Eugène de Beauharnais.

Grand Conservateur du Grand Orient de France vers 1805.

*La République Cispadane : état formé en décembre 1796 par Bonaparte sur les Duchés de Reggio et Modèn, et les États pontificaux de Bologne et Ferrare.

Encyclopaedia Britannica

➡1754-1816 – Member of the commission in charge of creating the Fédération Cispadane**

(1796). Member of the governing body of the République Cisalpine (1799), ambassador to Paris and later foreign minister of the Italian Republic, then of the Kingdom of Italy, plenipotentiary minister of Austria (1815). When the Grand Orient of Italy was set up on 20 June 1805, Marescalchi was its Grand Conservator and prince Eugène de Beauharnais its Grand Master.
Grand Conservator of the Grand Orient of France around 1815.
**Cispadane Republic: a state formed in December 1796 by General Napoleon Bonaparte out of the merger of the duchies of Reggio and Modena and the legate states of Bologna and Ferrara.
Encyclopaedia Britannica

Référence / Reference	Sharp 90

Nom / Surname	**Maret** (duc de Bassano)
Prénom(s) / First name(s)	Hughes Bernard
Qualité / Quality	Ministre sous l'Empire, pair de France sous Louis-Philippe.
	Minister of Napoleon, Peer of the Realm under Louis-Philippe.

➡1763-1839 - Avocat, diplomate, secrétaire des Consuls, Ministre des Affaires Etrangères en 1811, il se rallia aux Bourbons, participa aux Cent Jours comme secrétaire d'état, fut exilé de 1815 à 1819 et revint, pour être premier ministre quelques jours en 1834. Louis-Philippe le fit pair de France.
➡Grand Administrateur du Grand Orient vers 1805.
1763-1839 – lawyer, diplomat, secretary to the Consuls, Foreign minister in 1811. He rallied to the Bourbons, was Secretary of State during the Hundred Days period, was exiled and became prime minister fos a few days on his return in 1834. King Louis-Philippe made him a Peer of the Realm.
Grand Administrator of the Grand Orient around 1805.

Référence/ Reference	Sharp 90

Nom / Surname	**Marie**
Atelier / Lodge	La Paix
Orient	Toulouse

« Terrible » en 1785, il signa l'attestation en faveur des dissidents rie la Parfaite Amitié.
"Terrible" in 1785, he signed the statement in favour of the dissidents of la Parfaite Amitié.

Référence / Reference	Sharp 83 (1781) ; Sharp 88 (1785)

Nom / Surname	**Marnac** (aîné/ the elder)
Atelier / Lodge	La Sagesse
Orient	Toulouse

Trésorier en 1785, il signa l'attestation en faveur des dissidents rie la Parfaite Amitié.
Treasurer in 1785, he signed the statement in favour of the dissidents of la Parfaite Amitié.

Nom / Surname	**Marrast** (de)
Atelier / Lodge	La Sagesse
Orient	Toulouse

Il signa l'attestation de 1785 en faveur des dissidents de la Parfaite Amitié.
He signed the 1785 statement in favour of the dissidents of la Parfaite Amitié.

Référence / Reference	Sharp 88 (1785)

Nom / Surname	**Masse**
Qualité / Quality	"Habitant" / Landowner-operator
Orient	Nouvelle-Orléans / New Orleans

➡Ce profane, établi chez les Indiens, écrivit une lettre aux FF., de la Nouvelle-Orléans dans

laquelle il décrit leurs mœurs à sa façon.

➡A non-mason residing in Indian territory, he wrote a letter to the Masons of New Orleans in which he described the ways of the natives in his own manner.

Référence / Reference	Sharp 58 (1758)

Nom / Surname	**Masséna** (duc de Rivoli, prince d'Essling)
Prénom(s) / First name(s)	André
Qualité / Quality	Maréchal d'Empire /Marshal of the Empire
Atelier / Lodge	- Les Enfants de Minerve (loge-mère/Mother Lodge 13 avril/April 13 1784), - La Parfaite Amitié (loge militaire dont il fut le fondateur en 1787 / a military lodge which he founded in 1787), - Sainte Caroline (affilié/affiliated), - Les Frères Réunis (repliée de Saint-Domingue où il fut vénérable d'honneur/repatriated from Saint-Domingue where he was honorary W. Master), - L'Étroite Union (vénérable d'honneur/ Honorary W. Master)
Orient	Toulon (Enfants de Minerve), Royal Italien Infanterie (Parfaite Amitié), Paris (Sainte Caroline et/and Frères réunis), Thouars (Étroite Union)

➡1758-1817 - Il commença sa vie comme mousse. Puis il s'engagea dans l'armée (1775), démissionna en 1789 pour devenir officier dans le bataillon des volontaires du Var. Général dès 1799, il s'illustra dans toutes les campagnes de la Révolution et de l'Empire et fut surnommé par Napoléon « l'enfant chéri de la Victoire ». Il se rallia aux Bourbons en 1814, plus par nécessité que par goût et se retira définitivement de la vie publique.

Il eut une vie maçonnique très riche. Coopté au Suprême Conseil dès le 22 décembre 1804, il fut aussi Grand Représentant du Grand Maître du Grand Orient en 1804.

➡1758-1817 – Massena started in life as an apprentice sailor. He then joined the army (1775) and he left to become an officer in the battalion of volunteers of the Var département. Her became a general in 1799 and distinguished himself in every campaign of the Revolution and of the Empire. Napoleon called him "the darling child of victory". After He rallied with the Bourbons in 1814 out of necessity and retired from public life.

He had a rich masonic life. Co-opted at the Supreme Council as early as December 22 1804, he was Grand Representative of the Grand Master of the Grand Orient.

Référence / Reference	Sharp 90

Nom / Surname	**Matthews** ou/or **Mathew**
Prénom(s) / First name(s)	William
Qualité / Quality	Amiral ? Gouverneur des îles Sous-le-Vent Admiral ? Governor of the Leeward Islands.

➡Identification non confirmée. Grand Maître provincial pour la Grande Loge des Moderns aux îles Sous-le-Vent. Il fonda deux loges à Antigua et deux autres à St Kitts vers 1743.

➡Unconfirmed identification. Provincial Grand Master for the Grand Lodge of the Moderns in the Leeward Islands, he set up two lodges in Antigua and two in St Kitts by 1743.

Référence / Reference	Sharp 4 (1747)

Nom / Surname	**Maury**
Atelier / Lodge	La Française de Saint-Joseph des Arts

Orient	Toulouse

Il signa l'attestation de 1785 en faveur des dissidents de la Parfaite Amitié.
He signed the 1785 statement in favour of the dissidents of la Parfaite Amitié.

Référence / Reference	Sharp 88 (1785)

Nom / Surname	**Mayran**
Orient	Toulouse

➡A l'occasion de la tenue de table qui suivit la réception solennelle de Cambacérès, il chanta une cantate spécialement écrite en l'honneur de celui-ci.
➡At the table lodge following the reception in the honour of Cambacérès, he sang a cantata especially written to praise the latter.

Référence / Reference	Sharp 80 (1807)

Nom / Surname	**Mazières**
Atelier / Lodge	La Française de Saint-Joseph des Arts
Orient	Toulouse

Il signa l'attestation de 1785 en faveur des dissidents de la Parfaite Amitié.
He signed the 1785 statement in favour of the dissidents of la Parfaite Amitié.

Référence / Reference	Sharp 88 (1785)

Nom / Surname	**Medalde**
Atelier / Lodge	Clermont
Orient	Toulouse

Il signa l'attestation de 1785 en faveur des dissidents de la Parfaite Amitié.
He signed the 1785 statement in favour of the dissidents of la Parfaite Amitié.

Référence / Reference	Sharp 88 (1785)

Nom / Surname	**Mercier** (fils aîné/the elder son)
Atelier / Lodge	Élus parfaits
Orient	Bordeaux

Grand Secrétaire en 1752 / Grand Secretary in 1752.

Référence / Reference	Sharp 45 (1752); Sharp 54 (1757); Sharp 121 (1754)

Nom / Surname	**Meyere**
Atelier / Lodge	Saint-Jean de Jérusalem Écossaise
Orient	Cap-Français
Référence/ Reference	Sharp 7 (1748)

Nom / Surname	**Milas**
Atelier / Lodge	Les Vrais Amis Réunis
Orient	Toulouse

Il signa l'attestation de 1785 en faveur des dissidents de la Parfaite Amitié.
He signed the 1785 statement in favour of the dissidents of la Parfaite Amitié.

Référence / Reference	Sharp 88 (1785)

Nom / Surname	**Milhet**
Prénom(s) / First name(s)	Jean
Qualité / Quality	Négociant / Merchant

Atelier / Lodge	La Parfaite Harmonie et/and Magnifique Loge d'Écosse
Orient	Nouvelle-Orléans / New Orleans

➡Premier Surveillant en 1754, il fut créé Élu Parfait en 1763. Jean Milhet était le plus riche négociant de la Nouvelle-Orléans. Très influent auprès de ses concitoyens, il fut, en 1763, délégué par eux pour aller à Versailles supplier Choiseul de renoncer à la cession de la Nouvelle-Orléans aux Espagnols (Fontainebleau 1762). Revenu sans rien avoir obtenu, il participa, avec son frère Joseph et Villeré, à la révolte de 1768. Arrêté en octobre I769 lors du retour en force des Espagnols, il fut condamné à six ans de prison mais libéré l'année suivante sur l'intervention du roi de France. Il était mort lorsqu'en 1781 sa fille Louise Catherine épousa Médéric Louis Elie Moreau de Saint-Méry, l'historiographe de Saint-Domingue, qui fut aussi député de la Martinique aux États Généraux. Il fit une carrière diplomatique riche et variée.

➡Senior Warden in 1754. He was made a Perfect Elect in 1763. Jean Milhet was the wealthiest merchant in New Orleans. He was very influential there so that in 1763 he was delegated by his fellow townspeople to go to Versailles in order to beg Choiseul not to cede New Orleans to Spain in the Treaty of Fontainebleau (1762). He returned without having obtained anything and, together with his brother Joseph and Villeré, he took part in the rebellion of 1768. He was arrested in October 1769 during the powerful comeback of the Spaniards and sentenced to six months imprisonment. However, he was released in the next year upon an intervention of the French King. He had already died when his daughter Louise Catherine married Médéric Louis Elie Moreau de Saint-Méry, the historiographer of Saint Domingue who was also the representative for Martinique at the Estates-General of 1789, before having a rich and varied diplomatic career.

Référence / Reference	Sharp 49 (1754) ; Sharp 50 (1754) ; Sharp 52 (1754) ; Sharp 64 (1763)

Nom / Surname	**Miot** (comte de **Melito**)
Prénom(s) / First name(s)	François André
Qualité / Quality	Conseiller d'État, érudit et mémorialiste. State Councillor, scholar, chronicler.
Atelier / Lodge	Les Trois Frères Unis, Le Patriotisme
Orient	Versailles

1762-1841 - Grand Expert Adjoint du Grand Chapitre Général vers 1805.
Deputy Grand Expert of the General grand chapter in 1805.

Référence / Reference	Sharp 90

Nom / Surname	**Mis**
Atelier / Lodge	La Sagesse
Orient	Toulouse

Il signa l'attestation de 1785 en faveur des dissidents de la Parfaite Amitié.
He signed the 1785 statement in favour of the dissidents of la Parfaite Amitié.

Référence / Reference	Sharp 88 (1785)

Nom / Surname	**Moler**
Atelier / Lodge	La Concorde et/and Parfaite Loge d'Écosse
Orient	Saint-Marc

Grand Écossais en 1752, Grand Maître des Cérémonies en 1753.
Grand Ecossais in 1752, Grand Master of Ceremonies in 1753.

Référence / Reference	Sharp 45 (1752); Sharp 46 (1752)

Nom / Surname	**Monterun** (comte de)

➡️Cet aristocrate toulousain, dont le beau-frère Bojat était membre de la Parfaite Loge d'Écosse, provoqua Dubuisson dans l'affaire du théâtre.

➡️This nobleman from Toulouse whose brother-in-law, Bojat, was a member of the Parfaite Loge d'Écosse, challenged Dubuisson in the affair of the theatre.

Référence / Reference	Sharp 23 (1750); Sharp 25 (1750)

Nom / Surname	**Monthuy**
Atelier / Lodge	Élus Parfaits
Orient	Bordeaux
Référence / Reference	Sharp 121 (1754)

Nom / Surname	**Montuy**
Atelier / Lodge	Saint-Jean de Jérusalem Écossaise
Orient	Cap-Français
Référence / Reference	Sharp 7 (1748)

Nom / Surname	**Morin**
Prénom(s) / First name(s)	Etienne
Qualité / Quality	Musicien, négociant / Musician, Merchant and trader
Atelier / Lodge	Saint-Jean de Jérusalem Écossaise (Cap-Français), Élus Parfaits (Bordeaux), Saint-Jean de Jérusalem (Paris ?), La Sainte Trinité (Paris), La Concorde (Les Cayes).
Orient	Cap-Français, Bordeaux, Paris, les Cayes

➡️Cahors (Lot) 1717- Kingston (Jamaïque) 1771 – Il est négociant et se déplace entre Bordeaux et Paris, mais également vers la Grande-Bretagne. Son activité le conduit aux Antilles où il fait plusieurs séjours avant de s'y établir définitivement. En 1761 la première Grande Loge de France lui accorde une patente qui l'autorise à établir des loges et notamment « d'admettre et de constituer au sublime degré de la plus haute perfection ». Au cours de ses traversées il est fait par deux fois prisonnier et séjourne en Angleterre. Il y complète sa formation maçonnique et rencontre Washington Shirley, Comte de Ferrers, qui endosse sa patente. Il constitue alors des loges de tous grades à travers toutes les Antilles. Etienne Morin se consacrera jusqu'à sa mort en 1771, en collaboration avec Henry Francken, à la diffusion de la Maçonnerie de perfection en Jamaïque et en Louisiane, sous forme d'un système de 25 grades, auquel il donne le nom d'Ordre du Royal Secret (Morin a créé le grade terminal de Prince du Royal Secret, qui s'est ajouté au système à 24 grades pratiqué en France) Transmis aux États Unis par Francken, il servira de base pour l'élaboration du Rite Écossais Ancien Accepté, par adjonction de huit grades, afin d'arriver à trente-trois. Ce fut l'œuvre du Suprême Conseil de Charleston, en 1801.

Morin était à Saint-Domingue en 1748. En 1752, il était le Grand Orateur de la Loge Écossaise de Cap-Français. Il en démissionna peu après. Il fut pourtant chargé par elle d'installer la loge de Port-de-Paix, non constituée par Lamolère de Feuillas. En 1759, il fut accusé par certains Frères du Cap d'avoir causé la ruine de la Loge Écossaise. La lettre de Dupin Deslezes, de 1759, établit définitivement qu'il fut le fondateur des Élus Parfaits de Bordeaux.

Pour aller plus loin : *Etienne Morin, un homme aux sources de l'Écossisme* – Les Éssais Écossais Volume 6 – Grand Collège des Rites Écossais, GODF, 2017.

➡️Cahors (Lot) 1717- Kingston (Jamaica) 1771 – A merchant and trader, he made numerous journeys between Bordeaux and Paris. He also went to Great Britain and plied between France and the French West Indies where he made several prolonged stays and finally settled permanently. In 1761, the first Grand Lodge of France entrusted him with a patent which empowered him to

establish lodges, and particularly to "admit and constitute in the Sublime Degree of the highest Perfection". In the course of his sea voyages, he was twice captured and detained as a war prisoner in Great Britain, where he completed his masonic education and met Washington Shirley, Count Ferrers, who endorsed his patent. He subsequently created lodges of all degrees all over the West Indies. Etienne Morin, associated with Henry Francken, devoted the rest of his life (until he died in 1771) to the diffusion of the masonry of perfection in Jamaica and in Louisiana, as a 25-degree system, which he named the Order of the Royal Secret (to the 24-degree system practised in France, Morin had added the terminal degree of Prince of the Royal Secret which he had personally created). Henry Francken took the Rite to the United States, where it was to become the basis for the creation of the Ancient Accepted Scottish Rite with the addition of eight more degrees for a total of 33. This was the work of the Supreme Council in Charleston in 1801.

Morin was in Saint-Domingue in 1748. In 1752, he was the Grand Orator of the Ecossais Lodge at Cap-Français. Although he resigned shortly after, he was entrusted by that Lodge to install that of Port-de-which Lamolère de Feuillas had failed to constitute. In1759, some brothers of Cap-Français accused him of having caused the ruin of the Ecossais lodge. Dupin Deslezes' letter of 1759, establishes clearly that he was the founder of the Elus Parfaits of Bordeaux.

Further reading : *Etienne Morin, un homme aux sources de l'Écossisme* – Les Éssais Écossais Volume 6 – Grand Collège des Rites Écossais, GODF, 2017.

Référence Sharp 7 (1748) ; Sharp 15 (1750) ; Sharp 30 (1751) ; Sharp 34 (1752) ; Sharp 35 (1752) ; Sharp 38 (1752) ; Sharp 56 (1757) ; Sharp 57 (1757) ; Sharp 59 (1759) ; Sharp 61 (1759) ; Sharp 68 (1759) ; Sharp 115 (1759) ; Sharp 116 (1759)

Nom / Surname	**Mortier** (duc de Trévise)
Prénom(s) / First name(s)	Édouard Adolphe Casimir Joseph
Qualité / Quality	Maréchal, Pair de France, ambassadeur, Premier Ministre. Marshal, Peer of the Realm, ambassador, Prime minister
Atelier / Lodge	Les Amis Réunis (Lille, loge mère/mother-lodge 9 février/Feb. 9 1792), Les Émules d'Assas (loge militaire / regimental lodge)
Orient	Lille et/and 17ème régiment de ligne/17th Regiment of infantry of line

➡1768-1835 - Volontaire en 1791, général en 1799, maréchal en 1804, il s'illustra dans toutes les campagnes de la Révolution et de l'Empire. Rallié aux Bourbons en 1814, il refusa de juger le maréchal Ney. Député de 1816 à 1819, Pair de France ensuite, il fut nommé ambassadeur puis président du conseil et ministre de la guerre par Louis-Philippe. Il fut tué lors de l'attentat de Fieschi. Sa vie maçonnique fut constante : initié en 1792, Grand Administrateur Général du Grand Chapitre Général sous l'Empire, il fut coopté au Suprême Conseil de France le 20 juin 1821. Contrairement à tant d'autres, sa foi maçonnique ne s'éteignit pas avec l'Empire.

➡1768-1835 – Volunteer in 1791, general in 1799, marshal in 7804, he fought in every campaign of the Revolution and of the Empire. He rallied to the Bourbons in 1814. He refused, however, to take part in the trial of Marshal Ney. Deputy from 1816 until 1819 Peer of the Realm, he was made an ambassador and later President of the Council (= Prime minister) and minister of war by king Louis-Philippe. He was killed in the attempted assassination of the king by Giuseppe Fieschi in 1835.

Initiated into freemasonry in 1792, General Grand Administrator of the General Grand Chapter under Napoleon, he was co-opted by the Supreme council of France on June 20th 1821. Unlike so many others, his masonic zeal did not disappear after the Empire.

Référence / Reference	Sharp 90

Nom / Surname	**Mouton**
Qualité / Quality	Secrétaire de l'Intendance à Bordeaux

	Secretary to the Intendant in Bordeaux

➡ Ce profane était assez proche de Dupin Deslezes pour que celui-ci lui confie un paquet contenant des documents maçonniques.
➡ A non-mason, he was close to Dupin Deslezes, to the extent of being entrusted with a parcel containing masonic documents.

Référence / Reference	Sharp 60 (1759)

Nom / Surname	**Muraire** (comte)
Prénom(s) / First name(s)	Honoré
Qualité / Quality	Juriste et homme politique / Jurist and politician
Atelier / Lodge	Loge de la Grande Maîtrise
Orient	Paris

➡ 1750-1837 - Avocat, il fut député à la Législative dont il fut un temps le président. Par la suite, sous l'Empire, il fut Conseiller d'État et Premier Président de la Cour de Cassation. Grand Garde des archives du Grand Chapitre Général vers 1805, il fut coopté membre actif du Suprême Conseil en même temps de Cambacérès, lors de la prise de pouvoir de celui-ci.
➡ 1750-1837 – A jurist and lawyer, he was a representative at the Legislative Assembly and its president for a long period. Under the Empire, he was a State Councillor and First President of the Ultimate Court of Appeal. Grand Custodian of the archives of the General Grand Chapter in 1805, he was co-opted an active member of the Supreme Council at the same time as Cambacérès when the latter took his office.

Référence / Reference	Sharp 90

Nom / Surname	**Murat**
Prénom(s) / First name(s)	Joachim
Qualité / Quality	Maréchal de France et roi de Naples Marshal of France, King of Naples
Atelier / Lodge	Sainte Joséphine, La Colombe, Sainte-Caroline
Orient	Paris

➡ 1767-1815 - Fils d'aubergiste, il s'engagea en 1787, devint officier en 1792, fut l'aide de camp de Bonaparte pendant la campagne d'Italie et épousa Caroline, la sœur de Bonaparte, en 1800. Fait maréchal en 1804, il devint roi de Naples en 1806. En 1814, il tenta de conserver son trône en négociant une paix séparée avec l'Autriche. Néanmoins destitué, il tenta de reconquérir Naples, fut pris et fusillé en 1815. Ce sabreur fut aussi un actif Maçon : 1er Grand Surveillant du Grand Orient en 1803, 2e Grand Maitre adjoint en 1805, Très Puissant Souverain Grand Commandeur pour le Royaume des deux Siciles.
➡ 1767-1815 - The son of an innkeeper, he joined the army in 1787 and became a commissioned officer in 1792. He was Bonaparte's aide-de-camp during the campaign of Italy. He Married Bonaparte's sister Caroline in 1800. He was made a Marshal of the Empire in 1804 and King of Naples in 1806. In 1814 he attempted to remain on his throne by negotiating a separate peace with Austria. He was nonetheless deposed. He tried to reconquer Naples but was captured and shot in 1815. That sabreur was also an active mason. Senior Grand Warden of the Grand Orient in 1803, 2nd Deputy Grand Master in 1805, Sovereign Grand Commander for the Kingdom of the Two Sicilies.

Référence/ Reference	Sharp 90

Nom / Surname	**Neufchâteau** (de)
Prénom(s) / First name(s)	François

Grand Conservateur général du Grand Chapitre Général vers 1805.	

General Grand Custodian of the General Grand Chapter around 1805.	
Référence / Reference	Sharp 90

Nom / Surname	**Neufville de Frémicourt** (de la)
Atelier / Lodge	Élus Parfaits
Orient	Bordeaux

Ce fut l'un des membres importants des Élus Parfaits dont il fut le Premier Surveillant en 1749.
A prominent member of Les Elus Parfaits. Senior Warden in 1749.

Référence: Sharp 2 (1746) ; Sharp 4 (1747) ; Sharp 7 (1749) ; Sharp 107 (1750) ; Sharp 109 (1755) ; Sharp 120 (1756) ; Sharp 121 (1754)

Nom / Surname	**Noël**
Atelier / Lodge	La Française de Saint-Joseph des Arts
Orient	Toulouse

Garde des Sceaux de sa Loge, il signa l'attestation en faveur des dissidents de la Parfaite Amitié.
Keeper of the Seals in his lodge. He signed the 1785 statement in favour of the dissidents of la Parfaite Amitié.

Référence / Reference	Sharp 88 (1785)

Nom / Surname	**Nompère de Champagny,** duc de Cadore
Prénom(s) / First name(s)	Jean-Baptiste
Qualité / Quality	Officier de Marine, homme politique, ministre sous l'Empire, pair de France. Naval Officer, politician, minister of Napoleon, peer of the realm.

➡1756-1834 - Marin avant 1789, puis député de la Noblesse aux États-Généraux, Conseiller d'État, ministre de l'Intérieur (1804) puis des Affaires Etrangères (1807-1811), pair de France à la Restauration. Il négocia le mariage de Napoléon et de Marie-Louise.
Il fut Grand Conservateur Général du Grand Chapitre Général.
➡1756-1834 – Naval officer before 1789, representative of the nobility at the Etats-Généraux, State Councillor, Minister of home affairs (1804) then of foreign affairs (1807-1811), Peer of the Realm at the Restoration. He negotiated the marriage of Napoleon with Empress Marie-Louise.
General Grand Conservator of the General Grand Chapter.

Référence / Reference	Sharp 90

Nom / Surname	**Noyan** (Comte de)
Atelier / Lodge	Élus Parfaits d'Écosse
Orient	Bordeaux
Référence/ Reference	Sharp 60 (1759)

Nom / Surname	**Olivier**
Atelier / Lodge	Ia Sagesse
Orient	Toulouse

Maître des Cérémonies en 1785, il signa l'attestation de 1785 en faveur des dissidents de la Parfaite Amitié.
Master of Ceremonies in 1785, he signed the statement in favour of the dissidents of la Parfaite Amitié.

Référence/ Reference	Sharp 88 (1785)

Nom / Surname	**Olivier**
Orient	Toulouse

Rose✠ Croix en 1807, il participa à la réception en l'honneur de Cambacérès. Il est possible que ce soit le même que le Frère de la Sagesse

Rose✠ Croix in 1807, he took part in the reception in honour of Cambacérès. He may be the same as the Brother from La Sagesse.

Référence / Reference	Sharp 80 (1807)

Nom / Surname	**Onybault**

Grand officier du Grand Orient vers 1805.

Grand officer of the Grand orient around 1805.

Référence / Reference	Sharp 90

Nom / Surname	**Papillon**
Atelier / Lodge	Saint Jean de Jérusalem Écossaise
Orient	Cap Français

➡Il fut fait Parfait d'Écosse en février 1749. Il ne semble avoir eu aucun lien avec Papillon de Fontpertuis.

➡He was made a Perfect Ecossais in February 1749. There seems to be no connection with Papillon de Fontpertuis.

Référence / Reference	Sharp 7 (1749).

Nom / Surname	**Papillon de Fontpertuis**
Atelier / Lodge	Élus Parfaits
Orient	Bordeaux

➡L'un des membres influents des Élus Parfaits, Papillon a inspecté la Parfaite Loge d'Écosse de Toulouse avant 1750. C'est lui qui a introduit à Bordeaux le Chevalier d'Orient et le Chevalier de l'Aigle ou du Soleil en 1749.

➡An influential member of Les Elus Parfaits, he inspected the Parfaite Loge d'Écosse de Toulouse before 1750. He it is who introduced the degrees of Knight of the east and Knight of the Eagle or of the Sun in Bordeaux in 1749.

Référence: Sharp 6 (1748); Sharp 10 (1750); Sharp 11 (1750); Sharp 21 (1750); Sharp 25 (1750); Sharp 61 (1759); Sharp 104 (1750)

Nom / Surname	**Parazols** (de)
Atelier / Lodge	La Parfaite Amitié puis/then La Vérité Reconnue
Orient	Toulouse

Il participa à la scission de la Parfaite Amitié et fut le secrétaire par intérim de la nouvelle loge.

He took part in the division of La Parfaite Amitié and was interim secretary of the new lodge.

Référence / Reference	Sharp 88 (1785)

Nom / Surname	**Pasterlé**
Atelier / Lodge	Saint-Jean de Jérusalem Écossaise
Orient	Cap-Français

Grand Trésorier en 1752 et Second Grand Surveillant en 1753.

Grand Treasurer in 1752 and Grand Junior Warden in 1753.

Référence / Reference	Sharp 34 (1752); Sharp 44 (1753)

Nom / Surname	**Péchagut**
Prénom(s) / First name(s)	Jean-François
Qualité / Quality	Négociant / Merchant
Atelier / Lodge	La Parfaite Union et/and Parfaite Loge d'Écosse
Orient	Saint-Pierre de la Martinique

➡Maître Élu et Chevalier d'Orient, Parfait d'Écosse en 1750. Grand Maître fondateur de la Parfaite Loge d'Écosse de St-Pierre de la Martinique. Entraîné, peut-être contre son gré, dans une polémique née de la rivalité des loges symboliques (initié par Saint-Jean, il passa ensuite à la Parfaite Union dont il était le vénérable en 1750), il ne fit pas grand-chose pour arranger la situation. Finalement, l'arbitrage des Élus Parfaits tourna à son avantage.

➡Master Elect and Knight of the East, Perfect Ecossais in 1750. Founding Grand Master of the Perfect Ecossais Lodge of St-Pierre de la Martinique. He was dragged – perhaps reluctantly - into a dispute which stemmed from the rivalry between the craft lodges. Initiated at Saint Jean, he later migrated to the Parfaite Union of which he was W. Master in 1750). He did not do much to patch things up. The final decision of the Elus Parfaits was in his favour.

| Référence: Sharp 8 (1749) ; Sharp 13 (1750) ; Sharp 16 (1750) ; Sharp 18 (1750) ; Sharp 19 (1750) ; Sharp 28 (1750) ; Sharp 31 (1751) ; Sharp 32 (1752) ; Sharp 36 (1752) ; Sharp 47 (1753) ; Sharp 115 (1751) ; Sharp 117 (1750) ; Sharp 121 (1754) | |

Nom / Surname	**Péchoin**
Orient	Toulouse

Rose✠ Croix en 1807, il participa à la réception en l'honneur de Cambacérès.
Rose✠ Croix in 1807, he took part in the reception in honour of Cambacérès.

Référence / Reference	Sharp 80 (1807)

Nom / Surname	**Peletan**
Atelier / Lodge	Les Cœurs Réunis
Orient	Toulouse

Il signa l'attestation de 1785 en faveur des dissidents de la Parfaite Amitié.
He signed the 1785 statement in favour of the dissidents of la Parfaite Amitié.

Référence / Reference	Sharp 88 (1785)

Nom / Surname	**Pellerin**
Atelier / Lodge	La Parfaite Harmonie
Orient	Nouvelle-Orléans / New Orleans

Maitre avant 1754 / Master mason before 1754

Référence / Reference	Sharp 49 (1754)

Nom / Surname	**Pelletan**
Prénom(s) / First name(s)	Gabriel
Qualité / Quality	Négociant / Merchant
Atelier / Lodge	Parfaite Loge d'Écosse puis/then Saint-Jean d'Écosse
Orient	Marseille

Grand Secrétaire en 1752 /Grand Secretary in 1752

Référence / Reference	Sharp 9 (1750); Sharp 36 (1752)

Nom / Surname	**Pelouze**
Prénom(s) / First name(s)	Jean

Qualité / Quality	Marchand droguiste à St-Pierre, d'origine languedocienne. Pharmacist in St Pierre, originally from Languedoc
Atelier / Lodge	Parfaite Union et/and Parfaite Loge d'Écosse
Orient	Saint-Pierre de la Martinique

➡ Maître Élu et Chevalier d'Orient. Parfait d'Écosse en 1750. Grand Trésorier de la Loge Écossaise puis Grand Maître en 1751. Premier Surveillant de la Parfaite Union en 1750.

➡ Master Elect and Knight of the East. Perfect Ecossais in 1750. Grand Treasurer of the Ecossais lodge, Grand master in 1751. Senior Warden of La Parfaite Union in 1750.

Référence Sharp: 13 (1750); Sharp 16 (1750) ; Sharp 18 (1750) ; Sharp 19 (1750) ; Sharp 29 (1751) ; Sharp 30 (1751) ; Sharp 40 (1752) ; Sharp 47 (1753) ; Sharp 72 (1752) ; Sharp 115 (1751) ; Sharp 117 (1750)

Nom / Surname	**Penette**
Atelier / Lodge	Saint-Jean de Jérusalem Écossaise
Orient	Cap-Français

Grand Secrétaire en 1753 / Grand Secretary in 1753.

Référence / Reference	Sharp 44 (1753)

Nom / Surname	**Pény**
Prénom(s) / First name(s)	Martin
Qualité / Quality	Maître plumassier / Master feather dresser
Atelier / Lodge	Saint-Martin
Orient	Paris

➡ Vénérable Maître inamovible, très attaché à ses prérogatives, il fut le principal auteur du schisme de 1760. Après la réconciliation opérée par Chaillon de Jonville en 1763, il continua ses intrigues et fut exclu en 1766 pour sa participation à l'affaire de libelles. Pendant la suspension des travaux de la Grande Loge, il tenta de constituer, sous sa direction et selon les principes des statuts de 1760 élaborés par sa faction, une Grande Loge clandestine que les interventions énergiques de Chaillon de Jonville et de Brest de la Chaussée firent avorter. Réintégré eu 1771, il s'opposa rapidement à Luxembourg et à la volonté de celui-ci d'abolir le vénéralat ad vitam. Il fut l'un des instigateurs de la Grande Loge maintenue.

➡ Irremovable W. Master, jealously guarding his prerogatives, he was the main artisan of the 1760 split. After Chaillon de Jonville brought about a reconciliation, he carried on with his scheming and he was expelled in 1766 for his part in the "case of the libels". While Grand Lodge activities were suspended, he attempted to constitute a clandestine Grand Lodge based upon the principles of the statutes of 1760 which his faction had drafted. Chaillon de Jonville's and Brest de la Chaussée's forceful interventions caused the project to abort. He was reinstated in 1771 and quickly opposed Luxembourg who wanted to suppress the institution of W. Mastership ad vitam. He was among the instigators of the "Maintained Grand lodge".

Référence / Reference	Sharp 129 (1772)

Nom / Surname	**Pérès**
Atelier / Lodge	Élus Parfaits
Orient	Bordeaux
Référence / Reference	Sharp 121 (1754)

Nom / Surname	**Périer**
Atelier / Lodge	Parfaite Loge d'Écosse

Orient	Marseille
Député Grand Maître en 1750 / Deputy Grand Master in 1750.	
Référence / Reference	Sharp 9 (1750)

Nom / Surname	**Pérignon** (Comte puis/later Marquis de)
Prénom(s) / First name(s)	Dominique-Catherine
Qualité / Quality	Maréchal de France /Marshal of France

➡1754-1818 - Député à l'Assemblée Législative (1791), général de division (23 décembre 1793), membre du conseil des Cinq-Cents, Maréchal d'Empire (1804), gouverneur de Parme et de Plaisance (1806). Rallié aux Bourbons en 1814 et nommé alors pair de France, Louis XVIII lui conféra le titre de marquis.

Second Grand Surveillant du Grand Orient vers 1805, il fut coopté au Suprême Conseil de France en même temps que Cambacérès, le 1ᵉʳ juillet 1806.

➡1754-1818 – Deputy at the Legislative Assembly, Major General (Dec. 23ʳᵈ 1793), member of the Council of Five Hundred, Marshal of the Empire (1804) governor of Parma and Piacenza (1806). He rallied to the Bourbons in 1814 and was made a Peer of the Realm. Louis XVIII bestowed the title of marquess on him.

Junior Grand Warden of the Grand Orient around 1805, he was co-opted at the Supreme Council of France simultaneously with Cambacérès on July 1ˢᵗ 1806.

Référence / Reference	Sharp 90.

Nom / Surname	**Perrouteau**
Atelier / Lodge	Saint-Jean de Jérusalem
Orient	Montauban
Observations	Second Surveillant en 1772 / Junior Warden in 1772.
Référence / Reference	Sharp 129 (1772)

Nom / Surname	**Pescayes**
Qualité / Quality	Habitant/Landowner-operator au/at Cap-Français
Atelier / Lodge	La Parfaite Harmonie puis/later La Vérité.
Orient	Cap-Français

➡Officier de la Parfaite Harmonie en 1759, il fut constitué Vénérable ad vitam de la Vérité par Martin en 1766. Ayant épousé une femme de couleur il fut contraint, en 1770, de renoncer à ce titre. Son départ avait été, en 1773, la condition mise à la reconstitution de la Vérité par le Grand Orient, selon le rapport de Lamarque, dit « L'Américain ».

➡Officer of la Parfaite Harmonie in 1759, he became W. Master ad vitam, constituted by Martin in 1766. He had to resign in 1770 because he had married a coloured woman. In 1773, according to Lamarque aka "L'Américain", his departure had been laid down as a condition for the reconstitution of La Vérité by the Grand Orient.

Référence / Reference	Sharp 62 (1759) ; Sharp 118 (1759)

Nom / Surname	**Petit de Boulard**
Qualité / Quality	Avocat au Parlement / Solicitor at the *Parlement*
Atelier / Lodge	Parfaite Loge des Élus Parfaits ou Anciens Maîtres (Paris) Élus Parfaits (Bordeaux)
Orient	Paris et/and Bordeaux

➡La lettre de Boulard du 16 mai 1750 est très importante. Il vient de découvrir le Chevalier d'Orient, grâce à Morin, qui l'avait initié à l'Écossisme de l'Ancienne Maîtrise en 1744. L'allusion au

« chaos débrouillé » pourrait faire penser que Boulard était déjà Chevalier du Soleil. Boulard a été le Grand Orateur des Élus Parfaits de Bordeaux en 1752.

➡Boulard's letter of May 16th 1750 is of particular importance. He had just discovered the degree of Knight of the East, thanks to Morin who had initiated him into the Ancienne Maitrise in 1744. The allusion to the "unravelled chaos" could mean that Boulard was already a Knight of the Sun. he was the Grand Orator of the Elus Parfaits of Bordeaux in 1752.

Référence / Reference	Sharp 15 (1750) ; Sharp 45 (1752) ; Sharp 106 (1753)

Nom / Surname	**Petit de la Rochette**
Atelier / Lodge	Saint-Jean de Jérusalem Écossaise
Orient	Cap-Français
Observations	Premier Grand Surveillant en 1753 / Senior Grand Warden in 1753.
Référence / Reference	Sharp 44 (1753)

Nom / Surname	**Peyronnet**
Atelier / Lodge	Tribunal du Rite Écossais Philosophique et/and La Sagesse et L'Union
Orient	Toulouse

➡Grand Inspecteur Inquisiteur Commandeur du Rite Écossais Philosophique, il fut le Secrétaire de la Tenue solennelle donnée en l'honneur de Camhacérès. Il était lié à Borel. Il ornait sa signature du symbole ✠

➡Grand Inspector Inquisitor Commander of the Philosophical Scottish Rite, he was the secretary of the solemn meeting in the honour of Cambacérès. He was friends with Borel. He added the symbol ✠ to his signature.

Référence / Reference	Sharp 80 ; Sharp 91 (1809)

Nom / Surname	**Peyrotton**
Atelier / Lodge	La Concorde et/and Parfaite Loge d'Écosse
Orient	Saint-Marc

Grand Écossais en 1752, Grand Orateur en 1753.
Grand Ecossais in 1752, Grand Orator in 1753.

Référence/ Reference	Sharp 45 (1752) ; Sharp 46 (1752)

Nom / Surname	**Pin**
Prénom(s) / First name(s)	Gilles
Qualité / Quality	Artiste / Artist.
Atelier / Lodge	Parfaite Loge d'Écosse
Orient	Toulouse

➡1720-1804 - Professeur de dessin à l'Académie de peinture, sculpture et architecture de Toulouse, le peintre Gilles Pin fut nommé en 1774 directeur général du canal royal des Deux-Mers.
Grand Secrétaire pro tempore pendant l'affaire Dubuisson il prit parti pour Bojat et Savy.

➡1720-1804 – A painter and art teacher at the Academy of painting, sculpture and architecture of Toulouse, he was appointed in 1774 General Director of the royal canal des Deux-Mers ("canal of the two seas").
Grand Secretary pro tempore at the time of the Dubuisson dispute, he sided with Bojat and Savy.

Référence / Reference	Sharp 27 (1750)

Nom / Surname	**Piver**
Atelier / Lodge	La Concorde et/and Parfaite Loge d'Écosse

Orient	Saint-Marc

Grand Écossais en 1752, Grand Secrétaire en 1752.
Grand Ecossais in1752, Grand Secretary in 1752.

Référence / Reference	Sharp 46 (1752)

Nom / Surname	**Piveteau**
Prénom(s) / First name(s)	Denis
Qualité / Quality	Négociant installé aussi à Nantes. Merchant, also established in Nantes.
Atelier / Lodge	Parfaite Union et/and Parfaite Loge d'Écosse
Orient	Saint-Pierre de la Martinique
Référence / Reference	Sharp 13 (1750)

Nom / Surname	**Porcher**
Qualité / Quality	Sénateur / Senator

Grand Expert Adjoint du Grand Chapitre Général vers 1805.
Deputy Grand Expert of the General Grand chapter around 1805

Référence / Reference	Sharp 90

Nom / Surname	**Pouic**
Atelier / Lodge	La Sagesse
Orient	Toulouse

Maître d'hôtel en 1785, il signa l'attestation en faveur des dissidents de la Parfaite Amitié.
Maître d'hôtel in 1815, he signed the statement in favour of the dissidents of la Parfaite Amitié.

Référence / Reference	Sharp 88 (1785)

Nom / Surname	**Poupart**
Prénom(s) / First name(s)	Louis-Antoine
Qualité / Quality	Maître menuisier / Master joiner
Atelier / Lodge	Saint-Louis de la Martinique des Frères Réunis
Orient	Paris

➡Membre du Conseil Souverain des Chevaliers d'Orient. Bien que vénérable inamovible, il opta pour le Grand Orient.
➡Member of the Sovereign Council of Knights of the East. Although he was an irremovable W. Master, he chose to be part of the Grand Orient.

Référence / Reference	Sharp 129 (1772)

Nom / Surname	**Raby**
Prénom(s) / First name(s)	Jean-Baptiste
Qualité / Quality	"Habitant" / Landowner-operator
Atelier / Lodge	Saint Jean de Jérusalem Écossaise
Orient	Cap-Français

➡Moreau de Saint-Méry signale un Jean-Baptiste Raby-Dumoreau, d'origine dauphinoise. Jean-Baptiste Raby-Dumoreau était propriétaire au Limbé et au Petit-Saint Louis, au voisinage de Cap-Français. Il fut membre du club paramaçonnique Massiac. Il mourut avant 1801.
➡Moreau de Saint-Méry mentions one Jean-Baptiste Raby-Dumoreau, originally from the Dauphiné. Jean-Baptiste Raby-Dumoreau was a Landowner-operator at Cap-Français, at Limbé and at Petit-Saint-Louis, near Cap-Français. He was a member of the para-masonic Massiac club. He

died before 1801.

Référence / Reference	Sharp 7 (1748)

Nom / Surname	**Ranson**
Atelier / Lodge	Saint-Jean de Jérusalem Écossaise
Orient	Cap-Français
Grand Maître d'honneur en 1752 / Honorary Grand master in 1752.	
Référence / Reference	Sharp 34 (1752)

Nom / Surname	**Raoul** (de)
Atelier / Lodge	Élus Parfaits
Orient	Bordeaux
Grand Maître en 1760, il avait été Grand Maître d'honneur en 1752. Grand Master in 1760, he had been Honorary Grand master in 1752.	
Référence / Reference: Sharp 7 (1749) ; Sharp 11 (1750) ; Sharp 45 (1752) ; Sharp 104 (1750) ; Sharp 105 (1750) ; Sharp 112 (1760) ; Sharp 114 (1760) ; Sharp 119 (1760) ; Sharp 121 (1754)	

Nom / Surname	**Renard**
Atelier / Lodge	Saint-Jean de Jérusalem Écossaise
Orient	Cap-Français
Premier Grand Surveillant en 1752. Senior Grand Warden in 1752.	
Référence / Reference	Sharp 34 (1752)

Nom / Surname	**Renier**
Prénom(s) / First name(s)	Bernardin Alvise Melchior
Qualité / Quality	Ex noble vénitien du Conseil du Doge Former Venetian nobleman and member of the Council of the Doge
Atelier / Lodge	Les Élèves de Minerve
Orient	Paris
➡Coopté au Suprême Conseil de France en octobre 1804. Grand Secrétaire du Grand Chapitre Général vers 1805. Grand officier d'honneur du Grand Orient de France en 1806. ➡Co-opted at the Supreme Council of France in 1804. Grand Secretary of the General grand Chapter in 1805. Honorary Grand officer of the Grand Orient of France in 1806.	
Référence / Reference	Sharp 90

Nom / Surname	**Rey**
Atelier / Lodge	La Parfaite Union
Orient	Saint-Pierre de la Martinique
Référence / Reference	Sharp 40 (1752) ; Sharp 72

Nom / Surname	**Reynier**
Grand Conservateur Général du Grand Chapitre Général vers 1805. General Grand Custodian of the General Grand chapter in 1805.	
Référence / Reference	Sharp 90

Nom / Surname	**Réau**
Atelier / Lodge	Saint-Jean de Jérusalem Écossaise
Orient	Cap-Français

Les Frères du Cap-Français le chargeaient de remettre leur courrier aux Élus Parfaits.
The Brethren at Cap-Français entrusted him with the delivery of their letters to the Elus parfaits.

Référence / Reference	Sharp 59 (1759) ; Sharp 112 (1760)

Nom / Surname	**Ribonet**
Atelier / Lodge	Clermont
Orient	Toulouse

Maître d'Hôtel pro tempore, il signa l'attestation en faveur des dissidents de la Parfaite Amitié.
Pro tempore Maître-d'Hôtel, he signed the 1785 statement in favour of the dissidents of la Parfaite Amitié.

Référence / Reference	Sharp 88 (1785)

Nom / Surname	**Riboutet**
Orient	Paris

Initié aux grades d'Architecte, le 16 juin 1754, en même temps que les Frères des Élus Parfaits.
Initiated into the degrees of architect at the same time as the Bros. of the Elus Parfaits.

Référence / Reference	Sharp 121 (1754)

Nom / Surname	**Ricard**
Atelier / Lodge	Les Vrais Amis Réunis
Orient	Toulouse

➡Garde des Sceaux en 1785, il signa l'attestation de 1785 en faveur des dissidents de la Parfaite Amitié.
➡Keeper of the Seals in 1785, he signed the statement in favour of the dissidents of la Parfaite Amitié.

Référence / Reference	Sharp 88 (1785)

Nom / Surname	**Riel,** marquis de **Beurnonville**
Prénom(s) / First name(s)	Pierre
Qualité / Quality	Maréchal et pair de France (1814), comte de l'Empire (1808) puis marquis (1817). Marshal and Peer (1814), Count of the Empire (1808), Marquess (1817).
Atelier / Lodge	Chevaliers de la Croix de Saint Jean de la Palestine
Orient	Troyes

➡1752-1821 - Ministre de la guerre (1793), ministre plénipotentiaire à Berlin (1800) puis ambassadeur en Espagne (1802), il se rallia aux Bourbons.
Vénérable d'honneur de sa Loge, Grand Administrateur du Grand Orient sous Napoléon et Premier Grand Maître Adjoint après 1815.
➡1752-1821 – Minister of War (1793), ambassador to Berlin in 1800, and to Madrid in 1802. He rallied to the Bourbons.
Honorary W. Master of his lodge, Grand Administrator of the Grand orient under Napoleon and First Deputy Grand master after 1815.

Référence / Reference	Sharp 90

Nom / Surname	**Rigaud** (de)
Atelier / Lodge	La Parfaite Amitié
Orient	Toulouse

➡Commissaire désigné par sa loge aux réunions plénières des Loges de Toulouse en 1784 et 1785, il fut en butte à l'hostilité d'une partie de sa Loge.
➡Appointed by his lodge as commissary to the plenary meetings of the Toulouse lodges in 1784 and 1785, he was the object of the hostility of a fraction of that lodge.

Référence / Reference	Sharp 86 (1785)

Nom / Surname	**Rivière**
Atelier / Lodge	Saint-Jean de Jérusalem Écossaise
Orient	Cap-Français

Grand Secrétaire par intérim en 1752, fut Grand Maître en 1753.
Interim Grand Secretary in 1752, Grand Master in 1753.

Référence / Reference	Sharp 34 (1752) ; Sharp 35 (1752) ; Sharp 44 (1753) ; Sharp 109 (1755)

Nom / Surname	**Rix** (de)
Prénom(s) / First name(s)	Clément

Grand Expert Adjoint du Grand Orient vers 1805.
Deputy Grand expert of the Grand Orient around 1805.

Référence / Reference	Sharp 90

Nom / Surname	**Roettier de Montaleau**
Prénom(s) / First name(s)	Alexandre Louis
Qualité / Quality	Graveur du roi puis conseiller à la Cour de Comptes, directeur de la Monnaie Royal engraver, Auditor at the Court of Accounts, director of the Mint.
Atelier / Lodge	L'Amitié, Les Amis Réunis, le Centre des Amis
Orient	Paris

➡1748-1808 - Né dans une famille de graveurs et d'orfèvres, il apprit ce métier, qu'il exerça un temps. Il y renonça pour entrer à la Cour des Comptes (1787) mais accepta la charge de directeur de la Monnaie de Paris (1791). Accusé de trafics douteux en novembre 1793, il fut arrêté mais l'enquête n'ayant rien donné, il fut libéré dès décembre. Il abandonna ses fonctions en août 1797.
Son influence maçonnique fut très grande. Officier du Grand Orient avant la révolution, il fut à l'origine de sa renaissance en 1793. Très attaché à l'unicité de la Maçonnerie dans le sein du Grand Orient, il fut à l'origine du concordat de 1799 entre cette obédience et les restes de la Grande Loge maintenue, dite Grand orient de Clermont. Il fut aussi à l'origine du concordat de 1804, par lequel le Grand Orient entendait absorber le Rite Ecossais Ancien et Accepté et surtout les loges pratiquant ce Rite. À cette occasion, il fut coopté au Suprême Conseil le 22 décembre 1804. Notons qu'en 1795 il refusa d'être élu Grand maître et n'accepta que le titre de Grand Vénérable. Il s'effaça devant les Bonaparte et ne fut plus, après 1804, que le Grand représentant particulier du Grand Maître.
➡1748-1808 – The son of a family of engravers and goldsmiths, he practised that trade for some time before he renounced it to become an Auditor at the Court of Accounts (1787). However, he agreed to become director of the Paris Mint (1791). He was accused of dubious dealings in November 1793 and he was arrested. As the investigation gave no results, he was released in December. He resigned in August 1797.
His masonic influence was considerable. Officer of the Grand Orient before the Revolution, he was

at the origin of its revival in 1793.

He attached a great importance to the unicity of Freemasonry within the framework of the Grand Orient. He was at the origin of the 1799 amalgamation between the Grand Orient and the remains of the "maintained" Grand Lodge, known as the Grand Orient of Clermont. He was also at the origin of the 1804 "Concordat" through which the Grand Orient intended to absorb the Ancient Accepted Scottish Rite, and especially the lodges which practised it. He was then co-opted at the Supreme Council on December 22nd 1804. Let us note that in 1795 he had declined the title of Grand Master in favour of the more modest one of Grand W. Master. He gave way to the Bonaparte party and after 1804 he was simply the particular Grand Representative of the Grand master.

Référence / Reference	Sharp 90

Nom / Surname	**Roque**
Atelier / Lodge	Les Vrais Amis Réunis
Orient	Toulouse

Second Surveillant en 1785, il signa l'attestation en faveur des dissidents de la Parfaite Amitié.
Junior Warden in 1815, he signed the statement in favour of the dissidents of la Parfaite Amitié.

Référence / Reference	Sharp 88 (1785)

Nom / Surname	**Roque** (Madame)
Atelier / Lodge	Loge d'adoption / Lodge of adoption
Orient	Bordeaux
Observations	Elle devait être officier de la Loge d'Adoption en 1784.
	She must have been an Officer of the Lodge of adoption in 1784.

Référence / Reference	Sharp 73 (1784)

Nom / Surname	**Roqueville** (de)
Atelier / Lodge	La Parfaite Amitié
Orient	Toulouse

➡Commissaire désigné par sa loge aux réunions plénières des Loges de Toulouse en 1784 et 1785, il fut en butte à l'hostilité d'une partie de sa Loge.
➡Appointed by his lodge as commissary to the plenary meetings of the Toulouse lodges in 1784 and 1785, he was the object of the hostility of a fraction of that lodge.

Référence / Reference	Sharp 85 (1785) ; Sharp 86 (1785)

Nom / Surname	**Rouane**
Atelier / Lodge	La Française de Saint-Joseph des Arts
Orient	Toulouse

Il signa l'attestation de 1785 en faveur des dissidents de la Parfaite Amitié.
He signed the 1785 statement in favour of the dissidents of la Parfaite Amitié.

Référence / Reference	Sharp 88 (1785)

Nom / Surname	**Roubin**
Atelier / Lodge	Les Vrais Amis Réunis
Orient	Toulouse

« Terrible » en 1785, il signa l'attestation en faveur des dissidents de la Parfaite Amitié.
"Terrible" in 1785, he signed the statement in favour of the dissidents of la Parfaite Amitié.

Référence / Reference	Sharp 88 (1785)

Nom / Surname	**Roume**
Qualité / Quality	Ecuyer / Squire
Atelier / Lodge	Parfaite Loge d'Écosse
Orient	Toulouse

Il ne semble pas avoir pris parti dans l'affaire Dubuisson.
He seems to have had no part in the Dubuisson case.

Référence / Reference	Sharp 10 (1750) ; Sharp 27 (1750)

Nom / Surname	**Roume de Seguville**
Atelier / Lodge	Clermont
Orient	Toulouse

Second Surveillant en 1785, il signa l'attestation en faveur des dissidents de la Parfaite Amitié.
Junior Warden in 1785, he signed the statement in favour of the dissidents of la Parfaite Amitié.

Référence / Reference	Sharp 88 (1785)

Nom / Surname	**Rouquete** (de)
Atelier / Lodge	La Parfaite Amitié puis/then La Vérité Reconnue
Orient	Toulouse

Il participa à la scission de la Parfaite Amitié en 1785.
He participated in the 1785 division of La Parfaite Amitié.

Référence / Reference	Sharp 88 (1785)

Nom / Surname	**Roussillon** (aîné/the elder)
Atelier / Lodge	La Parfaite Harmonie et/and Magnifique Loge d'Écosse
Orient	Nouvelle-Orléans / New Orleans

Maître en 1754, Élu Parfait en 1763.
Master Mason in 1754, Perfect Elect in 1763.

Référence / Reference	Sharp 49 (1754) ; Sharp 64 (1763)

Nom / Surname	**Roussillon** (cadet/the younger)
Prénom(s) / First name(s)	Pierre-François
Qualité / Quality	Négociant / Merchant
Atelier / Lodge	La Parfaite Harmonie et/and Magnifique Loge d'Écosse
Orient	Nouvelle-Orléans / New Orleans

➡Secrétaire en 1754, il proposa alors Roussillon (aîné) pour la maîtrise. Il était à Bordeaux en 1756. Il revint en 1763 et fonda la Magnifique Loge dont il fut le Grand Maître. Il se donna, à cette occasion, pour Député Grand Maître des Élus Parfaits de Bordeaux. Les lettres que lui adressa Dupin Deslezes sont très importantes.
➡Secretary in 1754, when he proposed the elder Roussillon for the Master's degree. He was in Bordeaux in 1756. He came back in 1763, founded the Magnifique Loge d'Écosse and became its Grand Master. On that occasion, he presented himself as Deputy Grand Master of the Perfect Elects of Bordeaux. The letters he received from Dupin Deslezes are very important.

Référence: Sharp 49 (1754) ; Sharp 50 (1754) ; Sharp 52 (1754) ; Sharp 60 (1759) ; Sharp 61 (1751) ; Sharp 64 (1763) ; Sharp 102 (1756) ; Sharp 120 (1756)

Nom / Surname	**Rouville**(de)
Atelier / Lodge	La Parfaite Amitié
Orient	Toulouse

➡Commissaire désigné par sa loge aux réunions plénières des Loges de Toulouse en 1784 et 1785, il fut en butte à l'hostilité d'une partie de sa Loge.
➡Appointed by his lodge as commissary to the plenary meetings of the Toulouse lodges in 1784 and 1785, he was the object of the hostility of a fraction of that lodge.

Référence / Reference	Sharp 86 (1785)

Nom / Surname	**Roux**
Atelier / Lodge	La Parfaite Harmonie
Orient	Cap-Français

Secrétaire en 1759 / Secretary in 1759.

Référence	Sharp 62 (1759)

Nom / Surname	**Saget**
Orient	Toulouse

➡Grand Inspecteur Inquisiteur Commandeur en 1807, il participa à la réception en l'honneur de Cambacérès.
➡Grand Inspector Inquisitor Commander in 1807, he participated in the reception in honour of Cambacérès.

Référence / Reference	Sharp 80 (1807)

Nom / Surname	**Sahuqué**
Qualité / Quality	Négociant /Merchant
Atelier / Lodge	Parfaite Loge d'Écosse
Orient	Toulouse
Référence / Reference	Sharp 10 (1750) ; Sharp 27 (1750) ; Sharp 39 (1752) ; Sharp 108 (1750)

Nom / Surname	**Saint-Jean Baguet**
Atelier / Lodge	Parfaite Loge d'Écosse
Orient	Marseille
Référence / Reference	Sharp 9 (1750)

Nom / Surname	**Saint-Prolit**
Atelier / Lodge	La Paix
Orient	Toulouse

➡Au cours des événements liés à « l'affaire du bal », il eut maille à partir avec certains FF. de sa Loge.
➡At the time of the affair of the public ball, he had a dispute with some of his Lodge brothers.

Référence / Reference	Sharp 83 (1784)

Nom / Surname	**Salgues de Magnac**
Atelier / Lodge	La Paix
Orient	Toulouse

➡Au cours des événements liés à « l'affaire du bal », il eut maille à partir avec certains FF. de sa Loge.
➡At the time of the affair of the public ball, he had a dispute with some of his Lodge brothers.

Référence / Reference	Sharp 83 (1784) ; Sharp 88 (1785)

Nom / Surname	**Sallarts**
Atelier / Lodge	Parfaite Loge d'Écosse
Orient	Marseille
Grand Maître en 1750 / Grand Master in 1750.	
Référence / Reference	Sharp 9 (1750)

Nom / Surname	**Saubens** (de)
Atelier / Lodge	La Parfaite Amitié puis/then La Vérité Reconnue
Orient	Toulouse
Il fut l'un des dissidents de 1785.	
One of the dissidents in 1785.	
Référence / Reference	Sharp 88 (1785)

Nom / Surname	**Sausané**
Observations	Lamolère de Feuillas le nomme dans sa lettre de 1747.
	Mentioned by Lamolère de feuillas in his letter of 1747.
Référence / Reference	Sharp 4 (1747)

Nom / Surname	**Sauveterre**
Atelier / Lodge	La Française de Saint-Joseph des Arts
Orient	Toulouse
Il signa l'attestation de 1785 en faveur des dissidents de la Parfaite Amitié.	
He signed the 1785 statement in favour of the dissidents of la Parfaite Amitié.	
Référence / Reference	Sharp 88 (1785)

Nom / Surname	**Savy**
Qualité / Quality	Avocat au Parlement de Toulouse
	Solicitor at the *Parlement* of Toulouse
Atelier / Lodge	Parfaite Loge d'Écosse
Orient	Toulouse

➡Il fut, par solidarité avec Bojat, l'opposant le plus déterminé à Dubuisson. Par la suite, il fut, en 1762, le vénérable de Saint-Jean l'Ancienne et Fille de Clermont Réunies.

➡Because of his solidarity with Bojat, he was one of the most determined opponents of Dubuisson. Later, in 1762, he was W. Master of Saint-Jean l'Ancienne et Fille de Clermont Réunies.

Référence / Reference: Sharp 10 (1750) ; Sharp 12 (1750) ; Sharp 23 (1750) ; Sharp 25 (1750) ; Sharp 27 (1750) ; Sharp 105 (1750) ; Sharp 107 (1750)

Nom / Surname	**Sébastiani de la Porta** (comte de)
Prénom(s) / First name(s)	Bastien Horace François
Qualité / Quality	Ambassadeur, général et ministre /Ambassador, general, minister.

➡1772-1851 - Après avoir été nommé ambassadeur à Constantinople (1806), il réintégra l'armée (il avait été fait général en 1805) et participa aux dernières guerres de l'Empire. Ne s'étant pas rallié aux Bourbons, il fut placé en demi-solde et se fit élire député d'opposition. La monarchie de juillet fit de lui un ministre, puis un ambassadeur et finalement un maréchal de France (1840). Sa vieillesse fut assombrie par l'assassinat de sa fille par son gendre, le duc de Choiseul-Praslin. Sa carrière maçonnique ne semble pas avoir été significative. Pourtant, il fut Grand Garde des Sceaux du Grand Orient vers 1805.

➡1772-1851 – After he was appointed ambassador to Constantinople (1806), he returned to the

army (he had become a general in 1805) and fought in the last wars of the Empire. He did not rally to the Bourbons, was placed on half-pay and got elected in parliament for the opposition. King Louis-Philippe made him a minister and later an ambassador and finally a Marshal of France (1840). His old age was darkened by his daughter's assassination by his son-in-law, the duke of Choiseul-Praslin.

He does not seem to have had a significant masonic career. He was Grand Keeper of the Seals of the Grand Orient around 1805.

Référence / Reference	Sharp 90

Nom / Surname	**Segla** (chevalier de)
Atelier / Lodge	Les Cœurs Réunis
Orient	Toulouse

➡Vénérable Maitre en 1785, il fut l'un des commissaires enquêteurs dans l'affaire de la Parfaite Amitié et il signa l'attestation de 1785 en faveur des dissidents de cette loge.

➡W. Master in 1755, he was one of the investigating commissaries in the case of La Parfaite Amitié, and he signed the 1785 attestation in favour of the dissidents of that lodge.

Référence / Reference	Sharp 86 (1785) ; Sharp 88 (1785)

Nom / Surname	**Semansleepens**
Atelier / Lodge	Loge symbolique / Craft lodge
Orient	Port-de-Paix
Observations	Secrétaire en 1753 / Secretary in 1753
Référence / Reference	Sharp 38 (1753)

Nom / Surname	**Senil** (cadet/the younger)
Qualité / Quality	Toulouse
Atelier / Lodge	Les Cœurs Réunis
Orient	

Compromis dans « l'affaire du bal », il fut « brûlé » en 1784.

He was incriminated in the case of the public ball and "burned" in 1784.

Référence / Reference	Sharp 83 (1784)

Nom / Surname	**Sens** (de)

Grand Hospitalier du Grand Orient vers 1805.

Grand Almoner of the Grand Orient around 1805.

Référence / Reference	Sharp 90

Nom / Surname	**Sérurier** (comte)
Prénom(s) / First name(s)	Jean Matthieu Philibert
Qualité / Quality	Maréchal de France, gouverneur des Invalides Marshal of France, governor of the Invalides (retirement home and hospital for military veterans)
Atelier / Lodge	Saint-Alexandre d'Écosse, l'Abeille Impériale (18°), Le Choix (18°)
Orient	Paris

➡1742-1819 - Officier dans les armées royales, il fit la guerre de Sept Ans. Rallié à la République, il fut nommé général en 1795. Nommé maréchal en 1804, il fut gouverneur des Invalides. Sénateur, il vota la déchéance de Napoléon, fut fait pair de France par Louis XVIII en retour, mais, ayant rejoint l'Empereur pendant les Cent-Jours, fut disgracié.

Il pratiquait le Rite Écossais Philosophique et le Rite de Kilwinning. Grand Administrateur Général du Grand Chapitre Général du Grand Orient vers 1805, représentant auprès de la Mère-Loge du Rite Écossais Philosophique.

➡1742-1819 – An officer in the King's army, he fought in the 7 years' war. He then served the republic and became general in 1795. Marshal in 1804, he was appointed governor of the Invalides Veterans' Hospital Senator, he voted for the dethronement of Napoleon, was made a Peer of the realm by Louis XVIII, but joined the Emperor during the hundred days and was disgraced.

He practised the Philosophical Scottish Rite and the rite of Kilwinning.

General Grand Administrator of the General Grand Chapter of the Grand Orient around 1805, representative to the Mother Lodge of the Philosophical Scottish Rite.

Référence / Reference	Sharp 90

Nom / Surname	**Servel**
Atelier / Lodge	Saint-Jean de Jérusalem Écossaise
Orient	Cap-Français

Second Grand Surveillant en 1752 / Second Grand Warden in 1752.

Référence / Reference	Sharp 34 (1752)

Nom / Surname	**Sienne**
Atelier / Lodge	Parfaite Loge d'Écosse
Orient	Marseille
Référence / Reference	Sharp 9 (1750)

0

Nom / Surname	**Siméon,** (comte)
Prénom(s) / First name(s)	Joseph Jérôme
Qualité / Quality	Conseiller d'État, ministre /State Councillor, minister.
Atelier / Lodge	L'Amitié
Orient	Aix-en-Provence

➡1749-1842 - Professeur de droit à l'université d'Aix-en-Provence en 1778, proscrit avec les Girondins, il fut député aux Cinq-Cents, membre du Tribunat, conseiller d'État, préfet et ministre, successivement de Jérôme Bonaparte, roi de Westphalie, et de Louis XVIII, qui en fit, finalement, le président de la Cour des Comptes.

Grand Expert Adjoint du Grand Chapitre général vers 1805 et Grand Maître Adjoint de la Grande Loge de Westphalie.

➡1749-1842 – Professor of Law at the University of Aix-en-Provence in 1778, he was banished with other members of the Girondin party. He was a deputy at the Five-Hundred, member of the Tribunat, State Councillor, préfet and minister in turn for Jérôme Bonaparte, King of Westphalia and for Louis XVIII who finally made him the president of the Court of Accounts.

Deputy Grand Expert of the General Grand Chapter around 1805, Deputy Grand Master of the Grand lodge of Westphalia.

Référence / Reference	Sharp 90

Nom / Surname	**Simonot**
Atelier / Lodge	Saint-Paul des Vrais Amis
Orient	Figeac-en-Quercy

Orateur de sa Loge avant 1770 / Orator of his Lodge before 1770.

Référence / Reference	Sharp 69 (1770)

Nom / Surname	**Sintey**
Atelier / Lodge	La Parfaite Harmonie
Orient	Cap-Français
Premier Surveillant en 1759 / Senior Warden in 1759.	
Référence / Reference	Sharp 62 (1759) ; Sharp 118 (1759)

Nom / Surname	**Soubirous**
Qualité / Quality	Toulouse
Il participa à la réception en l'honneur de Cambacérès en 1807. Il ornait sa signature du symbole ✠ He took part in the reception in honour of Cambacérès in 1807. He added the symbol. ✠ to his signature.	
Référence / Reference	Sharp 80 (1807)

Nom / Surname	**Soult** (duc de Dalmatie)
Prénom(s) / First name(s)	Nicolas Jean de Dieu
Qualité / Quality	Maréchal, pair de France, ministre Marshal of France, Peer of the Realm, minister.
Atelier / Lodge	L'Harmonie Universelle
➡1769-1851 - Engagé en 1785, il prit part à toutes les guerres de la Révolution et de l'Empire. Rallié aux Bourbons, il rejoignit pourtant Napoléon pendant les Cent-Jours. Banni, il quitta la France mais fut gracié et réintégré à la Chambre des pairs en 1819. Ce fut sous la monarchie de Juillet qu'il fut ministre. Second Surveillant du Grand Chapitre Général vers 1805. ➡1769-1851 – he volunteered in 1785 and fought in every war of the Revolution and of the Empire. Although he rallied to the Bourbons, he joined Napoleon during the Hundred Days. He was banished, but he came back the France in 1819 and became a minister under King Louis-Philippe. Junior Warden of the General Grand Chapter around 1805.	
Référence / Reference	Sharp 90

Nom / Surname	**Talhasson** (de)
Qualité / Quality	Conseiller au Parlement de Toulouse Counsellor at the *Parlement* of Toulouse
Atelier / Lodge	La Parfaite Amitié puis/then La Vérité Reconnue
Orient	Toulouse
Il participa à la scission de la Parfaite Amitié, en 1785. He took part in the division of La Parfaite Amitié, in 1785.	
Référence / Reference	Sharp 88 (1785)

Nom / Surname	**Tarbès**
Atelier / Lodge	La Française de Saint Joseph des Arts
Orient	Toulouse
Vénérable de sa Loge, il signa l'attestation en faveur des dissidents de la Parfaite Amitié. W. Master of his lodge, he signed the 1785 statement in favour of the dissidents of la Parfaite Amitié.	
Référence / Reference	Sharp 88 (1785)

Nom / Surname	**Tartan**
Orient	Bordeaux

→Il s'agit vraisemblablement d'un profane qui reçut, en 1758, une lettre d'un certain Masse, qu'il communiqua à un F. des Élus Parfaits. Un extrait de sa lettre fut envoyé à Roussillon et la copie de cet extrait fut placée dans les archives des Élus Parfaits.

→Probably a non-mason who received, in 1758, a letter from one Masse which he communicated to a Bro. of Les Elus parfaits. An excerpt from that letter was sent to Roussillon and a copy of that excerpt was placed in the archives of les Elus Parfaits.

Référence / Reference	Sharp 58 (1758)

Nom / Surname	**Temetois**
Atelier / Lodge	Saint-Jean de Jérusalem Écossaise
Orient	Cap-Français
Grand Orateur en 1753 / Grand Oratorin 1753.	
Référence / Reference	Sharp 44 (1753)

Nom / Surname	**Texier**
Prénom(s) / First name(s)	Jean-Jacques
Qualité / Quality	Négociant / Merchant
Atelier / Lodge	La Concorde et Ateliers Supérieurs souchés sur cette Loge. La Concorde and higher degrees Lodges, attached to La Concorde
Orient	Les Cayes

→Initié aux grades de Chevalier d'Orient et de Chevalier du Soleil par Etienne Morin en 1757. Grand Trésorier du Conseil des Chevaliers d'Orient et Frère Vérité du Chapitre de Chevaliers du Soleil.

→Initiated into the degrees of Knight of the East and knight of the Sun by Morin in 1757. Grand Treasurer of the Council of Knights of the East and Brother Truth of the chapter of Knights of the Sun.

Référence / Reference	Sharp 56 (1757); Sharp 111 (1757)

Nom / Surname	**Thory**
Prénom(s) / First name(s)	Claude Antoine
Qualité / Quality	Avocat, magistrat puis simple bourgeois. Solicitor, magistrate then simple burgher.
Atelier / Lodge	Saint-Jean d'Écosse du Contrat Social, Mère-Loge Écossaise, Saint-Napoléon, Le Sphinx, L'Abeille Impériale (Chapitre/Chapter), Le Choix (Chapitre/Chapter).
Orient	Paris

→1757-1827 - Avocat, magistrat, adjoint au maire du 1er arrondissement, grand bourgeois, ce fut aussi un fin botaniste. Mais surtout, ce fut un Maçon extrêmement actif, qui pratiqua presque tous les Rites. Il fut ainsi du Suprême Conseil dès octobre 1804. Mais l'essentiel de son activité allait vers la Mère-Loge Écossaise et vers le Rite Écossais Philosophique. Historien maçonnique, il publia les *Acta Latomorum* et les *Annales originis magni Galliarum Orientis*, dans lesquels on peut trouver de très utiles indications pourvu que l'on se garde des trop nombreuses inexactitudes. Comme les autres soi-disant historiens du XIXe siècle, Thory confond trop souvent histoire et polémique. Ses adversaires du Grand Orient, Ragon, Clavel et Bésuchet ne le ménagèrent guère.

→1757-1827 - Lawyer, magistrate, deputy mayor of the 1st Paris district, member of the great bourgeoisie, he was also a fine botanist. A very active Mason, he practised all the Rites and was a member of the Supreme Council around 1804. His main commitment was to the Ecossais Mother-Lodge and the Philosophical Scotish Rite. As a historian of Freemasonry, he published the *Acta*

Latomorum and the *Annales originis magni Galliarum Orientis*, which contain some very useful indications, provided one bewares of numerous inaccuracies. As in the case of other so-called historians of the 19th century, Thory too often makes a confusion between history and controversy. His adversaries in the Grand Orient, Ragon, Clavel and Bésuchet were none too tactful with him.

Référence / Reference	Sharp 91 (1804)

Nom / Surname	**Thoumenq**
Prénom(s) / First name(s)	Jean-Baptiste
Atelier / Lodge	Les Frères Choisis
Orient	Saint-Pierre de la Martinique
Observations	Il contresigna, en 1805, le « certificat de Maçonnerie » de Lavielle. In 1805, he countersigned Lavielle's "certificate of Masonry".
Référence / Reference	Sharp 101 (1805)

Nom / Surname	**Thouron**
Prénom(s) / First name(s)	Pierre
Qualité / Quality	Capitaine marchand, d'origine bordelaise. Merchant ship captain born in Bordeaux.
Atelier / Lodge	La Parfaite Union et/and Parfaite Loge d'Écosse
Orient	Saint-Pierre de la Martinique

Maître Élu en 1750, il fut membre de la loge de Pechagut dont il fut le Député Grand Maître en 1751.
Master Elect in 1750, he was a member of Péchagut's lodge. He was Grand master of that lodge in 1751.

Référence / Reference: Sharp 13 (1750) ; Sharp 16 (1750) ; Sharp 18 (1750) ; Sharp 19 (1750) ; Sharp 28 (1750) ; Sharp 29 (1751) ; Sharp 30 (1751) ; Sharp 33 (1752) ; Sharp 40 (1752) ; Sharp 47 (1753) ; Sharp 48 (1754) ; Sharp 60 (1759) ; Sharp 61 (1759) ; Sharp 72 (1752) ; Sharp 121 (1754)

Nom / Surname	**Thurier**
Qualité / Quality	Directeur de l'Opéra de Toulouse avant 1750, artiste lyrique. Director of the Opera of Toulouse before 1750, operatic singer.
Atelier / Lodge	Parfaite Loge d'Écosse
Orient	Toulouse

➡L'insuffisance de sa gestion mit en péril l'Opéra de Toulouse et fut à l'origine de la venue de Dubuisson. Il observa, semble-t-il, une prudente neutralité dans l'affaire qui secoua la Loge en 1750.
➡His inadequate management imperilled the Opera of Toulouse and was the reason for the arrival of Dubuisson. He seems to have been prudently neutral in the affair which shook the lodge in 1750.

Référence / Reference	Sharp 25 (1750); Sharp 27 (1750); Sharp 103 (1750)

Nom / Surname	**Timbrune de Thiembronne** (de) Comte de Valence
Prénom(s) / First name(s)	Jean-Baptiste Cyrus Adélaïde
Qualité / Quality	Genéral français / French general
Atelier / Lodge	La Candeur (loge-mère/mother-lodge 1778), Saint-Alexandre d'Écosse, Grande Commanderie
Orient	Paris

➡1757-1822 - Il servit la Révolution jusqu'à son émigration, avec Dumouriez (1793). Rentré en 1801, il servit Napoléon puis les Bourbons. Il était le gendre de Madame de Genlis, écrivain et mémorialiste, qui fut aussi dame d'honneur de la duchesse de Chartres et la gouvernante du futur

Louis-Philippe. Le vicomte, puis comte, de Valence fut initié très jeune. Attaché au duc de Chartres, il soutint l'action de celui-ci, dans le domaine politique et fut membre du Club Breton. Les événements ayant ruiné les espoirs des Orléans, il émigra en même temps que le futur Louis-Philippe, le 4 avril 1793. De retour en 1801, il fut réintégré dans l'armée et fait comte d'Empire. À la tête d'une division, il fit les campagnes d'Espagne, de Russie, d'Allemagne et de France. Son ralliement aux Bourbons ne mit pas en cause sa foi orléaniste.

Membre du Suprême Conseil dès octobre 1804, il fut Souverain Grand Commandeur du 7 mai 1821 au 4 février 1822, date de sa mort. Sous l'Empire et pendant le règne de Cambacérès, il fut Grand Conservateur du Grand Orient.

➡1757-1822 – he served the revolution until he emigrated together with Dumouriez (1793). He returned in 1801 and served Napoleon and later the Bourbons. He was the son-in-law of Madame de Genlis, writer, memorialist and governess of the future King Louis-Philippe. The Viscount and later Count of Valence was initiated into Freemasonry at a very young age. Attached to the Duke of Chartres, he supported him politically and became a member of the Club Breton. When the hopes of the Orleans branch were ruined, he emigrated at the same time as the future king Louis-Philippe. He returned in 1801 and was reinstated in the army and made a Count of the Empire. He commanded a division in the campaigns of Spain, Russia, Germany and France; Although he rallied to the Bourbons, he remained an Orleanist.

Member of the Supreme Council as early as October 1804, he was Sovereign Grand Commander from May 7th 1821 until his death in February 4th 1822. Under the Empire and during Cambacérès' reign, he was Grand Conservator of the Grand Orient.

Référence / Reference	Sharp 90

Nom / Surname	**Tiphaine**
Prénom(s) / First name(s)	Louis François
Qualité / Quality	Maître confiseur / Master confectioner
Atelier / Lodge	La Parfaite Union et/and Parfaite Loge d'Écosse (Saint-Pierre), ensuite/then La Parfaite Harmonie et Magnifique Loge d'Écosse (Nouvelle-Orléans/New Orleans)
Orient	Saint-Pierre de la Martinique, puis/then Nouvelle-Orléans

➡Maître confiseur à St Pierre de la Martinique, d'origine normande, il quitta la Martinique, entre 1750 et 1752, pour la Nouvelle-Orléans. Maître Élu et Chevalier d'Orient en 1750, il fut le Second Grand Surveillant de la loge de Pechagut. On ne doit pas le confondre avec son neveu Pierre Tiphaine, exclu en 1750. Il était le Maître des Cérémonies de la Parfaite Union en 1750. Dès son arrivée à la Nouvelle-Orléans, il chercha à fonder une Loge. Il y parvint en 1752, après avoir vainement tenté d'obtenir des Constitutions en France et les avoir finalement obtenues de La Parfaite Union de Saint-Pierre de la Martinique. Son but fut alors d'obtenir la création d'une Parfaite Loge d'Écosse. Il fit rédiger un projet de Règlement Particulier qu'il fit soumettre aux Élus Parfaits par Roussillon en 1756. Les Élus Parfaits répondirent favorablement dès 1757, mais les hasards de la guerre ne permirent pas à Roussillon de revenir à la Nouvelle-Orléans avant 1764. La « Magnifique Loge d'Écosse » fut alors créée. Elle disparut au cours des événements qui suivirent la cession de la Nouvelle-Orléans à l'Espagne et nous perdons alors la trace de Tiphaine. L'orthographe de Tiphaine était plus que fantaisiste : dans une lettre de 1756, il se disait « parphait de cosse et chevalier de Lorient » Mais sa ferveur maçonnique compensait bien son manque d'instruction.

➡Master confectioner in St Pierre de la Martinique, originally from Normandy, he left Martinique between 1750 and 1752 and went to New Orleans. Master Elect and Knight of the East in 1750, he was Junior Warden in Péchagut's lodge. He must not be confused with his nephew Pierre Tiphaine, expelled in 1750. He was Master of ceremonies of la Parfaite Union in 1750. As soon as he arrived

in New Orleans, he tried to establish a lodge. He managed to do so in 1752. After having vainly tried to obtain constitutions from France, he obtained them from La Parfaite Union of Saint-Pierre in Martinique. His purpose then became to create a Perfect Ecossais lodge. He had a project of Particular Regulations drafted and submitted to the Elus Parfaits by Roussillon in 1756. They made a favourable answer as early as 1757, but the fortunes of war prevented Roussillon from returning to New Orleans before 1764. The Magnifique Loge d'Écosse was then created. It disappeared after New Orleans was ceded to Spain and that is where we lose track of Tiphaine. The man's spelling was revealing of his level of education: in a letter of 1756, he said he was "parphait de cosse et chevalier de Lorient", but his masonic zeal amply made up for his limited knowledge.

Référence / Reference	Sharp 13 (1750) ; Sharp 18 (1750) ; Sharp 19 (1750) ; Sharp 49 (1754); Sharp 50 (1754) ; Sharp 52 (1754) ; Sharp 64 (1763) ; Sharp 102 (1756)

Nom / Surname	**Tiphaine**
Prénom(s) / First name(s)	Pierre
Atelier / Lodge	La Parfaite Union et/and Parfaite Loge d'Écosse
Orient	Saint-Pierre de la Martinique

Neveu de Louis François, bien qu'Écossais, sans doute de l'Écossisme des Trois JJJ, ses lumières furent jugées « trop diffuses » et son exclusion fut décidée.
Louis François' nephew. Although he was an Ecossais, probably of the three JJJ, he was found insufficiently enlightened and his exclusion was decided.

Référence / Reference	Sharp 19 (1750)

Nom / Surname	**Tour d'Auvergne** (de la)
Prénom(s) / First name(s)	Charles Godefroy

1750-1823- Membre du Suprême Conseil de France dès octobre 1804 et Grand Garde des Sceaux du Grand Chapitre Général vers 1805.
1750-1823 – Member of the Supreme council of France as early as October 1804, Grand keeper of the Seals of the General grand Chapter around 1805.

Référence / Reference	Sharp 90

Nom / Surname	**Trène** (marquis de la)
Qualité / Quality	Avocat Général / Criminal prosecutor
Atelier / Lodge	La Parfaite Amitié puis/then La Vérité reconnue
Orient	Toulouse

Second Surveillant à l'époque des événements de 1784-85, il participa à la scission de 1785.
Junior Warden at the time of the events of 1784-85, he took part in the division of 1785.

Référence / Reference	Sharp 86 (1785) ; Sharp 88

Nom / Surname	**Trutié**
Prénom(s) / First name(s)	Jean-Baptiste
Qualité / Quality	Propriétaire « habitant » au Cap / Landowner-operator at Cap-Français
Atelier / Lodge	Saint-Jean de Jérusalem Écossaise
Orient	Cap-Français

➡Moreau de Saint Méry indique qu'il vivait au Cap dans les années 1740. Il était apparenté à la famille Trutier de Vaucresson, qui résidait à Léogane et à Port-au-Prince.
➡Moreau de Saint Méry indicates that he lived at Cap-Français in the 1740s. He was related to the Trutier de Vaucresson family who lived in Léogane and Port-au-Prince.

Référence / Reference	Sharp 6 (1748)

Nom / Surname	**Valés**
Atelier / Lodge	Les Cœurs Réunis
Orient	Toulouse

Il signa l'attestation de 1785 en faveur des dissidents de la Parfaite Amitié.

He signed the 1785 statement in favour of the dissidents of La Parfaite Amitié.

Référence / Reference	Sharp 88 (1785)

Nom / Surname	**Veron**
Atelier / Lodge	La Parfaite Harmonie
Orient	Cap-Français

Officier en 1759 / Officer of the Lodge in 1759.

Référence / Reference	Sharp 62 (1759); Sharp 1 I8 (1759)

Nom / Surname	**Veron**
Atelier / Lodge	La Parfaite Union
Orient	Saint-Pierre de la Martinique

Membre de cette Loge en 1750 / Member of the Lodge in 1750.

Référence / Reference	Sharp 117 (1750)

Nom / Surname	**Veyres**
Prénom(s) / First name(s)	Jean-Baptiste
Qualité / Quality	Négociant à St-Pierre, d'origine bayonnaise. Merchant in St-Pierre, originally from Bayonne.
Atelier / Lodge	Saint-Jean
Orient	Saint-Pierre de la Martinique

➡Parfait d'Écosse comme Péchagut en 1750, mais demeuré dans sa Loge-mère Saint-Jean, alors que Péchagut était passé à La Parfaite Union, il participa à une polémique que les Élus Parfaits eurent bien du mal à faire cesser.

➡Perfect Ecossais in 1750, like Péchagut. However, he remained in his Mother-Lodge of Saint-Jean whereas Péchagut had transferred himself to La parfait Union. He was involved in a dispute which the Elus Parfaits were at pains to bring to an end.

Référence / Reference: Sharp 8 (1748) ; Sharp 13 (1750) ; Sharp 16 (1750) ; Sharp 18 (1750) ; Sharp 19 (1750) ; Sharp 28 (1750) ; Sharp 30 (1751) ; Sharp 31 (1751) ; Sharp 32 (1752) ; Sharp 33 (1752) ; Sharp 115 (1751) ; Sharp 117 (1750)

Nom / Surname	**Vialetes d'Aigan**
Atelier / Lodge	Saint-Jean de Jérusalem
Orient	Montauban

Orateur en 1772 / Orator in 1772.

Référence / Reference	Sharp 129 (1772)

Nom / Surname	**Vialetes Lissan**
Atelier / Lodge	Saint-Jean de Jérusalem
Orient	Montauban

Vénérable Maître en 1772 / W. Master in 1772.

Référence / Reference	Sharp 129 (1772)

Nom / Surname	**Vialla**
Qualité / Quality	Négociant à Montpellier / Merchant in Montpellier.
Atelier / Lodge	Parfaite Loge d'Écosse
Orient	Toulouse

Ne semble pas avoir pris part à l'affaire Dubuisson.
He seems to have kept clear of the Dubuisson case.

Référence / Reference	Sharp 27 (1750)

Nom / Surname	Viallanes
Atelier / Lodge	Les Cœurs Réunis
Orient	Toulouse

➡Garde des Sceaux et Archives, il signa l'attestation de 1785 en faveur ries dissidents de la Parfaite Amitié.
➡Keeper of the Seals and Archives, he signed the 1785 statement in favour of the dissidents of La Parfaite Amitié.

Nom / Surname	**Vié**
Atelier / Lodge	La Française de Saint-Joseph des Arts
Orient	Toulouse

Il signa l'attestation de 1785 en faveur ries dissidents de la Parfaite Amitié.
He signed the 1785 statement in favour of the dissidents of La Parfaite Amitié.

Référence / Reference	Sharp 88 (1785)

Nom / Surname	Vignolet
Prénom(s) / First name(s)	Marie
Atelier / Lodge	La Paix
Orient	Toulouse

➡Exclu par sa Loge, il fut réintégré dans ses droits par l'assemblée générale des loges de Toulouse et, en tant que Passé Vénérable et Parfait d'Écosse, il signa l'attestation de 1785 en faveur des dissidents de la Parfaite Amitié.
➡Expelled by his lodge, he was reinstated by the general assembly of the lodges of Toulouse, and in his quality of Past Master and Perfect Ecossais he signed the 1785 statement in favour of the dissidents of La Parfaite Amitié.

Référence / Reference	Sharp 83 (1784); Sharp 88 (1785)

Nom / Surname	Villars
Orient	Toulouse

➡Il fut l'un des enquêteurs désignés par l'assemblée générale des loges de Toulouse dont il était le Secrétaire, dans l'affaire de La Parfaite Amitié.
➡He was one of the investigators appointed by the general assembly of the lodges of Toulouse – of which he was Secretary in the case of La Parfaite Amitié.

Référence / Reference	Sharp 86

Nom / Surname	**Villarscence** (de)
Atelier / Lodge	Loge symbolique / Craft lodge
Orient	Port de Paix

Orateur en 1753 / Orator in 1753.

Référence / Reference	Sharp 38 (1753)

Nom / Surname	**Villeré (Roy de)**
Prénom(s) / First name(s)	Joseph Antoine Philippe
Qualité / Quality	Officier, Écrivain du Roi
	Officer, Keeper of the Accounts for the King's Navy.
Atelier / Lodge	La Parfaite Harmonie
Orient	Nouvelle-Orléans / New Orleans

➡ 1725- 1759 - Villeré fut l'un des chefs de la révolte de 1765, dirigée contre les Espagnols auxquels, à Fontainebleau en 1762, la France avait cédé la Nouvelle-Orléans. Le 28 octobre 1768, il prit la tête d'un contingent de colons allemands et acadiens pour se battre contre le gouverneur espagnol O'Reilly. Le 24 octobre 1769 il fut condamné à être fusillé pour conspiration et sédition. Il mourut dans des circonstances mystérieuses avant l'exécution.

➡ 1725- 1759 - Villeré was one of the leaders of the 1765 revolt against the Spanish to whom, in 1762, France had ceded New Orleans. On October 28, 1768, he led a contingent of German and Acadian settlers into New Orleans in opposition to the Spanish governor, O'Reilly. On October 24, 1769, he was convicted of conspiracy and sedition and sentenced to death by firing squad. He died mysteriously before the execution.

Référence / Reference	Sharp 50 (1756) ; Sharp 52 (1756) ; Sharp 66 (1765)

Nom / Surname	**Vincent**
Atelier / Lodge	Les Cœurs Réunis
Orient	Toulouse

Secrétaire en 1785, il signa l'attestation en faveur ries dissidents de la Parfaite Amitié.
Secretary in 1785, he signed the statement in favour of the dissidents of La Parfaite Amitié.

Référence / Reference	Sharp 88 (1785)

Nom / Surname	**Vitot de Fréville**

Grand Expert Adjoint du Grand Orient vers 1805.
Deputy Grand Expert of the Grand Orient around 1805.

Référence / Reference	Sharp 90

Nom / Surname	**Voisin**
Prénom(s) / First name(s)	Etienne
Qualité / Quality	Maître chirurgien, d'origine bretonne.
	Master surgeon, of Breton descent.
Atelier / Lodge	La Parfaite Union et/and Parfaite Loge d'Écosse
Orient	Saint-Pierre de la Martinique

Maître Élu et Chevalier d'Orient en 1750, il fut Grand Orateur.
Master Elect and Knight of the East in 1750, he was Grand Orator.

Référence / Reference	Sharp 13 (1750); Sharp 18 (1750); Sharp 19 (1750); Sharp 30 (1751); Sharp 115 (1751)

Nom / Surname	**Wetter**
Atelier / Lodge	Parfaite Loge d'Écosse
Orient	Marseille
Référence / Reference	Sharp 9 (1750)

Nom / Surname	**Willermoz**
Prénom(s) / First name(s)	Jean-Baptiste
Qualité / Quality	Marchand drapier / Cloth merchant
Atelier / Lodge	La Parfaite Amitié, Grande Loge Provinciale, etc.
Orient	Lyon

➡️La part prépondérante prise par Willermoz dans la fondation du Rite Écossais Rectifié et, par la suite, dans son implantation en France est trop connue pour être exposée ici. Cependant le document Sharp 74 nous le montre à l'œuvre. Il existait, à Mâcon, depuis 1765, une Loge de La Parfaite Union. Certains des FF. mandatèrent, en 1778, le bailli de Mâcon, Desbois, pour prendre contact avec Willermoz. En 1779, une nouvelle Loge, L'Intime Réunion, travaillant au Rite Écossais Rectifié, fut créée. Il est légitime d'y voir les fruits de l'action de Willermoz.

➡️The overwhelming part taken by Willermoz in the creation of the Rectified Scottish Rite and in its further implantation in France is too well known to be detailed here. However, Sharp 74 shows him in action. A lodge called La Parfaite Union had been in existence in Mâcon since 1765. In 1778, some Bros. instructed the Bailiff of Mâcon, Desbois, to get in touch with Willermoz. A new lodge, practising the Rectified Rite, was created in 1779. Willermoz can legitimately be credited for having been at its origin.

NOTES

[1] Dubuisson fait ici allusion à la lettre qu'il fut contraint de griffonner au dos de la lettre des Frères toulousains du 16 avril (document Sharp 12). Ceci nous donne la clef des abréviations qu'il emploie : V. pour Vénérable (il s'agit de Fontanilhe), S. pour Secrétaire (il s'agit de Dalleret) et L. pour l'Orateur (il s'agit de Savy).

[2] Dubuisson alludes to the letter, which he was forced to scribble on the back of the letter of the Toulouse Brethren, dated April 16 (Sharp document 12). This gives the clue to the abbreviations he uses: V for Worshipful (B. Fontanilhe), S for the Secretary (B. Dalleret), and L for Orator (B. Savy).

[3] Soit le 15 mai 1750, selon le système de datation initial des Frères toulousains.

[4] Soit le 21 mai 1750, dans le système de datation initialement utilisé par les frères toulousains.

[5] Cette mention est d'une autre main. Elle signifie très vraisemblablement qu'une réponse a été adressée à Toulouse.

[6] Ce mot, aujourd'hui sorti d'usage, désignait dans le vocabulaire des confréries religieuses une caisse ou un fonds, ainsi que les contributions monétaires qui l'alimentaient. NDT. JPG

[7] May 21st, 1750 according to the original dating system of the Toulouse Brethren.

[8] Added to the original letter in a different handwriting.

[9] À partir des années 1665-1670, tous les gens de mer du royaume, s'adonnant à une activité maritime civile, sont recensés et divisés en classes ou contingents annuels, afin de servir alternativement sur les vaisseaux du roi ; d'où l'appellation de « système des classes ». Des commissaires de marine sont désignés pour superviser la confection et la mise à jour des registres ou matricules de marins classés. Leur circonscription est le département de marine. Chaque département est divisé en quartiers, où un commissaire des classes tient à jour tous les papiers de l'administration de la Marine. Jean-Louis LENHOF et André ZYSBERG, CRHQ (UMR 6583, CNRS / Université de Caen Basse-Normandie NDT – JPG

[10] Caulet était, en 1750, le Vénérable Maitre de *Saint-Jean de Jérusalem Ancienne*, fille de Clermont.

[11] De la main de Dubuisson

[12] Cet article ne figure ni dans les Statuts adoptés en 1745 par les Élus Parfaits ni dans la délibération additionnelle de 1750.

[13] Au XVIIIe siècle, les règlements intérieurs des loges ordinaires n'évoquent guère le cas des musiciens que dans le cadre des « frères à talents » pour la France et des « frères musiciens » ou « frères artistes » pour l'Allemagne. Sous le 1er empire, les règlements intérieurs des loges confirment en substance ceux du siècle des Lumières :

> Ils sont reçus gratis et sont exempts de toute imposition, même de la cotisation des banquets.
> Ils sont obligés d'aider la loge quand ils sont requis.
> Philippe Autexier – *La colonne d'harmonie* – p. 31 – Detrad, 1995. NDT – JPG

[14] Vénérable. Il s'agit de Saint-Jean l'Ancienne, tille de Clermont, qui changea ensuite son titre en Saint Jean de la Réunion des Élus.

[15] « Une seule fève noire suffisait à écarter la candidature, que trois refus successifs disqualifiaient définitivement. » Michel Taillefer - *La franc-maçonnerie toulousaine sous l'Ancien Régime et la Révolution. 1741-1799* – p.425 - NDT – JPG

[16] Among the institutions of the ancien régime that came under attack, the Ferme Générale or General Tax Farm was one of the most vilified. Leasing the right to collect the highly unpopular indirect taxes for a profit, the fermiers-généraux or farmers-general were depicted as rapacious and tyrannical. Ultimately, they were guillotined in 1794 for having imposed 'all manner of exactions and extortions from the French people'. Although there were some contemporaries who defended this privatized collection of taxes, historians have almost universally accepted the revolutionaries' verdict that the Ferme was inefficient and corrupt. Economic History Review, LVII, 4 (2004), pp. 636-663 - NDT – JPG

[17] The *parlements* performed various functions within the institutional framework of the old regime. There were thirteen courts in France by the time of the Revolution and they were best known as the highest courts of appeal in their respective regions. The oldest court was that of Paris which was established in the 13th century. [...] The regional parlements (Toulouse, Grenoble, Bordeaux, Dijon and Rouen -- all founded in the 15th century-- as well

as Aix, Rennes, Navarre, Metz, Besançon, Flanders and Nancy) were organized according to the same institutional design as Paris. Kingston Rebecca, "Parlement, Parlements", in A Montesquieu Dictionary [online], ENS Lyon, September 2013. - NDT – JPG

[18] From the years 1665 – 1670 onwards, all civilian seafarers in the kingdom were registered and divided into classes, or yearly contingents, to serve on the King's vessels; hence the term of "system of the classes". Naval Commissaries were appointed to supervise the establishing and updating of the registers, or service numbers of "classed" seamen. They were responsible over naval départements. Each département was divided into quartiers where a commissaire des classes kept the papers of the Naval Administration up to date. Jean-Louis LENHOF et André ZYSBERG, CRHQ (UMR 6583, CNRS / Université de Caen Basse-Normandie - NDT – JPG

[19] In 1750 Caulet was W. Master of *Saint Jean de Jérusalem Ancienne*, daughter of Clermont.

[20] In Dubuisson's own handwriting

[21] CAHIER. The word is used by French Masons to designate a small book printed, or in manuscript, containing the ritual of a degree. –Mackey's Encyclopaedia – NDT – JPG

[22] This article can be found neither in the 1745 statutes of the Elus Parfaits, nor in the additional deliberation of 1750.

[23] In the 18th c., the case of musicians is rarely mentioned except as "Talented Brethren" in France or as "Artist Brethren" in Germany. Under the 1st Empire, the Lodge Regulations confirmed those of the Age of Enlightenment:

    -They are received for free and they are exempted from all dues, including those paid at banquets.
    -They are bound to help the lodge whenever they are so required.

Philippe Autexier – *La colonne d'harmonie* – p. 31 – Detrad, 1995. NDT – JPG

[24] This refers to Saint Jean l'Ancienne, daughter of Clermont, which afterwards changed its title to Saint Jean de la Réunion des Elus.

[25] "One of the boxes has black and white beans or balls in it, the other empty, the one with the balls in it goes before, and furnishes each member with a black and white ball; the empty box follows and receives them."
Illustrations of Masonry, by William Morgan, 1827 - NDT – JPG

[26] Soit le 21 juillet 1750

[27] Il s'agit des Statuts octroyés à la Parfaite Loge d'Écosse de Toulouse par celle de Bordeaux. Cette allusion nous permet de dire que ces Statuts devaient être identiques à ceux que les Élus Parfaits se sont donné en 1746. L'article 13 en question est rédigé ainsi (voir Bernheim A.Q.C. 101 p. 111): « Tous les sujets proposés seront passés au scrutin de l'avis de la Loge, une fois seulement dans chaque Loge, mais on pourra les ballotter pendant trois loges consécutives. S'ils ne passent pas dans la dernière et si le scrutin ne leur est pas favorable, ils seront renvoyés à neuf mois. »

[28] Les Frères de Toulouse utilisent ici leur ancien système de datation, dans lequel l'année maçonnique commençait le 1er juillet. Il s'agit donc bien du 6 août.

[29] Il s'agit ici de la formule de salutation dite du « triple salut ».

[30] Voir note p. 10

[31] Jarnidieu. Juron en usage au XVIIIe siècle. Corruption de *Je renie Dieu*- NDT – JPG

[32] Au XVIIIème siècle déjà, l'Opéra inauguré en 1750 était situé dans l'enceinte de l'Hôtel de Ville, le Capitole. Les magistrats de la ville, les Capitouls formaient le conseil municipal ou Consistoire – NDT – JPG

[33] « On appelle gloire une décoration composée de nuages, qui descend du cintre. » - Boullet, machiniste du Théâtre des Arts - *Essai sur l'art de construire les théâtres, leurs machines et leurs mouvements*. 1801 – NDT – JPG

[34] Henri II de Montmorency (1595 – 1632), Amiral, Vice-roi de la Nouvelle France, Gouverneur du Languedoc, conspira contre le Cardinal de Richelieu et fut exécuté à Toulouse. - NDT – JPG

[35] Briscous, dans les Pyrénées, à une vingtaine de kilomètres à l'est de Biarritz, et Ferrières, dans le Tarn et à la même distance au nord-est de Castres, étaient deux forteresses dans lesquelles les nobles purgeaient leurs peines criminelles.

[36] Soit le 9 août 1750, selon l'ancien système de datation des Frères toulousains.

[37] Il s'agit du rite disparu d'*Écossais parisien des trois J.J.J.* Les 3 J inscrits sur le bijou sont les initiales de *Jakin, Jehova, Jourdain* et représentent d'après l'instruction du grade la force et la sagesse divines. Cf. Guérillot – *La rose maçonnique* – Tredaniel, 1995. NDT – JPG

[38] Le 30 août 1750, selon le système de datation des Élus Parfaits.

[39] Le dimanche 23 août 1750.

[40] 26 août 1750.

[41] 2 septembre 1750.

[42] Il s'agit de l'article 8 de la « Délibération » adoptée par les Élus Parfaits le 3 août 1750 et qui et rédigé comme suit : *Il a été en outre délibéré que nul Maçon symbolique ne pourra être admis à la Perfection qu'il n'ait été Officier de Loge ou n'ait justifié de sept ans de maîtrise. La Loge pourra néanmoins, suivant les circonstances, se départir de cette règle en faveur seulement de Frères Maçons étrangers dont le zèle et les bonnes mœurs seront parfaitement connus ou suffisamment attestés.*

[43] Soit le 5 novembre 1752.

[44] July 21st, 1750

[45] This refers to the Statutes granted to the Perfect Ecossais Lodge of Toulouse by the L. of Bordeaux in 1746. The article 13 mentioned is as follows (cf. Bernheim AQC 101, p.111): "All candidates proposed will be balloted in the Lodge, one time only at each meeting. However, they can be balloted at three consecutive meetings. If they are not admitted at the last one and if the ballot is not in their favour, they will be remitted for nine months."

[46] Glass

[47] The Brethren of Toulouse use their old system of giving dates, in which the masonic year begins on July 1st. This date is August 6th.

[48] This is the greeting formula, called the "triple salute".

[49] See note p. 10

[50] The original French swear word is *jarnidieu*, a contraction of *Je renie Dieu* – "I abjure God" - NDT – JPG

[51] In the 18th c., the Opera house, inaugurated in 1750, was already located in the same palatial building – the Capitole - as the Town Hall. The town magistrates, the Capitouls, formed the Consistoire, or City Council. NDT – JPG

[52] "A *gloire* <was> a backcloth representing clouds which was lowered from the flies." - Boullet, stage hand at the Théâtre des Arts - *Essai sur l'art de construire les théâtres, leurs machines et leurs mouvements.* 1801- NDT – JPG

[53] Henri II de Montmorency (1595 – 1632), Admiral, Viceroy of the Nouvelle France, Governor of Languedoc, conspired against the Cardinal de Richelieu and was executed in Toulouse. - NDT – JPG

[54] Briscous in the Pyrenees, at about twenty kilometres east of Biarritz, and Ferrières in the Tarn, and at the same distance north-east of Castres, were two fortresses, in which nobility served criminal penalties.

[55] Very R. Grand Master, Deputy Grand Master, Grand Wardens, Grand Officers and R. Brethren of the very R. Perfect Ecossais Lodge in Bordeaux

[56] August 9th, 1750, according to the old system of the Toulouse Brethren.

[57] This is the former Rite of *Ecossais parisien des trois J.J.J.* The 3 Js on the jewel are the initials of Jakin, Jehova, Jordan. According to the catechism of the degree they stand for divine strength and wisdom. See Guérillot – *La rose maçonnique* – Tredaniel, 1995. NDT – JPG

[58] August 30th, 1750, according to the dates of *Les Elus Parfaits.*

[59] Sunday August 23rd, 1750

[60] August 26th, 1750.

[61] This relates to article 8 of the "Deliberation" accepted by Les Elus Parfaits on the August 3rd 1750, which reads as follows: *It was further decided that no Craft Mason shall be admitted to Perfection unless he has been an Officer of the Lodge or unless he has been a master Mason for seven years. However, the Lodge can, under certain circumstances, deviate from this rule to the exclusive benefit of Masons from elsewhere whose zeal and good morals are perfectly known or sufficiently attested.*

[62] November 6th, 1752

[63] Cette Loge fut fondée en 1770, sur un simple certificat provisoire signé de Brest de la Chaussée. Son premier Vénérable fut le F∴ Borrelly. Elle sollicita du Grand Orient, en 1777, des Constitutions qui lui furent accordées. Elle reprit ses travaux après la Révolution.

[64] Pierre Derrey de Roqueville - 1741-1785, Chevalier conseiller du Roy son avocat général aux requêtes de l'Hôtel, seigneur de Donneville et Belbèze - L. *St Jean des trois loges réunies* - L. *St Jean de la Parfaite amitié* O. de Toulouse 1763 – Cf. Fond Bossu, BNF. NDT - JPG

65 Pierre Paul Baras Delshens 1738-1820. Vénérable de la Loge de *St. Paul des Vrais Amis*, Président du Directoire de Figeac en 1795. NDT – JPG

66 Lieutenant général (des armées) (du roi). Officier qui avait le second grade dans une armée, grade correspondant de nos jours à celui de général de division. Source : CNRTL, CNRS. NDT – JPG

67 Il est fait allusion ici au document FMI 98, folio 13, sur lequel on lit :

«21 juin 1771 - L'assemblée composée des vénérables Maîtres de Loges de Paris arrête la reprise des Travaux, elle annonce la perte du Frère Prince de Clermont, Grand Maître, et le besoin de le remplacer le plus tôt possible. A cet effet, elle s'ajourne et ordonne qu'une convocation générale aura lieu et que l'importance des Travaux sera annoncée.

Il parait, par cette délibération, que l'ordre du Gouvernement qui a suspendu les Travaux en 1767 n'a pas existé, qu'à cet égard les Maîtres qui composaient rassemblée du 21 février 1767 en ont imposé et ont prononcé la suspension des Travaux de leur autorité privée »

68 Le Second Surveillant était, en fait, Le Lorrain, Vénérable de la Loge de Bussy-d'Aumont, qui n'avait rien à voir avec les « proscrits ». En fait, c'est le Premier Surveillant de l'assemblée du 21 juin 1771, Léveillé, qui appartint au groupe Pény.

69 En fait, ce ne sont pas les membres de la Loge de Philippe de Chartres mais ceux de celle d'Anne-Sigismond de Montmorency Luxembourg qui participèrent massivement à la formation du Grand Orient.

70 Cf. Sharp 129-50-34 « Si le coupable est condamné à une exclusion perpétuelle, son nom sera brulé en dehors de la loge, les cendres jetées au vent par le F. Couvreur ayant l'Epée Flamboyante à la main et tous les Frères, le dos tourne en faisant le signe d'horreur. » NDT - JPG

71 Soit le 30 mars 1784.

72 This Lodge was founded in 1770 on a simple provisional certificate, signed by Brest de la Chaussée. Its first Wor. Master was Bro. Borrelly. Its constitutions were granted by the Grand Orient in 1777. It resumed its operations after the Revolution.

73 Pierre Derrey de Roqueville - 1741-1785, Knight, King's Counsellor, King's Masters of Requests, Lord of Donneville andBelbèze - *L. St Jean des trois loges réunies - L. St Jean de la Parfaite amitié* O. de TOULOUSE 1763 – Cf. Fond Bossu, BNF. NDT – JPG

74 Pierre Paul Baras Delshens 1738-1820. Wor. Master of the Lodge *St. Paul des Vrais Amis*, Président of the Directoire in Figeac in 1795. NDT – JPG

75 In the *ancien régime*, an officer's rank, roughly equivalent to that of major-general nowadays. NDT – JPG

76 This alludes to document FM1 98, folio 13, which reads :

"June 21st, 1771 - The assembly composed of the W. Masters of the Lodges of Paris puts a hold on the resumption of labours; it announces the loss of Bro. the Prince de Clermont, Grand Master, and the need to replace him as soon as possible. To this end it is adjourned, and it is ordered that a general meeting will be held, and that the importance of the Labours will be announced. It seems by this resolution that the Order of the Government which suspended the labours in 1767 did not exist, that to this effect the Masters who composed the assembly on February 21st 1767 imposed it and pronounced the suspension of labours out of their private authority."

77 The Junior Warden was in fact Le Lorrain, Wor. Master of the Lodge de Bossy-d'Aumont, who had nothing to do with the "outcasts". In fact, it was the Senior Warden of the assembly of June 21, 1771, Léveillé, who belonged to the Pény group.

78 In fact it was not the members of the Lodge of Phillipe de Chartres, but those of the Lodge Anne-Sigismund de Montmorency Luxembourg, who participated massively in the formation of the Grand Orient.

79 Cf. Sharp 129-50-34 "If the culprit is sentenced to perpetual exclusion, his name will be burnt outside the Lodge and the ashes will be thrown to the winds by the Bro. Tyler with the Flaming Sword in his hand, while all the Brethren have their backs turned and perform the Sign of Horror." NDT - JPG

80 March 25th 1784

81 March 30th 1784

82 Ditto

83 Ces trois mots, d'une main différente de celle du scripteur, Depradet, Secrétaire pro tempore de la Parfaite Amitié, ont été ajoutés. Littéralement, on peut les traduire par « j'ai joint le verrou » et le scripteur anonyme voulait sans doute signifier que sa Loge s'était jointe à la coalition décidée à faire plier la Parfaite Amitié et dont

l'arme principale était justement de refuser le Mot de Semestre, sauf aux Frères qui s'en étaient désolidarisés, et qui sont justement ici les demandeurs.

[84] Cette Loge fut créée en 1775 et reçut ses constitutions du Grand Orient la même année. Elle travaillait au Rite Écossais Philosophique et reprit son activité après la parenthèse révolutionnaire.

[85] Le liard était une pièce de cuivre, valant trois deniers ou le quart d'un sol ou sou, pièce de cuivre ou de bronze, valant le vingtième d'une livre. Un louis d'or valait vingt-quatre livres...

[86] Par la bulle *In Eminenti* du 24 avril 1738, le pape Clément XII interdit aux catholiques, sous peine d'excommunication, de faire partie de la société des « Liberi muratori ou francs-massons ». Voir traduction française en annexe. Mais la bulle ne fut pas reçue en France. Le ministère se garda bien de la soumettre à la formalité de l'enregistrement par le parlement de Paris. D'autre part, le cardinal Fleury était assez occupé par la bulle *Unigenitus* et les jansénistes, pour se mettre, en sus, les Francs-maçons sur les bras. Versailles ne tint donc nul compte de la bulle et, durant tout l'Ancien Régime, les fidèles, mais aussi le clergé, tant séculier que régulier, se firent initier en parfaite sûreté de conscience. On a longtemps disserté sur les véritables raisons de la bulle de Clément XII. Elles sont d'ordre moral et religieux, mais aussi d'ordre politique, conjoncturel, et juridique. Source : BNF. JPG

[87] These three words, written by a different hand, were added. Literally they may be translated by "I have locked the bolt", and the anonymous writer probably meant that his Lodge had joined the coalition, which had resolved to bring *La Parfaite Amitié* into conformity, for which purpose the refusal of the Semi-Annual Word was precisely the main weapon, except for the Brethren, who had taken their distances and who were in fact the petitioners in the present case.

[88] This Lodge was founded in 1775, and received its constitutions from the Grand Orient in the same year. It worked with the Rite Ecossais Philosophique, and resumed its labours after the revolutionary interval.

[89] The French word 'liard' means a copper coin, with a value of three deniers, a quarter of a sou, which is also a copper or bronze coin, the twentieth part of a pound. A louis d'or was worth twenty-four pounds.

[90] With his bull *De Eminenti* dated April 24th 1738, Pope Clement XII forbade Catholics to belong to the society of *Liberi Muratori*, or Freemasons, under the penalty of excommunication. However, the bull was not received in France. The Ministry was careful not to submit it to the formality of registration by the *Parlement* in Paris. Besides, Cardinal de Fleury had enough on his hands with the bull *Unigenitus* and the jansenists and he did not care to have the Freemasons on his back in addition. Therefore, Versailles chose to ignore the bull, and all along the *ancien régime*, catholics, including the clergy, were initiated with a perfectly clear conscience. The reasons for the papal bull have ben discussed at length. They were moral and religious, but also political, circumstantial and legal. Source: BNF. JPG

[91] Jean-Jacques Régis de Cambacérès, Duc de Parme (1753-1824) Conseiller à la Cour des comptes de Montpellier, président du tribunal criminel de l'Hérault, conventionnel, président de l'Assemblée, [...] deuxième consul, co-auteur du Code Civil, archichancelier, président du sénat, membre de l'Institut, puis de l'Académie française. [...] Grand Maître du Grand Orient (1806-1815), Grand Commandeur du suprême Conseil du Rite Écossais sous l'Empire. Exilé en 1815, rentré en France en 1818. *(Abrégé du Dictionnaire de Daniel Ligou)*.Cf. *Les Essais Écossais* Vol 10 - Grand Collège des Rites Écossais - Suprême Conseil du 33e degré GODF. JPG

[92] Jean-Jacques Régis de Cambacérès, Duke of Parma (1753-1824) Counsellor at the Cour des Comptes of Montpellier, president of the criminal court of the département of Hérault, member of the National Convention, president of the National Assembly, [...] Second Consul, co-author of the Civil Code, Arch-chancellor, President of the Senate, member of the Institute and of the Académie Française, [...] Grand Master of the Gerand Orient (1806-1815), Grand Commander of the Supreme council of the Scottish Rite under the Empire, exiled in 1815, returned to France in 1818. *Daniel Ligou – Dictionnaire de la Franc-Maçonnerie (abridged).* Further ref. *Les Essais Écossais* Vol 10 - Grand Collège des Rites Écossais - Suprême Conseil du 33e degré GODF. JPG JPG

[93] Il s'agit de l'ordre de la Légion d'Honneur créé le 19 mai 1802 par la volonté du Premier Consul, Napoléon Bonaparte, pour récompenser de manière égalitaire les hauts faits militaires et civils accomplis sur la base des mérites personnels des citoyens dans tous les domaines d'activité. C'est encore de nos jours la plus haute distinction française remise au nom du Chef de l'Etat. NDT – JPG

[94] This refers to the Order of the legion of Honour, created on May 19th 1802 by decision of the First Consul Napoleon Bonaparte, to reward on an equalitarian basis the eminent achievements and heroic deeds, military and civilian, accomplished by citizens in all fields of activity, out of their personal merits. It remains today the highest French distinction, awarded in the name of the Head of the State. NDT – JPG

[95] Il s'agit, à l'évidence, du Rite Écossais Ancien et Accepté du Frère Alexandre de Grasse-Tilly.

[96] This obviously refers to the Ancient and Accepted Scottish Rite of Bro. Alexandre de Grasse-Tilly

[97] Choumitzsky : [n'ont]. This is probably either a misprint or a misreading of [m'ont]

[98] *Choumitzsky : [m'enorgueiller] again a probable misprint or misreading of [enorgueillir]*

[99] Saint-Michel-de-Fond-des-Nègres

[100] There is no doubt that this is a misprint for 'prosélyte'

BIBLIOGRAPHIE / BIBLIOGRAPHY

ANON, *Le commerce de l'Amérique par Marseille* – Leyde, 1782

Archives municipales de Toulouse, « *La comédie interrompue* » *Manifestations turbulentes, sifflets et huées : les troubles au spectacle à Toulouse au XVIIIe siècle.* https://www.archives.toulouse.fr/documents/10184/311548/FRAC31555_Bas-Fonds-2016-12.pdf/92ce500a-d5b0-421d-b2f9-4e0f7c9f2b96

BERNHEIM Alain,
- *Notes on early Freemasonry in Bordeaux 1732-1769* - Communication présentée devant la Loge Quatuor Coronati No. 2076 à Londres, le 12 mai 1988 (AQC 101, 1988).
- *Répertoire des documents SHARP*, in Renaissance Traditionnelle 93 (1993).
- *An "Introduction" to the Sharp Documents.* AQC 108 : 254-256.
- *Morin et l'ordre du Royal Secret* - Ars Macionica, 1999.

CHOUMITZKY Nicolas. 1928. Etienne Morin. *In St-Claudius No 21 1927-1928.*

COUTURA J. - *Les francs-maçons de Bordeaux au XVIIIe siècle*, Bordeaux, 1988.

CROS Lauriane. *Franc-maçonnerie, réseaux maçonniques et dynamiques bordelaises au XVIIIᵉ siècle.* Histoire. Université Michel de Montaigne - Bordeaux III, 2018.

DONZAC Jean-Pierre, *La loge écossaise de Bordeaux* - in L'Écossais, n° 4, Paris, AMHG, 2002.

GUERILLOT Claude. 1993, *La Genèse du Rite Écossais Ancien et Accepté*, Paris, Guy Trédaniel,1993.

HIND Nathalie, *Les migrants de Saint-Domingue en Louisiane avant la guerre de Sécession : de l'intégration civique à l'influence politique.* In : Revue Française d'Etudes Américaines, N°75, janvier 1998.

Les Essais Écossais – 6-, *Etienne Morin, un homme aux sources de l'Ecossisme*, Grand Collège des Rites Ecossais, GODF 2017.

Les Essais Écossais – 10-, *Jean-Jacques Régis de Cambacérès*, Grand Collège des Rites Ecossais, GODF 2018.

MOLLIER Pierre, Pierre-François PINAUD, *L'état-major maçonnique de Napoléon - Dictionnaire biographique des dirigeants du Grand Orient de France sous le Premier Empire*, Editions « A l'Orient », Orléans, 2009.

MOLLIER Pierre, Yves HIVERT-MESSECA, Pierre-François PINAUD, Laurence CHATEL DE BRANCION, *La Franc-Maçonnerie sous l'Empire : un âge d'or ?* Dervy.

MOREAU DE SAINT-MERY Louis-Élie (1750-1819). *Description topographique, physique, civile, politique et historique de la partie française de l'isle Saint-Domingue*, 1798 BNF Gallica.

PAULHET Jean-Claude, *Les parlementaires toulousains à la fin du dix-septième siècle*, In : Annales du Midi : revue archéologique, historique et philologique de la France méridionale, Tome 76, N°67, 1964. pp. 189-204.

POLFLIE Marieket, *Refuge et sociabilité politique : les francs-maçons domingois aux États-Unis au début du XIXe siècle*, IHMC - Institut d'histoire moderne et contemporaine 2019.

PRINSEN Gerry - Document 140-s-e Origine : Sharp.

Ce document réunit les introductions en anglais et en français des six volumes dans lesquels Sharp a publié en fac-simile l'ensemble des documents Sharp, Sharp 126 à 131.

SITWELL, N.S.H. 1927. *Some mid-eighteenth Century French manuscripts.* In : AQC 40 : 91-125.

SAINT-VIL Jean. *Villes et bourgs de Saint-Domingue au XVIIIᵉ siècle (Essai de géographie historique),* In : Cahiers d'outre-mer. N° 123 - 31E année, Juillet-septembre 1978.

SAUNIER Éric - *La franc-maçonnerie dans l'Europe napoléonienne. De l'échec de l'Europe maçonnique française a la transformation de la société des maçons*, REHMLAC (Revista de estudios históricos de la masonería latinoamericana y caribeña).

TAILLEFER Michel,
- *La franc-maçonnerie toulousaine sous l'ancien régime et la révolution.* Paris E.N.S.B.-C.T.H.S. 1984
- *Une loge maçonnique toulousaine à la veille de la Révolution : les « Cœurs réunis » (1774-1789).* In : Annales du Midi : revue archéologique, historique et philologique de la France méridionale, Tome 87.

www.ingramcontent.com/pod-product-compliance
Lightning Source LLC
Chambersburg PA
CBHW080356030426
42334CB00024B/2898